"Verstehen und Sprechen sind nur verschiedenartige Wirkungen der nämlichen Sprachkraft."

Wilhelm von Humboldt (1827)

Sprechen und Verstehen.
Schriften zur Sprechwissenschaft
und Sprecherziehung

Band 8

Herausgegeben von Hellmut Geißner
Universität Koblenz-Landau

Annette Lepschy

Das Bewerbungsgespräch

Eine sprechwissenschaftliche Studie zu gelingender Kommunikation aus der Perspektive von Bewerberinnen und Bewerbern

1995

Röhrig Universitätsverlag
St. Ingbert

Die Deutsche Bibliothek - CIP-Einheitsaufnahme

Lepschy, Annette:
Das Bewerbungsgespräch: eine sprechwissenschaftliche Studie zu gelingender Kommunikation aus der Perspektive von Bewerberinnen und Bewerbern.
- St. Ingbert: Röhrig, 1995
(Sprechen und Verstehen; Bd. 8)
Zugl.: Duisburg, Univ., Diss., 1994
ISBN 3-86110-063-0
NE: GT

Postfach 1806, D-66368 St. Ingbert

Umschlag: Jürgen Kreher
Herstellung: Print Shop Pöhlmann, Strullendorf
Printed in Germany 1995

ISBN 3-86110-063-0

Vorwort

Die vorliegende Studie, die für den Druck leicht überarbeitet wurde, ist im September 1994 von der Philosophischen Fakultät der Gerhard-Mercator-Universität/Gesamthochschule Duisburg als Dissertationsschrift angenommen worden.
Mein Dank gilt zunächst meinem Betreuer Prof. Dr. Elmar Bartsch, der mich immer wieder konstruktiv und ermutigend unterstützt hat. Bei Dr. Rudolf Rösener kann ich mich aufgrund seines plötzlichen Todes nicht mehr persönlich bedanken. Er war mir immer Freund und Berater. Von beiden habe ich gelernt, daß praxisorientierte, anwendungsbezogene Forschung und Wissenschaft möglich sind.
Bedanken möchte ich mich vor allem bei meinem Mann Wolfgang, der in der Entstehungszeit der Arbeit oft eigene Interessen zurückgestellt hat, um mir Diskussionspartner, Tröster, aber oft auch unerbittlicher Kritiker zu sein. In vielen Gesprächen hat er mir dabei geholfen, mein kreatives Chaos zu ordnen und immer wieder die Logik "ans Licht zu zerren".
Viele Freunde und Freundinnen hatten teil an der Fertigstellung der Arbeit. Für die vielen Gespräche, die konstruktiven Hinweise und das Redigieren des Typoskripts danke ich besonders Dr. Petra Korte, Dr. Paul Heeg, Beate Heeg, Pia Rolvering, Mechthild Plate und Christine Reindl. Letztere hat mir auch die mühevolle Erstellung des Literaturverzeichnisses abgenommen.
Bedanken möchte ich mich nicht zuletzt bei den Teilnehmern und Teilnehmerinnen der vielen Fortbildungsseminare und Universitätsveranstaltungen, die mir ihre Bewerbungsgespräche für meine Forschungszwecke zu Verfügung gestellt haben. Auch wenn nur ein kleiner Ausschnitt in dieser Arbeit in Form von Transkriptionen vorliegt, sind alle Gespräche mit in die Überlegungen und Ergebnisse eingeflossen.
Prof. Dr. Hellmut Geißner gilt mein Dank für die Aufnahme der Arbeit in die Reihe "Sprechen und Verstehen".

Annette Lepschy — Münster, im Februar 1995

Meinen Eltern

Inhaltsverzeichnis

Einleitung

> Dort, wo Freiheit wirklich begriffen wird, ist sie nicht das Vermögen, dieses oder jenes tun zu können, sondern das Vermögen, über sich selbst zu entscheiden und sich selbst zu tun.
>
> *Karl Rahner, SJ*

Von Fachleuten wird die Zahl der in der Bundesrepublik jährlich neu zu besetzenden Arbeitsplätze auf 2,3 Millionen geschätzt (vgl. SCHULER / FUNKE 1989, 283). Das bedeutet, daß täglich Tausende von Bewerbungsgesprächen stattfinden. Gleichzeitig sind Bewerbungsgespräche das bestgehütete Geheimnis in sozialen und wirtschaftlichen Institutionen. Wahrscheinlich ranken sich um keinen anderen Gesprächstyp so viele Märchen und Mythen, wie um das Bewerbungsgespräch. Und schließlich dürfte es sicherlich nur wenige Gespräche geben, vor denen soviel Unsicherheit oder Angst vor allem auf seiten der Bewerber existiert.

Bewerbungsgespräche sind sowohl für diejenigen, die sich um einen Arbeitsplatz bewerben, als auch für diejenigen, die als Einstellende über die Besetzung eines Arbeitsplatzes zu entscheiden haben, von maßgeblicher, häufig sogar von existentieller Bedeutung.[1]

Für den Bewerber[2] geht es einerseits darum, über den Verkauf seiner Arbeitskraft seine materielle Lebensgrundlage zu sichern, andererseits darum, sich in der Arbeit selbst zu verwirklichen. Voraussetzung zur

---

[1] KAUFMANN verweist auf eine Umfrage in mittelständischen Unternehmen, in denen das Bewerbungsgespräch als "wichtigstes Instrument der Personalauswahl" bezeichnet wurde. Unter sechs verschiedenen Instrumenten erhielt es einen Anteil von 23,5%, gefolgt von Lebenslauf und Arbeitszeugnissen mit je 13,9% (KAUFMANN 1987, 248; vgl. auch SCHULZ u.a. 1985).

[2] Da bislang für die geschlechtsneutrale Bezeichnung von Signifikaten, die sowohl femininer als auch maskuliner Natur sind, keine zufriedenstellende Konvention existiert, benutze ich im folgenden maskuline Formen auch dort, wo beide Geschlechter gemeint sind.

Erreichung beider Ziele ist die gelungene Teilnahme an einem Bewerbungsgespräch. Für die Einstellenden geht es darum, im Personalauswahlverfahren, dessen wichtigsten Bestandteil immer noch das Bewerbungsgespräch darstellt, den jeweils zur Disposition stehenden Arbeitsplatz mit der Person zu besetzen, die die beste Gewähr dafür bietet, auf ihre Art und Weise zum Erfolg der Institution beizutragen.

Bewerber, die mit einem Bewerbungsgespräch konfrontiert werden, suchen häufig nach Hilfen für die Bewältigung dieser für sie belastenden und angstbesetzten Kommunikationssituation. Um Antworten auf die Frage nach ihren Handlungsmöglichkeiten zur erfolgreichen Teilnahme an Bewerbungsgesprächen zu erhalten, sind sie entweder auf die Rezeption der reichlich angebotenen Ratgeberliteratur von sehr unterschiedlicher Qualität und Praktikabilität oder auf die Teilnahme an einem Bewerbungsgesprächstraining angewiesen.

Seit einigen Jahren führe ich als Sprecherzieherin neben allgemeinen Kommunikationsseminaren auch Bewerbungsgesprächstrainings durch, die Bewerber zu gelingender Partizipation an Bewerbungsgesprächen befähigen sollen. In diesen Seminaren stehen die Teilnehmer als Menschen in ihren konkreten Sprachvollzügen im Mittelpunkt eines Problemlöseprozesses, in dem kommunikatives Handeln reflektiert wird und gemeinsam Handlungsmöglichkeiten und -alternativen erarbeitet und eingeübt werden. Ich versuche, mit meinen Seminaren einen Beitrag zur Persönlichkeitsentwicklung der Teilnehmer zu leisten, um ihnen Möglichkeiten zu selbstbestimmter und -verantworteter Kommunikation zu eröffnen. Meine Seminare sind so auf die Verbesserung der kommunikativen Lebensrealität der Bewerber ausgerichtet.

Verantwortete pädagogische Praxis verlangt nach wissenschaftlicher Fundierung des Gegenstandes, den sie zum Thema macht. Diese wissenschaftliche Beschäftigung mit dem Gegenstand Bewerbungsgespräch habe ich im Rahmen meiner jahrelangen Seminarpraxis als defizitär erfahren. Deshalb habe ich die Frage, mit der Bewerber in meine Seminare kommen, zum Ausgangspunkt der vorliegenden Arbeit gemacht: Welche Handlungsmöglichkeiten hat ein Bewerber, um gelingend an einem Bewerbungsgespräch teilzunehmen?

Die Fragestellung offenbart im Hinblick auf die in ihr verborgene Zielformulierung zwei Komponenten. Zum einen wird mit der Formulierung von Handlungsanweisungen für Bewerber hinsichtlich ihrer gelingenden Teilnahme an Bewerbungsgesprächen ein synthetisches Ergebnis angezielt. Zum anderen verlangt die begründete, wissenschaftlich fundierte Formulierung von Handlungsanweisungen, daß der Bereich, auf den sich diese Handlungsanweisungen beziehen, analytisch untersucht wird, so daß die Analyse von Struktur und Funktionsweise des Bewerbungsgespräches notwendige Voraussetzung für die Beantwortung der primär synthetischen Fragestellung ist.

Die vorliegende Studie geht in vier Kapiteln der Fragestellung nach, welche Handlungsmöglichkeiten Bewerber haben, um gelungen an einem Bewerbungsgespräch teilzunehmen.

Im ersten Kapitel wird im Rahmen von Vorüberlegungen zunächst die Perspektive erläutert, unter der ich den Gegenstand Bewerbungsgespräch betrachte. Im zweiten Teil des ersten Kapitels wird die vorhandene Literatur aus den Bereichen der populärwissenschaftlichen Ratgeber und der personalwirtschaftlichen Eignungsdiagnostik auf mögliche Beiträge zur Beantwortung der Ausgangsfrage hin untersucht. Anschließend werden im dritten Teil verschiedene Ansätze der linguistischen Gesprächsforschung hinsichtlich ihrer Gegenstandssichten, Ziele und Methoden mit dem Ziel gesichtet, für die Bearbeitung des Problems nutzbare Erkenntnisse und Methoden zu ermitteln.Schließlich wird im vierten Teil des ersten Kapitels der Ansatz einer axiomatischen Sprechwissenschaft als methodologische Grundlage für die vorliegende Arbeit formuliert. Auf dieser sprechwissenschaftlichen Basis wird das Bewerbungsgespräch als Gegenstand der Studie definiert und das weitere Vorgehen der Arbeit festgelegt.

Im zweiten Kapitel wird zunächst ein modifiziertes Organonmodell der Sprache als Strukturparadigma menschlicher Kommunikation vorgestellt, das die Sprechsituation für die weitere Bearbeitung operationalisiert. Die sich daran anschließende Einzelanalyse der Sprechsituationsfaktoren wird mit dem Ziel unternommen, Auswirkungen von möglichen Interpretationen der Sprechsituation auf gelingende Kommunikation zu beschreiben und Einfluß- beziehungsweise Steuerungsmöglichkeiten für den Bewerber im Hinblick auf den Anlaß und das Ziel, die Beziehung, das Thema und die sprachlichen Mittel des Bewerbungsgespräches zu eruieren.

Im dritten Kapitel wird das Bewerbungsgespräch als wechselseitiger Verständigungsprozeß betrachtet. Gegenstand ist hier zum einen die Analyse der Phasenstruktur und die sich daraus für einen Bewerber ergebenden Steuerungsmöglichkeiten. Zum anderen wird in diesem Kapitel die Sequenzstruktur des Bewerbungsgesprächs focussiert. Hier werden die grundlegenden Aufgaben der Gesprächsorganisation und der Themabearbeitung in den Blick genommen, die von Bewerbern und Einstellenden im aktuellen Gesprächsprozeß zu bewältigen sind. Die zur Bewältigung dieser Gesprächsaufgaben notwendigen sprachlichen und sprecherischen Vollzüge werden im Hinblick auf ihre Angemessenheit und kommunikative Wirkung im Bewerbungsgespräch betrachtet. Aus der Analyse werden prozeßsteuernde beziehungsweise -fördernde handlungspraktische Konsequenzen für Bewerber gewonnen.

Der letzte Teil faßt die handlungspraktischen Ergebnisse zusammen und reflektiert einige Forschungs- und Anwendungsperspektiven, die sich aus der vorliegenden Arbeit ergeben.

I Vorüberlegungen

1 Perspektivität der Arbeit

Welche Handlungsmöglichkeiten hat ein Bewerber, um gelingend an einem Bewerbungsgespräch teilzunehmen?

Diese erkenntnisleitende Fragestellung ist im Zusammenhang meiner Tätigkeit in Bewerbungsgesprächstrainings entstanden und prägt über den Entstehungszusammenhang meine Perspektive im Forschungsprozeß, die ich im folgenden reflektiere, um einerseits ihren möglichen Einfluß auf die Arbeitsergebnisse offenzulegen und damit dem Anspruch wissenschaftlicher Redlichkeit zu genügen. Andererseits können aus der Reflexion meiner Perspektive Kriterien entwickelt werden, die an das Verfahren zur Beantwortung der zugrundeliegenden Fragestellung angelegt werden müssen. Dabei wird hier

> "mit dem Begriff der Perspektive (...) die Ansicht vertreten, daß über Wirklichkeit nur relativ zu einer Sehweise gesprochen werden kann" (HEEG 1991, 13; vgl. dazu auch BREUER 1989).

Die Sehweise ist nicht losgelöst von der betrachtenden Person zu bestimmen, da deren Biographie in Form von Erfahrungen, Wissen, Ansprüchen, Normen und Werten in jedem Fall in den Prozeß und die Ergebnisse ihrer Betrachtung einfließt und so bestimmte Aspekte bei der Betrachtung in den Vordergrund oder Hintergrund rücken; der Analysierende kann

> "niemals aus der Rolle des kommunikativen Mitspielers heraustreten, vielmehr sind seine eigenen Erfahrungen, sein Verständnis von der Welt notwendige Voraussetzungen für die Analyse" (WENZEL 1984, 8).

1.1 Synthese

Meine Perspektive ist zunächst eine praktische, da die Zielsetzung in der Entwicklung von Handlungsanweisungen zur Verbesserung der kommunikativen Lebensrealität des Bewerbers besteht. SCHANK formuliert die Aufgabe der Linguistik ähnlich:

> "Linguistik kann nicht, genauso wenig jede andere Wissenschaft, Selbstzweck sein. Ihr letztes Ziel muß sein, einer Verbesserung der Lebenspraxis zu dienen" (SCHANK 1987, 18).

Deshalb ist für die Bearbeitung der erkenntnisleitenden Frage ein letztlich synthetisches Verfahren zu suchen, das die Produktion von Präskriptionen hinsichtlich der gelingenden Teilnahme an Bewerbungsgesprächen erlaubt. Die Linguistik stellt ein solches Verfahren trotz der Forderung SCHANKs, so weit ich sehen kann, noch nicht zur Verfügung.

1.2 Analyse

Ein solches synthetisches Verfahren kann nicht auf die Analyse seines Gegenstandsbereiches, der kommunikativen Realität, verzichten, will es sich nicht dem Vorwurf aussetzen, verantwortungslos nicht begründete Handlungsanweisungen zu produzieren. In der vorliegenden Arbeit wird es also darauf ankommen, konkrete Kommunikationshandlungen bezüglich ihrer Struktur und Funktion zu analysieren, um das in der Erklärung liegende Potential für die Formulierung von Handlungsanweisungen zu nutzen. Für das zu suchende Verfahren zur Beantwortung meiner Fragestellung bedeutet das, daß es dem Anspruch, analytische und synthetische Aspekte im kommunikativen Bereich zu integrieren, gerecht werden muß.

1.3 Interdisziplinarität

Wenn das komplexe Kommunikationsphänomen Bewerbungsgespräch als ganzes und nicht in einzelnen Aspekten betrachtet werden muß, um Handlungsanweisungen für die gelungene Teilnahme zu formulieren, kann sich die Analyse nicht auf Einzelaspekte, wie sie etwa Sprach- oder Kommunikationswissenschaft, Soziologie oder Psychologie fokussieren, beschränken. Diese bestechen zwar oft durch die analytische Schärfe, der sie ihre Existenz verdanken, haben aber oft gerade deshalb keine synthetische Kraft, die Veränderung kommunikativer Praxis anzuleiten. Um diesem Problem zu entgehen, muß das Verfahren zur Beantwortung der leitenden Fragestellung interdisziplinär angelegt sein.

Damit ist einerseits meine Perspektive auf die Fragestellung charakterisiert, andererseits sind mit dem zu allererst synthetischen Interesse der Arbeit, der notwendigen Integration analytischer Betrachtung und der Forderung nach Interdisziplinarität grundlegende Ansprüche an die Methodik der vorliegenden Studie formuliert. Im folgenden wird zunächst ein Überblick über die Literatur vermittelt, die sich explizit mit dem Bewerbungsgespräch beschäftigt; diese wird auf fundierte Handlungsanweisungen hin überprüft. Darüber hinaus werden verschiedene Ansätze der linguistischen Gesprächsforschung vorgestellt und auf methodische Maximen zur Produktion solcher fundierter Handlungsanweisungen hin untersucht.

2 Das Bewerbungsgespräch in der Literatur

Auf dem Literaturmarkt finden sich nahezu unzählige Bewerbungsratgeber, zu denen sich im beobachteten Zeitraum fast monatlich weitere Titel im oft eigens dafür eingerichteten Regal der Buchhandlung hinzugesellt haben. Sie sind in der Regel von Praktikern wie Personaltrainern oder Personalmanagern verfaßt und richten sich überwiegend undifferenziert an Bewerber in allen möglichen Bereichen, zum kleineren Teil auch an spezielle Bewerbergruppen wie Führungskräfte (vgl. z.B. HESSE / SCHRADER 1992; THEIß/ VOLZ 1992), Berufsanfänger (z.B. STELZNER 1983) oder Frauen (IBELGAUFTS 1990). Einige Titel aus dem Bereich der Ratgeberliteratur sprechen als Zielgruppe auch Einstellungsverantwortliche an. In ihnen werden Themen wie Gesprächsführung, Persönlichkeitsbeurteilung (vgl. z.B. KNEBEL 1985; MADDUX 1992), aber auch juristisch relevante Aspekte des Bewerbungsgesprächs behandelt (vgl. z.B. BÖHM / JUSTEN 1990; BELLGARDT 1984); die letztgenannten Titel werden im folgenden nicht berücksichtigt.

Im Rahmen der Eignungsdiagnostik liegen eine Reihe von Titeln aus dem Bereich der Betriebspsychologie und der Personalwirtschaft vor, die sich vor allem mit Fragen der Erstellung von Eignungskriterien sowie der Durchführung und Evaluation verschiedener Instrumente der Personalauswahl, unter anderem auch des Einstellungsgespräches, beschäftigen.

Die linguistische Gesprächsforschung schließlich hat in den letzten zwanzig Jahren eine Fülle von Forschungsergebnissen zu den unterschiedlichsten Gesprächen vorgelegt. Untersuchungen zum Bewerbungsgespräch sind allerdings mehr als rar. GRIEßHABER (1987a, 8) spricht noch von der "einzigen diskursanalytischen Untersuchung", auf die er zurückgreifen kann. Ich kann heute immerhin bereits auf die Studien zum Bewerbungsgespräch von AKINNASO / AJIROTUTU (1982) und GRIEßHABER (1987a; 1987b) verweisen.

2.1 Populärwissenschaftliche Ratgeber[1]

Für die in dieser Arbeit zu klärende Frage sind vor allem die Ratgeber für Bewerber von Bedeutung und hier wiederum stehen die Ausführungen im Mittelpunkt, die sich mit dem Bewerbungsgespräch beschäftigen. Die in den meisten Ratgebern gleichfalls behandelten Aspekte zur Gestaltung der schriftlichen Unterlagen, des Anschreibens, des Lebenslaufes, der korrekten Handhabung von Zeugnissen, Referenzen etc. sollen hier ausgeklammert werden. Interessant ist lediglich die Beobachtung, daß die Ausführungen zum Bewerbungsgespräch im Verhältnis zu den übrigen inhaltlichen Teilen quantitativ häufig nur einen geringen Anteil ausmachen. Hier wäre bei einer über die Sichtung hinausgehenden Untersuchung nach Gründen zu fragen. Im übrigen beschränke ich mich hier auf einen Überblick zu den verschiedenen Gesprächstypisierungen, die hinsichtlich des Bewerbungsgespräches vorgenommen werden und den Verweis auf einige Probleme, die mit den ausschließlich auf Synthese ausgerichteten Ratgebern verbunden sind.

In den meisten Ratgebern geschieht eine Charakterisierung des Gesprächstyps Bewerbungsgespräch mittels eines Vergleiches mit anderen vertrauten Gesprächsgattungen. Exemplarisch nenne ich die häufigsten Vergleichsgattungen: Das Bewerbungsgespräch wird verglichen mit einem Theaterauftritt (vgl. z.B. MANEKELLER 1983, 134), der geprobt werden muß und in dem es darauf ankommt, "so natürlich wie möglich zu agieren" (ebd.). YATE vergleicht das Bewerbungsgespräch mit einem geregelten, rituellen Paarungstanz, "in dem die besten Partner die glänzenden Preise davontragen" (1990, 10). Andere Vergleiche sehen das Bewerbungsgespräch als Kampfgespräch, in dem der Bewerber versucht, mit allen ihm zur Verfügung stehenden Mitteln als Gewinner aus dem Gespräch zu gehen (vgl. z.B. NIMMERGUT 1981, 8) oder als Verkaufsgespräch (vgl. SIEWERT / SIEWERT 1989, 136). Vielen diesen Ratgebern ist eine höchst problema

---

[1]Obwohl ich mich der von GRIEßHABER getroffenen Unterscheidung der Literatur zum Bewerbungsgespräch grundsätzlich anschließe, halte ich es im Unterschied zu ihm (1987a, 6) für unangemessen, die Ratgeberliteratur, die sich in zum Teil unverantwortlicher Weise damit begnügt, Rezepte und Tips weiterzugeben, als *Forschungs*literatur zu bezeichnen.

tische Gesprächsauffassung gemeinsam, da Bewerber und Einstellende nicht als Gesprächspartner, sondern als Gegner gesehen werden.[2]

Im Hinblick auf Handlungsanweisungen für Bewerber scheinen Bewerbungsratgeber eine wahre Fundgrube darzustellen. Zu einer Fülle von Einzelaspekten des Bewerbungsgespräches werden in äußerst unterschiedlicher Art und Weise Verhaltensregeln für Bewerber formuliert.

Bei näherem Hinsehen bleibt die Auswahl der Aspekte, auf die sich Handlungsanweisungen beziehen, in den meisten Fällen unklar. So beschränken sich etwa die Ausführungen SABELs zum hörerfreundlichen Sprecherverhalten auf die Feststellung, daß Gespräche auf "der Sachebene und auf der Gefühls- oder Beziehungsebene" (1990, 128f.) stattfinden und auf die Folgerung, der Bewerber möge den Namen seines Gesprächspartners des öfteren nennen oder eine positive Bemerkung über das Unternehmen fallen lassen. Dagegen geht SABEL unproportional ausführlich auf die Technik des "Aktiven Zuhörens" ein (1990, 129ff.). Ähnliche, aus der Sicht des Bewerbers frustrierende Disproportionalitäten finden sich etwa in STELZNERS Hinweisen zur Gesprächsführung (1983, 152f.) und zur Körpersprache im Bewerbungsgespräch (ebd., 153f.); SIEWERT / SIEWERT empfehlen dem Bewerber für die Vorbereitungsphase eines Bewerbungsgespräches ausführlich eine "mentale Vorbereitung" (1989, 131ff.) in Form des Autogenen Trainings, beschränken ihre Hinweise zur Gesprächsführung (1989, 137f.) allerdings auf eine fragwürdige Phasierung des Bewerbungsgespräches, die mit wörtlich vorgegebenen Antworten für Bewerber angereichert ist.

Darüber hinaus erscheinen die formulierten Handlungsanweisungen häufig ohne Berücksichtigung des situativen Kontextes und gesprächsstruktureller Gegebenheiten. Komplexe Gesprächsprozesse werden in vereinfachter Form auf sozialtechnologische Mittel und Techniken reduziert (z.B. REICHEL 1993, 107f.). So reißen SIEWERT / SIEWERT das aktive empathische Zuhören aus dem Zusammenhang der Gesprächstherapie und bieten es dem Bewerber als "Trick der Widerspiegelung" (1989, 138) an, durch den er bei systematischer Verwendung Sympathie und Wohlwollen auf Einstellerseite erzeugt.

Im übrigen ist festzustellen, daß die in der Ratgeberliteratur formulierten Handlungsanweisungen häufig nicht so operationalisiert sind, daß sie für

---

[2]Vgl. ähnlich auch: DITTRICH (1984); ENGELS (1985); FEIX (1981); HARMSEN (1989); RUDDIES (1988); REICHEL (1993).

Bewerber anwendbar sind (vgl. z.B. THEIß / VOLZ 1992, 119f.; LEHMANN 1989) oder aber sich auf allgemeine Hinweise beispielsweise zur Kleidung, Frisur oder Körpersprache beschränken (vgl. z.B. GERSBACHER 1991).

Zusammenfassen läßt sich die Ratgeberliteratur dahingehend, daß versucht wird, stark vereinfachend und sehr pauschalisierend Analogien zu bekannten Kommunikationssituationen aufzuzeigen, aus denen - ebenso analog - Handlungsanweisungen für Bewerber abgeleitet werden. Auf eine analytische Fundierung ihrer Handlungsanweisungen verzichten diese Ratgeber ebenso wie auf Hinweise bezüglich der Quellen ihrer Erkenntnisse.

2.2 Psychologische Eignungsdiagnostik

Die Eignungsdiagnostik beschäftigt sich mit der

> "Entwicklung und Verwendung psychologischer Methoden zum Zwecke eignungsbezogener Erfolgsprognosen und Entscheidungshilfen" (SCHULER / FUNKE 1989, 282).

Eine zentrale Aufgabe der Eignungsdiagnostik stellt die Analyse der Anforderungen an eine Tätigkeit dar, die in überprüfbare Anforderungskriterien übersetzt werden muß. Die eignungsdiagnostische Beschreibung und Analyse der Tätigkeit umfasst vereinfacht dargestellt drei Ebenen:[3]

Auf der "Aufgabenebene" (SCHULER / FUNKE 1992, 237) ist eine Beschreibung des Tätigkeitsinhalts hinsichtlich der zu erfüllenden Aufgaben zu leisten. Auf der "Verhaltensebene" (ebd., 239f.) werden Anforderungsprofile hinsichtlich der für eine Tätigkeit notwendigen Handlungskompetenz in bezug auf typische routinemäßige und problematische Situationen des Arbeitsplatzalltags erstellt. Auf der "Eigenschaftsebene" (ebd., 241) wird die Tätigkeit anhand von Eigenschaften ("Fähigkeiten, Fertigkeiten, Persönlichkeitseigenschaften, Interessen", ebd.) beschrieben. Zur Überprüfung und Eignungsfeststellung werden verschiedene Auswahlinstrumente eingesetzt.

Hierzu gehören die Analyse der schriftlichen Bewerbungsunterlagen, das Bewerbungsgespräch, Testverfahren[4], Assessement-Center[5] oder der bio-

---

[3]Auf eine detaillierte Beschreibung der Konzeptionalisierung und Durchführung soll hier verzichtet werden.

[4]Einige bekannte Tests sind der Baum-Test, der Lüscher-Farbtest, FPI (Freiburger Persön-

graphische Fragebogen[6]. Mittels dieser Verfahren sollen unterschiedliche Teilqualifikationen der Bewerber wie zum Beispiel Charaktereigenschaften, Reaktionsschnelligkeit, Streßverhalten, logisches Denken, Führungsverhalten etc. ermittelt werden. Während die zuletzt genannten Instrumente eher fakultativ und vor allem nur von größeren Institutionen eingesetzt werden, stellen die Analyse der schriftlichen Unterlagen und das Bewerbungsgespräch einen obligatorischen Teil des Auswahlverfahrens dar (vgl. SCHULER / FRIER / KAUFMANN 1992). Trotz vielfältiger Kritik im Hinblick auf seine Validität ist das Bewerbungsgespräch demnach eine zentrale Entscheidungsgrundlage für die Personalauswahl.

Im Hinblick auf das Bewerbungsgespräch beschäftigt sich die Eignungsdiagnostik vor allem mit Fragen der Validität und Reliabilität, die diesem Auswahlinstrument als Entscheidungsgrundlage für Einstellende zukommt (z.B. ARVEY / CAMPION 1982; KOMPA 1984; WEBSTER 1982; EDER / FERRIS 1989; SARGES 1988). Hier sind erhebliche Unterschiede zwischen nicht strukturierten, eher intuitiv ablaufenden, und strukturierten Gesprächen zu verzeichnen. Strukturierte Gespräche weisen einen höheren Validitätsquotienten auf (vgl. WIESNER / CRONSHAW 1988). Die Gründe für die

---

lichkeitsinventar), DAP (Draw A Person-Test), Satzergänzungstest u.v.a..Ein Überblick findet sich bei PACZENSKY (1976).

[5]Das Assessement-Center ist ein in der Regel mehrtägiges Auswahlverfahren, zu dem mehrere Bewerber gleichzeitig eingeladen werden. Es ist eine Form anforderungsorientierten Probehandelns. Durch die Simulation mehr oder weniger konkreter Situationen wie Verhandlungs-, Konflikt- oder Entscheidungssituationen wird das Verhalten der Bewerber beobachtet. Assessement-Center werden in der Bundesrepublik von mehr als 35 großen Unternehmen, vorwiegend zur Ermittlung zukünftiger Führungskräfte eingesetzt und haben einen Umfang von 1-3 Tagen. Eine Validitätsüberprüfung dieses Auswahlinstruments findet sich bei FENNEKELS (1987), ein Überblick über Inhalte und Verfahren bei NEUBAUER (1984;1989a; 1989b).

[6]Biographische Fragebögen sind als Mittel der Personalauswahl ein relativ neues Instrument. Nach LEHRENKRAUSS werden sie momentan in der Bundesrepublik zur Auswahl von Versicherungsvertretern eingesetzt. "Sie werden auf folgende Weise entwickelt: Mittels statistischer Methoden werden die biographischen Daten erfolgreicher und weniger erfolgreicher aktiver "Außendienstler" erfaßt und analysiert (...) Die Fragen, bei denen sich in der Beantwortung Erfolgreiche und weniger Erfolgreiche signifikant unterscheiden, werden Bestandteile des Fragebogens, der Bewerbern vorgelegt wird. Wer nun als Bewerber auf bestimmte Fragen genau antwortet, wie es die erfolgreichen Mitarbeiter getan haben, der kommt in die engere Auswahl" (LEHRENKRAUSS 1986, 29); vgl. dazu auch KNOBLAUCH (1983, 187ff.); WEUSTER (1987).

mangelnde Validität unstrukturierter Gespräche werden hauptsächlich darin gesehen, daß die Informationen, die der Bewerber im Verlauf des Gesprächs gibt, von den Einstellenden in unzureichender Form ausgewertet werden und bisher die Frage unbefriedigend beantwortet ist, aufgrund welcher Eindrücke und Informationen Einstellende zu einer Urteilsbildung gelangen (vgl. NEUBERGER 1974; SCHMITT 1976). Zu den wesentlichen Problemen gehören, daß Einstellende häufig unwichtige Informationen speichern und diese bei der Entscheidungsfindung berücksichtigen und daß subjektiv-emotionale Aspekte und erste Eindrücke wie Attraktivität, Ähnlichkeit etc. die Entscheidung stark steuern (vgl. BORKENAU 1991; SCHULER / FUNKE 1992, 24).

Darüber hinaus werden verschiedene Ansätze zur Gestaltung und Durchführung des Bewerbungsgesprächs in bezug auf den Prozeßverlauf, die situativen Bedingungen und den Gesprächsstil unter dem Aspekt einer Verbesserung der Validität erforscht und erprobt (vgl. LATHAM u. a. 1980; PURSELL / CAMPION / GAYLORD 1980; SCHULER 1992a). Betrachtet wird dies vor allem unter ethischen Gesichtspunkten und unter der Fragestellung, daß die Eignungsdiagnostik

> "nicht notwendigerweise allein im Dienst der Ziele der Organisation" (SCHULER / FUNKE 1989, 314),

steht, sondern auch die Interessen der Bewerber berücksichtigen sollte. Hier werden unter anderem Konzepte entwickelt, mit deren Hilfe die einstellende Organisation und der Bewerber die Personalauswahl als gemeinsamen Problemlösungsprozeß betrachten können (vgl. BRANDSTÄTTER 1982).

Eignungsdiagnostik beschäftigt sich im Rahmen ihrer Zielperspektive vereinzelt auch damit, wie Bewerber die Auswahlsituation erleben und welche Einflußmöglichkeiten Einstellende darauf besitzen (vgl. SCHULER 1990; SCHULER / MOSER 1992).

Die Frage nach der Validität und Reliabilität des Bewerbungsgesprächs als eignungsdiagnostischem Verfahren besitzt für den in dieser Arbeit zu behandelnden Gegenstand keine unmittelbare Bedeutung, da er vornehmlich aus der Perspektive der Einstellenden relevant ist. Gleichwohl werden aus Bewerbersicht interessante Untersuchungsergebnisse an entsprechenden Stellen zu berücksichtigen sein.

2.3 Linguistische Gesprächsforschung

AKINNASO / AJIROTUTU (1982) untersuchen den Zusammenhang zwischen der Zugehörigkeit eines Bewerbers zur gesellschaftlichen Minorität der Afroamerikaner und dem Entscheidungsverhalten Einstellender, die der weißen Majorität angehören. Die Autoren ermitteln die besonderen Bedingungen, die die negative Auswahl in streßinduzierten Bewerbungsgesprächen beeinflussen (vgl. ebd., 119). In der Untersuchung von 12 Rollenspielen weisen sie nach, daß kulturelle Determinanten erheblichen Einfluß auf den Verlauf und das Ergebnis von Bewerbungsgesprächen besitzen und afroamerikanische Bewerber gegenüber Bewerbern aus der weißen Mittelschicht deutlich benachteiligt sind.

Auch GRIEßHABER untersucht eine interkulturelle Fragestellung. Er ermittelt

> "die diskursiven Merkmale des Einstellungsgesprächs anhand von Aufnahmen nicht simulierter, authentischer Einstellunggespräche mit deutschen und türkischen Lehrstellenbewerbern" (GRIEßHABER 1987a, 9).

Ihm geht es vor allem um die Unterschiede im Gesprächshandeln von deutschen und türkischen Bewerbern und den entsprechenden Differenzen der Gesprächsführung von Einstellenden. Er weist bei deutschen und türkischen Bewerbern unterschiedliche Taktiken nach, um sich im Gespräch positiv darzustellen (vgl. ebd., 120ff.). Dabei stellt er fest, daß türkische Lehrstellenbewerber wesentlich größere Probleme damit haben, aktiv in den Gesprächsprozeß einzugreifen und vorwiegend defensiv reagieren (vgl. ebd., 170). Dies führt er vor allem darauf zurück, daß bei türkischen Bewerbern aufgrund mangelnder Sprachkenntnisse,

> "kultureller Nichtvertrautheit mit dieser Diskursart und der in ihr verlangten diskursiven Fähigkeiten" (ebd., 172)

und aufgrund mangelnder Vorbereitung eine erhebliche Unsicherheit besteht, die ihr defensives Verhalten fördert.

In einer zweiten Studie erarbeitet GRIEßHABER die Unterschiede zwischen authentischem und zitierendem Handeln anhand eines Vergleichs von Rollenspielen, die mit deutschen und türkischen Lehrstellenbewerbern geführt werden, und realen Bewerbungsgesprächen (vgl. 1987b).

Während AKINNASO / AJIROTUTU (1982) in ihrer Untersuchung das kommunikative Handeln Einstellender fokussieren, ist das Interesse GRIEßHABERs auf die Seite der Bewerber gerichtet. Beide Studien sind von ihrer interkulturellen Fragestellung und dem in beiden Fällen explizit analytischen Verfahren geprägt. Auf Einzelergebnisse beider wird im Verlauf der Arbeit dort zurückgegriffen, wo sie für die Fragestellung von Bedeutung sind.[7]

[7]Die schwedische Untersuchung von ADELSWÄRD (1988) zum Bewerbungsgespräch war mir leider erst nach Fertigstellung meiner Studie zugänglich, so daß deren Ergebnisse keinen Eingang in die vorliegende Arbeit gefunden haben.

3 Ansätze der Gesprächsforschung

Den Begriff der linguistischen Gesprächsforschung verwende ich als Gattungsbegriff für jene linguistischen Ansätze und Theorien, die sich mithilfe verschiedener Methoden und Zielsetzungen mit dem Miteinandersprechen mindestens zweier Sprecher beschäftigen. Diese lassen sich auf verschiedene sprachwissenschaftliche Quellen zurückführen (vgl. auch BECKER - MROTZEK 1992, 3).

3.1 Quellen linguistischer Gesprächsforschung

Die maßgeblich von AUSTIN (1972) und SEARLE (1971) entwickelte Sprechakttheorie geht den Fragen nach,

> "in welchem Sinne man davon sprechen kann, daß mit sprachlichen Äußerungen Handlungen vollzogen werden, wovon es abhängt und wie man feststellen kann, welche Handlungen mit solchen Äußerungen vollzogen werden, was die Struktur solcher Handlungen ist, und wie sie sich systematisieren lassen" (GREWENDORF 1980, 287).

Sie betont gegenüber früheren sprachphilosophischen und -wissenschaftlichen Theorien den Handlungscharakter sprachlicher Äußerungen, ermittelt die verschiedenen Sprechakten zugrundeliegenden Intentionen und systematisiert sie. Die Sprechakttheorie bleibt letztendlich dem Satz als ihrem Untersuchungsobjekt verpflichtet und beschränkt sich auf die Perspektive des Sprechers; die daraus folgende fehlende dialogische Orientierung wird häufig kritisiert (vgl. u.a. KANTH 1981, 203; SUCHAROWSKI 1984, 103).

In Auseinandersetzung mit der Sprechakttheorie fordert die Pragmalinguistik die Untersuchung sprachlicher Äußerungen im Rahmen einer gesellschaftlichen Handlungstheorie:

> "Menschliche Kommunikation (als Teilaspekt menschlichen Handelns) hängt historisch und funktional mit menschlichen Arbeitsprozessen zusammen, d.h. mit der Einwirkung und Bezugnahme von Menschen auf ihre äußere Umwelt ('Natur'), zum Zweck der Befriedigung von Bedürfnissen und dem Erfüllen von Interessen" (MAAS / WUNDERLICH 1972, 77).

Pragmalinguistik wendet sich von der Betrachtung isolierter Sprechakte ab und betrachtet Sprache unter ihren gesellschaftlichen Aspekten. Sie initiiert das Nachdenken über

> "die vom Strukturalismus vernachlässigten sozialen Handlungsaspekte der Sprache" (BRAUNROTH u.a. 1975, 187).

Die Einbeziehung der sozialen Situation, innerhalb derer Sprechakte vollzogen werden (vgl. WUNDERLICH 1976, 54; MAAS / WUNDERLICH 1972, 83), hat zur Folge, daß einerseits Sprechakte im Hinblick auf die mit ihnen verfolgten gesellschaftlichen Zwecke analysiert werden (vgl. WUNDERLICH 1976, 27), andererseits Sprechaktabfolgen im dialogischen Kontext betrachtet und hinsichtlich ihrer sequentiellen Struktur untersucht werden (vgl. ebd., 298ff.).

Sprechakttheoretische und pragmalinguistische Überlegungen finden vor allem Eingang in die handlungstheoretisch orientierte Diskursanalyse und die Dialoggrammatik[1].

Das Freiburger Forschungsprojekt 'Gesprochene Sprache' erforscht die den Kommunikationsprozeß beeinflussenden Faktoren (vgl. u.a. STEGER u.a. 1974; BAUSCH 1973; DEUTRICH 1973a; 1973b; BERENS 1975; 1976; BERENS u.a. 1976; vgl. auch SCHRÖDER / STEGER 1981). Dabei werden Faktoren wie zum Beispiel der situative Rang der Gesprächspartner, das Thema und seine Fixierung, Öffentlichkeitsgrad und zeitlicher Rahmen in Form von Redekonstellationen festgehalten. Darüber hinaus wird versucht, im Rahmen einer Typologie Sprechintentionen systematisch zu erfassen, die im Unterschied zu sprechakttheoretischen Klassifizierungen den dialogischen Charakter sprachlicher Handlungen berücksichtigen (vgl. STEGER 1976).

---

[1]Die Dialoggrammatik versucht, genuin sprechakttheoretische Überlegungen auf das Gespräch zu projizieren. Genau betrachtet handelt es sich hier nicht um einen Gesprächsanalyseansatz, sondern es handelt sich eher um eine neuplatonistisch geprägte Konstruktionstheorie, die ohne Berücksichtigung authentischen Gesprächsmaterials vom "wohlgeformten Dialog" (HUNDSNURSCHER 1980, 92) ausgeht und versucht, in Anlehnung an CHOMSKYs Transformationsgrammatik Regularitäten für Gespräche zu bestimmen. Dabei setzt sie idealtypische Gesprächsmuster voraus, nach denen Gespräche verlaufen und versucht, die entsprechenden Zug-Gegenzug-Muster als bestimmte Abfolgen von Sprechakten zum Beispiel für Verkaufsgespräche zu bestimmen (vgl. HUNDSNURSCHER / FRANKE 1985).

Untersuchungsergebnisse des Forschungsprojektes sind unter anderem in der deutschen konversationsanalytischen Forschung aufgenommen worden (vgl. z.B. HENNE / REHBOCK 1982).

Die Ethnomethodologie stellt eine weitere Quelle der gegenwärtigen Gesprächsforschung dar. So geht GARFINKEL als einer ihrer Vertreter davon aus, daß jegliche soziale Wirklichkeit und Ordnung durch Aushandlung in einem interaktiven Prozeß lokal hergestellt wird (vgl. z.B. 1967; 1972a; 1972b; 1973; auch KALLMEYER 1988, 1097).

Zum einen ist unter Ethnomethodologie[2] folgendes zu verstehen:

> "Ethnomethodologie bezeichnet daher die von den Mitgliedern einer Gesellschaft im Handlungsvollzug praktizierte Methodologie, über welche die - von den Handelnden als vorgegeben erfahrene und selbstverständlich hingenommene - gesellschaftliche Wirklichkeit und soziale Ordnung erst produziert werden" (BERGMANN 1981, 11).

Ethnomethodologie bezeichnet die Summe der Verfahren, die Menschen verwenden, um soziale Realität zu erzeugen.

Zum anderen betrachtet Ethnomethodologie als wissenschaftliche Methode

> "die Welt als eine von den in ihr Lebenden durch die jeweiligen Handlungen hergestellte" (KALLMEYER 1988, 1097)

mit dem Ziel, die interaktiven Verfahren zur Herstellung dieser sozialen Wirklichkeit zu ermitteln (vgl. BERGMANN 1981, 12). Die Ethnomethodologie stellt die Basis für die amerikanische conversational analysis und die deutsche Konversationsanalyse zur Verfügung.

Die in der Sowjetunion entstandene Tätigkeitstheorie erklärt die Entwicklung und Konstitution der menschlichen Psyche in ihrem Verhältnis zu gesellschaftlichen Determinanten (vgl. LÜSCHOW 1989, 73). Im Unterschied zu behavioristischen Auffassungen geht die Tätigkeitstheorie davon aus, daß

> "alle psychischen Prozesse an die allgemeine Lebenstätigkeit" (A.A. LEONT'EV 1971, 9)

gebunden sind. Die menschliche Lebenstätigkeit umfaßt alle Prozesse,

> "die das reale Leben des Menschen in der ihn umgebenden Welt verwirklichen, es handelt sich um sein (des Menschen, A.L.) gesell-

---

[2] Eine ausführliche Darstellung der historischen Entwicklung und der einzelnen Stränge der Ethnomethodologie findet sich bei PATZELT (1987, 14ff.).

> schaftliches Sein in der Vielfalt seiner Formen" (A.N. LEONT'EV 1984, 15).

Die aus der Tätigkeitstheorie entstandene Sprechtätigkeitstheorie beschäftigt sich mit der Frage, welche Funktionen Sprache und Sprechen (Sprechtätigkeit) im Gesamtprozeß menschlicher Tätigkeit erfüllen. Die Tätigkeitstheorie hat vor allem die in der ehemaligen DDR entstandene Gesprächsforschung beeinflußt, aber auch Eingang gefunden in die handlungstheoretisch orientierte Diskursanalyse.

3.2 Conversational analysis und Konversationsanalyse

Die amerikanische 'conversational analysis' und die von ihr maßgeblich beeinflußte deutsche Konversationsanalyse verstehen sich als

> "Anwendung und Konkretisierung der Ethnomethodologie Garfinkels" (KALLMEYER 1988, 1095).

Konversationsanalyse betrachtet Gespräche in Anlehnung an die ethnomethodologische Tradition als verbale Interaktionen, die als Mittel zur Herstellung sozialer Wirklichkeit dienen.

> "Die KA (Konversationsanalyse, A.L.) geht von der Annahme aus, daß die Ordnung der Interaktion strukturell ist in dem Sinne, daß sie - obwohl von den Teilnehmern hervorgebracht - eine 'objektive' soziale Tatsache ist. (...) Die Konstitution der sozialen Welt ist mit Aufgaben / Problemen verbunden, welche die Teilnehmer mit ihren Methoden bearbeiten und für die es strukturelle Lösungen gibt" (KALLMEYER 1988, 1098).

Die sozialen Bedingungen, unter denen Kommunikation stattfindet, erscheinen so als Ergebnisse von Problemlösungsprozessen, die selbst aus der Interaktion der Teilnehmer entstehen und so die soziale Welt konstituieren. Der Prozeß dieser Problemlösung wird als interaktive Aushandlung begriffen, die die permanente Kontextualisierung der in ihr von den Teilnehmern getroffenen Äußerungen notwendig macht: Die Kommunikationsteilnehmer müssen immer wieder neu verdeutlichen, wie und in welchem Zusammenhang ihre Äußerungen zu verstehen sind.

BERGMANN formuliert das Ziel konversationsanalytischer Forschung:

> "Ihr Ziel ist es, diejenigen Verfahren empirisch zu bestimmen, mittels derer die Teilnehmer an einem Gespräch im Vollzug ihrer (sprachlichen) Handlungen die Geordnetheit der (sprachlichen) Interaktion herstellen, das Verhalten ihrer Handlungspartner auf die in ihm zum Ausdruck kommende Geordnetheit hin analysieren und die Resultate dieser Analysen wiederum in ihren Äußerungen manifest werden lassen" (BERGMANN 1981, 15f.).

Die Konversationsanalyse versucht, Methoden, Verfahren und Regularitäten zur Herstellung sozialer Wirklichkeit zu erfassen (vgl. STREECK 1983, 96). Sie eruiert und systematisiert Ordnungsprinzipien und Regeln, nach denen Aushandlungsprozesse vollzogen werden. Die Forschungsinteressen richten sich dabei auf die Regularitäten des Sprecherwechsels (vgl. z.B. SACKS / SCHEGLOFF / JEFFERSON 1974), auf die Organisation von interaktiven Reparaturen (vgl. z.B. SCHEGLOFF / JEFFERSON / SACKS 1977) und die sequentielle Struktur und Organisation in Gesprächen (z.B. SCHEGLOFF / SACKS 1973).

Die konversationsanalytische Methodik läßt sich als interpretativ-induktiv kennzeichnen, da sie auf ausschließlich authentisches Gesprächsmaterial zurückgreift und streng gegenstandsorientiert ausgerichtet ist, um

> "theoretische Konstruktionen, aus denen dann Hypothesen über den Gegenstand abgeleitet werden" (KALLMEYER 1988, 1101),

zu vermeiden.[3]

---

[3]Es würde an dieser Stelle zu weit führen, im einzelnen die Kritik an der ethnomethodologischen Konversationsanalyse aufzuführen. Hingewiesen sei lediglich auf eine neuere Kritik von FLADER / VON TROTHA, die der Konversationsanalyse einen "versteckten Positivismus" unterstellen: "Der radikal positivistische Status der Faktizität in der Ethnomethodologie wirft ein bezeichnendes Licht auf die Rolle von Tonband- und Videogerät und Transkription bei dem Versuch, auf alle methodischen Grundlagen zu verzichten. (...) Die Videoaufzeichnung tritt an die Stelle von theoriefähigen sprachlichen Grundeinheiten" (FLADER / VON TROTHA 1991, 157).

3.3 Diskursanalyse

Die von der Handlungstheorie und Pragmalinguistik geprägte Diskursanalyse, auch als "funktional-pragmatische Kommunikationsanalyse" (EHLICH 1991) bezeichnet, geht davon aus, daß Gespräche gesellschaftliche Erscheinungsformen sind, die zur Realisierung gesellschaftlicher Zwecke dienen (vgl. EHLICH / REHBEIN 1979a, 244). Die Diskursanalyse richtet ihren Blick auf sprachliche Interaktionen als zweckgebundene Phänomene:

> "Vielmehr ist die Aufgabe gerade, den Zweck in seiner das sprachliche Handeln leitenden Bedeutung derart analytisch aufzunehmen, daß ihm ein zentraler Stellenwert bei der Rekonstruktion des sprachlichen Handelns eingeräumt wird" (EHLICH 1991, 131).

Um kommunikative Zwecke zu realisieren, greifen die Kommunizierenden auf gesellschaftlich ausgearbeitete Handlungsmuster zurück, deren Analyse die Aufgabe der Rekonstruktion sprachlicher Handlungsmuster ist (vgl. EHLICH 1991, 132).

Die Diskursanalyse formuliert für ihre Methodik den Anspruch, sich nicht dem Anschein hinzugeben,

> "die Empirie rede sozusagen allein und für sich selbst, sondern sie analysiert die Kategorien, die sie immer schon - als alltägliche dem Analytiker mit den anderen Sprechern einer Sprache gemeinsame; als alltagswissenschaftliche und als wissenschaftliche - ins Spiel bringt, bewußt und prüft sie auf ihre analytische Leistungsfähigkeit" (ebd.).

Mit der impliziten Kritik an der ethnomethodologisch orientierten Konversationsanalyse, daß Analyse nicht voraussetzungslos betrieben werden könne, sondern das jeweilige Wissen und Vorverständnis der Forscher in jedem Fall miteinfließe, charakterisiert die Diskursanalyse ihren methodischen Ansatz als empirisch dort, wo die Grundlage der Analyse immer das konkrete Material bilden muß, gleichzeitig aber auch als reflexiv dort, wo Vorverständnis und Vorwissen des Forschers zur Analyse bewußt herangezogen werden.

3.4 Kommunikationslinguistik

Gewisse Affinitäten zur Diskursanalyse weist die in der ehemaligen DDR entstandene und vor allem auf tätigkeitstheoretischen Grundlagen basierende Kommunikationslinguistik auf (vgl. BECKER - MROTZEK 1992, 6). Gespräche werden verstanden als

> "grundlegendes Kommunikationsereignis der direkten Kommunikation, durch das die Partner verbal, mit Hilfe des Sprecherrollenwechsels, unter konkreten sozial-historischen Bedingungen, bestimmte Tätigkeitsziele realisieren" (TECHTMEIER 1984, 50).

Kommunikation trägt zur Realisierung gesellschaftlicher Tätigkeit bei und wird vor allem in bezug auf ihre gesellschaftliche Funktion hin analysiert (vgl. SCHWARZ 1985, 42ff.; vgl. auch HARTUNG u.a. 1977). Dabei finden, soweit die Restriktionen des real existierenden Sozialismus es zuließen, im Westen gängige Gesprächsanalysemethoden wie beispielsweise die Konversationsanalyse[4] Berücksichtigung.

3.5 Angewandte Gesprächsforschung

Der Problematik mangelnder Praxisanbindung der Gesprächsanalyse wird in jüngster Zeit vermehrt Aufmerksamkeit geschenkt. Inzwischen hat sich ein Kreis vor allem diskursanalytisch orientierter Linguisten etabliert, der den Anwendungsaspekt linguistischer Gesprächsforschung stärker betont. Aufgrund ihrer schon im Namen auffallenden Affinität zu praktischen Problemstellungen, wie sie auch Gegenstand meiner Arbeit sind, werde ich

---

[4]Vgl. hierzu TECHTMEIER (1984, 10):"Wir hatten davon auszugehen, daß der Gegenstand dieser Arbeit, das Gespräch, noch relativ wenig erforscht ist, insbesondere hinsichtlich der inneren Strukturierung, der Sequenzierung und der zum Einsatz kommenden Verfahren. Des weiteren hatten wir zu berücksichtigen, daß einige Impulse für die Detailanalyse dialogischer Prozesse auch aus Ansätzen kommen, deren weltanschauliche Bezüge nicht ohne Konsequenzen für die Behandlung der kommunikativen Erscheinungen geblieben sind und demzufolge auch nicht einfach vernachlässigt werden können. Diese Situation hat den Charakter der vorliegenden Arbeit entscheidend mitgeprägt: Es kam uns vor allem darauf an, Grundpositionen abzustecken, die sich aus der Sicht einer tätigkeitsorientierten Kommunikationsforschung ergeben, sowie exemplarisch deutlich zu machen, welche Konsequenzen aus diesen für das Herangehen an die Probleme des Gesprächs resultieren."

vor allem diesen Aspekt der angewandten Gesprächsforschung diskutieren. BECKER-MROTZEK / BRÜNNER stellen als Vertreter des Ansatzes seine Aufgaben vor:

> "a) die empirische Dokumentation authentischer Gespräche bzw. Diskurse,
>
> b) deren funktionale und strukturelle Analyse,
>
> c) die Identifikation von Problemen der Kommunikation und
>
> d) der Praxisbezug" (BECKER-MROTZEK / BRÜNNER 1992, 14).

In der expliziten Zielbestimmung unterscheidet sich die angewandte Gesprächsforschung von ausschließlich analytisch orientierten Ansätzen zunächst dadurch, daß der Anspruch formuliert wird, einen Praxisbezug der Forschung herzustellen. Dieser Praxisbezug enthält drei Komponenten.

> "Grundsätzlich gilt (...), daß der Praxisbezug bereits durch die Auswahl der Untersuchungsgegenstände gegeben ist. Untersucht werden vornehmlich Gespräche und Diskurse, die von praktischer Relevanz für das Zusammenleben und -handeln der Menschen in Alltag und Beruf sind" (ebd., 19).

Mit diesem Verständnis von Praxisbezug unterscheidet sich angewandte Gesprächsforschung nicht von herkömmlichen analytisch ausgerichteten Ansätzen der Gesprächsforschung, die sich ebenfalls mit authentischen Gesprächen beschäftigen. Dieses Verständnis von Praxisbezug geht nicht über die im ersten Teilziel formulierte Aufgabe der Analyse authentischer Gespräche hinaus, sondern kann sogar als dessen synonyme Formulierung verstanden werden. Authentische Gespräche sind per se praktisch relevant, da sie ihre Existenz ihrer praktischen Relevanz verdanken.

Unter dem Stichwort der Anwendung entwickeln BECKER-MROTZEK/ BRÜNNER zwei weitere Aspekte des Praxisbezuges:

> "Der eine Anwendungspol besteht in der Umsetzung vorliegender Ergebnisse in die Praxis; das ist überall dort möglich, wo bereits abgeschlossene Untersuchungen vorliegen. Den anderen Pol bildet die Anwendung des spezifischen gesprächs- und diskursanalytischen Methodeninventars auf neue Problemfelder; das ist dann der Fall, wenn noch keine einschlägigen Ergebnisse vorliegen" (ebd.).

Der kritische Leser sucht bezüglich des ersten sogenannten Anwendungspols nach Kriterien, mit Hilfe derer festzulegen ist, wann eine Untersuchung als abgeschlossen gelten kann. Darüber hinaus wird hier die Abgeschlossenheit wissenschaftlicher Untersuchung zur Bedingung ihrer Umsetzung in praktische Zusammenhänge erklärt; das offenbart meines Erachtens genau jenes idealistische Wissenschaftsverständnis, das der Linguistik den Ruf einer Wissenschaft im Elfenbeinturm eingetragen hat und dem die angewandte Gesprächsforschung entgegentreten will.

Der zweite sogenannte Anwendungspol entpuppt sich bei näherem Hinsehen wiederum als Synonym der Analyseaufgabe angewandter Gesprächsforschung.[5]

Insgesamt ist die Tatsache, daß angewandte Gesprächsforschung die Herstellung eines Praxisbezuges konzeptionell integriert, positiv zu bewerten. Allerdings lassen sich zwei Desiderate formulieren. Zum einen fehlt die Produktion von Handlungsanweisungen als explizite Aufgabenbestimmung, zum anderen die Bestimmung dessen, was gelungene Kommunikation sei, als normativer Fixpunkt der Forschung. Daraus resultiert auch für diesen Ansatz linguistischer Gesprächsforschung der Primat der Analyse.

3.6 Kritische Würdigung

Zur Beantwortung meiner primär synthetischen Fragestellung nach den Handlungsmöglichkeiten eines Bewerbers zur gelingenden Teilnahme an Bewerbungsgesprächen liefern die vorgestellten Ansätze der linguistischen Gesprächsforschung keinen Beitrag, da es sich um ausschließlich analytisch ausgerichtete Gesprächsforschungsansätze handelt, in denen zwar eine Hinwendung zu kommunikativen Alltagsproblemen[6] erfolgt, sie sich jedoch

---

[5]Unverständlich erscheinen mir die folgenden Ausführungen, in denen unterschiedliche "Anwendungstiefen" wie "Analyse kommunikativer Praxis", "Aufzeigen von Problemen", "Entwickeln von Problemlösungen" und "Umsetzung von Lösungsvorschlägen" als "unabhängig vom Praxisbezug" dargestellt werden (BECKER-MROTZEK / BRÜNNER 1992, 20f.), obwohl vorher ausgeführt wurde, daß der Anwendungsaspekt als Praxisbezug zu gelten hat.

[6]An dieser Stelle möchte ich exemplarisch auf einige der zahlreichen Untersuchungen verweisen, deren Verständnis von "angewandt" in dem Sinne zu verstehen ist, daß eine analytische Hinwendung zu Gesprächen der Alltagswelt gemeint ist, die jedoch nicht ausge-

auf Deskription und systematische Untersuchung des Gegenstands Gespräch beschränken. Mit HERINGER können ihre Ziele auch folgendermaßen zusammengefaßt werden:

> "Das Ziel der Analyse einer Kommunikation ist einzig und allein, sie besser zu verstehen" (1977, 94).

Die linguistischen Gesprächsforschungsansätze zeichnen sich vor allem durch ihre "analytic mentality" (SCHENKEIN 1978a, 1) aus.

Da meine Fragestellung allerdings auch eine analytische Perspektive enthält, kann ich hier auf die differenzierte Analysemethodik und weitreichende Ergebnisse der linguistischen Gesprächsforschung zurückgreifen. So liefern beispielsweise Kommunikationslinguistik und Diskursanalyse wichtige Hinweise zur Klassifizierung des Gesprächstyps Bewerbungsgespräch. Ähnlich kann zur Bestimmung der Personenkonstellation im Bewerbungsgespräch auf Elemente einer soziologischen Rollentheorie zurückgegriffen werden, wie sie die Freiburger Redekonstellationstypik in Ansätzen berücksichtigt. Ebenso wird zur Beschreibung der Modalitäten des Sprecherwechsels und der Themabearbeitung auf Ergebnisse konversationsanalytischer Untersuchungen zurückzukommen sein.

---

richtet sind auf eine Veränderung kommunikativer Praxis: z.B. zum Interview: BERENS (1975); SCHWITALLA (1979a); ECKER u.a. (1977); zum Beratungsgespräch: NOTHDURFT / REITEMEIER / SCHRÖDER (1992); zur schulischen Unterrichtskommunikation: EHLICH / REHBEIN (1976a; 1977; 1983; 1986); zur Kommunikation in der betrieblichen Ausbildung: BRÜNNER (1987); zur Bürger-Verwaltungskommunikation: SELTING (1987); BECKER-MROTZEK (1991); zum Verkaufsgespräch: HENNE / REHBOCK (1982); HUNDSNURSCHER / FRANKE (1985); zur Kommunikation im Gericht: HOFFMANN (1983); zu therapeutischer Kommunikation: EHLICH u.a. (1990).

4 Ansatz und Status einer axiomatischen Sprechwissenschaft

BARTSCH beschreibt die Konstituenten, die Sprechwissenschaft unter dem Anspruch, kommunikative Realität zu verändern, integrieren muß:

> "Der geforderte Ansatz einer synthesierenden Sprechwissenschaft, die Komponenten der Pragmalinguisitik, der Kommunikationswissenschaft und der Sprecherziehung enthält, ist vor allem aus der Rhetorik zu gewinnen. (...) Damit ist eine Rhetorik gemeint, die bei der notwendigen Arbeitsteilung in der Forschung bezüglich der genannten (theoretisch-analytische und praktisch-angewandte, A.L.) Teilfunktionen den Zielaspekt der Synthese nicht vergißt und ihm auch entsprechende wissenschaftspolitische Bedeutung gibt " (BARTSCH 1981, 51).

GEIßNER legt mit seiner als Theorie mündlicher Kommunikation definierten Sprechwissenschaft einen kommunikativen Ansatz vor, der mit den von BARTSCH lediglich thetisch entwickelten Kriterien, vor allem der Synthese und der Interdisziplinarität, korrespondiert. GEIßNER fundiert die Sprechwissenschaft als selbstreflexive, sozialpragmatische Sinnwissenschaft, die das Ziel verfolgt, die Praxis der Miteinandersprechenden und damit letztlich auch gesellschaftliche Praxis zu verändern (vgl. 1988a, 13). Wissenschaftsgeschichtlich beerbt die Sprechwissenschaft die antike Rhetorik[1], die als

---

[1] Eine griffige und brauchbare Definition der Begriffe "rhetorisch" und "Rhetorik" fehlt bislang aus meiner Sicht, da sich die Bestimmung des Gegenstands, der Ziele und der Methodik einer Rhetorik als äußerst problematisch erweist. Der synonyme Gebrauch der Begriffe Sprechwissen-schaft und Rhetorik, wie er sich bei LÜSCHOW in der Gleichsetzung von Sprechwissenschaft und Rhetorikkonzeption (1989, 106) andeutet, scheint mir aus dem gleichen Grund keine adäquate Lösung des Problems.

Zur Theorie der Rhetorik und Auseinandersetzung mit Rhetorikkonzeptionen vgl. KOPPERSCHMIDT (1975; 1976; 1977) und GEIßNER (1977; 1988a ; 1991a).

Systematische und historische Überblicke finden sich bei FISCHER (1974), PLETT (1977), REHBOCK (1980), KALLMEYER (1985), GEIßNER (1975; 1988b), GUTENBERG (1993).

Zur Wirkungsgeschichte vgl. HETHEY (1988) und KOPPERSCHMIDT (1991a; 1991b).

Der für mich wesentliche Aspekt der Formulierung von Handlungsanweisungen für die Bewältigung kommunikativer Praxis ist im Begriff der Sprechwissenschaft aufgehoben, so daß ich auf die Benutzung des Begriffs für meine Darstellung im folgenden verzichte.

Anleitung zur Redepraxis bereits erste analytische Ansprüche entwickelt hat und deren Tradition sich bis zum Beginn des 19. Jahrhunderts im universitären Kontext behaupten konnte (vgl. ebd., 7).[2] Darüber hinaus können die Sprachtheorie BÜHLERs, auf die sich das handlungstheoretische Selbstverständnis der Sprechwissenschaft stützt (vgl. BÜHLER 1976, 59), und "die Kritik an einer nachträglich pragmatisch gewendeten Linguistik" (LÜSCHOW 1989, 106) als wissenschaftshistorische Quellen der Sprechwissenschaft angesehen werden.

4.1 Gegenstand der Sprechwissenschaft: Gespräch

Mündliche Kommunikation erscheint im Gespräch als "Urtyp der Sprache" (HUMBOLDT 1903, V 380); das Gespräch ist der Prototyp mündlicher Kommunikation (vgl. GEIßNER 1988a, 12). Deshalb hat "Sprechwissenschaft (...) ihren Grund im Gespräch" (ebd., 13), daher ist "das Miteinandersprechen vergesellschafteter Subjekte (...) ihr Gegenstand" (ebd.). LÜSCHOW formuliert ähnlich, wenn er den Gegenstand der Sprechwissenschaft bestimmt. Genuine Gegenstände der Sprechwissenschaft

> "sind Prozesse mündlicher Kommunikation im gesamten Bereich, in dem Menschen miteinander handeln. Das Interesse richtet sich auf die 'Sprache-im-Gebrauch', also das konkrete Sprechen unter konkreten sozialen Bedingungen" (LÜSCHOW 1991, 5).

Im Mittelpunkt sprechwissenschaftlicher Betrachtung stehen weniger abstrakt-systemische Variablen von Sprache als konkretes, reales Kommunikationshandeln historisch und sozial verorteter Menschen mit den Zielen, die sie in und mit ihrer Kommunikation verfolgen. Sprechwissenschaft trennt ihren Gegenstand, Prozesse mündlicher Kommunikation, nicht von den kommunizierenden Menschen, sie erforscht die Funktionalität des Miteinandersprechens auf der Basis der geschichtlichen und gesellschaftlichen Realität

---

Ergebnisse aus dem Bereich der Rhetorik, die für den Zusammenhang dieser Arbeit von Interesse sind, werde ich an den entsprechenden Stellen aufnehmen.

[2] Zur Wissenschaftsgeschichte der Sprechwissenschaft vgl. PABST-WEINSCHENK (1993a), PABST-WEINSCHENK (1993b), auch GEIßNER (1979a, bes. 79ff.) und WINKLER (1969). Vgl. darüber hinaus die Bibliographie von GEIßNER / SCHWANDT (1993).

der Miteinandersprechenden. Sprechwissenschaft interessiert sich für sprachlich handelnde Subjekte:

> "Kommunikationsprozesse werden (...) nur in dem Sinn zum Gegenstand von sprechwissenschaftlicher Forschung, als sie von konkreten Menschen mit konkreten Intentionen und Inhalten unter konkreten Bedingungen vollzogen werden. Nicht einem isolierten Inventar möglicher Sprechhandlungen gilt das Interesse, sondern den handelnden Personen, die mündliche Sprache gebrauchen, um Ziele zu erreichen" (LÜSCHOW 1991, 6).

Sie integriert von daher sprachwissenschaftliche und sozialwissenschaftliche Zugänge zum Miteinandersprechen (vgl. GEIßNER 1988a, 12).

4.2 Aufgaben der Sprechwissenschaft: Analyse und Synthese

Als Theorie der mündlichen Kommunikation versucht Sprechwissenschaft, ihren prototypischen Gegenstand, das Gespräch, zu analysieren und zu elementarisieren:

> "Gespräch, als Prototyp der Kommunikation, ist als mündliche Kommunikation die intentionale, wechselseitige Verständigungshandlung mit dem Ziel, etwas zur gemeinsamen Sache zu machen, bzw. etwas gemeinsam zur Sache zu machen" (GEIßNER 1988a, 45).

Mehrere Aspekte dieser sprechwissenschaftlichen Definition des Gesprächs verdienen es, hervorgehoben zu werden (vgl. GEIßNER 1988a, 27ff.):

Sprachliche Handlungen sind intentional. Sie treten nicht in isolierter Form auf, sondern erfüllen in der kommunikativen Form des Gesprächs ihre Funktion. Kommunizierende handeln bewußt und agieren nicht reizreaktionsgesteuert. Mittels eines sprachlichen Symbolsystems vollziehen Sprecher in Gesprächen Handlungen, die von reizgesteuertem Verhalten deutlich zu unterscheiden sind, weil sie Sinn produzieren und intentional sind. Dies impliziert, daß Sprecher in Gesprächen bestimmte Ziele verfolgen und diese mittels sprachlicher Handlungen zu realisieren versuchen.

Jedes Gespräch ist in einen gesellschaftlichen Kontext eingebunden und erfüllt in ihm einen spezifischen Zweck. Die im Gespräch miteinander sprechenden Personen sind immer eingebunden in soziale Verhältnisse und bringen diese in jede Gesprächssituation ein. Gleichzeitig bringen die Gesprächsteilnehmer jedoch auch ihre jeweiligen individuellen Voraussetzungen in das Gespräch ein. Der Einfluß gesellschaftlicher und individueller Voraussetzungen auf das Gespräch kann als situative Steuerung bezeichnet werden.

Das Gespräch ist ein dynamischer Prozeß, in dem Sprecher und Hörer durch komplex vollzogene Verständigungshandlungen Ziele realisieren. Der Gesprächsprozeß bedarf der Organisation und der kommunikativen Anstrengung und Aushandlung der Gesprächspartner.

Gespräche sind wechselseitige Prozesse, in denen Sprecher und Hörer ihre Rollen wechseln. Diese Prozesse unterliegen bestimmten Regeln und Gesetzmäßigkeiten; sie sind durch den Einsatz spezifischer Mechanismen steuerbar.

Das Gespräch ist ein kooperativer Prozeß. Die Bedingung der Möglichkeit für gelungene Kommunikation ist, daß sich die Gesprächsteilnehmer trotz unterschiedlicher individueller Verschiedenheiten und Interessen eine gemeinsame Gesprächsbasis schaffen, das heißt, ein gemeinsames Bezugsschema und ein gemeinsames - auf das Gespräch bezogenes - Interesse, auf deren Grundlage ein gemeinsamer Sinn konstituiert und interpretiert werden kann.

Diese Elementarisierung weist auf viele Problembereiche, die von anderen Wissenschaften außerhalb der Sprechwissenschaft behandelt werden. Sprechwissenschaft ist deshalb auf die Kooperation mit diesen Wissenschaften angewiesen. GEIßNER (1979a, 77) nennt hier unter anderem Phonetik, Soziologie, Psychologie, Anthropologie, Ethik, Logik und Linguistik. LÜSCHOW (1991, 4) nennt als relevante Quellen, aus denen sprechwissenschaftliche Forschung schöpft, neben linguistischen, literaturwissenschaftlichen, philosophisch-sozialwissenschaftlichen und psychologisch-pädagogischen Theorien übergreifende Konzepte wie die Tätigkeitstheorie oder die Semiotik.

Sprechwissenschaft versteht sich selbst nicht als ausschließliches Theoriebildungskonzept, sondern sie steht - auch aufgrund ihrer eigenen Geschichte (vgl. GEIßNER 1979a, 79f.) - in einem dialektischen Verhältnis zur Sprecherziehung als Didaktik und Methodik mündlicher Kommunikation (vgl. GEIßNER 1982, 11): Sprechwissenschaft ist insofern zweifach in der Praxis sprechhandelnder Menschen verwurzelt, als sie erstens konkrete Sprechsituationen analysiert, um zweitens plausible und begründete Handlungsanweisungen für die bessere Bewältigung dieser Situationen zu produzieren. Sprechwissenschaft integriert so von ihrem Ansatz her Deskription und Präskription, analytische und synthetische Elemente (vgl. LÜSCHOW 1991, 7). Die Analyse von Kommunikationssituationen ist für die Sprechwissenschaft lediglich insoweit sinnvoll, als sie funktional wird für die Produktion abgesicherter Normen. Sprechwissenschaft

> "ist nicht nur Wissenschaft vom sprechhandelnden Menschen, sondern auch Wissenschaft für den sprechhandelnden Menschen" (LÜSCHOW 1991, 7).

Die Veränderung kommunikativer Praxis ist ausgerichtet am Ziel kritischer Mündigkeit, wie es ADORNO formuliert:

> "Mündig ist der, der für sich selbst spricht, weil er für sich selbst gedacht hat und nicht bloß nachredet; der nicht bevormundet wird. Das erweist sich aber in der Kraft zum Widerstand gegen vorgegebene Meinungen und, ineins damit, auch gegen nun einmal vorhandene Institutionen, gegen alles bloß Gesetzte, das mit seinem Dasein sich rechtfertigt" (1971, 10).

4.3 Methodik der Sprechwissenschaft: Axiomatik

Sprechwissenschaft integriert Theorie und Praxis und greift für ihre Methode auf die Wissenschaftsmethodologie zurück, die BÜHLER (1976) seiner Forschung zugrundelegt (vgl. dazu KAMP 1984). Wissenschaftliche Erkenntnisse und Alltagswissen werden im Hinblick auf praktische Probleme zu Axiomen verdichtet, die einerseits zur Basis praxisrelevanter Handlungsanweisungen werden, sich andererseits aber immer wieder am Gelingen dieser Praxis zu messen haben. Das "Schon" und "Noch nicht", von dem der Charakter der sprechwissenschaftlichen Axiome geprägt ist, beschreibt LÜSCHOW:

> "Zum einen sind sie (Axiome der Sprechwissenschaft, A.L.) mit einem permanenten Fragezeichen versehen. Sie sind 'sinnvolle' Inhalts-Hypothesen (also nicht im formalen Sinn der empririschen Sozialforschung), die mit unterschiedlichen Methoden an der Wirklichkeit geprüft werden. Gleichzeitig dienen sie aber auch schon immer als (vorläufiger) Output der Forschung bei den Bemühungen, sprechwissenschaftliche Praxis herzustellen. Sie sind immer gleichzeitig

> Ergebnis, insofern sie Praxis (probehalber) anleiten, und Forschungsfrage, insofern sie ständig überprüft werden müssen. So können alle Trainingskonzepte, die entwickelt und kontrolliert erprobt werden, als eine Variante derartiger Axiome gelten. Umgekehrt werden auch wissenschaftlich motivierte Forschungsthesen immer schon mit Blick auf die spätere Didaktisierung angelegt" (1991, 3f.).

Sprechwissenschaftliche Axiome müssen zum einen immer wieder aus der kommunikativen Praxis, zum anderen durch den Einbezug linguistischer, sprechwissenschaftlicher, psychologischer oder anderer grenzwissenschaftlicher Ergebnisse und Methoden gewonnen werden, die in der Lage sind, kommunikative Praxis zu beschreiben. Sie stellen die Grundlage für eine reflektierte und verantwortbare Didaktik und Methodik mündlicher Kommunikation dar. Dabei muß sich der Einbezug wissenschaftlicher Theorien daran orientieren, inwieweit sie Potentiale enthalten, die Aussagen darüber machen können, wie die kommunikative Realität des einzelnen besser bewältigt werden kann.

Aus dem dargestellten Zusammenhang heraus läßt sich Sprechwissenschaft weiter als axiomatische Sprechwissenschaft beschreiben, die von ihrem Selbstverständnis her die Praxis umfaßt; insofern schließt der Begriff der axiomatischen Sprechwissenschaft auch den der Sprecherziehung ein (vgl. LÜSCHOW 1991, 7; dagegen GEIßNER 1982, 7ff.).

Mit dem Ansatz der axiomatischen Sprechwissenschaft steht eine wissenschaftliche Methode zur Verfügung, die den aus den Perspektiven dieser Arbeit entwickelten Kriterien (vgl. I 1) für das Verfahren zur Beantwortung meiner Fragestellung in jeglicher Hinsicht entspricht. Sie ermöglicht synthetische Aussagen auf der Basis fundierter Analyseergebnisse und ist aufgrund ihres problemorientierten Ansatzes auf die Integration verschiedenster Disziplinen, die Aussagen zu ihrem Gegenstandsbereich machen, angelegt. Handlungsanweisungen werden nach sprechwissenschaftlichem Verständnis als das Ergebnis von Axiomen aufgefaßt. Insofern unterliegen sie einerseits der Forderung nach rationaler Begründung, andererseits besitzen sie insofern einen vorläufigen Charakter, als sie jederzeit begründet revidiert werden können.

4.4 Konsequenzen für das weitere Vorgehen

Aus Sicht der axiomatischen Sprechwissenschaft werden Gespräche als situativ gesteuerte, wechselseitige Verständigungshandlungen vergesellschafteter Subjekte mit dem Ziel, gemeinsam etwas zur gemeinsamen Sache zu machen, verstanden. Der Gegenstand meiner Arbeit, das Bewerbungsgespräch, kann nun analog definiert werden: Das Bewerbungsgespräch ist eine situativ gesteuerte, wechselseitige Verständigungshandlung zwischen den vergesellschafteten Subjekten Einstellender und Bewerber mit dem Ziel, das Problem einer Stellenbesetzung zur gemeinsamen Sache zu machen.

Aus dieser Definition des Bewerbungsgesprächs ergeben sich für die Beantwortung meiner Frage nach den Handlungsmöglichkeiten eines Bewerbers hinsichtlich gelingender Kommunikation im Bewerbungsgespräch zwei fundamentale Aufgaben. Zum einen müssen die sozialen und individuellen Bedingungen und Voraussetzungen analysiert werden, die das Bewerbungsgespräch steuern, um daraus entsprechende Handlungsnormen zu gewinnen. Zum anderen muß der Gesprächsprozeß selbst auf die Faktoren hin untersucht werden, durch die die Gesprächspartner sich miteinander über die Lösung ihres Problems verständigen, um daraus prozeßbezogene Handlungsanweisungen für Bewerber zu gewinnen.

Deshalb wird in einem ersten Schritt auf der Basis eines erweiterten Organon-Modells der Sprache (vgl. BÜHLER 1982, 28), das ich zur Operationalisierung der Sprechsituation heranziehe, eine Analyse der Bedingungen vorgenommen, unter denen die Kommunizierenden im Bewerbungsgespräch miteinander sprechen. Die jeweilige Analyse der Faktoren der Sprechsituation wird mit dem Ziel unternommen, zu einer systematischen Darstellung und Beschreibung kommunikativer Steuerungselemente zu gelangen, die eine gelungene Partizipation des Bewerbers am Bewerbungsgespräch im Hinblick auf die Sprechsituation ermöglichen.

In einem zweiten Schritt wird der Gesprächsprozeß selbst thematisiert. Unter der Prozeßstruktur wird die spezifische Art und Weise verstanden, wie der wechselseitige formale und thematische Austausch zwischen Sprecher und Hörer im Bewerbungsgespräch organisiert ist und vollzogen wird. Dabei gehe ich davon aus, daß dem Bewerbungsgespräch bestimmte Kooperationsprinzipien zugrundeliegen, die im Hinblick auf den konkreten Gesprächsprozeß konkretisiert und operationalisiert werden können. Auf dieser Grundlage werden Handlungsanweisungen erarbeitet, die Relevanz für die Prozeßstruktur in bezug auf die formale Ebene der Gesprächsorganisation und die materiale Ebene der Themabearbeitung aus der Perspektive des Bewerbers besitzen.

5 Gesprächsmaterial und Transkriptionsverfahren

5.1 Zur Materialbasis

Aus der Fülle von Gesprächsmaterial, das ich in den letzten Jahren in meinen Bewerbungstrainings gesammelt habe, lege ich dieser Arbeit sieben Gesprächsrollenspiele zugrunde, die im Rahmen von Bewerbungstrainings innerhalb mehrerer Jahrgänge einer Fortbildungsmaßnahme zum Altenheimleiter/Geragogen aufgezeichnet wurden. Die Teilnehmer an diesen Fortbildungen haben alle bereits einen oder mehrere Studiengänge abgeschlossen. Sie haben häufig bereits mehrere Jahre befristete Stellen beziehungsweise Stellen im Rahmen von Arbeitsbeschaffungsmaßnahmen in teilweise auch ausbildungsfremden Tätigkeitsbereichen innegehabt oder suchen nach mehrjähriger Familienphase den Wiedereinstieg in den Beruf.

Die Fortbildung bereitet die Teilnehmer auf eine leitende Tätigkeit in Altenheimen vor. Sie umfaßt neben gerontologischen betriebswirtschaftliche, psychologische und sozialpädagogische Inhalte. Das Bewerbungstraining findet innerhalb des letzten Viertels der Weiterbildung ungefähr zu dem Zeitpunkt statt, an dem die Teilnehmer sich zu bewerben beginnen.

Die Gespräche wurden im Seminarraum offen unter Anwesenheit der übrigen Seminarteilnehmer geführt. Die Aufzeichnung der Rollenspiele erfolgte mit einem Cassettenrecorders Grundig CR 590. Die Gesprächsdauer beträgt jeweils ca. 15 - 25 Minuten. Die Rolle der Einstellenden übernahmen die Kursteilnehmer selbst, da sie auch im Rahmen ihrer späteren Tätigkeit Einstellungsgespräche führen müssen.

Soweit wie möglich wurden die Gespräche in ein vollständig simuliertes Bewerbungsverfahren eingebunden. Sowohl Einstellende als auch Bewerber hatten eine Vorbereitungszeit zur Verfügung. Die jeweiligen Bewerber hatten vor Beginn eines Gesprächs schriftliche Bewerbungsunterlagen verfaßt (Anschreiben, Lebenslauf, Zeugnisse); zugrundegelegt wurden Stellenanzeigen aus Fachzeitschriften. Den Einstellenden lagen jeweils vor Beginn der Gespräche die Bewerbungsunterlagen vor.

Die Rollenspiele wurden nicht zu Forschungszwecken aufgenommen, sondern dienten der Analyse des Gesprächshandelns der Rollenspieler im Seminar. Erst im nachhinein habe ich die Seminarteilnehmer über mein Forschungsvorhaben informiert und sie gebeten, mir die Aufnahmen zur Verfügung zu stellen. Bedingung hierfür war die Codierung identifizierender Daten, die ich mit den Teilnehmern nach Erstellung der Transkriptionen abgesprochen habe.

Rollenspiele sind als Materialbasis in der Gesprächsforschung umstritten (vgl. z.B. GRIEßHABER 1987b, 118; SCHANK 1979). SADER hinterfragt die kritischen Auffassungen zum Rollenspiel als Forschungsmethode auf ihren zugrundeliegenden Realitätsbegriff und weist darauf hin, daß Kritiker des Rollenspiels, die vor allem ihre Vergleichbarkeit mit realen Situationen und die mangelhafte Validität von auf der Basis von Rollenspielen erhobenen Daten anzweifeln, eine unangemessene und verkürzte Unterscheidung zwischen Rollenspiel als Fiktion und realer Kommunikation vornehmen. Er kommt zu dem Schluß, daß

> "wenig erkenntnistheoretische Reflexion üblich ist und ein vorkantianischer naiver Realismus das Feld beherrscht" (SADER 1986, 21; vgl. auch KEBECK / SADER 1984).

Zur Problematik der Vergleichbarkeit von Rollenspiel und realen Situationen bemerkt RUBINSTEIN:

> "Die Gefühle, Wünsche und Absichten, die der Rolle entsprechen, die der Spielende durchführt, sind seine Gefühle, Wünsche und Absichten, insofern, als er sich mit der Rolle, in der er sie unter neuen phantasiemäßigen Bedingungen erlebt, identifiziert. Eingebildet sind nur die Bedingungen, unter die er sich in Gedanken stellt, aber die Gefühle, die er unter diesen Phantasiebedingungen erlebt, sind echte Gefühle, die er real erfährt. (...) Das bedeutet natürlich durchaus nicht, daß dem Spielenden nur seine Gefühle zugänglich sind. Sobald er 'sich in der Rolle fühlt', eröffnen sich ihm nicht nur die Gefühle seiner Rolle, die zu seinen eigenen Gefühlen werden, sondern auch die seiner Partner, mit denen er durch die gemeinsame Handlung und durch gegenseitige Einwirkung verbunden ist" (1971, 731f.; vgl. auch BECK 1974, 32).

Zwar entsprechen die Bedingungen, unter denen Rollenspiele stattfinden wie Räumlichkeiten, Kleidung oder Aufnahmegerät nicht den Bedingungen realen Kommunikationshandelns, die dargestellte Situation und das entsprechende Kommunikationshandeln wird von den Rollenspielern jedoch als "echt" erlebt (vgl. auch WARM 1981, 183; SADER 1983, 241f.).[1] Meine mehrjährige Erfahrung aus Seminaren sowohl mit Einstellenden als auch mit Bewerbern bestätigt diesen Tatbestand für die Spielsituation "Bewerbungsgespräch" nachhaltig, zumal die Bewerber keine für sie fremde Rolle annehmen müssen.

Deshalb gehe ich in dieser Arbeit davon aus, daß das Kommunikationshandeln in Rollenspielen dem in realen Situationen entspricht, vor allem dann, wenn die Personen im Rollenspiel in ihrer "realen Identität" (GRIEßHABER 1987b, 103) handeln.

5.2 Transkription

Transkriptionen haben die Funktion, Gesprächsereignisse zeitunabhängig nachvollziehbar und analysierbar zu machen (vgl. BERGMANN 1981, 19) und sind gleichzeitig für die Bearbeitung einer Fragestellung im Bereich mündlicher Kommunikation insofern ertragreich, als im Rahmen ihrer Produktion eine intensive Auseinandersetzung mit dem Gesprächsmaterial erfolgt (vgl. HEEG 1991, 25).

Transkriptionen sind jedoch keine 1:1-Abbildungen kommunikativer Phänomene, sondern müssen als perspektivisch gefilterte und damit unvollständige Abbildungen kommunikativer Prozesse verstanden werden (vgl. KOERFER 1981, 187), da sie in hohem Maße der subjektiven Wahrnehmung und Interpretation des Transkribierenden unterliegen.

Bei der Erstellung der Transkriptionen für diese Arbeit habe ich selbst immer wieder festgestellt, daß sich durch mehrmaliges Hören der Aufnahmen nicht nur neue Verstehensvarianten, sondern sogar neue Verstehensdimensionen entwickelt haben. Transkriptionen sind also keine reine Übertragungs-

[1]Vgl. dagegen SCHANK, der im Rollenspiel die "Sprecheridentität" (1979, 76) aufgehoben sieht: "Die Sprecher 'sind' nicht, was sie spielen" (ebd.); auch GRIEßHABER benennt in seiner ausführlichen Vergleichsstudie über "authentisches und zitierendes Handeln" anhand von real stattgefundenen Bewerbungsgesprächen und Rollenspielen mit türkischen und deutschen Lehrstellenbewerbern eine Reihe von Unterschieden, zum Beispiel "geringerer diskursiver Druck durch **Zuschauereinflüsse**: Hilfestellungen (Übersetzung von Fragen, Antwortvorgaben, entlastendes Lachen (...); **spielkontexttypische** Druckreduzierungsmöglichkeiten: Verlassen des fiktiven Handlungskontextes, Distanzierung durch unernsthaften Unterton (...)" (1987b, 119).

oder Decodierungsleistungen, sondern Ergebnis eines Hörverstehensprozesses. Wer hörverstehend transkribiert, ist jemand,

> "der aktiv das Gehörte an sein Wissen, seine Erfahrungen, an sein Vorverständnis 'anschließt', so wie es die Vorerwartungen in der Situation wahrscheinlich machen" (GEIßNER 1982, 95).

In besonderem Maße gilt das für das Verstehen und die Interpretation paralinguistischer und nonverbaler Phänomene der Kommunikation (vgl. ebd., 89f.; auch HEEG 1991, 27f.).

Wie ein Standbild aus einem Film stellen Transkriptionen also eine Momentaufnahme aus einem Verstehensprozeß dar, die sich aufgrund ihrer subjektiven Prägung durch Vorläufigkeit und Mehrdeutigkeit auszeichnet. Für die im folgenden zugrundegelegten Transkriptionen bedeutet das, daß sie in jedem Fall auf der Folie individueller Wahrnehmung und Interpretation verstanden werden müssen.

Das in dieser Arbeit umgesetzte Transkriptionsverfahren orientiert sich überwiegend an dem von KALLMEYER / SCHÜTZE (1976, 6f.) verwendeten und in einigen Erweiterungen an der "Halbinterpretativen Arbeitstranskription" (HIAT) von EHLICH / REHBEIN (1976b; 1979b). Da das zu transkribierende Material in Form von Audio-Aufnahmen vorliegt, wird auf eine Erfassung und Beschreibung visuell zu erfassender Aspekte vollständig verzichtet. Bei der Erstellung des Transkripts stehen Lesbarkeit und Verständlichkeit mit Blick auf den Leser im Mittelpunkt. Das Gesprächsmaterial wird im folgenden Text durch den Schrifttyp `Courier` kenntlich gemacht. Folgende sprachliche und sprecherische Phänomene werden transkribiert:

<u>Phonetische Aspekte</u>:

Die Transkription der akustischen Verbalisierung erfolgt in der standardsprachlichen Sprechweise. Von der Orthograpie wird dann abgewichen, wenn auffällige sprecherische Realisierungen, zum Beispiel starke dialektale Einfärbungen vorkommen.

<u>Redepausen</u>:

kurze Pause / kurzes Absetzen einer Äußerung: +

mittlere Pause: ++

längere Pause: +++
lange Pause: (+++ 9 sec.)

Unterbrechungen:
Wortabbruch: ei*
Satzabbruch: Und dann sind wir/

Intonation:
Erfaßt werden Grundcharakteristika des Tonhöhenverlaufs mithilfe der Interpunktion:
spannungslösend (Punkt): Wir haben dann dort gegessen.
spannungshaltend (Komma): Wir haben dann dort gegessen, weil wir...
spannungssteigernd (Fragezeichen): Habt ihr dort gegessen?

Modulation:
Erfaßt werden hier "ungewöhnliche" (vgl. EHLICH / REHBEIN 1976b, 25) Betonungen und Dynamikwechsel.

leise werdend: Wir haben dann dort gegessen (Pfeil nach links darüber)
lauter werdend: Wir haben dann dort gegessen (Pfeil nach rechts darüber)
betont: Wir haben dann dort gegessen
schnell: *Wir haben dann dort gegessen*
abgehackt: Wír háben dánn dórt gégéssen
gedehnt: Wir haben da:nn do:rt gegessen
schwebend/Gipfelakzente: Wir haben dann dort gegessen=

Verständlichkeit:
unverständlich: (...)
schwer verständlich: Wir haben dann dort gegessen.
sonstige Kommentare: (LAUTES EINATMEN)

Rezeptionssignale [2]:

Sie werden jeweils unterhalb der Zeile des aktuellen Sprechers notiert. Hörersignale, die zu Anfang der neuen Zeile stehen, zeigen an, daß das Hörersignal nicht parallel zur vorausgehenden Äußerung erfolgt, sondern in eine kleine Pause des Sprechers fällt.

Pausenfüller / Sprechersignale: `em, eh, m, mm`

Redewiedergabe simultaner Gesprächsschritte / -anteile:

Die jeweils simultanen Gesprächsschritte oder Gesprächsschrittanteile werden eingeklammert:

```
B: Ja, ich möchte/ Das is' doch/ is'n älteres Haus und eh es
sind zwar einige Neuerungen da, (LAUTES ATMEN) ich hätte doch
sehr vieles|zu bedenken.  |
E:          |Sie sind von|1970
```

Namen / Orte / Bundesländer / sonstige identifizierende Daten:

Namen: `A.K.; L.M. o.ä.`

Bundesland: BL / Orte: `O.; L. o.ä.`

Bewerber: `B.`/ Einstellende: `E (1,2,3)`

Sonstige identifizierende Daten wurden codiert.

[2] Ein sehr differenziertes System zur Unterscheidung verschiedener "HMs" haben EHLICH/ REHBEIN (1976b, 56) entwickelt. In dieser Arbeit erfolgt lediglich eine Unterscheidung in ein- und zweigipflige Zeichen, notiert als 'm' oder 'mm'.

II Sprechsituation des Bewerbungsgesprächs

1 Sprechsituation als Gefüge gesellschaftlicher und individueller Voraussetzungen

Im Anschluß an die sprechwissenschaftliche Definition des Bewerbungsgespräches wurde als erste Aufgabe dieser Arbeit die Analyse der Sprechsituation als Bedingungsgefüge aus gesellschaftlichen und individuellen Voraussetzungen des Bewerbungsgesprächs formuliert, auf deren Basis handlungspraktische Konsequenzen ermittelt werden sollen.

DRACH formuliert die Bedeutung der Sprechsituation für das Sprechen:

> "Alles wirkliche Sprechen entspringt einer gegebenen Sprechsituation. Diese umfaßt die Gesamtheit aller äußeren und inneren Voraussetzungen, die dazu führen, daß der Sprecher gerade in dem Augenblick gerade die Worte an gerade den Hörer richtet. Situationsloses Sprechen voraussetzungsloser Sätze gibt es nicht" (DRACH 1926, 15).

Die Voraussetzungen, von denen DRACH hier spricht, sind der soziale und individuelle Kontext, durch den jegliches Miteinandersprechen bedingt ist und gesteuert wird. Die Sprechsituation kann deshalb als das jeweilige Gefüge von Voraussetzungen,

> "unter denen der jeweils Handelnde Sprache verwendet" (PAWLOWSKI 1980, 70),

beschrieben werden.

1.1 Gesellschaftliche Voraussetzungen

Geht man von der Maxime aus, daß Kommunikation immer zwischen "vergesellschafteten Subjekten" (GEIßNER 1988a, 13) vollzogen wird, dann sind Sprechsituationen zunächst Teilausschnitte der Gesellschaft als sozialem Handlungssystem. Gesellschaft wird hier verstanden als eine zweckgebundene, in sich strukturierte Gruppe von Menschen, die durch spezifische Sozial und Arbeitsstrukturen miteinander verbunden sind (vgl. TJADEN 1990, 339ff.). Diese gesellschaftlichen Voraussetzungen werden als

> "im gesellschaftlichen Prozeß herausgebildete Konstellationen" (GEIßNER 1988a, 66)

verstanden. Sprechsituationen sind Konstellationen gesellschaftlicher Realität, die in verschiedenen Teilbereichen des gesellschaftlichen Zusammenlebens wie

> "a) Familie
>
> b) Beruf und Ausbildung
>
> c) Freizeit und kulturelles Leben
>
> d) Öffentliche Verwaltung, soziale Einrichtungen, Behörden (staatliche Dienste)
>
> e) Geschäftsleben, Handel, Verkehr (private Dienstleistungen)
>
> f) Sonstige Bereiche" (BERENS 1976, 21)

angesiedelt sein können. Diese verschiedenen Teilbereiche eines sozialen Systems können auch als Institutionen bezeichnet werden, die als

> "spezifische Ensembles von Formen gesellschaftlicher Praxis" (EHLICH/ REHBEIN 1986, 137),

eingeschränkte Aufgaben, zum Beispiel produktive, zirkulative (Handel), reproduktive (Familie), juristische oder Bildungsaufgaben (Schule etc.) erfüllen (vgl. EHLICH / REHBEIN 1980, 339ff.). Sie zeichnen sich durch bestimmte, innerhalb dieses Bereichs gesellschaftlicher Praxis akzeptierte Verhaltensweisen aus (vgl. BERENS 1976, 21; auch HENNE / REHBOCK 1982, 29), die als Normen, Konventionen, Werte oder Verpflichtungen (vgl. WUNDERLICH 1976, 54) gesellschaftliches Handeln regulieren. Je komplexer sich eine Gesellschaftsstruktur entwickelt, um so mehr bedarf sie verschiedener Institutionen, die ihre Bedürfnisse und die des Individuums befriedigen (vgl. EHLICH / REHBEIN1980, 339ff.).

Die innerhalb solcher Institutionen stattfindenden Gespräche unterliegen institutionellen Einflüssen. Die jeweils spezifischen Regelungen, denen Kommunikation institutionell bedingt unterliegt, können zu bestimmten Kommunikationsformen führen, die je nach Institution eng auf diese beschränkt sein können (vgl. FISHMAN 1975, 50). Solche institutionell bedingten Kommunikationsformen werden auch als Handlungsmuster bezeichnet (vgl. EHLICH / REHBEIN 1986, 137). Ich ziehe hier jedoch den Begriff der Sprechsituation als "Sozialsituation" (GEIßNER 1988a, 70) vor, da in ihm die dialogische Dynamik und die Berücksichtigung individueller Aspekte besser zum Ausdruck kommt.

1.2 Individuelle Voraussetzungen

Wenn Sprechwissenschaft vom sprechenden Subjekt ausgeht, dann kann die Sprechsituation nicht ausschließlich als Gefüge sozial determinierter Bedingungen beschrieben werden. Die "lebensgeschichtliche und augenblickliche Befindlichkeit" (GEIßNER 1988a, 69) des kommunizierenden Subjekts einschließlich seiner jeweiligen individuellen Erwartungen, Kenntnisse und emotionalen Zustände sind ebenso konstitutiv für die Sprechsituation wie soziale Bedingungen und müssen als individuelle Voraussetzungen in die Beschreibung der Sprechsituation einfließen.

> "Unter der (anthropologischen) Voraussetzung, daß 'der' Mensch nicht in einer Umwelt festgestellt ist, sondern Welt hat, kann dieselbe 'objektive' Umwelt, dasselbe Umweltstück ganz verschiedenartige 'subjektive' Welten repräsentieren" (ebd., 68).

Die 'objektive Umwelt', die sich in Form sozialer Voraussetzungen erfassen läßt, stellt gleichzeitig immer einen - vom Subjekt aus gesehen - individuellen Weltausschnitt dar, der bestimmt ist durch die individuellen Voraussetzungen, die die Gesprächsteilnehmer aufgrund ihrer (Kommunikations-) Biographie, ihres Wissens, ihrer Erfahrungen, ihrer Einstellungen und ihres jeweiligen Weltverständnisses in die Sprechsituation einbringen. Das in der Sprechsituation handelnde Subjekt erfaßt und verarbeitet die es umgebende Welt aus einer individuell-subjektiven Perspektive. Vom jeweiligen Gesprächsteilnehmer aus werden verschiedene Prozeduren in Gang gesetzt, die eine Sprechsituation zu einer auf ihn bezogenen machen: Sprechsituationen werden durch subjektive Wahrnehmungen und Bewertungen zu individuellen "Situationseinschätzungen" oder "Situationsinterpretationen" (ebd., 68).

1.3 Situative Steuerung

Die Sprechsituation als Bedingungsgefüge gesellschaftlicher und individueller Voraussetzungen ist dialektisch zu begreifen, da Subjekt und sozialer Kontext in einem Wechselverhältnis zueinander stehen.

Die individuellen Voraussetzungen, die Subjekte in eine Gesprächssituation einbringen, sind zu einem wesentlichen Teil Resultat ihrer sozialen Existenz, die ihnen ihre individuellen Erfahrungen ermöglicht. Umgekehrt bestimmen Erfahrungen, Wahrnehmungen etc. der Individuen auch wieder den sozialen Kontext. Sprechsituationen sind deshalb keine statischen, unveränderbaren Konstellationen[1], sondern sie werden immer wieder aktuell konstituiert. Um im Gespräch gemeinsam etwas zur gemeinsamen Sache machen zu können, sind die Gesprächsteilnehmer immer wieder neu vor die Aufgabe gestellt, trotz möglicher unterschiedlicher Situationseinschätzungen eine gemeinsame Situation als Gesprächsbasis herzustellen.

> "Vielmehr bringt jeder der Miteinandersprechenden 'seine Situation' entschlußhaft als Variable ein. Im Miteinandersprechen machen die Partner daraus (ko-variierend) überhaupt erst eine gemeinsame Situation. Diese verändern sie im Prozeß des Miteinandersprechens" (GEIßNER 1979b, 12).

Aus diesem Grund kann auch von einer situativen Steuerung von Kommunikation gesprochen werden. Da die miteinander Kommunizierenden immer auch ihre Perspektive der Situation einbringen, die durch neue Erfahrungen stets veränderbar ist und verändert werden muß, liegt hier auch der Grund für die Dynamik der Sprechsituation.

---

[1]Die Redekonstellationstypik (vgl. I 3.1) beschreibt Gespräche als "bestimmte typische 'Redekonstellationen' in natürlichen 'Kommunikationsakten'" (DEUTRICH 1973b, 113). "Die außersprachlichen Faktoren sind als Bedingungen zu verstehen, die beim Vorgang des aktuellen Sprechens auf die Textproduktion einwirken.." (ebd.) "Mit "Redekonstellation" wollen wir die in einem bestimten Kommunikationsakt auftretende Kombination außersprachlicher Verhaltenselemente bezeichnen" (STEGER u.a. 1974, 60; ein zusammenfassender Überblick der Kriterien bei HENNE / REHBOCK 1982, 32f.). Vgl. dazu auch SCHANK / SCHÖNTHAL, die die Sprechsituation zwar als soziale Situation begreifen, sich jedoch auf die isolierte Beschreibung redekonstellativer Merkmale beschränken (1983, 29ff.).

Es handelt sich hier um ein ausschließlich formales Beschreibungsverfahren, das gerade für die Frage nach gelungener Kommunikation keinen heuristischen Wert hat. Dazu kritisch und zu Recht GEIßNER (1988a, 67): "Hier handelt es sich in meinem Verständnis (...) um 'Objektivierungen', die den 'subjektiven Faktor' der Sinnkonstitution eliminieren; durchaus verständlich in einem an 'Corpus'-Gewinnung und computergestützter Analyse interessierten Verfahren."

1.4 Sprechsituationsmodell

Um die erläuterten individuellen und sozialen Voraussetzungen der Sprechsituation in Form einzelner Faktoren zu bündeln, sie systematisch zu erfassen und zu beschreiben, bedarf es eines Modells, das die einzelnen Faktoren nicht isoliert im Sinne einer empirischen Datenbank erfaßt, sondern das das komplexe Gefüge und die Wechselwirkung der einzelnen Faktoren adäquat abbildet. Ein solches Sprechsituationsmodell hat GEIßNER (1988a, 73) in Anlehnung an das BÜHLERsche Organonmodell (1982, 24ff.) entwickelt.

BÜHLER sucht

> "ein Modell des ausgewachsenen konkreten Sprechereignisses samt den Lebensumständen, in denen es einigermaßen regelmäßig auftritt" (ebd., 24).

Der Vorsatz, Sprechen unter Berücksichtigung der Lebensumstände, unter denen es vollzogen wird, zu erfassen, führt zu einem Modell, das die sozialen und individuellen Voraussetzungen enthält, unter denen Sprechen stattfindet. BÜHLER geht bei der Entwicklung seines Modells von der platonischen Definition der Sprache als organon, als Werkzeug aus:

> "Ich denke, es war ein guter Griff PLATONs, wenn er im Kratylos angibt, die Sprache sei ein *organum*, um einer dem andern etwas mitzuteilen über die Dinge" (ebd.; Hervorhebungen A.L.).

Das Werkzeug Sprache steht sowohl zum Sprecher als auch zum Hörer und den Dingen, über die etwas mitgeteilt wird, in Relation. Auf dieser antiken Grundlage entwickelt BÜHLER nun ein zeichentheoretisches Sprachmodell, das die Sprechsituation hinsichtlich der sie bestimmenden Faktoren operationalisiert:

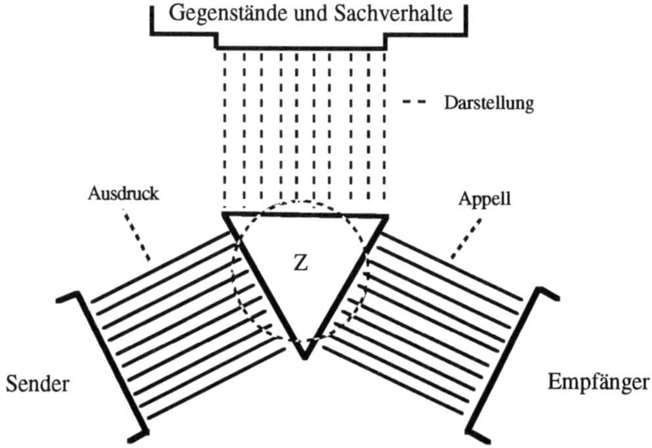

Abb.1: Organon-Modell nach BÜHLER

Im Mittelpunkt stehen das konkrete Schallphänomen (gestrichelter Kreis) und das sprachliche Zeichen (Dreieck). Die Linienbündel stellen die Relation des sprachlichen Zeichens zu Sender, Empfänger sowie Gegenständen und Sachverhalten dar. Das Schallphänomen als "das sinnlich Gegebene" (ebd.) bedarf, um den "Rang eines Zeichens" (ebd.) zu erhalten, der bewußten Erfassung durch die Kommunizierenden im Rahmen seiner interaktiven Verwendung in der Sprechsituation. BÜHLER bezeichnet diesen Vorgang als "apperzeptive Ergänzung" (ebd.), der im Modell durch die den Kreis überlappenden Teile des Dreiecks angedeutet wird. Gleichzeitig ist nicht alles, was das Schallphänomen ausmacht, relevant für das sprachliche Zeichen; einiges wird abstrahiert. Die das Dreieck überlappenden Teile des Kreises stehen im Modell für dieses "Prinzip der abstraktiven Relevanz" (ebd.).

Das von seiner phonetischen und phonologischen Seite her bereits komplex strukturierte Zeichen wird von BÜHLER hinsichtlich seiner kommunikativen Funktionen weiter differenziert:

> "Es ist Symbol kraft seiner Zuordnung zu Gegenständen und Sachverhalten, Symptom (Anzeichen, Indicium) kraft seiner Abhängigkeit vom Sender, dessen Innerlichkeit es ausdrückt, und Signal kraft seines Appells an den Hörer, dessen äußeres oder inneres Verhalten es steuert wie andere Verkehrszeichen" (ebd., 28).

Die drei Seiten des Dreiecks symbolisieren diese Differenzierung des sprachlichen Zeichens. Vom Dreieck gehen drei Linienbündel aus, die die kommunikativen Funktionen des sprachlichen Zeichens symbolisieren. Diese erscheinen in der konkreten Sprechsituation immer gemeinsam am Zeichen:

> "Dasselbe konkrete Phänomen ist Gegenstandszeichen, hat einen Ausdruckswert und spricht den Empfänger bald so, bald anders an, es hat Appellwerte" (ebd., 35).

BÜHLER faßt die in der Sprechsituation Kommunizierenden in Abgrenzung zu behavioristischen Vorstellungen bewußt als Handelnde auf:

> "(...) sondern das andere ist wahr, daß im Aufbau der Sprechsituation sowohl der Sender als Täter der Tat des Sprechens, der Sender als Subjekt der Sprechhandlung, wie der Empfänger als Angesprochener, der Empfänger als Adressat der Sprechhandlung eigene Positionen innehaben. Sie sind nicht einfach ein Teil dessen, worüber die Mitteilung erfolgt, sondern sie sind die Austauschpartner, und darum letzten Endes ist es möglich, daß das mediale Produkt des Lautes je eine eigene Zeichenrelation zum einen und zum anderen aufweist" (ebd., 31).

Die an einem Sprechereignis Beteiligten sind eigenständige, voneinander unabhängige Subjekte mit je eigenen Handlungsfreiheiten und -möglichkeiten. Aufgrund des Zeichencharakters der Sprache, der Gestaltungsleistung auf seiten des Sprechers und der Interpretationsleistung auf seiten des Hörers, ist der Kontakt, in den Sprecher und Hörer im Sprechereignis eintreten, immer mittelbar vollzogen über sprachliche Handlungen. Sprechhandlungen sind geformte, Hörhandlungen selektorisch-interpretative Leistungen.

Handlungen unterscheiden sich von reiz-reaktionsgesteuertem Verhalten durch ihre Intentionalität, so daß Sprechhandlungen als motiviert (vgl. ebd., 24) und zielgerichtet gelten können. Mit Motiv und Ziel sind zwei weitere Faktoren benannt, die die Sprechsituation konstituieren, von BÜHLER jedoch nicht explizit in das Organonmodell übernommen werden.

Ähnlich verhält es sich mit den Einflußfaktoren Ort und Zeit, mit denen sich BÜHLER im Zusammenhang seiner Überlegungen zum Zeigfeld der Sprache und zur Funktion der Demonstrativa (vgl. ebd., 79f.) beschäftigt. Er unterscheidet reine Symbolzeichen, die Gegenstände oder Sachverhalte der außersprachlichen Wirklichkeit abbilden, und Zeig- oder Signalzeichen wie 'da, ich, jetzt', die keinen symbolischen, sondern einen zeigenden, verweisenden Charakter besitzen und nur in der realen Sprechsituation verstanden werden können. Mittels der Zeigwörter kann der Sprecher in der Sprechsituation personale, lokale und temporale Bezüge innerhalb seines Wahrnehmungsfeldes schaffen, wobei er sich selbst, die aktuelle Zeit und den aktuellen Ort als Zentrum dieses Wahrnehmungsraumes, als origo des Zeigfeldes (vgl. ebd., 102ff.) begreift. Mit Ort und Zeit bestimmt BÜHLER zwei weitere Determinanten der Sprechsituation, ohne sie allerdings in das Organonmodell aufzunehmen.

Das Organonmodell als Strukturparadigma menschlicher Kommunikation wird von GEIßNER explizit erweitert um die Faktoren Anlaß, Ziel, Ort und Zeit, die bei BÜHLER keinen expliziten Eingang in seine modellhafte Beschreibung des Sprechereignisses gefunden haben (vgl. GEIßNER 1988a, 73; Abbildung auf der nächsten Seite). Das GEIßNERsche Sprechsituationsmodell läßt sich verbal auf den Begriff bringen: Einer (WER) spricht mit einem anderen (MIT WEM) aus einem bestimmten Grund / Anlaß (WARUM) mit einem bestimmten Ziel (WOZU), indem er einen Gegenstand/ Sachverhalt (WAS) aus dem thematischen Rahmen (WORÜBER) mit bestimmten sprechsprachlichen Mitteln (WIE) an einem bestimmten Ort (WO) und zu einer bestimmten Zeit (WANN) fokussiert (vgl. ebd., 72). Ich differenziere hier WAS und Wie abweichend von GEIßNER, der in dieser Hinsicht nicht ganz eindeutig formuliert (vgl. 1982, 38 gegen ebd., 39)[2]. Das WAS bezeichnet in dieser Arbeit den jeweils aktuell fokussierten Teilinhalt des Themas (WORÜBER) (vgl. II 5).

---

[2] "Die Verschiedenheit der die Thematisierung (WAS aus WORÜBER) bestimmenden Horizonte (WER mit WEM) machen im situativen Vollzug (WIE) des Handelns - verstanden als die Überleitung von Möglichkeit in Wirklichkeit - die Verbindung von bewirkender Wirkursache (causa efficiens; WARUM) zu bewirkender Zielursache (causa finalis; WOZU) abhängig davon, wie ego (WER) und alter (mit oder zu WEM) sich gegenseitig, sowie Ort (WO) und Zeitpunkt (WANN) einschätzen und interpretieren" (GEIßNER 1982, 38; auch GEIßNER 1988a, 72).

"WAS ('Eigenes' unmittelbar; eigene oder fremde 'Texte'; sprachlich: Bedeutungen, Sprechhandlungsmuster; sprecherisch: Äußerungsformen, Aussagen oder Fragen)" (GEIßNER 1982, 39).

GEIßNER rückt im ersten Zitat das WAS zunächst sehr stark in die Nähe des Themas, während die zweite Formulierung sprecherische Elemente enthält, die ich dem WIE zuordne.

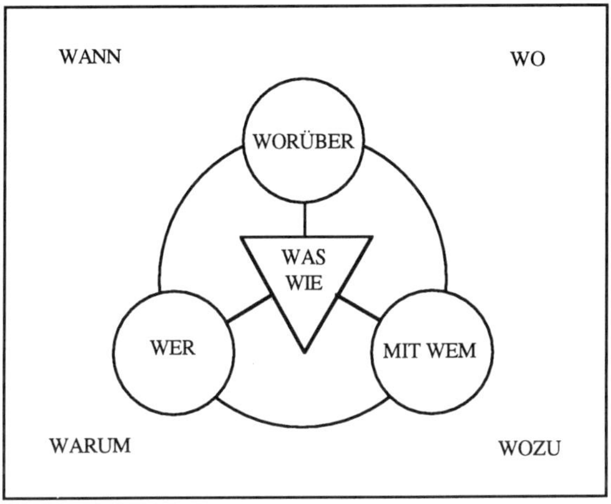

Abb. 2: Sprechsituationsmodell nach GEISSNER (1988a, 72)

Dieses Modell operationalisiert in Form von Sprechsituationsfaktoren die individuellen und sozialen Voraussetzungen, unter denen Sprechen stattfindet. Für die weitere Arbeit ist es von zentraler Bedeutung, da es die Struktur der folgenden Situationsanalyse des Bewerbungsgesprächs vorgibt. Die ermittelten Faktoren Anlaß und Ziel, die Personenkonstellation der Gesprächspartner, die Sprechintentionen[3] und das Thema des Bewerbungsgesprächs werden jeweils in eigenen Kapiteln analysiert; dabei werden anhand konkreter Gesprächsbeispiele ihre Wirkweisen betrachtet.[4].

---

[3]Der Situationsfaktor 'Sprachliches Zeichen', das WIE im GEIßNERschen Modell, enthält intentionale und paralinguistische Komponenten. Von besonderem Interesse sind im Zusammenhang dieser Arbeit nicht so sehr die paralinguistischen, sondern die intentionalen Aspekte, die deshalb im Kapitel über das sprachliche Zeichen im Mittelpunkt stehen.

[4]Auf die Faktoren Ort und Zeit des Bewerbungsgesprächs hat der Bewerber keinerlei Einfluß: Die Einladung zum Gespräch erfolgt durch die Einstellenden; sie besitzen das konventionelle Recht auf die Festlegung von Ort und Zeit. Da Bewerber hier, ausgenommen die Bitte um Terminverschiebung, über keinen Handlungsspielraum verfügen, werden diese Faktoren nicht in einem speziellen Kapitel behandelt.

Handlungspraktische Konsequenzen für die gelungene Teilnahme an Bewerbungsgesprächen aus der Perspektive des Bewerbers bilden jeweils den Abschluß der einzelnen Kapitel.

1.5 Handlungspraktische Konsequenzen

Die zentrale Aufgabe der Gesprächspartner im Gespräch ist es, eine gemeinsame Situation als Bedingung für Verständigung zu konstituieren. Für den Bewerber bedeutet das, sich bereits in der Vorbereitung auf das Bewerbungsgespräch mit den Bedingungen dieser speziellen Kommunikationssituation auseinanderzusetzen, indem er eigene Situationseinschätzungen überprüft und sie mit den möglichen Situationseinschätzungen der Gesprächspartner konfrontiert und vergleicht. Dazu muß er zum einen die Interdependenz der isolierten Einflußfaktoren in der Sprechsituation und ihre steuernde Kraft begreifen, zum anderen muß er versuchen, sich in die Situation der Einstellenden zu versetzen, um deren mögliche Situationseinschätzungen kennenzulernen.

Das Spechsituationsmodell stellt dem Bewerber im Hinblick auf diese Aufgaben im Vorfeld des Gespräches ein Hilfsmittel zur Verfügung, das ihn in die Lage versetzt, mit Hilfe der im Sprechsituationsmodell in Frageform gefaßten Bedingungsfaktoren eine fundierte Situationsanalyse vorzunehmen.[5] Diese Situationsanalyse muß vom Bewerber sowohl aus seiner eigenen Perspektive als auch aus der seiner Gesprächspartner vorgenommen werden, da ihm erst die Übernahme der Perspektive der Einstellenden mögliche divergierende Situationseinschätzungen auf deren Seite offenbart.

Die zweifache Situationsanalyse mit Hilfe des Spechsituationsmodells schafft beim Bewerber das notwendige Bewußtsein von der Komplexität der Sprechsituation Bewerbungsgespräch, deckt eventuell divergierende Situationseinschätzungen auf und schafft so letztlich die Basis für eine eventuell notwendige Umorientierung im Vorfeld oder im Gespräch selbst. Die Situationsanalyse ist deshalb eine der wesentlichen Voraussetzungen für die gelingende Teilnahme am Bewerbungsgespräch.

---

[5]Ein differenzierterer Fragenkatalog findet sich bei GEIßNER (1982, 39).

2 Anlaß und Ziel des Bewerbungsgesprächs

Die Untersuchung des Problembereiches Anlaß und Ziel des Bewerbungsgesprächs soll die Frage klären, aus welchen Gründen und mit welchen Zielen im Bewerbungsgespräch das Problem einer Stellenbesetzung zur gemeinsamen Sache von Bewerber und Einstellenden gemacht wird (vgl. I 4.4). Gespräche als intentionale Handlungsvollzüge finden immer zwischen "vergesellschafteten Subjekten" (GEIßNER 1988a, 13) statt und erfüllen so bestimmte gesellschaftliche Funktionen. Deshalb müssen zunächst die Funktionen von Gesprächen innerhalb des Bezugssystems der Gesellschaft ermittelt werden (vgl. EHLICH / REHBEIN 1986, 137), um dann die soziale Funktion des Bewerbungsgesprächs bestimmen und daraus handlungspraktische Konsequenzen im Hinblick auf Möglichkeiten der gelungenen Teilnahme für Bewerber ableiten zu können. Um die komplexe Funktion des sozialen Handlungssystems der Gesellschaft zu erfassen, greife ich auf den Begriff 'Tätigkeit' der sogenannten kulturhistorischen Schule zurück, die mit diesem Begriff versucht, das Phänomen kollektiver (Produktions-)Aktivitäten mit dem der Motivation und der Intentionalität individueller Aktivitäten zu verbinden (vgl. dazu und zum folgenden LÜSCHOW 1989, 71ff.; 88ff.). Sie

> "untersucht das Verhältnis von menschlicher Tätigkeit, Bewußtsein und Sprache sowohl auf gesellschaftlicher wie auch auf individueller Ebene und damit deren Vermittlung" (AHLZWEIG/ SCHWARZBURG 1980, 26).

Anlässe und Ziele von Gesprächen werden nicht individuell von den jeweiligen Gesprächsteilnehmern produziert, sondern sie ergeben sich aus gesellschaftlichen Organisationsstrukturen und der Funktion, die Gespräche innerhalb gesellschaftlicher Systeme und Subsysteme erfüllen. Unter 'Gesellschaft' wird hier eine zweckgebundene, in sich strukturierte Gruppe von Menschen verstanden, die durch spezifische Sozial- und Arbeitsstrukturen miteinander verbunden sind. Gesellschaft bezeichnet

> "die Gesamtheit der produktiven und reproduktiven Verhältnisse der Menschen zueinander (...)" (TJADEN 1990, 339; vgl. auch KRAUSE 1973, 557ff.).

Die komplexen Prozesse der Wechselwirkung der Individuen innerhalb gesellschaftlicher Stukturen haben vor allem zwei Aufgaben, sie dienen der

> "Reproduktion und Produktion der Gattung und der Individuen" (EHLICH/ REHBEIN 1972, 215; vgl. auch 1979a, 244).

Durch die Prozesse der Produktion und Reproduktion schafft der Mensch sich die Bedingungen seiner physischen und psychischen Existenz. Zur Realisierung dieser grundlegenden gesellschaftlichen Prozesse können für Kommunikation generell zwei grundlegende Aufgaben formuliert werden:

> "Kommunikation ist das System zielgerichteter und motivierter Prozesse, welche die Wechselwirkung der Menschen in der kollektiven Tätigkeit gewährleisten, die gesellschaftlichen und die individuellen psychischen Beziehungen realisieren und dazu spezifische Mittel, vor allem die Sprache verwenden" (A.A. LEONT'EV 1980, 526).

2.1 Zentralbegriffe der Tätigkeitstheorie

Bevor die Rolle der Kommunikation innerhalb der kollektiven Tätigkeit näher beschrieben werden kann, muß der Begriff der Tätigkeit geklärt werden.

2.1.1 Tätigkeit

Tätigkeit ist die "grundlegende 'Einheit' des Lebensprozesses" (A.N. LEONT'EV 1973, 33).

> "Menschliche Tätigkeiten greifen in die Wirklichkeit ein und verändern sie. Zu ihnen gehören die gesellschaftlichen Handlungen der Menschen, besonders die menschliche Arbeit" (EHLICH / REHBEIN 1979a, 243f).

Die Tätigkeit verbindet das jeweilige Subjekt mit der es umgebenden Welt, durch Tätigkeit verändern Subjekte Wirklichkeit. Tätigkeiten können von sehr unterschiedlicher Art sein, zeichnen sich aber durch ihren gemeinsamen Inhalt aus:

> "Diese Tätigkeiten haben ganz allgemein die Herstellung von bzw. Manipulationen an objektiven bzw. theoretischen Gegenständen oder die Schaffung von materiellen bzw. ideellen Voraussetzungen zu deren Realisierung zum Inhalt" (SCHWARZ 1985, 43).

Die Veränderung der Lebenswelt des Subjekts mittels der Tätigkeit kann sich auf gegenständliche, theoretische, ideelle oder personale Konstituenten dieser Lebenswelt beziehen. So können sich Tätigkeiten auf die Herstellung von objektiven Gegenständen beziehen wie zum Beispiel die Stahlproduktion, die Herstellung von Lebensmitteln oder Kleidung und ähnliches; Tätigkeiten können aber auch der Herstellung von theoretischen Gegenständen dienen wie beispielsweise die Herstellung von Bauplänen und technischen Konstruktionen oder die Entwicklung von Führungskonzepten. Diese Tätigkeiten können die Voraussetzung zur Herstellung von objektiven oder theoretischen Gegenständen schaffen, wie dies überall im tertiären Bereich der Wirtschaft geschieht.

Das Kriterium zur Unterscheidung von Tätigkeiten ist das ihnen jeweils zugrundeliegende Motiv (vgl. A.N. LEONT'EV 1984, 21). Motive sind die Auslöser jeglicher menschlichen Tätigkeit, sie sind nicht ausschließlich bezogen auf sinnlich wahrnehmbare materielle "Dinge" (A.A. LEONT'EV 1984a, 210), sondern auch auf abstrakt-theoretische, intellektuelle Gegenstände.

Sie entstehen aus gesellschaftlichen Bedürfnissen. Jedes gesellschaftliche System produziert Bedürfnisse, die durch Tätigkeiten verschiedenster Ausprägung befriedigt werden (vgl. EHLICH/REHBEIN 1979a, 244). Ein Bedürfnis ist die subjektive Wahrnehmung eines defizitären Zustands durch ein oder mehrere Subjekte.

> "Ein Bedürfnis ist ein Mangelzustand eines Organismus, gleich welcher Art (organisch, psychisch, geistig, sozial, kulturell etc.), der in der Tätigkeit des Organismus auf einen stofflichen oder ideellen Gegenstand bezogen ist" (SCHÜRMANN 1990, 338).

Der Handelnde erfährt die gesellschaftlich produzierten Bedürfnisse in versubjektivierter Form als individuelle Motive, als Antriebe zur Aktivität.

> "Das objektive Vorhandensein eines Bedürfnisses und seine subjektive Erkennung (erfahrene Sachverhaltslücke) ist also notwendige Voraussetzung für die Ankurbelung des Motivationsmechanismus in einem Handlungskontext. (...) Eine Motivation hängt vor allem durch eine Kombination von Werten der Bedürfnisskala und Werten einer Erfüllungswahrscheinlichkeit bezüglich eines bestimmten Handlungsfeldes des Aktanten ab" (REHBEIN 1977, 56).

Aufgrund von Bedürfnissen entstehen beim Handelnden Motive, die sich aus wahrgenommenen Defiziten nähren. Die Defizite werden auf der Basis subjektiver Maßstäbe gemessen und produzieren die Motive zur Auslösung von Tätigkeiten zur Beseitigung dieser Defizite (vgl. ebd.). Diese Defizite können ebenso unterschiedlicher Art sein wie die Tätigkeiten, die zu ihrer Eliminierung führen.

2.1.2 Verhältnis von Tätigkeit, Handlung und Operation

> "Die meisten Tätigkeiten (...) sind in der modernen Gesellschaft so komplex, daß sie nicht als einheitlicher Prozeß vollzogen werden können, sondern in mehrere Teilhandlungen zerlegt werden" (LÜSCHOW 1988, 76).

Um Bedürfnisse, die subjektiv als Antrieb zur Aktivität erfahren werden, durch den Vollzug von Tätigkeiten zu befriedigen, wird ein "dynamisches System konkreter Handlungen und Operationen" (A.A. LEONT'EV 1971, 31; vgl. auch RUBINSTEIN 1971, 678) in Gang gesetzt. Am Vollzug einer Tätigkeit können je nach Komplexitätsgrad mehrere Handelnde beteiligt sein.

Eine Tätigkeit wird durch mehrere Handlungen realisiert. Handlungen zeichnen sich durch ihre Gerichtetheit, ihre Ziele, aus; die Ziele übernehmen die Richtungsfunktion in Bezug auf den Aktivitätsprozeß, während Motive lediglich eine Antriebsfunktion besitzen (vgl. A.N. LEONT'EV 1984, 22)[1]. Handlungen besitzen keine eigenständigen Motive, da sie dem Tätigkeitsmotiv untergeordnet sind, so daß mit dem Erreichen des Handlungszieles das Bedürfnis, das über das Motiv zur Auslösung von Aktivität geführt hat, noch nicht befriedigt ist. Sie sind im Unterschied zu Operationen bewußte, zielgerichtete Aktivitäten.

Zwischen Zielen und Motiven vermittelt die Kategorie des 'Sinns'; zur Erreichung des Handlungszieles bedarf es deshalb der bewußten Vermittlung

---

[1]Vgl. auch GALPERIN: "Das Bedürfnis diktiert nur den Stimulus, das Streben zum Ziel; die Wahl des Objekts aber, des Weges zu ihm, die Bestimmung des konkreten Inhalts der Handlung an die vorhandenen Umstände, wird unter diesen Bedingungen zu einer getrennten Aufgabe, zur Aufgabe einer besonderen Tätigkeit, nämlich der orientierenden Tätigkeit" (1980, 80f).

von Motiv und Ziel, von Handlung und Tätigkeit durch das agierende Subjekt (vgl. LÜSCHOW 1989, 76).

Operationen sind im Unterschied zu Handlungen automatisierte, nicht bewußt vollzogene Aktivitäten, die als Routinen zur Realisierung von Handlungen beitragen (vgl. RUBINSTEIN 1971, 667; auch A.A.LEONT'EV 1974, 18).

2.2 Gesellschaftliche Kommunikationsfunktionen

Auf der Basis der erarbeiteten Begrifflichkeit der allgemeinen Tätigkeitstheorie läßt sich nun die Funktion von Kommunikation im Rahmen gesellschaftlicher Tätigkeit bestimmen.

Die Sprechtätigkeitstheorie[2], die sich als Teil der allgemeinen Tätigkeitstheorie herausgebildet hat, faßt Kommunikation als Handlung auf[3], die zielbezogen im Kontext einer übergeordneten Tätigkeit vollzogen wird. Kommunikation ist motiviert über das Tätigkeitsmotiv, dem ein Bedürfnis zugrundeliegt, und realisiert einen Zwischenschritt im Hinblick auf die Befriedigung des zugrundeliegenden Bedürfnisses (vgl. A.A.LEONT'EV 1971, 31). Sprechen ist deshalb niemals Selbstzweck, sondern immer Mittel zum Zweck:

> "Es (das Sprechen; A. L.) ist nicht Selbstzweck, sondern Mittel und Werkzeug, auch wenn es bei verschiedenen Arten von Tätigkeiten verschieden verwendet werden kann" (ebd.).

---

[2]Zu den wenigen Versuchen, die Sprechtätigkeitstheorie im Hinblick auf ihre Bedeutung für Sprechwissenschaft und Sprecherziehung zu überprüfen, gehören BARTSCH (1985), der im Rahmen der Erstellung eines Gesprächsbeschreibungsinventars auf sprechtätigkeitstheoretische Überlegungen zurückgreift, LÜSCHOW (1988), der den Lerngegenstand 'Kommunikation' aus sprechtätigkeitstheoretischer Sicht zu erfassen versucht und LÜSCHOW (1989) mit einer umfangreichen sprechtätigkeitsorientierten Studie zur Beschreibung des kommunikativen Tätigkeitsfelds des Ingenieurs; zur Rezeption der Sprechtätigkeitstheorie in der Bundesrepublik vgl. auch SCHÜLE (1975; 1980); LANGNER (1984a; 1984b; 1984c).

[3]Das Paradoxon, die Sprech**tätigkeits**theorie fasse Sprechen oder Kommunikation als **Handlung** auf, wird unter anderem auch von LÜSCHOW (1989, 88) bemerkt und kann hier so wenig wie dort aufgelöst werden.

Auf der Basis der bisherigen Überlegungen erfüllt menschliche Kommunikation grundsätzlich zwei Funktionen:

Zum einen trägt sie zur Realisierung gesellschaftlicher Tätigkeiten bei, indem sie das Miteinander, also die Wechselwirkung der Individuen innerhalb der Tätigkeitsprozesse gewährleistet (vgl.A.A. LEONT'EV 1980, 526). Diese Form der Kommunikation soll im folgenden als produktionsbezogene Kommunikation bezeichnet werden.

Zum zweiten konstituiert und stabilisiert Kommunikation gesellschaftliche und individuelle psychische Beziehungen (vgl. ebd.). Diese Form soll im folgenden als reproduktionsbezogene Kommunikation bezeichnet werden.

2.2.1 Produktionsbezogene Kommunikation

Produktionsbezogene Kommunikation ist funktional durch ihren Beitrag zur Realisierung gesellschaftlicher Tätigkeiten gekennzeichnet. Sie ist entweder unmittelbar in den Tätigkeitsprozeß eingebunden oder schafft die Bedingungen zu ihrer Realisierung (vgl. SCHWARZ 1985, 43); ohne sie kann das tätigkeitsauslösende Bedürfnis nicht befriedigt werden.

Ein Gespräch wird dann als produktionsbezogenes Gespräch bezeichnet, wenn es zur Realisierung einer gesellschaftlichen Tätigkeit beiträgt. Zu produktionsbezogenen Gesprächen gehören beispielsweise Verhandlungen, Planungsgespräche, Mitarbeitergespräche oder Dienstbesprechungen. Diesen Gesprächen liegen keine eigenständigen Motive zugrunde, sondern nur Teilmotive, die dem Motiv der jeweiligen Tätigkeit untergeordnet sind. Insofern kann man bei produktionsbezogenen Gesprächen immer von Teilhandlungen sprechen, die zur Realisierung einer Tätigkeit notwendig sind. Die Motive für produktionsbezogene Gespräche lassen sich nur im Rahmen der Tätigkeit bestimmen, deren Realisierung sie dienen; sie werden im folgenden als Anlässe bezeichnet.

2.2.2 Reproduktionsbezogene Kommunikation[4]

Jedes gesellschaftliche System wird durch ein bestimmtes psychisches Beziehungsgeflecht zusammengehalten. Die Existenz, Stabilisierung und die eventuell notwendigen Veränderungen interner gesellschaftlicher oder individueller psychischer Strukturen wird durch Formen der Reproduktionskommunikation gewährleistet. Reproduktionskommunikation zeichnet sich im Unterschied zur Produktionskommunikation dadurch aus, daß sie in keine nicht-kommunikative Tätigkeit eingebunden ist (vgl. LEONT'EV, A.A. 1984b, 209). Sie ist nicht motiviert im Sinne der Manipulation gegenständlich- intellektueller Gegenstände, sondern ihr liegt eine psychische Motivation zugrunde.

Diese Kommunikationsformen dienen der "Herstellung, Bestätigung, Modifikation" von zwischenmenschlichen Beziehungen und der "Befriedigung emotionaler und anderer psychischer Bedürfnisse" wie der Anerkennung, der Imagepflege oder der Selbstdarstellung (SCHWARZ 1985, 45). Hier kann man auch von interpersonaler Reproduktionskommunikation sprechen, da mittels der Kommunikation individuelle Beziehungen realisiert werden (vgl. LEONT'EV, A.A. 1984b, 211).[5]

Zum anderen kann von sozialbezogener Reproduktionskommunikation dann gesprochen werden, wenn deren Ziel die Stabilisierung sozialer und gesellschaftlicher Beziehungen ist (A.A. LEONT'EV, A.A. 1984a, 211; 1984b, 209).[6] In diesen Kommunikationsphänomenen stehen keine Ziele im Mittelpunkt, die auf produktive Tätigkeit bezogen sind, auch nicht die Herstellung oder Stabilisierung persönlicher Beziehungen, sondern Beziehungen von

---

[4]LEONT'EV, A.A. bezeichnet diese Kommunikationsform im Unterschied zu der hier gewählten Bezeichnung als Formen "reiner Kommunikation" (1984b, 209).

[5]Interpersonale Beziehungen können z.B. nachbarschaftlicher, freundschaftlicher oder familiärer Natur sein. Zu dieser Kommunikationsform zählen der sog. small-talk wie das 'Gespräch über den Gartenzaun' oder Partygespräche u.ä. Vgl. zur kommunikativen Funktion eines Aspektes dieses Typs (Klatsch) BERGMANN (1987); vgl. zu Alltagsgesprächen auch RAMGE (1978).

[6]"Im Grunde ist diese Kommunikation der Prozeß der inneren **Selbstregulation**. Ein Teil der Gesellschaft wirkt auf deren anderen Teil ein, um die Tätigkeit der Gesellschaft insgesamt zu optimieren, insbesondere ihre sozialpsychologische Geschlossenheit, ihre innere Stabilität zu verstärken, das Niveau der Bewußtheit, den Grad der Informiertheit zu erhöhen" (LEONT'EV, A.A. 1984b, 211).

gesellschaftlicher Relevanz, das heißt, Beziehungen mit einer gesellschaftlichen Außenwirkung.[7]

2.3 Das Bewerbungsgespräch als produktionsbezogenes Gespräch

Das Bewerbungsgespräch ist auf der Basis der Unterscheidung gesellschaftlicher Kommunikationsfunktionen den produktionsbezogenen Kommunikationshandlungen zuzuordnen: Es trägt dazu bei, die Tätigkeit einer gesellschaftlichen Institution zu realisieren; es ist zwar nicht direkt in den produktiven gesellschaftlichen Tätigkeitsprozeß der einstellenden Institution eingebunden, schafft jedoch eine Voraussetzung zur Realisierung dieses Prozesses. Die Personalauswahl hat folglich für die Realisierung institutioneller Funktionen eine besondere Bedeutung, wie dies auch aus personalwirtschaftlicher Sicht betont wird:

> "Erfolgreiche Personalpolitik beginnt bei der Bewerberauslese. Die kostspieligste Fehlentscheidung ist die in (sic) falsches Personal" (CREUSEN 1983, 2).

Aus der Perspektive der Beteiligten dient das Bewerbungsgespräch jedoch im Unterschied zur übergreifenden gesellschaftlichen Perspektive jeweils als Handlung zur Realisierung unterschiedlicher Tätigkeiten. Ein Indiz für diese These erhält man, wenn man sich einige Titel der zum Bewerbungsgespräch erschienen Literatur vor Augen führt: Während man in praxisorientierten Bewerbungsratgebern, deren Zielgruppe Bewerber sind, überwiegend die Bezeichnungen "Bewerbungsgespräch" (z.B. SABEL 1990; SIEWERT / SIEWERT 1989; LEHMANN 1989; YATE 1990) oder "Vorstellungsgespräch" (z.B. FRIEDRICH 1985; HESSE / SCHRADER 1992; THEIß / VOLZ 1992) findet, wird in der Literatur, die sich an Einstellende richtet, häufig von "Einstellungsgesprächen" (z.B. BÖHM / JUSTEN 1984; BOHLEN 1988) oder allgemeiner von "Personalauswahl" (z.B. SCHÖNMÜLLER 1988) oder "Mitarbeiterauswahl" (z.B. LÜCKERT 1974) gesprochen.

Das Bewerbungsgespräch ist offensichtlich Bestandteil verschiedener, weil unterschiedlich motivierter Tätigkeiten: Aus Bewerbersicht ist es eine Hand-

[7] Wichtige Erscheinungsformen sind hier beispielsweise Fernsehstalkshows oder andere Gespräche innerhalb von Unterhaltungssendungen in Radio oder Fernsehen.

lung aus dem Tätigkeitszusammenhang 'Arbeitsplatzsuche', aus der Perspektive der Einstellenden eine Handlung aus dem Zusammenhang der Tätigkeit 'Personalsuche'.

2.3.1 Tätigkeit 'Arbeitsplatzsuche'

Sobald ein Individuum die Sicherung seiner materiellen Lebensgrundlagen und seiner Möglichkeiten zur Selbstverwirklichung, soweit sie auf seinen Arbeitsplatz zurückzuführen sind, als defizitär erfährt, entwickelt sich das Motiv für die Tätigkeit 'Arbeitsplatzsuche', die analog zur Tätigkeit 'Personalsuche' durch ein System untergeordneter Handlungen realisiert wird. Die Teilhandlungen dieses Tätigkeitszusammenhangs korrespondieren mit denen der Tätigkeit 'Personalsuche'.

Zu den wesentlichen Handlungen, mit denen die Tätigkeit 'Arbeitsplatzsuche' realisiert wird[8], gehören die Aufstellung der Interessen und Bedürfnisse bezüglich des zukünftigen Arbeitsplatzes, die Erstellung eines Qualifikationsprofils, das ebenso formale Qualifikationen enthält wie aus Erfahrung gewonnene Fähigkeiten, Fertigkeiten und Kenntnisse, und die Prüfung des eigenen Entwicklungspotentials (vgl. SCHULER / FUNKE 1992, 236). Bewerber müssen daraufhin den Arbeitsmarkt auf mögliche Arbeitsplatzangebote überprüfen, sich schriftlich bewerben und gegebenenfalls ein Bewerbungsgespräch führen.

Den Anlaß für Bewerbungsgespräche bilden auf Bewerberseite beziehungsweise einstellender Seite verschiedene Defiziterfahrungen, die als Motive tätigkeitsauslösend wirken; gleichzeitig stehen diese Motive jedoch in einem gewissen Komplementaritätsverhältnis zueinander, das im Grunde für das Zustandekommen des Gesprächs konstitutiv ist: Das Bewerbungsgespräch bietet in den verschiedenen Tätigkeitszusammenhängen 'Personal-' und 'Arbeitsplatzsuche' beiden beteiligten Seiten die Möglichkeit, einen notwendigen Teilschritt auf die Befriedigung ihrer jeweiligen Bedürfnisse hin zu tun.

---

[8] Ich lege einen idealtypischen Verlauf einer Bewerbung zugrunde, der beispielsweise den Einsatz betimmter Testverfahren, die Einschaltung eines Personalberaters durch Bewerber oder einstellende Institution, die Möglichkeit einer Aufforderung zur Bewerbung oder einer sogenannten Blindbewerbung außer acht läßt.

2.3.2 Tätigkeit 'Personalsuche'

Gesellschaftliche Institutionen, gleichgültig, ob produktive, zirkulative oder soziale (vgl. EHLICH / REHBEIN 1980, 339ff.), können ihre Aufgaben nur dann erfüllen, wenn ihnen Menschen zur Verfügung stehen, die die Kenntnisse und Fähigkeiten aufweisen, mit denen die Realisierung institutionsspezifischer Tätigkeiten möglich ist. Zur Realisierung von unterschiedlichen Handlungen, die die Tätigkeit einer Institution realisieren, ist diese auf kompetente Arbeitskräfte angewiesen, die in der Lage sind, die institutionsspezifischen Tätigkeiten und die sich daraus ergebenden Teilaufgaben zu bewältigen. Steht entsprechendes Personal nicht zur Verfügung, setzt dieses Defizit die Tätigkeit 'Personalsuche' in Gang.

Die durch das Defizit an geeignetem Personal motivierte Tätigkeit löst ein System verschiedener Handlungen auf der Seite der einstellenden Institution aus. Dazu gehören in der Vorphase eine Analyse des zu besetzenden Arbeitsplatzes hinsichtlich der Anforderungen an einen zukünftigen Stelleninhaber, des Befriedigungspotentials, das der Arbeitsplatz dem künftigen Stelleninhaber bietet und der vermutlich zukünftig auftretenden Veränderungen der ersten beiden Variablen (vgl. SCHULER / FUNKE 1992, 235f). Die daraus resultierende Arbeitsplatzbeschreibung mündet in die Erstellung eines Anforderungsprofils, das die Elemente der Arbeitsplatzbeschreibung in Qualifikationsmerkmale des zukünftigen Arbeitsplatzinhabers übersetzt.[9]

In der Regel tritt die Institution mittels einer Stellenanzeige an den Arbeitnehmermarkt heran (vgl. WITT 1987). Nachdem aufgrund der Stellenanzeige schriftliche Bewerbungen eingegangen sind, erfolgt eine Analyse der Unterlagen und je nach Anzahl der Bewerber eine Vorauswahl. Je nach zu besetzender Stelle werden dann, wie bereits an anderer Stelle erläutert, verschiedene Auswahlinstrumente eingesetzt. Dabei stellen die Analyse der schriftlichen Unterlagen und das Bewerbungsgespräch obligatorische Handlungen im Rahmen der Tätigkeit 'Personalsuche' dar.[10]

---

[9]Mit diesem gesamten Bereich beschäftigt sich überwiegend die psychologische Eignungsdiagnostik. Vgl. z.B. SCHULER / FUNKE (1989; 1992); BRANDSTÄTTER (1982); TRIEBE (1976) und STOPP (1977).

[10]Die Frage nach den Leistungen des Bewerbungsgesprächs als eignungsdiagnostischem Verfahren kann an dieser Stelle nicht weiter verfolgt werden; vgl. zu dieser Problematik TRIEBE (1976), SARGES (1988) und WEUSTER (1989).

2.3.3 Passungsüberprüfung als gemeinsames Ziel von Bewerber und einstellender Institution

In den Vorüberlegungen wurde das Bewerbungsgespräch definiert als situativ gesteuerte, wechselseitige Verständigungshandlung zwischen den vergesellschafteten Subjekten Einstellender und Bewerber mit dem Ziel, das Problem einer Stellenbesetzung zur gemeinsamen Sache zu machen (vgl. I 4.4). Nach der Bestimmung der Anlässe des Bewerbungsgesprächs aus der Perspektive von Bewerbern und Einstellenden ist nun die Operationalisierung des Zielaspektes notwendig, um handlungspraktische Konsequenzen für Bewerber bezüglich der Zielsetzung der Kommunikationshandlung Bewerbungsgespräch formulieren zu können. Dazu werden zuächst die Ziele der beiden am Gespräch beteiligten Seiten skizziert und dann versucht, Gemeinsamkeiten und Unterschiede zu eruieren.

Einstellende vollziehen die Kommunikationshandlung Bewerbungsgespräch mit dem Ziel, die Eignung eines Bewerbers für den zur Disposition stehenden Arbeitsplatz zu überprüfen.

> "Der Begriff Eignung bezieht sich auf das Zusammenwirken persönlicher Merkmale und Präferenzen primär mit Merkmalen der Arbeitstätigkeit, darüberhinaus aber auch der Arbeitsumwelt im weiteren Sinne, wie der Beschaffenheit des Arbeitsplatzes, der beruflichen Weiterbildung und der organisationalen Belohnungsstruktur" (SCHULER / FUNKE 1989, 282).

Einstellende überprüfen, inwieweit die Qualifikationen, die Interessen und Bedürfnisse sowie das Entwicklungspotential des Bewerbers mit den Anforderungen sowie dem Befriedigungs- und Veränderungspotential des in Frage Arbeitsplatzes kongruieren; sie überprüfen die Passung von Bewerber und zu besetzendem Arbeitsplatz:

> "Das Auswählen des richtigen Bewerbers für den zu besetzenden ('richtigen') Arbeitsplatz ist ein Passungsproblem" (KRAUß / KURTZ 1986, 380).

Das Ziel, das Bewerber mit der Teilnahme am Bewerbungsgespräch zu realisieren versuchen, ist ebenfalls als Passungsüberprüfung des Verhältnisses von zu besetzendem Arbeitsplatz und ihrer eigenen Person zu bestimmen. Allerdings überprüft ein Bewerber aus seiner Perspektive, inwieweit sich seine Qualifikationen, Bedürfnisse und Entwicklungswünsche mit den Anforderungen sowie dem Befriedigungs- und Veränderungspotential des in Frage stehenden Arbeitsplatzes decken.

Für Bewerber und Einstellende ergibt sich folglich als gemeinsames Ziel der Kommunikationshandlung Bewerbungsgespräch die wechselseitige Passungsüberprüfung von Person und zu besetzendem Arbeitsplatz.[11] Die Kriterien, auf die hin diese Passungsüberprüfung vorgenommen wird - persönliche Merkmale auf der einen und Merkmale des Arbeitsplatzes auf der anderen Seite - , differieren dabei analog zu den Motiven der verschiedenen Tätigkeitszusammenhänge, zu deren Realisierung das Bewerbungsgespräch auf seiten des Bewerbers beziehungsweise der Einstellenden beiträgt.

Bezeichnenderweise wird das Ziel des Bewerbungsgesprächs aus personalwirtschaftlicher Sicht ähnlich formuliert:

> "Für beide Partner der Entscheidung ergibt sich damit als Kern an gemeinsamen Zielen, Person und Tätigkeit (incl. Umfeld) so zu vergleichen, daß eine zufriedenstellende Lösung im Hinblick auf

---

[11]Vgl. dagegen die Typologisierung und Zielbestimmung von Bewerbungsgesprächen in der linguistischen Gesprächsforschung:

FRANKE ordnet das Bewerbungsgespräch den Befragungen als komplementärem Dialogtyp zu, deren "Zweck (...) in der Beseitigung eines Defizits, das auf seiten eines der Interaktanten gegeben ist (, besteht)" (FRANKE 1986, 90): "Als 'prä-praktische' TESTDIALOGE werden dagegen solche examinalen BEFRAGUNGEN bezeichnet, die sozusagen im 'Vorfeld' einer praktischen Tätigkeit von Sp2 (gemeint ist ein Bewerber; A.L.) realisiert werden. Zu diesen DTs (Dialogtypen; A.L.) müssen u.a. die VORSTELLUNGSGESPRÄCHE gerechnet werden, in denen es darum geht festzustellen, ob Sp2 für eine von ihm angestrebte berufliche Tätigkeit geeignet ist" (ebd., 93). FRANKE reduziert offensichtlich Bewerbungsgespräche auf einen Prozeß einseitiger Passungsüberprüfung.

GRIEßHABER bestimmt das Bewerbungsgespräch ähnlich: "Hauptfunktion der Gespräche ist das Treffen einer Entscheidung über die Einstellung. Insoweit zählen Einstellungsgespräche zum Dialogtyp *Entscheidungentreffen* (...)" (1987a, 22). Bei GRIEßHABER bleibt unklar, ob sich die Typologiesierung und Zielbestimmung lediglich auf die von ihm untersuchten Gespräche bezieht, in denen deutsche und türkische Jugendliche sich um Ausbildungsplätze im Handel bewerben, oder ob die Aussagen sich generell auf Bewerbungsgespräche beziehen. Das gleiche gilt für die Thesen, das von ihm sogenannte Einstellungsgespräch erhalte "Züge eines *Prüfungsgesprächs* " (ebd., 23) oder "die ungleiche Machtverteilung wie der auf dem Gefragten lastende Druck rücken das Einstellungsgespräch in die Nähe des *Verhörs*" (ebd., 23). Sollten GRIEßHABERs Thesen generell auf Bewerbungsgespräche und nicht auf das seiner Untersuchung zugrundeliegende Gesprächsmaterial bezogen sein, lassen sie sich so sicherlich nicht halten, wie meine Analyse von Anlaß und vor allem Ziel des Bewerbungsgesprächs zeigt.

möglichst viele Zielkriterien gefunden wird" (SCHULER / FUNKE 1992, 236).

Demzufolge müssen Bewerbungsgespräche, in denen keine wechselseitige Passungsüberprüfung vorgenommen wird, sondern einseitig die Passung des Bewerbers im Hinblick auf den zu besetzenden Arbeitsplatz geprüft wird, aus Bewerbersicht als 'sinn'-lose Handlungen bezeichnet werden, weil ihnen aktuell die Möglichkeit der Vermittlung von handlungsleitenden Zielen und tätigkeitsauslösenden Motiven vorenthalten bleibt. Darüber hinaus bleibt in diesem Fall das Motiv für die Tätigkeit 'Arbeitsplatzsuche' bestehen, das zu einer erneuten Bewerbung auf einen anderen Arbeitsplatz führen kann. Für die einstellende Institution beschwören einseitig geführte Bewerbungsgespräche die Gefahr herauf, daß demotivierte oder überforderte Mitarbeiter ihre Aufgaben innerhalb der Institution nicht erfüllen (vgl. auch FUNKE / BARTHEL 1990, 648ff.). Derartige Bewerbungsgespräche kommen sicherlich ebenso vor wie solche, in denen die Passung einseitig von Bewerberseite aus überprüft wird.

In Bewerbungsgesprächen, in denen einseitig Passung überprüft wird, spielt das Verhältnis von Personalnachfrage und Arbeitskräfteangebot eine entscheidende Rolle. Je nach Arbeitsmarktlage wird beim Bewerber die Motivkomponente 'Sicherung der materiellen Lebensbedingungen' oder 'Selbstverwirklichung' die größere Antriebskraft besitzen und sich entsprechend auf der Handlungszielebene niederschlagen. Auf seiten der Einstellenden hat ebenfalls die Arbeitsmarktlage Einfluß darauf, ob die Erfüllung des Anforderungsprofils durch den Bewerber oder die Gewährung einer entsprechenden Vergütung im Vordergrund des Gesprächs steht (vgl. dazu SCHULER / FUNKE 1989, 315). Dieser Sachverhalt ändert jedoch nichts hinsichtlich der grundsätzlichen Zielbestimmung der wechselseitigen Passungsüberprüfung. Beide Formen einseitiger Passungsüberprüfung verfehlen ihre gesellschaftliche Funktion, weil sie letztlich zur Befriedigung gesellschaftlicher wie individueller Bedürfnisse keinen Beitrag leisten.

Aus dem beiden Gesprächspartnern gemeinsamen Ziel der wechselseitigen Passungsüberprüfung ergeben sich weitreichende Konsequenzen. Sowohl Bewerber als auch Einstellende sind prinzipiell - wenn auch von Fall zu Fall durch die gegebene Arbeitsmarktlage eingeschränkt - hinsichtlich des Rechts auf Informationseinholung gleichberechtigt (vgl. auch BOCH 1986, 109). Gleichermaßen gilt für beide Seiten, daß sie im Gespräch kooperieren müssen, um ihr gemeinsames Ziel zu erreichen. Dieser Aspekt besitzt besondere Bedeutung im Hinblick auf die lokale Gesprächsorganisation und die lokale Themabearbeitung, die im Rahmen der Sequenzstruktur des Bewerbungsgesprächs (III 2.2 und III 2.3) behandelt werden.

2.5 Handlungspraktische Konsequenzen

Für die Vorbereitung des Bewerbers auf das Bewerbungsgespräch ergibt sich als Konsequenz aus Anlaß- und Zielbestimmung die Erstellung eines Bewerberprofils. Es enthält mehrere Komponenten, die ihr Pendant im analog von seiten der einstellenden Institution zu erstellenden Arbeitsplatzprofil haben. Ein solches Bewerberprofil besteht zunächst aus einer Aufstellung der formalen Qualifikationen des Bewerbers. Da einstellende Institutionen jedoch in den wenigsten Fällen die Passung eines Bewerbers lediglich anhand seiner Ausbildungsabschlüsse überprüfen, muß ein Bewerberprofil auch Informationen über bisherige Berufs- oder andere Praxiserfahrungen, in diesen Zusammenhängen erworbene spezielle Fähigkeiten, Fertigkeiten und Kenntnisse und die Art und Weise, wie diese in beruflichen Kontexten umgesetzt worden sind, enthalten. Darüber hinaus sollte ein Bewerber seine Anforderungen an einen neuen Arbeitsplatz und dessen Umfeld im Bewerbungsprofil festhalten; dazu gehören vor allem seine Wünsche und Interessen hinsichtlich der Vergütung, der Entscheidungskompetenzen, der Weiterbildungs- und Aufstiegsmöglichkeiten und nicht zuletzt auch der Organisationskultur der einstellenden Institution.

Die Erstellung eines entsprechenden Bewerberprofils trägt zum einen dazu bei, die Einstellung des Bewerbers zum Bewerbungsgespräch als wechselseitigem Prozeß der Passungsüberprüfung zu entwickeln, indem es das Bewußtsein dafür schärft, in welchen Bereichen überhaupt Passung zu überprüfen ist und welche Gewichtung verschiedene Bereiche für die am Anschluß an das Bewerbungsgespräch zu treffende Entscheidung besitzen. Zum anderen leistet das Bewerberprofil bereits ganz konkret Hilfestellung bei der Suche nach Arbeitsplatzangeboten, da diese mit Hilfe des Profils auf vorläufige Passung überprüft werden können und so die Entscheidungen über eine Bewerbung erst ermöglicht. Schließlich ist das Bewerberprofil in sehr viel differenzierterer Weise Voraussetzung für das Bewerbungsgespräch selbst, da es die Bedingung der Möglichkeit für Bewerber und Einstellende darstellt, im Gespräch wechselseitig die Passung von Person und Arbeitsplatz zu überprüfen.[12]

Die Erstellung eines Bewerberprofils ist so unabdingbare Voraussetzung für die Realisierung des Zieles der Kommunikationshandlung 'Bewerbungsgespräch', in der es nicht um einseitige Prüfung, sondern um gegenseitige Überprüfung, nicht um Anpassung des Bewerbers, sondern um Passung von Bewerber und zu besetzendem Arbeitsplatz geht.

[12] Für die einstellende Institution ist es selbstverständlich ebenso notwendig, die Gesprächsvoraussetzung in Form eines differenzierten Arbeitsplatzprofils zu schaffen.

3 Die Personenkonstellation im Bewerbungsgespräch

Im Bewerbungsgespräch verfolgen Einstellende und Bewerber das Ziel herauszufinden, ob sich die Möglichkeit der Passung bestätigt, das heißt zu ermitteln, inwieweit Kongruenz zwischen dem Qualifikationsprofil, den Erwartungen und Vorstellungen des Bewerbers einerseits und dem Anforderungsprofil der zu besetzenden Stelle und den Erwartungen und Vorstellungen der einstellenden Institution andererseits besteht. Die Einbettung der gemeinsamen Handlung 'Bewerbungsgespräch' in jeweils unterschiedliche Tätigkeitszusammenhänge auf seiten der einstellenden Institution und des Bewerbers impliziert, daß im Gespräch Individuen mit unterschiedlichen Voraussetzungen aufeinandertreffen.

> "Für die Situationsanalyse heißt das zunächst einmal, es ist zu fragen, als WER ich MIT WEM (...) spreche, reziprok als WER ich WEM zuhöre" (GEIßNER 1982, 32).

Da sowohl Bewerber als auch Einstellende nicht losgelöst von ihrem jeweiligen sozialen und persönlichen Hintergrund innerhalb eines "sozialen Vakuums" (TECHTMEIER 1984, 57) kommunizieren, sondern ihre jeweilige Biographie, das heißt, ihre gesellschaftliche und soziale Herkunft, Wert- und Normensysteme, Einstellungen, Vorstellungen und Erwartungen in das Gespräch einbringen, müssen die individuellen und sozialen Voraussetzungen ermittelt und im Hinblick auf sich daraus ergebende handlungspraktische Konsequenzen für einen Bewerber untersucht werden.

3.1 Rollenhandeln der Gesprächsteilnehmer

Zur Erreichung des gemeinsamen Teilziels der Passungsüberprüfung aktivieren die Gesprächsteilnehmer zur Abgleichung ihre verschiedenen Erwartungen, Vorstellungen und Interessen einen gemeinsamen Interpretationsrahmen, der es ihnen überhaupt erst ermöglicht, Gemeinsamkeiten und Unterschiede zu ermitteln. Der gemeinsame Interpretationsrahmen ist ein von Bewerbern und Einstellenden geteiltes basales, sozialisiertes Handlungswissen über die Situation 'Bewerbungsgespräch', das ihnen ermöglicht, die Kommunikationsbeziehung nicht neu aufbauen und definieren zu müssen, sondern sich an existierenden Regelungen und Mustern orientieren zu können.

> "Im Regelfall werden sich Interaktionspartner jedoch, ob sie einander kennen oder nicht, an gelernten und in die Interaktion mitgebrachten Normen und Schemata, die Allgemeingut sind, orientieren" (KRAPPMANN 1978, 97).

Dieses Bündel von sozialen Orientierungen kulminiert in sozialen Rollen und dient den Individuen zur Bewältigung sozialer Interaktionen.

Das Kommunizieren in Rollen etabliert die soziale Beziehungsstruktur der Gesprächsteilnehmer zueinander. Die soziale Beziehungstruktur erweist sich als ein komplexes Geflecht von Erwartungen, die die Gesprächsteilnehmer aneinander stellen und Vorstellungen, die sie voneinander haben. Rollenkonstellationen sind damit immer als interdependente, sich wechselseitig bedingende dynamische Erwartungssysteme zu verstehen, die als sozial abgesicherte Orientierungssysteme gesellschaftlicher Interaktion fungieren.[1]

Eine Situationsanalyse vorzunehmen bedeutet dann, bezogen auf die Konstellation der Gesprächsteilnehmer, eine Rollenanalyse vorzunehmen, um die bestehenden und vermuteten Orientierungsbündel zu entflechten. Zu beantworten ist die Frage, wie Bewerber mit Rollenerwartungen umgehen, die an sie gestellt werden, welche persönlichen Vorstellungen sie von ihrer Rolle haben und welche Implikationen sich daraus für gelingendes Rollenhandeln im Bewerbungsgespräch ergeben.

---

[1]Die hier vertretene interaktionistische Auffassung von Rollenhandeln weicht von Rollentheorien ab, die "mit dem Begriff der Rolle gleiches Verhalten verschiedener Menschen in der gleichen Positition und Konformität zu Normen" (KRAPPMANN 1978, 99) erklären (vgl. innerhalb des linguistischen Bereichs: z.B. STEGER u.a. 1974, 44; auch SCHANK 1987, 27). Diese Konzeptionen verstehen Rollenhandeln primär als normenkonforme Integration in das soziale System und betonen in der Tradition einer struktur-funktionalen Rollentheorie (vgl. PARSONS 1951) eher die Fremdbestimmung sozial handelnder Subjekte als deren Autonomie.

Einen Überblick über verschiedene Rollentheorien gibt u.a. JOAS (1978); vgl. auch die ausführliche Auseinandersetzung mit verschiedenen Rollenkonzeptionen bei KRAPPMANN (1977; 1978).

3.1.1 Die Rolle als zu interpretierende Ansammlung von Orientierungen

Wenn im folgenden unter einer Rolle ein jeweils neu zu interpretierendes "Bündel von Orientierungen" (ebd., 98) verstanden wird, dann impliziert das im interaktionistischen[2] Verständnis, daß eine soziale Rolle nicht als statischer Normenkomplex zu verstehen ist, den sich ein Individuum aneignet, sondern die jeweilige Rolle beziehungsweise die jeweiligen situativen Rollenkonstellationen bieten einen flexiblen Interpretationsrahmen, durch den aktuell vollzogene Handlungen eine soziale Bedeutung erlangen.

Kommunikationssituationen sind insofern nie vollständig definierbar, als in ihnen zwar objektive und subjektive Orientierungen hinsichtlich der Rollenkonstellationen auftreten, diese jedoch nicht vollständig kompatibel und deckungsgleich zwischen den jeweiligen Kommunikationsteilnehmern sind.[3] Das impliziert, daß Rollenhandeln kein starres und stereotypes Befolgen von festgelegten gesellschaftlichen Normen sein kann, sondern es muß abhängig von der jeweiligen Sprechsituation von den miteinander Kommunizierenden immer wieder neu ausgehandelt und interpretiert werden (vgl. ebd., 98). Das Handeln in einer Rolle ist eine interaktive und kommunikative Leistung des Individuums. Rollenhandeln wird damit als aktueller, gemeinsam vollzogener Aushandlungs- und Verständigungsprozeß über soziale Bedeutungen verstanden (vgl. GEIßNER 1988a, 131).

> "Alle Gegenstände, Strukturen, Personen und Verhaltensweisen erhalten durch gemeinsame Interpretationen soziale Bedeutungen" (KRAPPMANN 1978, 21).

---

[2]Der Interaktionismus betont die "Geschöpftheit der gesellschaftlichen Wirklichkeit durch interaktiv aufeinander bezogene Handlungsabläufe der Gesellschaftsmitglieder" und geht davon aus, "daß der interaktive Bezug grundlegend durch sprachliche Kommunikation und darüberhinaus durch den Austausch außersprachlicher Symbole geleistet wird" (SCHÜTZE 1987, 520).

[3]Vgl. ähnlich auch GEISSNER:"Da jeder nicht Rollen spielt, sondern ist, Rollen, die er nicht selbst erfindet, sondern die teils angeboren, teils im sozialisatorischen Prozeß erworben sind, Rollen die nicht 'individuell' sind, sondern allgemein, kommen in den sozialen Rollen unabweislich gesellschaftliche 'Objektivationen' zum Vorschein. "Die Kategorie 'soziale Rolle' vermittelt nach diesem Verständnis objektive und subjektive Situationsfaktoren" (GEIßNER 1982, 32f.).

Diese sozialen Bedeutungen sind nicht beliebig abrufbar, sondern sie werden von den Kommunikationsteilnehmern in der aktuellen Situation durch eine gemeinsame kommunikative Interpretationsleistung konstituiert. Rollenhandeln meint dann nach diesem Verständnis die gemeinsame Teilhabe an einem "Bedeutungssystem" (ebd., 98). Wie eine bestimmte Rolle verstanden und interpretiert wird, darüber müssen sich die jeweiligen Kommunikationsteilnehmer verständigen.

3.1.2 Ich-Identität als Interpretationsbasis für Rollenhandeln

Die jeweilige Rollenkonstellation bietet den Interpretationsrahmen, durch den aktuell vollzogene kommunikative Handlungen ihre Bedeutung erlangen. Rollenhandeln entbindet den Bewerber also nicht davon, die jeweiligen Rollenvorstellungen und - erwartungen reflektiert zu übernehmen, sondern er muß sie zwangsläufig von Situation zu Situation immer wieder neu auf dem Hintergrund des eigenen Normen-, Erwartungs- und Bedürfnishorizontes interpretieren. Die Fähigkeit, reflektierend in einer Rolle zu handeln, die aus sozialen und individuellen Orientierungen besteht, sie situativ zu interpretieren und in der konkreten Kommunikationssituation zu präsentieren, soll als "Ich-Identität" (ebd., 97) bezeichnet werden. Ich-Identität ist die Leistung des Individuums, soziale, ihm zugeschriebene Erwartungen und Haltungen auf dem Hintergrund eigener, individueller Vorstellungen, Bedürfnisse und Erfahrungen zu interpretieren und in der konkreten Kommunikationssituation zu präsentieren (vgl. ebd., 8; auch 1979).[4]

> "Seine Ich-Identität muß dem Individuum als Interpretationspotential dienen, wenn eine Rolle als näherer Bestimmung bedürftiges Bündel von Orientierungen betrachtet wird " (KRAPPMANN 1978, 98f.).

Die Herstellung, Bewahrung und Präsentation von Ich-Identität stellt einen permanenten Vermittlungsprozeß zwischen "persönlicher Identität" einerseits und "sozialer Identität" andererseits dar (GOFFMAN 1982, 255f.). Soziale Identität repräsentiert in diesem Zusammenhang das Konglomerat gesellschaftlich-sozialer Normen und Erwartungen, die dem Individiuum zugeschrieben werden; persönliche Identität umfaßt den individuellen biogra-

---

[4]Vgl. zum Identitätsbegriff auch: AUWÄRTER / KIRSCH / SCHRÖTER (1976); BENOIST (1980).

phischen Teil menschlicher Identität, der sich durch Einzigartigkeit, Spontaneität und Kreativität auszeichnet (vgl. ebd., 256). Es handelt sich hier um die individuellen Voraussetzungen, die ein Individuum aufgrund seiner (Kommunikations-) Geschichte, seines Wissens und seiner Erfahrungen, Vorstellungen und Bedürfnisse interaktiv vermittelt. Zwischen den konstitutiven Anteilen von Ich-Identität muß das Individuum permanent ein Gleichgewicht herstellen, indem es versucht, gegenüber Normen und Erwartungen gleichermaßen Akzeptanz wie Abgrenzung herzustellen und eigene Bedürfnisse zu berücksichtigen.

> "Das Individuum balanciert zwischen Übernahme der vorgeschriebenen Bedürfnis-Befriedigungs-Relationen und dem Versuch, seine eigenen Wünsche mit in den Interaktionsprozeß einzubringen " (KRAPPMANN 1978, 68).

Der permanente Prozeß der Herstellung und Bewahrung von balancierter Ich-Identität stellt die Basis für gelingendes Rollenhandeln dar. Identität wird damit im Gegensatz zu statischen Selbstkonzept-Auffassungen[5] als dynamische, prozeßorientierte Größe verstanden, die das Individuum nur aus der Beziehung zu anderen gewinnen kann (vgl. ebd., 21).

> "Identität ist nicht mit einem starren Selbstbild, das das Individuum für sich entworfen hat, zu verwechseln; vielmehr stellt sie eine immer wieder neue Verknüpfung früherer und anderer Interaktionsbeteiligungen des Individuums mit den Erwartungen und Bedürfnissen, die in der aktuellen Situation auftreten, dar" (ebd., 9).[6]

---

[5]Vgl. zur Selbstkonzeptforschung: FILIPP (1979); MUMMENDEY (1979); ROSENBERG / KAPLAN (1982). Nach SCHULZ VON THUN handelt es sich bei Selbstkonzepten um die Meinung, die sich ein Individuum im Verlauf seines Lebens über sich selbst bildet: "Das Selbstkonzept bildet sich als Folge von definierenden Erfahrungen. Bei diesen definierenden Erfahrungen handelt es sich überwiegend um explizite oder implizite Du-Botschaften ("So einer bist du"), die von wichtigen Bezugspersonen oder von Institutionen und gesellschaftlichen Einrichtungen ausgesendet werden" (1991, 191). Selbstkonzepte entstehen demnach aus einer Vielzahl gesellschaftlicher Mitteilungen an ein Individuum, die dieses dann zu einem Bild über sich selbst verarbeitet (vgl. ebd., 190). Das Bild, das jemand von sich hat, wäre demnach immer zu einem großen Teil das Ergebnis dessen, was dem jeweiligen Individuum implizit oder explizit an Beurteilungen von außen zugeschrieben wird.

[6]Aus diesem Grund wird in dieser Arbeit auch auf den GOFFMAN'schen Begriff "Image" verzichtet. "Image ist ein in Termini sozial anerkannter Eigenschaften umschriebenes Selbstbild - ein Bild, das die anderen übernehmen können" (1986, 16).

Ich-Identität ist folglich keine festgelegte, einmal erworbene und jederzeit abrufbare Meinung über sich selbst, die einmalig entsteht und dann unveränderlich ist, sondern Identität ist eine interaktive Leistung, die das Individuum von Situation zu Situation verschieden immer wieder neu kommunikativ herstellen muß, indem es fremde Erwartungen antizipieren und eine gleichzeitige Vernetzung, Einordnung und Interpretation in und mit dem eigenen Erwartungs-, Normen- und Bedürfnishorizont bewältigen muß. Damit ist Ich-Identität immer zweifach polarisiert als

> "antizipierte Erwartungen der anderen und eigene Antwort des Individuums"[7] (ebd., 39).

Da ein Individuum innerhalb kommunikativer Prozesse immer wieder vor die Aufgabe gestellt ist, flexibel auf unterschiedliche Gesprächspartner und soziale Rollenerwartungen zu reagieren und sich gleichermaßen eine individuelle Bedürfnisbefriedigung zu ermöglichen, ist Identitätskonstitution und -präsentation demnach

> "ein permanenter Prozeß und eine permanente Aufgabe, die interaktiv verankert und daher auch in der 'face-to-face'-Situation, vor allem im (sprachlichen) Dialog zu beobachten und zu analysieren ist" (LUZIO/AUER 1986, 327).

Ich-Identität stellt die Bedingung der Möglichkeit dar, eine soziale Rolle zu interpretieren und kommt gleichzeitig sprechsprachlich in Rolleninterpretationen zum Ausdruck. Rolleninterpretationen sind damit immer kommunikativ vermittelte Identitätspräsentationen, da sie aufzeigen, wie ein Individuum in einer bestimmten Kommunikationssituation versucht, sich anderen darzustellen.

3.2 Die Rollenkonstellation im Bewerbungsgespräch

Charakteristisch für die Rollenkonstellation des Bewerbungsgesprächs ist, daß sich ein Bewerber um die Rolle eines zukünftigen Stelleninhabers bewirbt, die Einstellenden als Repräsentanten der einstellenden Institution

---

[7]Auf diese Polarisierung hat v.a. MEAD (1991, 217f.) mit seiner Unterscheidung der Identität in "I" (im folgenden als "Ich" zitiert) und "Me" (im folgenden als "ICH" zitiert) hingewiesen. Das "Ich" repräsentiert bei MEAD die individuellen, kreativen Anteile der Identität, das "ICH" die internalisierten gesellschaftlichen Verhaltenserwartungen.

als reale Stelleninhaber agieren. Während der Bewerber im Bewerbungsgespräch in einer Rolle agiert, die er nur probehalber innehat, agieren die Einstellenden als Stelleninhaber beispielsweise innerhalb eines Altenheimes in Rollen wie Pflegedienstleitung, Personalrat, Leitung des sozialen Dienstes, Sozialpädagogen etc. Dabei differieren die an einen Bewerber gestellten Erwartungen nicht von den Erwartungen, die man an ihn als potentiellen Inhaber der infragekommenden Stelle stellt, sondern sie entsprechen ihr sogar. Einstellende setzen Bewerber quasi probehalber in die Funktion des Stelleninhabers, um in dem so entstehenden Fiktionsraum dessen Rolleninterpretation so konkret wie möglich auf Passung hinsichtlich ihrer Rollenerwartungen zu überprüfen. Besonders deutlich kommt das zum Ausdruck, wenn Bewerber mit einem konkreten Problem aus dem beruflichen Alltag der Rolle, um die sie sich bewerben, zum Beispiel in Form einer "Fallstudie" (LEHRENKRAUSS 1986, 26), konfrontiert werden und dazu Stellung beziehen müssen. Diese Fiktion wird auch sprachlich immer wieder verdeutlicht (`Stellen Sie sich vor, Sie sind...; Angenommen, Sie müßten....; Gesetzt den Fall, daß...` u.a.). Würde ein Bewerber seine Rolle nicht durch explizite Kennzeichnung als Proberolle interpretieren, sondern als Rolle eines Stelleninhabers interpretieren, würde er gegen die auf ihn gerichtete zentrale Erwartungshaltung verstoßen, sich als Bewerber um eine Stelle zu bewerben, die er noch nicht innehat. In diesem Fall würde er versuchen, den Einstellenden die Entscheidung über die Passung abzunehmen.

Wenn sich - wie in einigen in dieser Arbeit untersuchten Bewerbungsgesprächen - Bewerber um eine Stelle als Altenheimleiter bewerben, umgekehrt verantwortliche Einstellende der Institution Altenheim eines kirchlichen oder staatlichen Trägers die Stelle eines Altenheimleiters besetzen wollen, dann haben sie damit bereits im Vorfeld des Gesprächs einen gemeinsamen Interpretationsrahmen konstitutiert, auf dem die kommunikativen Handlungen, die im Gespräch vollzogen werden, ihre Bedeutung erlangen. Auf beiden Seiten existieren mehr oder weniger konkrete Vorstellungen über die Situation und die gegenseitigen Erwartungen hinsichtlich der zu besetzenden Stelle eines Altenheimleiters und des sozialen Bezugssystems, in das diese Rolle eingebettet ist.

Bereits der Versuch jedoch, das Bündel sozialer Erwartungen, mit denen Bewerber konfrontiert werden können, vollständig zu erfassen, erweist sich als ausgesprochen schwierig. Trotzdem liegt in Bewerbungsgesprächen die einmalige Situation vor, daß Rollenvorstellungen, wenn auch sehr allgemein, explizit vor Beginn eines Gesprächs als Anforderungsprofile in Stellenanzeigen vorliegen. Ich möchte das Bündel sozialer Erwartungen, mit denen Bewerber konfrontiert werden können, am Anforderungsprofil eines Altenheimleiters verdeutlichen.

Folgende für einen Altenheimleiter als relevant erachteten Rollenattribute lassen sich anhand einer Zusammenstellung aus drei verschiedenen Stellenanzeigen aufzeigen: Hier finden sich zum einen eher formale, über Zertifikate und Zeugnisse nachweisbare, Merkmale wie 'abgeschlossene Berufsausbildung'; 'Heimleiterqualifikation'; '(mehrjährige) Berufserfahrung'; 'Erfahrung in Leitungsfunktionen'.

Darüber hinaus lassen sich eine Reihe von Verhaltens- und Eigenschaftsmerkmalen aufzeigen wie: 'Evangelische/katholische Persönlichkeit'; 'Bereitschaft zu innovativer Altenarbeit'; 'Bereitschaft zu partnerschaftlicher Mitarbeiterführung'; 'Identifikation mit der evangelischen/katholischen Kirche'; 'engagierte Umsetzung des diakonischen Auftrags'; 'Organisationstalent'; 'spirituelle Persönlichkeit'; 'Fähigkeit zu selbständigem Handeln'; 'Führungspersönlichkeit'; 'Engagement und Verantwortungsbewußtsein'; 'Zuwendung zu den Bewohnern des Hauses'; 'gute Kontakte zur evangelischen/katholischen Kirchengemeinde herstellen und pflegen'; 'Persönlichkeit, die in der Lage ist, eine diakonische Einrichtung zu managen'.[8]

Durch Verhaltenserwartungen wie 'partnerschaftliche Mitarbeiterführung' oder 'Zuwendung zu den Bewohnern des Hauses' kommen gleichzeitig auch Erwartungen hinsichtlich der Gestaltung von Rollenbeziehungen zum Ausdruck, die innerhalb der Institution Altenheim für relevant gehalten werden, zum Beispiel zwischen einem Altenheimleiter und den Mitarbeitern beziehungsweise den Heimbewohnern.

Darüber hinaus existieren eine Reihe sozialer Erwartungen, die nicht unbedingt in einer Stellenanzeige oder im Gespräch expliziert sein müssen. So

---

[8] Anforderungsprofile für Führungskräfte weisen häufig sogar inkongruente Rollenerwartungen auf. Beschrieben wird dieses Phänomen als "Führungsdilemma". Einerseits sollen Führungskräfte "unternehmerisch denken und handeln", gleichzeitig sich an "Vorschriften und Weisungen halten", "Freiräume gewähren" und "Ruhe und Ordnung garantieren", "auf die individuellen Fähigkeiten und Eigenarten seiner Mitarbeiter eingehen" und "alle gleich behandeln", das "Bestehende bewahren" und "Veränderungen in Gang setzen" (HESSE / SCHRADER 1992, 19f.).

legen beispielsweise kirchliche Institutionen großen Wert auf geordnete, kirchenrechtlich legitimierte familiäre Verhältnisse bei Bewerbern.

Die aufgeführten Rollenmerkmale sind als Bündel sozialer Orientierungen zu verstehen, die von seiten einer einstellenden Institution, aber auch auf seiten eines Bewerbers hinsichtlich der Rolle 'Altenheimleiter' existieren können. Kommt es zu einem Bewerbungsgespräch, dann hat eine vorläufige Überprüfung einer möglichen partiellen Übereinstimmung auf beiden Seiten insofern stattgefunden, als ein Bewerber zwischen den in einer Stellenanzeige explizierten Rollenvorstellungen und seinen eigenen Vorstellungen die Möglichkeit einer Übereinstimmung feststellt, sich bewirbt und im Gegenzug von der Institution zu einem Gespräch eingeladen wird, die damit ebenfalls signalisiert, daß hinsichtlich der Rollenvorstellungen die Möglichkeit einer Übereinstimmung vorhanden ist. Einstellende und Bewerber gehen in diesem Fall davon aus, daß zumindest partielle Übereinstimmungen hinsichtlich der Rollenbeschreibung 'Altenheimleiter' existieren. Durch das Teilen bestimmter Rollenvorstellungen, die Bewerber und Einstellende für einen Altenheimleiter für relevant halten, wird zwischen Bewerber und Einstellenden jedoch noch keine Passung erzeugt, sondern hergestellt wird dadurch lediglich ein Basiskonsens, auf dem eine Passungsüberprüfung überhaupt erst möglich wird.

Für die Feststellung von Passung im Bewerbungsgespräch entscheidend ist demnach nicht die allgemeine Übereinstimmung dessen, was bezüglich der Rolle 'Altenheimleiter' von Bewerber und Einstellenden für allgemein relevant gehalten und in der Regel in Schlagworten expliziert wird (vgl. auch II 5.4.2.3), sondern erst das Gespräch ermöglicht, (zukünftiges) Rollenhandeln, also die konkrete interaktive Umsetzung und Interpretation von Rollen im Hinblick auf Konvergenz sprich Passung zu überprüfen. Inwieweit beispielsweise Übereinstimmungen zwischen einem Bewerber und Einstellenden hinsichtlich der Rollenanforderung 'partnerschaftliche Mitarbeiterführung' vorhanden sind, erbringt erst die jeweilige individuelle Interpretation, das heißt, die konkrete Umsetzung dieser Rollenvorstellungen in Rollenhandeln im Bewerbungsgespräch. Erst durch die jeweiligen Rolleninterpretationen im Gespräch wird eine Überprüfung von Passung für beide Seiten ermöglicht.

3.2.1 Das Aufeinandertreffen von Rollenvorstellungen und -interpretationen im Bewerbungsgespräch

Das komplexe, vielschichtige und häufig mehrdeutige Geflecht aus sozialen und indivuellen Orientierungen, die im Gespräch in Form aufeinandertreffender Rollenerwartungen und -interpretationen zum Ausdruck kommen, soll an einem Beispiel aufgezeigt werden. Darüber hinaus kann anhand des Gesprächsausschnitts verdeutlicht werden, wie soziale und persönliche Identität bei Bewerbern und Einstellenden über explizierte Rolleninterpretationen im konkreten Gespräch zum Ausdruck kommen. Der folgende Gesprächsausschnitt ist einem Gespräch entnommen, in dem es um die Besetzung einer Altenheimleiterstelle innerhalb eines kirchlichen Altenheimes geht. Einstellende und Bewerber verständigen sich über das Rollenattribut 'partnerschaftliche Mitarbeiterführung'.[9]

Gespräch III:

E1: Herr N., Sie eh nehmen in Ihrem Anschreiben Stellung dazu, daß Sie besonders eh daran interessiert sind oder *diese Stelle besonders* reizvoll finden, weil hier die Möglichkeit zur partnerschaftlichen Mitarbeiterführung geboten wird, und Sie erwähnen, daß Sie also bisher auch schon Erfahrungen diesbezüglich gemacht haben. Könnten Sie mal kurz skizzieren +, was Sie darunter verstehen, und wo Sie diese Erfahrungen gemacht haben.

B: mm mm ja ich hatte ja eh/ *ich habs Ihnen ja vorhin schon* kurz gesagt als Erzieher gearbeitet, und wir ham damals eh sehr teammäßig gearbeitet, das heißt, wir waren relativ selbständig in gewissem Rahmen + und eh habn ebend die Sachen, was wir machen zusammen abgesprochen. Da war direkt jetzt nicht einer, der hinterher das Sagen hatte. Es gab zwar ne Gruppenleitung, ich hab teilweise auch Gruppenleitungs-

[9] Aufgrund der Länge der in diesem Kapitel herangezogenen Gesprächsausschnitte weiche ich von dem ansonsten in dieser Arbeit durchgeführten Verfahren, zunächst den gesamten Gesprächsausschnitt aufzuführen und im Anschluß daran die Analyse vorzunehmen, ab und gehe sukzessiv vor, indem ich einzelne aufeinanderfolgende Passagen auswerte.

vertretung gemacht, eh aber es/ wir waren relativ gleichgestellt trotz Gruppenleitung, und das war ne Arbeitsform, mit der ich gut klar kam und die, ich denke auch sehr effektiv war. Ich habe gleichzeitig aber auch die Erfahrung gemacht, wie wichtig es ist, Kollegen miteinzubeziehen, *ich sage es jetzt mal* vom negativen Rahmen, wo ich erlebt habe, daß Leitung oft nicht fähig war, *sozusagn* die Kollegen mit einzubeziehen oder wo es nur Scheinkonferenzen gab, sagn wer wo wo man zusammensaß und eh angeblich bestimmen konnte oder Einfluß nehmen *und daß im Grunde genommen* alles klar war, und das hat sehr viel eh Unbehagen hervorgerufen, und ich habe selbst bei mir und bei andern erlebt, wie dann mehr und mehr sozusagen Resignation eintrat, und ich halte es für sehr wichtig und ich trau mir das auch zu, eh Mitarbeiter sagn wer mal zu motivieren, mit denen zusammenarbeiten, mit einzubeziehen in Entscheidungsprozesse oder zumindestens eh mit in die Arbeit einzubeziehen.

E1: Ja: wobei es is ja schon n Unterschied, ob Sie jetzt innerhalb eines Teams diese Erfahrungen gemacht haben, oder ob Sie jetzt in einer ganz anderen Position, nämlich in der Position der Leitung sitzen.

Die Einstellende E1 nimmt Bezug auf das Anschreiben des Bewerbers, in dem dieser ausgeführt hatte, daß ihn die Stelle des Altenheimleiters in der besagten Institution besonders interessiert, weil sie ihm unter anderem die Möglichkeit zur partnerschaftlichen Mitarbeiterführung eröffnet. Daraufhin fragt sie den Bewerber nach seinem Verständnis von partnerschaftlicher Mitarbeiterführung, und in welchen Bereichen er Erfahrungen damit machen konnte. Der Bewerber stellt daraufhin seine Erfahrungen mit partnerschaftlicher Mitarbeiterführung aus seiner damaligen Perspektive als Mitarbeiter dar und betont, daß er viele gute Erfahrungen mit Teamarbeit machen konnte, ohne daß Vorgesetzte sich in die Arbeit eingemischt haben. Durch sowohl positive Bewertungen (...mit der ich gut klar kam...; ...sehr effektiv...; ...wie wichtig es ist, Kollegen miteinzubeziehen...) als auch negative Bewertungen (...Scheinkonferenzen...;...angeblich bestimmen konnte oder Einfluß nehmen...; ...Unbehagen hervorgerufen...; Resignation...) kennzeichnet er seine persönliche Interpretation des Rollenattributs. Die persönliche Identität des Bewerbers kommt hier dahingehend zum Ausdruck, daß er das Rollenattribut auf der Basis seiner persönlichen Erfahrungen interpretiert, die er in seiner Tätigkeit als Erzieher mit seinen Vorgesetzten gemacht hat. Die Perspektive der Erzieherrolle, aus der der Bewerber die persönliche Interpretation des Rollenattributs vornimmt, nimmt die Einstellende E1 auf und weist den Bewerber darauf hin, daß das Rollenattribut der partnerschaftlichen Mitarbeiterführung aus der Perspektive eines Mitarbeiters anders zu beurteilen ist, als aus der Sicht eines Vorgesetzten. Diese Zurechtweisung kann als Abwertung der Rolleninterpretation des Bewerbers aufgefaßt werden, durch die sie ihn implizit darauf verweist, daß er in der Proberolle eines Altenheimleiters agiert und nicht in der eines Erziehers, und sie aus diesem Grund eine einem zukünftigen Altenheimleiter angemessene Rolleninterpretation erwartet.[10]

Mit der folgenden Frage verweist die Einstellende auf die Problematik, die aus ihrer Sicht mit dem Begriff der partnerschaftlichen Mitarbeiterführung verbunden ist:

E1: Um nochmal auf diesen Punkt partnerschaftliche Mitarbeiterführung zu kommen em em, es gibt sicherlich innerhalb eines Hauses Sachen, die ganz alleine nur Sie entscheiden können

B: mm mm

E1: *wo Sie also auch die* entsprechende Kompetenz haben, eh welche Strategien würden Sie da verfolgen um zum Beispiel den Mitarbeitern <u>nicht</u> das Gefühl zu geben, jetzt nur mal an ner Scheinkonferenz teilnehmen zu können und letztendlich ja n eigentlich gar nicht partnerschaftlich mitentscheiden zu können?

B: Ja, also ich habe jetzt mal den Begriff der partnerschaftlichen Mitarbeiterführung so übernommen eh, da er auch in Ihrer Stellenausschreibung so drin war. Ich wollte Sie eigentlich selbst mal fragen, (LACHT) was Sie dazu eh/ darunter verstehen, weil ich ich *kann Ihnen das gleich sagen,* da n bißchen mit

[10] Die darauffolgende Antwort des Bewerbers kann hier ausgelassen werden, da der Bewerber nicht auf die Frage eingeht, sondern nochmals über seine bisherigen Tätigkeiten berichtet. Auf dieses Problem der Nonresponsivität in Bewerberantworten, ihre möglichen Ursachen und kommunikativen Wirkungen wird ausführlich in III 2.3.4.3 eingegangen.

diesem B* eh Ans*/ Ausdruck der Partnerschaftlichkeit so, *will nich sagen, meine Probleme habe,* aber ich weiß, daß es unterschiedlich geséhn wírd. Also ich denke nicht, daß alle Mitarbeiter Partner sind, gleíchberéchtigte Partner, ich denke, das es auch, in jedem Bereich gewisse Hierarchien gibt und auch geben muß und auch bestimmte Kompetenzbereiche, das heißt, ich kann natürlich nich sagen, so Mitarbeiter setzt euch zusammen und jetzt machen wir ne Abstimmung so in dem Sinne die Mehrheit entscheidet. Mir ist es aber erst mal wichtig, daß ich die Erfahrung, die jeder einzelne Kollege habe, *sozusagen* daß ich selbst davon profitiere= + Ich habe in dem Pflegebereich ja kaum gearbeitet, ich hab da zwar mein Praktikum drin gemacht, auch in Pfle*, aber ich habe doch nich *sagn wer mal* das Wissen, das praktische Wissen wie viele, *die da jahrelang drin gearbeitet haben.* Davon möchte ich profitieren. Das will ich wissen, was vor Ort geschieht. Und ich möchte dann mit den gemeinsam da auch dadrüber sprechen und ihnen meine Vorstellungen reinbringen oder beziehungsweise wenn sie Vorstellungen ham, auch darüber sprechen. Das verstehe ich drun* unter auch unter Mitaf* unter Mitarbeiterführung. Das man sich da auseinandersetzt und nich von oben nur sagt, so und so hats zu gehen. + Im Notfall werde ich auch Entscheidungen treffen müssen, mit denen andere nicht einverstanden sind, das is mir klar.

E1: mm ja das würde auch so + denke ich

E2: mm

E1: unseren Vorstellungen von partnerschaftlicher Mitarbeiterführung entsprechen, also so hatten wir uns das auch gedacht.

Zunächst nimmt die Einstellende E1 hier eine Abgrenzung zwischen partnerschaftlicher Mitarbeiterführung einerseits und der Leitungskompetenz, Entscheidungen selbstständig treffen zu können, andererseits vor. Sie schließt damit aus, daß eine partnerschaftliche Mitarbeiterführung auch beinhalten kann, Entscheidungen ohne den Einbezug oder die Zustimmung der Mitarbeiter zu treffen. Die folgende Frage der Einstellenden kann dann so interpretiert werden, daß sie genau diese Nichtvereinbarkeit von Partnerschaftlichkeit einerseits und die Notwendigkeit, Entscheidungen auch gegen den Willen anderer durchzusetzen andererseits, nicht als Problem auffaßt, sondern implizit sogar als Normalzustand deklariert, in dem sich jede Führungskraft befindet. Ihre folgende Frage bezieht sich auch nicht darauf, welche Vorstellungen der Bewerber für das Führungsdilemma, gleichermaßen Mitarbeiter zu berücksichtigen und eigene Entscheidungen zu treffen, hat, sondern sie fragt lediglich nach Strategien, wie man den Mitarbeitern das Gefühl vermitteln kann, partnerschaftlich mitentscheiden zu können. Damit kommt von seiten der Einstellenden eine persönliche Interpretation des Rollenattributs zum Ausdruck, die es eher gerechtfertigt erscheinen ließe, nicht mehr von partnerschaftlicher Mitarbeiterführung zu sprechen, da für sie vermutlich keine partnerschaftliche Mitarbeiterführung existiert. Anders formuliert: Partnerschaftliche Mitarbeiterführung interpretiert sie so, daß eine Führungskraft dem Mitarbeiter lediglich das Gefühl gibt, mitbestimmen zu können, die Entscheidungen real aber allein trifft.

Der Bewerber beschreibt in seiner Äußerung zunächst, warum er in seinem Anschreiben sein Interesse an der ausgeschriebenen Stelle mit der Möglichkeit zur partnerschaftlichen Mitarbeiterführung begründet. Sein folgendes indirektes Zugeständnis, mit dem Konzept der partnerschaftlichen Mitarbeiterführung Probleme zu haben, korrigiert der Bewerber zunächst dahingehend, daß ihm bewußt sei, daß unterschiedliche Sichtweisen des Konzepts zur partnerschaftlichen Mitarbeiterführung existieren (...weil ich kann Ihnen das gleich sagen, ich da n bißchen mit dieser B* eh Ans*/ Ausdruck der Partnerschaftlichkeit so, will nich sagen, meine Probleme habe, aber ich weiß, daß es unterschiedlich gesehen wird.). Im Anschluß daran entwirft der Bewerber nun sein Konzept von Mitarbeiterführung, betont zu Beginn die Existenz und Notwendigkeit von Hierarchien innerhalb einer Institution, führt im Anschluß daran aus, daß er sich eine Zusammenarbeit mit Mitarbeitern und deren Einbezug in Entscheidungen dergestalt vorstellt, daß es zum einen einen Erfahrungsaustausch und Lernprozeß, zum anderen eine Auseinandersetzung um verschiedene Vorstellungen geben sollte. Zum Schluß seiner Äußerung bestätigt der Bewerber nochmals die Aussage der Einstellenden. Allerdings schränkt er die Notwendigkeit, Entscheidungen gegen den Willen anderer zu treffen, stark ein (Im Notfall werde ich auch Entscheidungen treffen müssen, mit denen andere nicht einverstanden sind.).

Mit der eröffnenden Begründung (...da er auch in Ihrer Stellenausschreibung so drin war...) erzeugt der Bewerber den Eindruck, als sei er vom Konzept einer partnerschaftlichen Mitarbeiterführung auch nicht überzeugt, sich aber quasi dazu verpflichtet gefühlt habe, sein Anliegen an einer partnerschaftlichen Mitarbeiterführung zu betonen, da es offensichtlich von seiten der Institution als eine für die Stelle relevante Anforderung aufgefaßt werde. Damit expliziert er die von ihm vermutete antizipierte Erwartung der einstellenden Institution. Der Bewerber hat in diesem Beispiel seine persönliche Identität zugunsten der Erwartungen der einstellenden Institution zurückgestellt, indem er ein von der einstellenden Institution für relevant erachtetes Rollenattribut unhinterfragt akzeptiert, obwohl er unmittelbar danach zum Ausdruck bringt, daß er hinsichtlich der Markierung 'partnerschaftlich' Probleme sieht. Auch die Selbstkorrektur des Bewerbers (...ich da n bißchen mit dieser B* eh Ans*/ Ausdruck der Partnerschaftlichkeit so, will nich sagen, meine Probleme habe, aber ich weiß, daß es unterschiedlich gesehen wird.) wirkt wie ein zaghafter und vorsichtiger Versuch des Bewerbers, zwischen persönlichen Vorstellungen einerseits und an ihn herangetragenen Erwartungen andererseits ein Gleichgewicht herzustellen. Gleichzeitig verweist der Bewerber durch das Isolieren des Begriffs 'Partnerschaftlichkeit' auf das im Rahmen der Interpretationsbedürftigkeit sozialer Rollen beschriebene Phänomen, daß die Benennung eines Rollenattributs noch nichts über die jeweilige Interpretation aussagt, sondern daß trotz gleicher Benennung eines Phänomens völlig unterschiedliche Vorstellungen darüber existieren können.

Die Reaktion der Einstellenden auf die Antwort des Bewerbers signalisiert eine überraschend zügige Übereinstimmung bezüglich der Rolleninterpretation des Bewerbers. Diese Übereinstimmung stellt die Einstellende E1 dadurch her, daß sie die Äußerung des Bewerbers dahingehend interpretiert, dieser sei ebenfalls der Meinung, daß eine partnerschaftliche Mitarbeiterführung nicht funktionieren kann. Der nun folgende Abschnitt verkompliziert das Geflecht aus gegenseitigen (vermuteten) Rollenerwartungen und -interpretationen nochmals, indem der Einstellende E2 nun erläutert, wie es zu dieser Rollenanforderung der partnerschaftlichen Mitarbeiterführung in der Stellenausschreibung gekommen ist:

E2: Vielleicht auch Ihnen noch so zur Information, weil em + eh es is ja nich davon au*/ ich denke mal, daß Sie nicht davon ausgehen, eh daß so diese/ dieses Prinzip einer partnerschaftlichen Mitarbeiterführung eh hier bei uns im Haus einfach installiert ist, sondern das Haus hat ja auch seine Geschichte

B: mm

E2: die einzelnen Mitarbeiter haben ihre Geschichte und auch die bisherige Leitung hat ihre Geschichte. eh Stand is für uns, daß das vom Träger aus gewollt wird +

B: mm

E2: oder *zumindest is es an mich herangetragen* worden, daß das n Bedürfnis des Trägers ist eh, daß aber denke ich die Tradition des Hauses vielfach dem auch entgegenstehen.

B: mm

E2: Also das auch noch mal Ihnen zur Information. Es is nich was, was Sie vorfinden, was weitergeführt werden muß, sondern es is auch was, was aufgebaut werden muß es is also n sehr großer Anteil an Entwicklungsarbeit auch noch mit drin. Jedenfalls/

B: Ja jetzt hab ich jetzt aber nochmal ne Frage jetzt, weil Sie sagten, is ein Bedürfnis des Trägers eh. Mich würde schon interessieren natürlich auch, wie die Mitarbeiterschaft dazu überhaupt steht=, denn Sie schreiben ja auch aufgeschlossenes Team, junges Team, das heißt, daraus habe ich n bißchen geschlossen, daß durchaus auch n Bedürfnis unter den Mitarbeitern da ist= Ich weiß nicht, inwiefern das ist. Ich find das durchaus jedenf* also ich würd das zwar gern entwickeln wollen, aber es is sicherlich wichtig, daß eh daß da auch *sagn wer mal* Mitarbeiter da sind, die sagen, ja das is auch eigentlich unser Ding, denn sonst wirds sehr schwierig sozusagen so als Einzelkämpfer aufzutreten ne.

E1: Also bei den Mitarbeitern stoßen Sie da durchaus auf fruchtbaren Boden. Es ist, wie gesagt, in letzter Zeit noch nich realisiert worden, es is nur in Ansätzen realisiert worden, aber das obliegt dann auch/ würde Ihrer Aufgabe obliegen, das eben fortzuführen und das auch hier in diesem Hause zu installieren.

Der Einstellende E2 liefert eine wichtige Information bezüglich der Rollenvorstellungen von einem zukünftigen Heimleiter aus der übergeordneten Perspektive des einstellenden Trägers (...eh Stand is für uns, daß das vom Träger aus gewollt wird...*oder zumindest is es an mich herangetragen worden*, daß das n Bedürfnis des Trägers ist, daß aber denke ich die Tradition des Hauses vielfach dem auch entgegenstehen.). Die Informationen, die der Einstellende E2 hier gibt, lassen vermuten, daß offensichtlich zwischen dem Träger des Heims als nochmals übergeordneter Instanz, der bisherigen Heimleitung und den Mitarbeitern diverse Spannungen hinsichtlich des Mitarbeiterführungskonzepts existieren. Offensichtlich werden von Trägerseite aus Anforderungen an die bisherige Heimleitung gestellt, das Konzept einer partnerschaftlichen Mitarbeiterführung zu verfolgen. Dies stößt aber bei der Heimleitung und den Mitarbeitern (...Tradition des Hauses...) auf Widerstände und nun werden an den zukünftigen Heimleiter von verschiedenen Seiten unterschiedliche Erwartungen hinsichtlich eines neuen Führungskonzepts gestellt.

Der Bewerber versucht daraufhin durch eine Nachfrage, wie die Mitarbeiter dem Konzept der partnerschaftlichen Führung gegenüber eingestellt sind, den Hintergründen der Genese dieses Anforderungsmerkmals auf den Grund zu kommen und gibt zu bedenken, daß ein solches Konzept nur funktionieren kann, wenn die Mitarbeiter auch dahinterstehen. Auf diese Weise versucht er, die Erwartungen des Trägers insofern zu relativieren, als er damit Einschränkungen vornimmt, unter denen eine Installierung eines neuen Führungskonzeptes möglich ist. Auch hier versucht der Bewerber, einerseits den an ihn herangetragenen Erwartungen zu entsprechen, sich gleichzeitig aber auch insofern davon abzugrenzen, als er explizit auf die Schwierigkeiten verweist, die bei der Durchführung eines solchen Führungskonzeptes entstehen können, wenn Widerstände auf seiten der Mitarbeiter vorhanden sind (...denn sonst wirds sehr schwierig sozusagen so als Einzelkämpfer aufzutreten.).

Die Einstellende E1 beendet den thematischen Abschnitt durch eine beschwichtigende Äußerung. Damit signalisiert sie, daß sie zugunsten der Erwartungen und Vorstellungen des Trägers ihre eigenen Vorstellungen zurückzieht, indem sie noch einmal betont, daß es die Aufgabe des zukünftigen Heimleiters ist, das Konzept der partnerschaftlichen Mitarbeiterführung im Heim zu installieren. Hier läßt sich auf seiten der Einstellenden E1 ein Zurücknehmen persönlicher Identität zugunsten sozialer Identität feststellen.

Der gesamte Gesprächsausschnitt verdeutlicht, daß sich hinter solchen, für einen 'Altenheimleiter' als relevant angesehenen Rollenattributen zum einen divergente Vorstellungen und Interpretationen zwischen Einstellenden und Bewerbern verbergen können, zum anderen aber auch völlig unterschiedliche Auffassungen zwischen den verantwortlichen Einstellenden, in diesem Fall den Vertretern der Heimleitung und dem Träger des Heimes als übergeordneter Instanz auftreten können. Der Bewerber wird bezüglich der Rollenanforderung 'partnerschaftliche Mitarbeiterführung' mit zum Teil widersprüchlichen und mehrdeutigen Rolleninterpretationen konfrontiert, die darauf zurückzuführen sind, daß zwischen den Einstellenden und dem Träger des Heims offensichtlich Diskrepanzen bezüglich der Anforderungen an den zukünftigen Heimleiter existieren. Die Einstellende E1, die eine Institution vertritt, von der ausdrücklich in der Stellenanzeige die Fähigkeit und Motivation eines Altenheimleiters zu partnerschaftlicher Mitarbeiterführung erwartet wird, bringt zum Ausdruck, daß dies für sie im Grunde nur eine Leerformel darstellt, und wenn überhaupt, dann nur bedeuten kann, daß eine Führungskraft dem Mitarbeiter vorspielt, mitbestimmen zu können, ihn real aber von Entscheidungen ausschließt.

Und auch der Bewerber reagiert mit Interpretationen, die die Anstrengung verdeutlichen, sowohl der persönlichen als auch der sozialen Identität gerecht zu werden, die aber auch bei ihm teilweise den Eindruck von Zerrissenheit und Widersprüchlichkeit in seiner Rolleninterpretation hinterlassen. So bekundet der Bewerber einerseits, daß partnerschaftliche Mitarbeiterführung nicht seinen Vorstellungen entspricht, gleichzeitig will er sich jedoch dafür einsetzen, dieses Konzept bei den Mitarbeitern auf seinem zukünftigen Arbeitsplatz durchzusetzen. Zwar versucht er an einigen Stellen, die Widersprüchlichkeiten und Ungereimtheiten hinsichtlich der an in herangetragenen Erwartungen vor allem durch Nachfragen aufzudecken, trotzdem ensteht am Schluß der Eindruck, daß der Bewerber bereit ist, den an ihn gestellten Erwartungen zu entsprechen.

Von beiden Seiten werden, nachdem versucht wurde, Rolleninterpretationen abzugleichen, die aufgetretenen Widersprüche unhinterfragt übernommen und auf diese Weise eine scheinbare Passungsübereinstimmung hergestellt. Zum Zeitpunkt der Beendigung des thematischen Abschnitts durch die Einstellende E1 sind bezüglich der jeweiligen Rollenauffassung noch viele Fragen offen.

Der Gesprächsausschnitt verdeutlicht ebenfalls, daß der Versuch, zwischen persönlicher Identität und sozialer Identität eine Balance herzustellen und diese zu präsentieren, sich vor allem für den Bewerber häufig als problematisch erweist. Explizit kommt das bei dem Bewerber dort zum Ausdruck, wo er mit der Begründung für die Übernahme des Begriffs 'partnerschaftliche Mitarbeiterführung' in sein Anschreiben seine persönliche Identität zugunsten sozialer Identität zurückstellt. Damit verweist der Bewerber auf ein Problemphänomen, das normalerweise nicht in dieser Form in einem Bewerbungsgespräch explizit zum Ausdruck kommt, sich dennoch für viele Bewerber im Rahmen eines Bewerbungsverfahrens ähnlich stellt: je größer der psychische oder materielle Druck eines Bewerbers ist, eine Stelle zu erlangen, um so eher ist er im Vorfeld eines Bewerbungsverfahrens in der Gefahr, Manipulationen an seinen eigenen Vorstellungen und Erwartungen hinsichtlich des zukünftigen Arbeitsplatzes vorzunehmen. Das verweist auf die im folgenden zu erläuternden Gründe, die die Identitätsbalance von Bewerbern gefährden können. Darüber hinaus soll aufgezeigt werden, in welcher Weise mangelnde Identitätsbalance im Gespräch sichtbar werden kann und welche kommunikativen Wirkungen dadurch entstehen können.

3.2.2 Nicht-identitätsbalancierte Rolleninterpretationen bei Bewerbern

Am Beispiel konnte bereits aufgezeigt werden, daß der Bewerber mit Normen, Erwartungen, Konventionen, Werten und Vorstellungen verschiedener Einstellender bezüglich einer Rolle konfrontiert wird, die er zu den eigenen Rollenvorstellungen, -erwartungen und - definitionen, aber auch zu seiner jeweiligen Lebenssituation und seiner Biographie permanent in Bezug setzen muß. Dabei entsteht häufig die Situation, daß fremde Erwartungen und Vorstellungen konträr zu den eigenen Bedürfnissen und Vorstellungen stehen oder mit der persönlichen Lebenssituation kollidieren. Immer dann ist Ich-Identität gefährdet, da der Bewerber die Balance zwischen persönlicher und sozialer Identität verlieren kann. Das kann dann eintreten, wenn er

> "in den Erwartungen der anderen voll aufgeht, also sich nicht mehr von der ihm zugeschriebenen 'social identity' abhebt (...) oder auf der anderen Seite, wenn das Individuum diese Erwartungen zurückweist, also voll die angesonnene Einzigartigkeit seiner 'personal identity' übernimmt" (KRAPPMANN 1978, 79).

Nicht-identitätsbalancierte Rolleninterpretationen können zum einen darin zum Ausdruck kommen, daß ein Bewerber sich überwiegend an den antizipierten, fremden, entweder real vorhandenen oder auch nur vermuteten Erwartungen und Rollenvorstellungen der einstellenden Institution orientiert. Weiterhin ist Identitätsbalance gefährdet, wenn der Bewerber geltende soziale Normen und Ansprüche an die Rolle, in der er sich bewirbt, nur unzureichend berücksichtigt oder sogar ignoriert. Schließlich kann die Aufrechterhaltung von Identitätsbalance daran scheitern, daß der Bewerber bei dem Versuch, Balance herzustellen und zu präsentieren, in Widersprüche gerät. Im folgenden sollen diese Formen nicht-identitätsbalancierter Rolleninterpretation anhand von konkreten Beispielen aus dem Gesprächsmaterial erläutert und im Hinblick auf ihre jeweilige kommunikative Wirkung betrachtet werden.

3.2.2.1 Dominanz sozialer Identität in Rolleninterpretationen

Rolleninterpretationen, in denen eine Dominanz der sozialen Identität zum Ausdruck kommt, liegen dann vor, wenn Bewerber eigene Bedürfnisse, Vorstellungen und Erwartungen zugunsten der antizipierten fremden Erwartungen in den Hintergrund treten lassen oder die persönliche Identität eine Abwertung, Rechtfertigung oder Bagatellisierung erfährt.

Der folgende Gesprächsausschnitt stammt aus einem Rollenspiel, in dem sich eine Bewerberin nach 18-jähriger Familienpause um eine sozialpädagogische Mitarbeiterstelle in einem Durchgangslager für Asylbewerber bewirbt:

Gespräch VI:

E1: Ja Frau B., Sie hatten letzte Woche schon mal Rücksprache mit mir gehalten telefonisch ++ nachdem ja Ihre Bewerbung vor zwei Wochen hier bei uns eingegangen ist ++ und ich hatte Ihnen telefonisch ja auch noch *einiges* erklärt zu dieser Stelle=

B: mm

E1: u:nd eh + zuerst einmal wäre mir aber nochmal interessant + eh Schwerpunkte aus ihrem bisherigen beruflichen + Lebenslauf zu erfahren, was Sie schwerpunktweise also kurz zusammengefaßt/ ich denke, einiges geht ja auch aus ihrem Lebenslauf hervor, aber ich fänd es wichtig, wenn sie einige gravierende Punkte nochmal eh mündlich zusammenfassen und wir vielleicht die Möglichkeit hätten, auch darüber noch das eine oder andere zu besprechen.

B: Ja em schwerpunktmäßig em war ich in verschiedenen Gebieten der Sozialarbeit eingesetzt, hatte vorher ja mein/ Erzieherin gelernt und war als Erzieherin im Kindergarten und Erholungsheim tätig und hatte dann das Studium der Sozialarbeit aufgenommen= Schwerpunktmäßig war ich in der /im Anerkennungsjahr in O. in der Familienfürsorge tätig und im Verwaltung* in der Verwaltung beim Senator für Jugend und Sport. Dann hab ich nach meiner Ausbildung em ein Durchgangsheim geleitet in M.,

E: mm

B: was mir eigentlich sehr viel eh Freude gemacht hat, wohl auch sehr viel Einsatzbereitsschaft von mir erforderte. ...[11] Dann bin ich umgezogen aus persönlichen Gründen. Ich war dann verlobt, und mein Mann studierte in L. und ich habe dann in L. em in ner heilpädagogischen Einrichtung gearbeitet und zwar war das eine Modelleinrichtung des F.-Verbandes und ich

[11] Der Einstellende wirft eine Frage nach den Bewohnern des Durchgangsheimes ein. Die Bewerberin erläutert in Form eines Einschubs ihre Tätigkeit in diesem Durchgangslager; der Einstellende fragt dann nach ihrem weiteren Werdegang. Dieser Einschub wird im Kapitel III 2.2.3.3, b ausführlich behandelt.

hab da Elternberatung eh gemacht und Verbindung zu den Schulen gehalten und an diese Zeit erinnere ich mich sehr gerne. Es/ wir* waren ein <u>sehr</u> gutes Team und jeder war in seinem Gebiet/ fühlte sich sehr wohl und war anerkannt.

E1: mm mm

B: Und danach em bin ich in meine Erziehungsphase

E1: ja

B: eingetreten,

E1: mm

B: die allerdings auch sehr <u>lange</u> war. Ich muß dazu sagen, daß ich sehr dahinter stehe, auch heute noch. Ich selbst wollte also für meine Kinder selbst zuständig

E1: ja

B: sein und eh bin auch froh, daß ichs gemacht habe und habe ne gute gute Erinnerung

E1: mm

B: und möchte jetzt

E1: Ich denke, das is ja gerade auch bei Frauen recht unterschiedlich und jede entscheidet sich da anders. Und Sie haben sich damals eben so entschieden...

E2: Ihre Kinder sind jetzt x-Jahre und y-Jahre und was machen die jetzt?

B: Mein Sohn, der hat Abitur gemacht und macht jetzt Zivildienst und möchte demnächst Biologie in st* D. studieren. Er is im Grunde halbwe*/ hat sich halbwegs losgelöst, wohnt aber noch in meinem Haushalt. Meine Tochter besucht noch das Gymnasium, is aber eh selbständig und ich meine, daß jetzt für mich der Zeitpunkt gekommen ist, daß ich auch wieder richtig in den Beruf einsteigen kann, was mir auch irgendwo n Bedürfnis ist eh nach dieser ruhigen Phase wieder nochmal tätig zu werden + und auch meine Erfahrungen einzubringen.

Die Bewerberin wird in diesem Gesprächsausschnitt vom Einstellenden E1 dazu aufgefordert, ihren Lebenslauf bezüglich ihrer bisherigen beruflichen

Schwerpunkte zusammenzufassen (...schwerpunktweise...; ...einige gravierende Punkte...). Sie stellt ihren bisherigen Lebenslauf dar und bringt zum Ausdruck, daß sie vor ihrer Heirat beziehungsweise bis zu dem Zeitpunkt ihrer Kinderphase ein ausgefülltes Berufsleben hatte (...viel Freude...; ...sehr viel Einsatzbereitschaft...; An diese Zeit erinnere ich mich gern...). Bis zur Darstellung ihrer Erziehungsphase macht die Bewerberin keine quantitativen Angaben zu Zeit und Dauer der jeweiligen Tätigkeiten, sondern beschränkt sich auf Informationen zu den Inhalten und bisherigen Arbeitsbereichen. Erst als sie überleitet zur Darstellung der Erziehungsphase (Und danach em bin ich in meine Erziehungsphase eingetreten...), erfolgt im direkten Anschluß eine bewertende Aussage über die Dauer dieser Zeit (...die allerdings auch sehr lange war...).

In der folgenden Passage erfolgt nun keine Information über die Erziehungsphase, sondern eine Begründung für die Richtigkeit ihrer damaligen Entscheidung, die Erziehung der Kinder selbst übernommen zu haben (...daß ich sehr dahinter stehe, auch heute noch. Ich selbst wollte also für meine Kinder selbst zuständig sein und eh bin auch froh, daß ichs gemacht habe.). Auf diese Begründung erfolgt von seiten des Einstellenden E1 eine Bestätigung, daß eine solche Entscheidung immer ganz individuell getroffen werden muß. Die Einstellende E2 fragt anschließend nach, was die Kinder der Bewerberin zur Zeit machen. Die Bewerberin informiert die Einstellenden darüber, daß die Tochter noch zur Schule geht, der Sohn Zivildienst absolviert und ein Biologiestudium plant. Zusätzlich streut sie Bewertungen ein (Er is im grunde halbwe*/ hat sich halbwegs losgelöst, wohnt aber noch in meinem Haushalt; ...is aber selbstständig...), mit denen sie ihr Bedürfnis, wieder berufstätig zu werden, unterstreicht.

Ein Ungleichgewicht zugunsten sozialer Identität wird bei der Bewerberin dort sichtbar und fundamental für die Identitätspräsentation, wo sie durch die Bewertung und extensive Begründung der Erziehungsphase und den Verweis auf die Selbstständigkeit ihrer Kinder, ihrer persönlichen Identität gegenüber möglicherweise bestehende Vorurteile vorwegnehmend aufgreift und diese als soziale Identität attribuiert. Mit der fast moralisch anmutenden Rechtfertigung ihrer Entscheidung, sich intensiv um ihre Kinder gekümmert zu haben, antizipiert sie offensichtlich das auf einstellender Seite vermutete Vorurteil, daß lange Erziehungszeiten einen Wiedereinstieg in den Beruf verhindern. Mit dem Verweis auf die Selbständigkeit ihrer Kinder versucht sie vorausgreifend dem Vorurteil zu begegnen, daß Hausfrauen und Mütter in der Regel nicht flexibel und voll einsatzfähig sind. Genau diese vermuteten Einwände und Bedenken gegenüber ihrer Person versucht sie, ohne daß von seiten der Einstellenden bis zu diesem Zeitpunkt diesbezüglich Andeutungen zu erkennen wären, durch vorausgreifende Rechtfertigungen und Erklärungen auszuräumen.

Dadurch erscheint die Erziehungsphase nicht mehr als uneingeschränkt positiv zu bewertende Selbstverständlichkeit, obwohl die Bewerberin genau das durch die Selbstbeurteilung erreichen wollte, sondern läßt Unsicherheit hinsichtlich der persönlichen Identität vermuten, die die Bewerberin bezüglich ihrer immerhin 18-jährigen Pause empfindet. Der Eindruck der Unsicherheit wird zusätzlich dadurch untermauert, daß die Bewerberin diese Zeit durch die Formulierung `'nach dieser ruhigen Phase'` abqualifiziert, obwohl sie vorher ausdrücklich die Bedeutung der Erziehungsphase herausgestellt hat. Dadurch betreibt sie explizit eine Demontage ihrer persönlichen Identität.

Daß die Erwartungen bei den Einstellenden gar nicht real existent sind und die Bewerberin offensichtlich einer Fehlinterpetation[12] sozialer Erwartungen erlegen ist, wird durch den Einstellenden E1 bestätigt, der explizit befürwortet, daß eine solche Entscheidung immer ganz individuell getroffen werden muß.

Der Versuch, antizipierten, fremden Rollenvorstellungen und -erwartungen möglichst vollständig zu entsprechen, erweist sich häufig als 'Hase-Igel-Problem'. Je mehr ein Bewerber versucht, fremden Rollenerwartungen zu entsprechen, um so dominierender kann die soziale Identität das Handeln bestimmen und um so weniger variabel wird seine Möglichkeit zum situativen und individuellen Rollenhandeln. Darüber hinaus kann der Bewerber auch nie sämtliche Erwartungen und Vorstellungen voll befriedigen, da, wie an anderer Stelle bereits aufgezeigt, auch auf seiten der Einstellenden selbst

---

[12]Vgl. auch STRAUSS, der Identität grundsätzlich als Bündel von Beurteilungen und projizierten Interpretationen charakterisiert: "Identity is connected with the fateful appraisals made of oneself - by oneself and by others. Everyone presents himself to the others and to himself in the mirrors of their judgement. The others present themselves too; they wear their own brands of mask and they get appraised in turn" (1959, 9 zit. nach KRAPPMANN 1978, 38).

völlig unterschiedliche Rollenvorstellungen und -interpretationen vorliegen können. Weiterhin besteht die Gefahr, daß sich seine Vermutungen bezüglich dessen, was von ihm in einer bestimmten Rolle erwartet wird, als Fehlinterpretationen erweisen.

Das Phänomen, persönliche Identität zugunsten sozialer Identität zurückzustellen oder abzuwerten ist bei Bewerbern häufig dann zu beobachten, wenn je nach momentaner Arbeitsmarktlage und psychischer Disposition, persönliche Vorstellungen und Erwartungen zugunsten der vermuteten Erwartungen der einstellenden Institution in der Hoffnung zurückgestellt und ignoriert werden, durch diese Anpassung einen Arbeitsplatz zu bekommen.

Versuche, die persönliche Identität weitgehend in den Hintergrund treten zu lassen, müssen jedoch zwangsläufig scheitern, da immer die Möglichkeit besteht, daß

> "zwischen den noch nicht einmal ganz klaren Anforderungen der anderen" (KRAPPMANN 1978, 68)

und den eigenen

> "ebenfalls nicht in jeder Hinsicht eindeutigen Bedürfnissen" (ebd.)

keine vollständige Deckungsgleichheit besteht. Dieses "Risiko", trotz der bestehenden Möglichkeit, daß keine Übereinstimmung hergestellt werden kann, persönliche Identität zum Ausdruck zu bringen, ohne diese zu rechtfertigen, muß der Bewerber jedoch eingehen, da er sonst keine Möglichkeit hat, festzustellen, ob eine Passung vorliegt.

3.2.2.2 Dominanz persönlicher Identität in Rolleninterpretationen

Rolleninterpretationen, in denen eine Dominanz der persönlichen Identität zum Ausdruck kommt, liegen dann vor, wenn Bewerber nicht oder kaum fremde Erwartungen und Ansprüche berücksichtigen und sich auf ihre persönliche Identität zurückziehen.

Zum besseren Verständnis der folgenden Gesprächsausschnitte, in denen es um den Werdegang des Bewerbers geht, sind zunächst einige Informationen nötig.

Der Bewerber ist 43 Jahre alt und hat zunächst ein Jahr als Praktikant im Bereich der Jugendarbeit gearbeitet, da er eine Ausbildung in diesem Bereich anstrebte. Er hat dann dieses Praktikum abgebrochen, um das Abitur nachzuholen. Im Anschluß daran hat er eine Krankenpflegeausbildung absolviert, einige Jahre in diesem Beruf gearbeitet, dann einen Lehramtsstudiengang absolviert, ein zweijähriges Referendariat abgeschlossen und war dann einige Zeit arbeitslos. Anschließend hat er die ihm vom Arbeitsamt angebotene Fortbildung zum Altenheimleiter wahrgenommen und absolviert. Diese Informationen gibt der Bewerber zu Beginn des Gesprächs. Daraufhin erfolgt folgende Frage des Einstellenden E2:

Gespräch VII:

E2: Herr N., entschuldigen Sie, daß ich Sie hier unterbreche, aber mein Interesse geht noch in ne andere Richtung und zwar, + em + wie ich aus Ihrem Lebenslauf eh entnommen habe, gehts nach meiner Einschätzung so etwas etwas quer Beet mit ihren Interessen, mal Krankenpflegeausbildung, *dann sagn Sie jetzt* <u>intensive</u> eh Beschäftigung damit, dann ist dann ein Jahr nach der Ausbildung Berufstätigkeit angegeben, dann machen Se Lehramt eh welche beruflichen Ziele und Erwartungen ham Sie eigentlich für sích jétzt, daß Sie sich auf unsere Stelle hier bewerben als Heimleiter eh und dann eben auch als Pflegedienstleiter?

B: (...) Der Witz ist der, eh Sie haben recht, ich bin in meinem Leben in vielen Dingen dringewesen und bin auch immer wieder ausgestiegen, aber ich hab mich jedesmal, *wie soll ich sagen*, eigentlich <u>verbessert</u>. Vielleicht müßt ich das eh zu:r Transparenz nochmal verdeutlichen, daß also der Schritt vom pädagogischen Praktikanten zum Abiturienten em + n glücklicher Zufall war. *Das is mir angeboten worden, ich hab ja dann auch n gutes Abitur gemacht* /

E2: Ne, ich möchte so in die Zukunft eh wie wie/ ich meine Sie bewerben sich jetzt hier um diese Stelle, und welche beruflichen Ziele streben Sie hier bei uns im Hause an, welche Erwartungen haben Sie, was möchten Sie erreichen, ich meine, wenn Sie s mittelfristig sagen können, *sagn wer mal* auf ne Distanz von na ja fünf, sechs Jahren.

B: Ach darauf zielen Sie hinaus. Ja, der Witz ist der, wenn

ich diese Ausbildung für arbeitslose Pädagogen, und da führt ja kein Weg dran vorbei, ich wars ja, ich war ja arbeitsloser Lehrer, Sie lesen ja jeden Tag in der Zeitung, daß auch bei Ihnen in BL die Berufsaussichten für Lehrer katastrophal sind und in diesem Zusammenhang hat mir das Arbeitsamt S. ne Fortbildung zum Altenheimleiter angeboten, die ich mit sehr viel Interesse, auch weil sie sehr breit angelegt war und vom kaufmännischen bis zum geragogischen alles abgedeckt hat, aufgrund dessen hab ich mich für dieses Berufsfeld voll begeistern können und was ich für die nächsten fünf bis sechs Jahre anstrebe is zunächst mal natürlich Ihr Heim, *vorausgesetzt Sie ham Interesse an mir*, kennenzulernen und dann das, was ich in dieser Ausbildung an guten und innovationsfähigen Akzenten in Theorie und Praxis kennenlernen konnte, auch auf dieses Arbeitsgebiet zu übertragen.

Die Frage des Einstellenden weist eine doppelte Erwartungstruktur[13] auf: Zum einen zielt die Erwartung der Frage auf eine Selbsteinschätzung und Selbstbewertung des Bewerbers hinsichtlich seines bisherigen Lebenslaufs. Markiert durch die Bewertung 'quer Beet' deutet der Einstellende an, daß der bisherige, sehr wechselhafte Lebenslauf des Bewerbers nicht eindeutig den Vorstellungen der einstellenden Institution entspricht, die man von einer zukünftigen Leitungspersönlichkeit erwartet, da die bisherigen Ausbildungen und Tätigkeiten keine unmittelbare Kohärenz aufweisen. Zum anderen will der Einstellende mit der Frage ermitteln, welche Motivation für die Umorientierung zum Altenheimleiter vorliegt. Zu vermuten ist, daß sich auf seiten des Einstellenden hinter der Frage unausgesprochene Bedenken verbergen, daß auch die angestrebte Altenheimleitertätigkeit vielleicht nur eine Übergangslösung für den Bewerber darstellt.

In der darauf erfolgenden Stellungnahme gesteht der Bewerber zu, daß er viele verschiedene Tätigkeiten ausgeführt hat, weist aber den impliziten Vorwurf zurück, daß es sich um eine unstete, mit Brüchen versehene Entwicklung gehandelt habe, indem er seine bisherige berufliche Laufbahn als konstante Verbesserung qualifiziert. Durch diese positive Selbstbeurteilung versucht der Bewerber, die persönliche Identität vor möglicher

[13]Zu intentionalen Erwartungsnormen von Fragen vgl. ausführlich II 4.1.4.1, b.

Kritik zu schützen, obwohl er die vorhandene Unsicherheit bezüglich der Kohärenz der persönlichen Identität nicht vollständig verbergen kann. Sie kommt zum einen zum Ausdruck in der Abtönungspartikel 'eigentlich', zum anderen in dem Angebot, die seiner Meinung nach im Lebenslauf nachzuweisende Zielstrebigkeit nochmals zu verdeutlichen(Vielleicht müßt ich das eh zu:r Transparenz nochmal verdeutlichen.). Mit der darauffolgenden Frage (Nee, ich möchte so in die Zukunft...) betont der Einstellende nochmals sein Interesse daran zu erfahren, welche beruflichen Ziele und Erwartungen der Bewerber für die Zukunft hat und konkretisiert die Frage durch eine Zeitangabe (...mittelfristig ...; ...auf ne Distanz von na ja fünf, sechs Jahren...). Der Bewerber geht zunächst nochmals auf die vorausgegangene Kritik des Einstellenden an seinem Lebenslauf ein. Durch den deutlichen Verweis auf seine Arbeitslosigkeit erfolgt zwar ein Zugeständnis des Bewerbers bezüglich der Kritik an der Inkonsistenz seines Werdegangs, die unmittelbar danach jedoch dadurch abgemildert wird, daß der Bewerber die Verantwortung für die Arbeitslosigkeit auf gesellschaftspolitische Umstände schiebt (...die Berufsaussichten für Lehrer katastrophal sind...). Auch die von ihm im Anschluß daran aufgeführte Umorientierung zum Altenheimleiter wird von ihm so präsentiert, als habe er diese Umorientierung problemlos psychisch verkraftet (...die ich mit sehr viel Interesse, auch weil sie sehr <u>breit</u> angelegt war...; ...auf Grund dessen hab ich mich für dieses Berufsfeld voll begeistern können.). Auch hier verwendet der Bewerber sehr viel Energie darauf, die persönliche Identität gegen jede mögliche Kritik zu verteidigen und den Eindruck zu erzeugen, daß sein bisheriger Lebensweg konsequent und stimmig ist.

Daß von seiten der Einstellenden dieser Eindruck nicht geteilt wird, wird daran deutlich, daß der Einstellende E3 zu einem wesentlich späteren Zeitpunkt im Gespräch nochmals auf den Werdegang des Bewerbers zu sprechen kommt:

E3: Ne manchmal gehts mir zuhause so im privaten Kreis zumindest so,

B: mm

E3: daß ich überlege, o.k., nochmal zwanzig Jahre jünger, ne, da würds du vielleicht diese, jene Dinge anders machen oder geändert wissen, ne. Wenn nun Ihnen die Möglichkeit gegeben wird, mal zwanzig Jahre zurückzuschauen, ne, was würden Sie in der Zeit oder vor zwanzig Jahren gemacht haben, + mit den Erfahrungen,

B: Ja

E3: die Sie jetzt gemacht haben,

B: Die Fra*/

E3: was würden Sie / welche Ausbildung würden Sie/

B: Die Frage stell ich/ die Frage stelle ich mir persönlich auch sehr oft,*und ich muß ganz ehrlich sagen*, im nachhinein bereue ich nichts von dem, was ich gemacht habe. Eh Lehramt, als ich damit anfing, die Frage fiel ja eben, sie sachten, ich hätte etwas eh em/ wie ham Sie sich ausgedrückt + eh na ja, hätte überall mal reingerochen, so ungefähr und keine ganz klare Linie gezeigt. Die klare Linie, die wollte ich vielleicht im Lehramt finden, aber in den siebziger *Jahren*, als ich anfing mit meinem Lehramtsstudium, da bahnte sich das schon an mit der Lehrerarbeitslosigkeit und trotzdem hab ichs gemacht, weil ich eh eben das starke Interesse hatte und ich denk mir, eh daß ne gewisse Flexibilität im sozialen Bereich sowieso das A und O ist, wenn man überleben will.

E3: Ne, ich kann Ihnen das nicht so ganz abnehmen. Ich kann mir nicht gut vorstellen, daß die + ich sehe Sie sind dreiundvierzig Jahre, daß Sie sagen nach dreiundvierzig Jahren ne genauso würd ichs zum zweiten Mal machen. Ne, genauso würd ich eh zum Teil Arbeitslosigkeit ne Neuorientierung in Kauf nehmen, ne wie ichs gemacht hab.

B: m m + wie hätten Sie es denn gemacht + an meiner Stelle?

E3: Ja ich weiß nich, wie ichs an Ihrer Stelle gemacht hätte. Ich kann nur für mich sagen, daß ich wahrscheinlich etliche andere eh Punkte hätte verändern wollen, anders/

B: Ja ich meine gut, <u>jeder</u> hat das Recht auf seine Meinung, <u>jeder</u> hat das Recht auf seine Selbstverwirklichung und in unserer Gesellschaft wird ja auch gerne immer wieder von Selbstverwirklichung geredet als dem Ziel aller Träume und wenn Sie so wollen, da steh ich zu meiner Individualität, hab ich diese Selbstverwirklichung relativ radikal realisiert. Ich kann damit leben, aber wenn Sie damit nich leben können, is das nich mein Problem.

Die Frage des Einstellenden zielt nochmals auf eine Selbsteinschätzung des Bewerbers hinsichtlich der Konsistenz des Werdegangs. Er markiert erneut die Erwartung an den Bewerber, sich auf dem Hintergrund der an ihn gestellten sozialen Erwartung selbstkritisch mit der persönlichen Identität auseinanderzusetzen und baut dem Bewerber durch die Ich-Aussage eine Brücke (Ne, manchmal gehts mir zuhause so, im privaten Kreis zumindest so ...), durch die er ihm offensichtlich signalisieren will, daß kein Anlaß besteht, sich rechtfertigen zu müssen.

Trotz dieser Hilfestellung durch den Einstellenden hält der Bewerber uneingeschränkt an einer positiven Selbstbeurteilung seines Werdegangs fest und betont, daß er sämtliche Entscheidungen im nachhinein für richtig hält (...bereue ich nichts von dem...). Er geht sogar soweit zu sagen, daß er trotz Wissen um drohende Arbeitslosigkeit ein Lehramtsstudium aufgenommen hat aufgrund seines 'starken Interesses' und zieht dann die konstatierende Schlußfolgerung, daß diese durch seinen Lebenslauf zum Ausdruck kommende Flexibilität für Tätigkeiten im sozialen Bereich das überhaupt entscheidende Qualifikationsmerkmal ist. Mit dieser Äußerung erzielt er jedoch im Gegensatz zu dem, was er beabsichtigt hatte, eine gegenteilige Wirkung beim Einstellenden. Die intendierte positive Darstellung seiner Person führt zu Ungläubigkeit und Zweifel auf seiten des Einstellenden. Der Einstellende verbalisiert nun ganz deutlich, daß er die zum Ausdruck kommende Einstellung des Bewerbers für nicht glaubwürdig hält.

Der Bewerber reagiert darauf mit einer Gegenfrage und distanziert sich im Anschluß vom angesprochenen Thema, indem er sich auf eine allgemeine philosophische Betrachtung und Rechtfertigung seiner persönlichen Individualität zurückzieht. Das Ganze wird beendet mit dem fast verzweifelt wirkenden Versuch des Bewerbers, seine persönliche Identität unangreifbar zu machen, indem er sämtliche von ihm bisher durchgeführten Ausbildungen und Tätigkeiten als Prozeß 'radikaler Selbstverwirklichung' darstellt.

Die in diesem Rollenspielausschnitt auftretenden sozialen Erwartungen der einstellenden Institution sind dahingehend zu erfassen, daß vom Bewerber, der sich um eine Leitungsposition bewirbt, eine konstante berufliche Entwicklung, zumindest aber eine nachvollziehbare Begründung für getroffene Lebensentscheidungen erwartet wird. Wenn Brüche im Lebenslauf auftreten, wird von einem Bewerber eine kritisch-reflektierende Stellungnahme erwartet, die die Hintergründe und Motivationen für den Werdegang transparent macht.

Es ist innerhalb von Einstellungsverfahren durchaus kein Sonderfall, daß man Stellen mit "Quereinsteigern" besetzt, für die sie nicht primär qualifiziert sind, da man sich von Quereinsteigern aufgrund ihrer nicht vorhandenen Betriebsblindheit häufig neue Impulse und Motivationsschübe für die Institution erhofft. Von Interesse ist für Einstellende jedoch die Art und Weise, wie solche scheinbar inkonsistenten Lebensläufe von Bewerbern in Anbetracht existierender sozialer Normen (z.B. Wer oft die Stelle wechselt, besitzt keine Durchhaltevermögen.) auf der Basis ihrer eigenen biographischen Erfahrungen interpretiert werden. Primär von Interesse für Einstellende ist also nicht unbedingt die Frage, ob der Werdegang Brüche aufweist, sondern wie der Bewerber diese begründet. Erwartet wird demzufolge kritisches Reflexionsvermögen, das beispielsweise dahingehend zum Ausdruck kommen kann, ob und wie ein Bewerber mit beruflichen Umorientierungen oder Niederlagen umgehen kann.

Diesen Erwartungen entspricht der Bewerber des vorliegenden Beispiels in keiner Weise, im Gegenteil: Angesichts der Fakten, mit 43 Jahren an einer Fortbildung teilzunehmen, die ihm vom Arbeitsamt angeboten wurde, erzeugt der Bewerber durch die unhinterfragte Aufwertung seines Lebenslaufes eher Mißtrauen gegen als Überzeugung für seine Person. Er entzieht sich jeglichem Hinterfragen seines beruflichen Werdegangs und präsentiert sich durch das 'Glattreden' aller Brüche eher als jemand, der bezüglich seiner persönlichen Identität sehr unsicher ist und enorm viel Energie darauf verwendet, mögliche Schwächen oder Probleme zu verdecken. Das führt zu einer gewissen Eskalation, da der Bewerber den Fragen der Einstellenden bezüglich seiner beruflichen Entwicklung ausweicht und sich auf sein Recht auf individuelle Lebensgestaltung zurückzieht. Durch diesen arrogant wirkenden Rückzug demonstriert der Bewerber Reflexionsunwillen.

Die Absicht des Bewerbers, sich als jemand darzustellen, der trotz mehrmaliger Umorientierungen, Arbeitslosigkeit und Umschulung immer individualistisch aus freier Entscheidung gehandelt hat, verläuft damit gegenläufig zu dem Eindruck den man vom Bewerber erlangt. Aus der Perspektive der

Einstellenden liegt der Eindruck nahe, daß der Bewerber nicht in der Lage ist, selbstkritisch persönliche Identität in Auseinandersetzung mit sozialer Identität zu reflektieren.

Das hier dargestellte und erläuterte Phänomen des Rückzugs auf die persönliche Identität tritt zum einen bei Bewerbern auf, die der Meinung sind, sich einen solchen individualistischen Standpunkt aufgrund eines für sie positiven Stellenmarktes leisten zu können. Andererseits findet sich diese Tendenz der Abgrenzung und des Ignorierens von sozialen Erwartungen und Normen häufig bei solchen Bewerbern, die auf Grund von negativen Erfahrungen wie Arbeitslosigkeit, häufigem Stellenwechsel und Umorientierungen, nicht zuletzt auch bedingt durch ihr Alter, eine innere Abwehrhaltung entwickelt haben. Sie zeigen häufig keine oder nur noch bedingt eine Bereitschaft, Kompromisse einzugehen. Dieser Rückzug auf ihre nach außen demonstrierte Unabhängigkeit bedeutet für sie oft eine der letzten Möglichkeiten, sich trotz psychischer und materieller Zwänge ein Stück Integrität oder 'Schein-Balance' zu bewahren.

3.2.2.3 Widersprüchliche Rolleninterpretationen

Widersprüchliche Rolleninterpretationen liegen immer dann vor, wenn Bewerber bei dem Versuch, Balance zwischen persönlicher und sozialer Identität herzustellen, in Widersprüche geraten.

Gespräch I:

E3: Ja, ich hab jetzt nochmal ne ganz andere Frage zum völlig anderen Bereich. Ihr Aufgabenschwerpunkt wird sein nicht die Bewohnerbetreuung, sondern die Mitarbeiterführung. Was verstehen Sie unter Mitarbeiter führen?

B: (SCHNALZEN, LAUTES ATMEN) Mitarbeiterführung is ein <u>sehr</u> sensibler Bereich. +++ Eh ich selber neige dazu, fachlich autoritär + zu führen, das heißt, ++ ich kontrolliere auch, + das was jetzt hier/ was an Aktivitäten im Heim durchgeführt werden muß, <u>muß</u> durchgeführt werden im Interesse der alten Menschen und im Interesse der Mitarbeiter. Also um*/ diese

Arbeiten *müssen laufen. Also* im Grunde genommen neige ich auch dazu, Verantwortung zu übertragen, das heißt, bestimmte Arbeiten, + soweit es möchlich ist, auf die untere Ebene zu übertragen, das heißt der Einzelne vor Ort, der einzelne Altenpfleger vor Ort/ Sie hatten *anfangs* das Stichwort ganzheitliche Altenpflege aufgeworfen. Dieser, der muß + voll dahinter stehen hinter seiner Arbeit. Der soll nich nur Windeln eh wechseln, der soll nich nur den Hintern abputzen, der soll konkret als gesprächskompetenter Gesprächspartner ausgebildet werden. Insofern sehe ich da vie*/ möcht ich da auch viel Verantwortung da übergeben und *dann andererseits* möcht ich ja auch Rückmeldung haben von dem einzelnen eh Pfleger über die Gremien, sei es jetzt Pflege* eh Verwaltung oder Pflege*, *je nachdem, wie wir die Besprechung jetzt nennen*, eh Mitarbeiterrunde, da möcht ich konkrete Rückmeldung haben= Was is in der Gruppe los? Was kann kann ich tun? Oder der Pflegedienstleiter möchte jetzt + mit* eh mit me* möchte Mitteilung haben. Was is jetzt vor Ort eh geschehen? Was/ können wir neue Pflégezíele für den einzelnen aufstellen? Inwieweit is Bewegungstherapie, inwieweit is Gymnastik bei dem einzelnen angesacht? Also insofern halt ich sehr viel auch eh einerseits von Delegation, andererseits muß aber auch/ müssen eh eh Programme wie Pflegeplanung oder auch eh eh Programme, die wir im Rahmen des Animationsbetriebs anbieten müssen, auch durchgängig erfolgen.

Der Einstellende E3 fragt den Bewerber nach seinem persönlichen Konzept und seinen persönlichen Vorstellungen zur Mitarbeiterführung. Es geht also um die individuelle Interpretation eines für die Rolle eines Altenheimleiters zentralen Qualifikationsmerkmals.

Der Bewerber gibt zunächst eine Bewertung des Gesamtbereichs der Mitarbeiterführung ab. Im Anschluß daran kommt er der Erwartung des Einstellenden nach und benennt seine Präferenzen hinsichtlich eines Führungskonzepts. Zum einen führt er aus, daß er einen 'fachlich autoritären' Führungsstil bevorzugt und konkretisiert das durch eine Erläuterung (...das heißt, ++ ich kontrolliere auch.). Zum anderen benennt der Bewerber die Präferenz, 'Verantwortung zu übertragen' und konkretisiert auch diese durch eine Erläuterung (...das heißt, bestimmte Arbeiten, + soweit es möchlich ist, auf die untere Ebene zu übertragen.). Im Anschluß daran greift der Bewerber das Stichwort 'ganzheitliche Altenpflege' auf und versucht, die Umsetzung dieses Pflegekonzepts unter dem Aspekt der Mitarbeiterführung zu interpretieren (Dieser, der muß + voll dahinter stehen...; ...der soll nich nur Windeln eh wechseln...; ...der soll nich nur den Hintern abputzen, der soll konkret als gesprächskompetenter Gesprächspartner ausgebildet werden.). Anschließend geht der Bewerber dann auf das Problem der 'Rückmeldung' ein und expliziert seine Vorstellungen darüber, wie er sich den Kommunikationsaustausch zwischen Mitarbeitern und Vorgesetztem vorstellt (...da möcht ich konkrete Rückmeldung haben..., ...oder der der Pflegedienstleiter möchte jetzt + mit* eh mit me* möchte Mitteilung haben...). Er beendet seine Ausführungen mit einer Zusammenfassung seiner Vorstellungen zur Mitarbeiterführung, indem er einerseits wiederholt das Delegationsprinzip als persönliches Führungskonzept benennt, andererseits nochmals indirekt das Kontrollprinzip aufführt, indem er die Notwendigkeit der Durchführung bestimmter 'Programme' innerhalb eines Altenheimes betont.

Der Versuch des Bewerbers, in dieser Interpretation des Qualifikationsmerkmals 'Mitarbeiterführung' zwischen persönlicher und sozialer Identität eine Balance herzustellen, wird sichtbar in der Gegenüberstellung und Vermischung zweier völlig unterschiedlicher Führungskonzepte.

Neben die persönliche Präferenz eines fachlich-autoritären Führungskonzept stellt der Bewerber die als soziale Identität zu erfassende Präferenz, Verantwortung zu übertragen, also ein Delegationsprinzip zu bevorzugen. Daß dieses Delegationsprinzip nicht oder nur sehr eingeschränkt den persönlichen Vorstellungen des Bewerbers entspricht, wird von ihm innerhalb seines Gesprächsbeitrags mehrfach markiert. Zunächst sollen jedoch die verbalen Markierungen für die zum Ausdruck kommenden persönlichen Vorstellungen des Bewerbers erläutert werden.

Zum einen kennzeichnet er seine persönlichen Vorstellungen hinsichtlich eines Mitarbeiterführungskonzepts durch die explizite Definition als fachlich-autoritäres Konzept. Zum zweiten wird sie dadurch markiert, daß der Bewerber seine Vorstellungen zum Delegationsprinzip erläutert und gleichzeitig die Anforderungen an die Mitarbeiter mittels der Modalverben 'müssen' und 'sollen' formuliert. Damit delegiert er jedoch keine Verantwortung, sondern verteilt lediglich Aufgaben (...der muß...; ...Der soll...). Zum Ausdruck kommt seine Präferenz eines autoritären Führungskonzepts auch in seinen Vorstellungen darüber, wie er sich den Kommunikationsaustausch zwischen Mitarbeitern und Vorgesetzten vorstellt. Auch hier kennzeichnet er, wenn auch in abgeschwächter Form, seine Vorstellungen durch das Modalverb 'möchte'. Kommunikationsaustausch beziehungsweise Rückmeldung versteht der Bewerber offensichtlich als einseitige Berichterstattung der Mitarbeiter an den Vorgesetzten. Und auch in der abschliessenden Zusammenfassung seines Gesprächsbeitrags greift der Bewerber zwar noch einmal bewertend (...halt ich sehr viel auch eh einerseits von Delegation.) das Delegationsprinzip auf, schwächt dieses jedoch durch die Forderung nach einer reibungslosen Durchführung von Pflege- und Animationsprogrammen, wiederum markiert durch das Modalverb "müssen", ab. Interessant ist, daß sowohl die Eröffnung als auch die Beendigung als Rahmen des Gesprächsbeitrags deutlich seine persönlichen Vorstellungen zum Ausdruck bringen.

Das Führungskonzept 'Delegation von Verantwortung', das als zum Ausdruck kommende soziale Identität interpretiert werden kann, erscheint in der Äußerung des Bewerbers nicht als eigenständiges Konzept, sondern immer nur als indirekte Schlußfolgerung aus seinen Ausführungen zu einem fachlich-autoritären Stil. Immer wieder versucht der Bewerber, diesen von ihm präferierten Autoritätsstil durch schlußfolgernde Bewertungen als Delegationsstil zu qualifizieren, um damit der sozialen Erwartung gerecht zu werden, daß er in der Lage ist, zeitgemäß und auf dem Stand neuester Führungsprinzipien ein Altenheim zu leiten. So versucht der Bewerber, seine Neigung Verantwortung zu übertragen, aus den konkretisierenden Erläuterungen zum Kontrollprinzip mit Hilfe der Konjunktion '*Also*' und der Abtönungspartikel[14] 'im Grunde genommen' abzuleiten. Gerade die Abtönungspartikel läßt jedoch vermuten, daß dem Bewerber die folgende Behauptung selbst zweifelhaft vorkommt (vgl. REINERS 1961, 340, zitiert nach KOHRT 1988, 11). Dieser Versuch der Vermischung der beiden Konzepte durch kausale beziehungsweise logische Verknüpfung führt zu einer widersprüchlichen, ambivalenten Aussage. Demnach bedeutet für den

[14]Vgl. zur kommunikativen Wirkung von Abtönungspartikeln, insbesondere "eigentlich", dem die Partikel "im Grunde genommen" entspricht, KOHRT (1988, bes. 111f.).

Bewerber eine fachlich-autoritäre Führung, Verantwortung zu übertragen. Auch die weiteren Ausführungen weisen immer wieder analoge kausale Verknüpfungen auf. Seine Forderungen bezüglich der Verteilung von Aufgaben an die Mitarbeiter klassifiziert der Bewerber mittels der Konjunktion `'insofern'` als Möglichkeit zur Delegation von Verantwortung, obwohl - wie bereits ausgeführt - dadurch lediglich eine Aufgabenverteilung durch den Vorgesetzten vorgenommen wird, die mit Verantwortungsübertragung nichts zu tun hat, da Verantwortungsübertragung ein partielle Auflösung des Kontrollprinzips zur Konsequenz hat. Gerade dieses Kontrollprinzip hebt der Bewerber jedoch immer wieder deutlich heraus. Auch aus dem Kontrollprinzip der Rückmeldung leitet der Bewerber wiederum schlußfolgernd `(...also insofern...)` über zur Zusammenfassung, in der er das Kontrollprinzip als Realisierung des Delegationsprinzips bewertet.

Das vorliegende Beispiel demonstriert, wie ein Bewerber bei dem Versuch, persönlicher und sozialer Identität gleichermaßen gerecht zu werden, zwangsläufig scheitern muß, da Identitätsbalance nicht die Vermischung von Erwartungen, Definitionen und Vorstellungen meint, sondern immer bedeuten muß, soziale und persönliche Identität im Hinblick auf mögliche Übereinstimmungen, aber auch Diskrepanzen zu reflektieren. Durch die widersprüchlichen Aussagen erzeugt der Bewerber den Eindruck, der Bewältigung des für eine Führungskraft charakteristischen Führungsdilemmas zwischen 'Verantwortung besitzen' und 'Verantwortung delegieren' nicht gewachsen zu sein, da er nicht in der Lage ist, dieses Dilemma als solches überhaupt zu erkennen. Sein Versuch, den sozialen Erwartungen an eine Führungskraft zu entsprechen, beschränkt sich auf eine eher unreflektierte Vermischung von kooperativem Stil und autoritärem Stil.

3.2.2.4 Gründe für die Gefährdung von Identitätsbalance bei Bewerbern

Es wurde aufgezeigt, daß die Prozesse der permanenten Herstellung von Identitätsbalance und die daraus entstehenden angemessenen Rolleninterpretationen für einen Bewerber problematisch sein können und zu nichtidentitätsbalancierten Rolleninterpretationen führen. Auch wenn, wie an einigen Beispielen demonstriert werden konnte, mangelnde Identitätsbalance im konkreten Sprechvollzug ihren Niederschlag findet und sich dort nachweisen läßt, liegen die Gründe für nicht-identitätsbalancierte Rolleninterpretationen nicht in mangelnder verbaler Ausdrucksfähigkeit, sondern sind Ausdruck individueller Wahrnehmungen und gesellschaftlicher Bedingungen, unter denen der Bewerber kommuniziert. Die Bewahrung und Präsentation von Identitätsbalance ist nicht nur als individuelles Problem des Bewerbers zu erfassen, sondern auch abhängig von strukturellen gesellschaftlichen Bedingungen.

Ausgelöst werden kann das Ungleichgewicht dort, wo Bewerber zum Beispiel aufgrund des derzeitigen Stellenmarktes, ihrer bisherigen beruflichen Entwicklung, ihrer Staatsangehörigkeit oder auf Grund von Krankheiten, Alter oder familiärer Situation arbeitslos sind und daraufhin gesellschaftliche Maßregelungen, Restriktionen, Grenzen, zum Beispiel in Form von sozialer Ausgrenzung, Schulden, psychischen Krisen o.a. erfahren. Dadurch wächst der psychische und materielle Druck eines Bewerbers, sich durch einen Arbeitsplatz wieder oder überhaupt in ein "normales" gesellschaftliches Leben zu integrieren und nicht durch Stellenlosigkeit stigmatisiert[15] zu sein. Die auf die Identitätsbalance einwirkenden individuellen und gesellschaftlichen Faktoren können an dieser Stelle nicht vollständig erfaßt werden. Es soll jedoch auf einige Aspekte verwiesen werden, die für die Teilnehmer der Fortbildung zum Altenheimleiter/Geragogen von zentraler Bedeutung sind.

Einen wichtigen Stellenwert nimmt die persönliche Lebenssituation der Bewerber ein. Da sie häufig, bedingt durch die persönliche und familiäre Situation, nicht mehr ortsungebunden sind, sind ihre Möglichkeiten, innerhalb der Region, in der sie wohnen, eine Stelle zu bekommen, stark eingeschränkt. Bezüglich ihrer beruflichen Entwicklung haben die Teilnehmer häufig eine Reihe von negativen Erfahrungen aufzuweisen, die dazu führen, daß sie in der Fortbildung ihre letzte Chance sehen, einen dauerhaften, qualifizierten Arbeitsplatz zu bekommen. Obwohl den Teilnehmern in der Regel bewußt ist, daß für ihre momentane Situation auch gesellschaftliche Strukturen und Verhältnisse mitverantwortlich sind, durch die eine angespannte Arbeitsmarktlage ausgelöst worden ist, setzen sie sich in einem Bewerbungsverfahren häufig unter Erfolgs- und Rechtfertigungsdruck. Einem noch größeren

[15] Wie Menschen angesichts einer zerstörten bzw. stark angegriffenen Identität und unter übergroßem Erwartungsdruck agieren, behandelt GOFFMAN in 'Stigma' (1974) und 'Asyle' (1973).

Druck setzt sich der Bewerber aus, wenn sich bei ihm, bedingt durch den inkonsistenten beruflichen (womöglich zusätzlich noch privaten) Werdegang, die Auffassung verfestigt, er trage ausschließlich selbst die Schuld für seine Situation.

Als zukünftige Arbeitgeber kommen in den hier zugrundeliegenden Beispielen vor allem in kirchlicher Trägerschaft stehende Altenheime in Frage. Kirchliche Institutionen erwarten von ihren Mitarbeitern geordnete, kirchenrechtlich legitimierte familiäre Verhältnisse. Bei Bewerbern, die beispielsweise geschieden oder zum zweiten Mal verheiratet sind, Kinder aus einer zweiten, nur standesamtlich geschlossenen Ehe haben, unverheiratet mit ihrem Lebenspartner oder ihrer Lebensparterin zusammenleben oder alleinerziehend sind, stehen diese Fakten in der Regel konträr zu den von einem kirchlichen Träger an den Bewerber herangetragenen Erwartungen bezüglich der sittlichen Anforderungen und Vorstellungen einer kirchlichen Einrichtung. Trotz des Wissens um die Vorstellungen des kirchlichen Trägers beziehungsweise die vermuteten Vorstellungen bei den Einstellungsverantwortlichen des Altenheimes sind die Teilnehmer aufgrund mangelnder Stellenangebote aus dem kommunalen Bereich gezwungen, sich um kirchliche Stellen zu bewerben.[16] Das Wissen um die Nichtkompatibilität der Vorstellungen hinsichtlich der persönlichen und privaten Lebensgestaltung kann dann zu dem Dilemma führen, daß der Bewerber einerseits seine Lebensgestaltung als persönliche Identität akzeptiert, andererseits aber weiß, daß genau diese Lebensgestaltung der Hinderungsgrund für eine Einstellung sein kann, da sie nicht den sozialen Erwartungen eines kirchlichen Trägers entspricht.

Ein weiterer Faktor, der in diesem Kontext Identitätsbalance gefährden kann, ist das kritisch-distanzierte Verhältnis zur Institution Kirche, daß bei einigen Teilnehmern der Fortbildung vorhanden ist. Auch hier können Bewerber unter den Druck geraten, sich bei einem Arbeitgeber bewerben zu müssen, dessen Einstellung wahrscheinlich konträr zu persönlichen Vorstellungen verläuft.

---

[16]Wie das Beispiel zeigt, existieren auch Fälle, in denen sich die Vorstellungen der Einstellenden nicht mit denen des kirchlichen Trägers decken, die Einstellenden jedoch ihre persönlichen Vorstellungen denen des Trägers unterordnen müssen, obwohl sie vielleicht einen Bewerber für fachlich und menschlich geeignet halten.

Die oben erläuterten persönlichen, familiären, psychischen, finanziellen und beruflichen Faktoren wirken auf die Identitätsbalance und -präsentation eines Bewerbers ein und können im konkreten Gespräch in nicht-identitätsbalancierten Rolleninterpretationen zum Ausdruck kommen.

Das "Dilemma" (KRAPPMANN 1978, 7) des Bewerbers läßt sich folgendermaßen beschreiben: Wie löst ein Bewerber das Problem, einerseits den (zum Teil divergierenden) Rollenerwartungen der einstellenden Institutionenvertreter und andererseits der persönlichen Lebensituation und den persönlichen Rollenansprüchen und -vorstellungen gerecht zu werden? Erhöhen sich seine Chancen, eine Stelle zu bekommen, wenn er seine Bedürfnisse, Erwartungen und Vorstellungen weitgehend denen der einstellenden Institution anpaßt, diese ignoriert oder versucht, auftretende Widersprüche bezüglich unterschiedlicher Rolleninterpretationen zu harmonisieren?

3.3 Handlungspraktische Konsequenzen

Es wurde aufgezeigt, daß die Herstellung, Bewahrung und Präsentation von Ich-Identität für Bewerber insofern problematisch sein kann, als sowohl persönliche als auch gesellschaftliche Strukturen und Voraussetzungen eine Identitätsbalance beeinträchtigen können. In diesen Fällen kann es dann zu nicht-identitätsbalancierten Rolleninterpretationen kommen. Daß ein Bewerber nur unter Bewahrung von Ich-Identität gelungen an einem Bewerbungsgespräch teilnehmen kann, ist von besonderer Bedeutung, auch angesichts einer zu beobachtenden gegenläufigen Tendenz, die sich in vielen praxisorientierten Bewerbungsratgebern abzeichnet, in denen als Erfolgsrezept für gelungene Kommunikation eine möglichst optimale Anpassung des Bewerbers an die Bedürfnisse der einstellenden Institution proklamiert wird.[17]

[17]Exemplarisch seien hier zwei Ratgeber aufgeführt, in denen diese Tendenz zu beobachten ist. Eine dieser Auffassungen stammt aus einem amerikanischen Bewerbungsratgeber. Die Konstellation der Gesprächsteilnehmer wird vom Autor YATE folgendermaßen charakterisiert: "Das Bewerbungsgespräch ist ein geregelter Paarungstanz, in dem die besten Partner die glänzenden Preise davontragen. Die Schritte dieses Tanzes sind Stoß und Parade, Geben und Nehmen, Frage und Antwort.... Lernen Sie diese Schritte, dann können Sie mittanzen" (1990, 10).

Eine weitere Variante zeigt eine mißlungene Interpretation der GOFFMAN'schen Rollen-

Im folgenden sollen die identitätsfördernden, kommunikativen Qualifikationen erläutert werden, über die ein Bewerber verfügen muß, um gelungen an einem Bewerbungsgespräch teilnehmen zu können. Es handelt sich um die Fähigkeiten der "Rollendistanz" (KRAPPMANN 1978, 133f.), der "Empathie" (ebd., 142f.) und der "Ambiguitätstoleranz" (ebd., 150f.).

3.3.1 Rollendistanz

Die oben erläuterte Problematik, daß Bewerber die Rolle, in der sie sich bewerben, überwiegend im Sinne der antizipierten Erwartungen und Vorstellungen der einstellenden Institution interpretieren und eigene Bedürfnisse in den Hintergrund treten lassen, verweist auf die Fähigkeit der Rollendistanz.

Die Fähigkeit zur Rollendistanz meint, soziale Identität in Form sozialer Erwartungen, Ansprüche und Vorstellungen nicht unreflektiert zu übernehmen oder sie mit der persönlichen Identität zu vermischen, sondern sie mit persönlichen Bedürfnissen, Vorstellungen und Erwartungen zu konfrontieren, um so Übereinstimmungen oder Differenzen zu ermitteln (vgl. KRAPPMANN 1978, 141f.). Rollendistanz meint damit ein Aufdecken und Hinterfragen von und eine Auseinandersetzung mit sozialer und persönlicher Identität. Zum einen fördert diese Auseinandersetzung die Sensibilität dafür, daß auch eigene Bedürfnisse, Interessen und Ziele zur Geltung gebracht werden. Weiterhin ermöglicht die Auseinandersetzung dem Bewerber, eine Passungsüberprüfung vorzunehmen, die nur dann möglich ist, wenn er nicht völlig in der sozialen Identität in Form einer Überidentifizierung aufgeht.[18] Ein typisches Beispiel hierfür ist das gerade im sozialen Bereich verbreitete 'Helfer-Syndrom'. Das Erreichen von Unabhängigkeit gegenüber von außen an einen Bewerber herangetragenen Rollennormen ist für den Bewerber auch deshalb notwendig, da er in unterschiedlichen Bewerbungssituationen auch jeweils mit unterschiedlichen Rollenerwartungen konfrontiert werden kann. Um konsistent handeln zu können,

---

theorie, da der Autor offensichtlich Rollentheorie mit Rollenstudium verwechselt. "Das Vorstellungsgespräch ist wie ein Bühnenauftritt. Alles was man tut und sagt, wird genau registriert. Es kommt darauf an, so natürlich wie möglich zu agieren" (MANNEKELLER 1983, 15); vgl. das Original bei GOFFMAN mit dem Titel "Wir alle spielen Theater" (1983).

[18]GOFFMAN erfaßt dieses Phänomen als "overattachement" (1966a, 90).

bedarf der Beweber der Fähigkeit zur Distanzierung von Rollen, da er sich nur durch Distanzierung die Möglichkeit erhält, eine situationsangemessene Interpretation von Rollen zu treffen. Bindet sich der Bewerber zu stark an antizpierte Erwartungen, können Rollenkonflikte auftreten, da er nicht mehr in der Lage ist, Erwartungen verschiedener Institutionen beziehungsweise Einstellender zu trennen und in stereotype Rollenmuster verfällt. Rollendistanz des Bewerbers verhindert also eine stereotype Herangehensweise an verschiedene Kommunikationssituationen, da er sich nicht auf Standard- und Pauschalerklärungen und -bewertungen zurückzieht, um möglichst keine Divergenz zu erzeugen, sondern eine Rolle auf dem Hintergrund seiner persönlichen Identität interpretiert (vgl. auch KRAPPMANN 1978, 136).

Das ist auch dort notwendig, wo ein Bewerber explizit aufgefordert wird, ein Problem aus der Sichtweise einer anderen Rolle zu betrachten (z.B. Fragen wie: Welche Erfahrungen haben Sie als Praktikant mit der Heimleitung gemacht?; Versetzen Sie sich einmal in die Situation eines Altenpflegers. Welche Erwartungen hätten Sie an die Heimleitung? o.ä.). Rollendistanz wird demzufolge immer dort sichtbar, wo ein Bewerber ein Problem auf dem Erfahrungshintergrund anderer Rollen bearbeiten kann und damit signalisiert, daß er in der Lage ist, flexibel mit und in Rollen zu agieren. Rollendistanz ermöglicht dem Bewerber auch, sein Handeln im Bewerbungsgespräch als Probehandeln auszuweisen: das bedeutet, zwar in in der Rolle des Stelleninhabers zu agieren, diese Rolle allerdings auch immer wieder als Rolle auf Probe zu kennzeichnen, zum Beispiel durch sprachliche Mittel wie Relativierungen, Konjunktive oder Vorschläge.

Bezogen auf die Spezifika der Bewerberrolle, die an anderer Stelle erläutert wurden, kommt Rollendistanz dort zum Ausdruck, wo ein Bewerber im Gespräch immer wieder sprachlich zum Ausdruck bringt, daß er in einer Proberolle agiert und nicht durch vereinahmende Formulierungen (`Man muß...; Sie müssen...`), überheblich wirkende Bewertungen beziehungsweise indirekte Belehrungen (`...das ist durch ganzheitliche Pflege oder aktivierende Pflege wesentlich besser gewährleistet, als durch die Pflege, die Sie angesprochen haben, wo doch mehr so noch nach Funktionen gemacht wird.`) oder anmaßend wirkende Äußerungen (`Man müßte sich Ihren Dienstplan dann mal ansehen...`) Einstellende in eine Rechtfertigungs- oder Ablehnungshaltung ihm gegenüber drängt.

Das Hinterfragen von bestehenden gesellschaftlichen Rollennormen und -definitionen ermöglicht dem Bewerber auch das Aufdecken und Erkennen eigener und fremder Über- oder Unterbewertungen von Rollenkompetenzen. Ein solcher Fall von Unterbewertung konnte bei der Bewerberin aufgezeigt werden, die ihre Erziehungsphase als 'ruhige Phase' abqualifizierte. Rollendistanz wird demnach auch dort sichtbar, wo der Bewerber vorausgreifende Rechtfertigungen, Selbstdemontage durch Abwertungen, Abqualifizierung des eigenen beruflichen Werdegangs, Bagatellisierungen der eigenen Meinung oder Ursachen- und Schuldzuschreibungen vermeidet. Das Infragestellen von Normen bedeutet gleichzeitig, die dahinterliegenden Wertmaßstäbe und Beurteilungskriterien aufzudecken und diese mit der eigenen Wertordnung in Korrespondenz zu bringen. Da unhinterfragtes Übernehmen von Vorstellungen, Normen und Regeln immer in Zusammenhang mit der Anerkennung von Autoritäten beziehungsweise der Angst davor, bei Nichtbefolgen durch die hinter der Norm stehende Autorität sanktioniert zu werden, steht, bedarf es ebenfalls einer Analyse der jeweiligen, hinter bestimmten Rollenerwartungen stehenden Autoritäten und deren Legitimationsansprüchen. Wenn sich Bewerber mit persönlicher und sozialer Identität auseinandersetzen, eröffnet sich bei der Bestandsaufnahme eigener wie fremder Rollenerwartungen häufig eine interessante Doppelstruktur: Ermittelte gesellschaftliche Rollendefinitionen erweisen sich dann häufig als Normenkataloge, von denen der Bewerber annimmt, daß es sich hierbei um von ihm erwünschtes Rollenverhalten handelt. Bei näherer Betrachtung stellt sich jedoch heraus, daß es sich um Projektionen persönlicher Vorurteile handelt, die als soziale Identität attribuiert werden.

3.3.2 Empathie[19]

Die Beschäftigung mit nicht-identitätsbalancierten Rolleninterpretationen ergab, daß Bewerber bei mangelnder Berücksichtigung sozialer Identität ihre persönliche Identität als Maßstab für die Interpretation von Rollen in den Mittelpunkt stellen und dadurch die Bedürfnis-, und Interessenlage

---

[19]MEAD spricht in diesem Zusammenhang von der "Übernahme der Rolle anderer" (1991, 300); vgl. hierzu auch die Kritik von KRAPPMANN am MEAD'schen Begriff des "role-taking". KRAPPMANN betont im Unterschied zu MEAD neben der kognitiven auch die affektiv-motivationale Dimension dieser Fähigkeit (1978, 143f.).

ihrer jeweiligen Gesprächspartner ignorieren. Die Fähigkeit, soziale Identität als konstitutiven Bestandteil von Ich-Identität anzuerkennen und zu berücksichtigen, wird im folgenden als Empathie bezeichnet (vgl. KRAPPMANN 1978, 142). Empathie stellt neben der Fähigkeit zur Rollendistanz eine weitere interaktiv-kommunikative Kompetenz dar. Kommunikation, in der die Kommunikationsteilnehmer gemeinsam etwas zur (gemeinsamen) Angelegenheit machen, ist nur dann gelingend möglich, wenn die an der Kommunikation Beteiligten in der Lage sind, Normenvorstellungen, Erwartungen, Rollendefinitionen und -einschätzungen und Bedürfnislagen anderer zu antizipieren und mit den eigenen Vorstellungen in Korrelation zu bringen. Das bedeutet die gleichzeitige Übernahme der Perspektive der Kommunikationspartner, also das Hineinversetzen in die Situationssicht und die Bedürfnisse des anderen. Empathie ist dann die Fähigkeit, persönliche Identität anderer zu betrachten.

Empathie ermöglicht dem Bewerber ein vorwegnehmendes Kennenlernen und Vertrautwerden mit den Gesprächspartnern. Sie trägt dazu bei, Vorurteile und Projektionen aufzudecken und gegebenenfalls auszuräumen und Angst abzubauen vor konkurrierenden Erwartungen. Indem der Bewerber sich durch die Auseinandersetzung mit den zu seinen eigenen möglicherweise in Konkurrenz stehenden Erwartungen die Möglichkeit zu einer Annäherung eröffnet, ist er dadurch nicht mehr gezwungen, fremde Sichtweisen mittels verbaler, emotionaler Abgrenzungen zu ignorieren, weil er in der Lage ist, konstruktiv damit umzugehen. Das kann einerseits sprechsprachlich darin zum Ausdruck kommen, daß ein Bewerber durch Verständnissignale (z.B.: `Ich kann Ihre Position verstehen...; Wenn ich Ihre Erfahrungen mit meinen vergleiche...` u.ä.) die Perspektive des Einstellenden explizit verbalisiert oder aber Übereinstimmungsfeststellungen trifft (`Ja, da muß ich Ihnen recht geben...`); andererseits kann Empathie dann auch durch eine erhöhte Informationsbereitschaft des Bewerbers zum Ausdruck kommen (z.B. durch explizite Informationsangebote wie '`Ich kann dazu gerne Stellung nehmen...`').

Empathie verhilft dem Bewerber darüber hinaus zu mehr Unabhängigkeit, indem durch Perspektiveübernahme der Erwartungsdruck kognitiv und emotional besser verarbeitet werden kann.[20] Gleichzeitig eröffnet er sich

---

[20]KRAPPMANN formuliert dazu eine interessante These, mit der er empirische Ergebnisse im Hinblick auf empathisches Verhalten in Frage stellt:

mit der Erlangung von mehr Unabhängigkeit durch Empathie differenziertere Möglichkeiten, auf die Vorstellungen seiner Kommunikationspartner zuzugehen, sich darauf einzulassen, ohne

> "ständig Angst zu haben, die Balance zu verlieren" (KRAPPMANN 1978, 143).

In diesem Fall braucht der Bewerber im Gespräch möglichen Bewertungen der Einstellenden auch nicht - wie aufgezeigt - mit Übertreibungen und Überbewertungen (z.B. `...radikale Selbstverwirklichung...`) zugunsten der eigenen Person zu begegnen, um sich vor möglicher Kritik zu schützen, da er die Sicherheit des eigenen Standpunkts und die weitgehend gesicherte Überprüfung des fremden Standpunkts als Handlungsbasis besitzt. Empathie kommt dann auch als kritisches Reflexionsvermögen in Form von Einschätzungen oder Bewertungen von Situationen, Personen, Fakten zum Ausdruck, die authentische Zugeständnisse oder Problematisierungen enthalten können (z.B.: `Nein, diese Entscheidung, dann etwas ganz anderes zu machen und zwar jetzt im Bereich Altenarbeit zu arbeiten, eh die auch erst sehr unsicher war, ob mir das überhaupt Spaß macht, ob mir das liegt, eh/ Da konnte ich aber jetzt in diesen anderthalb Jahren während dieser Weiterbildung feststellen, daß mir das sehr viel Spaß und sehr viel Freude macht...`).

Ein weiteres zentrales empathisches Mittel ist das explizite verbale Aufgreifen fremder Vorstellungen durch aktives Zuhören (vgl. auch ROGERS 1972). Durch die (partielle) Wiedergabe beziehungsweise das Aufgreifen eines fremden Standpunkts oder einer fremden Sichtweise (`Sie haben eben folgende Position dargestellt...`) signalisiert der Bewerber zum einen, daß er in der Lage ist, fremde Standpunkte überhaupt wahrzunehmen, zum anderen sich in diese hineinversetzen zu können.

Solche, mit den eigenen nicht übereinstimmenden Erwartungen und Bedürfnissen nicht zu ignorieren oder zu unterdrücken, sondern sich kon-

---

"Somit ist zu erwarten, daß Symphathie, Verwandtschaft, Länge der Bekanntschaft, Ähnlichkeit und was immer nach den Ergebnissen empirischer Untersuchungen positiv zu erfolgreichem "role-taking" beiträgt, eine desto geringere Rolle spielen, je besser es dem Individuum gelingt, Ich-Identität ohne Verdrängung von divergierenden Anforderungen und Bedürfnissen zu behaupten" (1978, 144).

struktiv damit auseinanderzusetzen, verweist auf die kommunikative Fähigkeit der Ambiguitätstoleranz.

3.3.3 Ambiguitätstoleranz

Bewerbungsgespräche sind wie andere kommunikative Prozesse dadurch charakterisiert, daß auch bei größtem Bemühen aller beteiligten Gesprächsteilnehmer um weitgehende Annäherung von Standpunkten, Interessen und Zielen diese nie vollständig erreicht werden können. Gerade in Bewerbungsgesprächen wird darum von einstellender Seite, besonders in sogenannten Streßinterviews, aber auch in 'normalen' Bewerbungsgesprächen, eine Konfrontation des Bewerber mit divergierenden Rollenerwartungen geradezu inszeniert, um zu überprüfen, wie der Bewerber mit auftretenden Differenzen und Rollenkonflikten umgeht.

Die Fähigkeit, auftretenden Differenzen und Unvereinbarkeiten in bezug auf divergierende Wert-, Norm- und Bedürfnissysteme der Kommunikationspartner standzuhalten und sie bis zu einem gewissen Maß zu tolerieren, soll im folgenden als Fähigkeit zur Ambiguitätstoleranz bezeichnet werden (vgl. KRAPPMANN 1978, 150). In ihr werden die Fähigkeiten zur Rollendistanz und Empathie insofern zusammengeführt, als sie zum einen Prozesse des Bewußtmachens der Existenz eines eigenen Standpunktes sowie des fremden Standpunktes voraussetzt und darauf zielt, bewußt gemachte Differenzen und Unvereinbarkeiten, die zwischen persönlicher und sozialer Identität bestehen, rational und emotional zu verarbeiten, zu akzeptieren und als Ich-Identität im kommunikativen Vollzug zu präsentieren.

Verfügt ein Bewerber nicht über die Fähigkeit der Ambiguitätstoleranz, dann besteht zum einen die Gefahr, daß er in dogmatische Denk- und Handlungsweisen verfällt, indem er für sich nur noch die Möglichkeit sieht, durch das Verfolgen starrer, selbsterstellter Prinzipien eine Auseinandersetzung mit divergierenden Positionen und Erwartungen zu vermeiden. Dies kommt dann - wie aufgezeigt - in mangelnder Empathie zum Ausdruck. Zum anderen besteht die Gefahr mangelnder Rollendistanz in Form eines Übergewichts sozialer Identität, indem eigene Standpunkte weitgehend aufgelöst werden, um so einer Konfrontation zu entgehen. Mangelnde Ambiguitätstoleranz verfestigt sich dann häufig in vorurteilsbeladenen und agressiven Gesprächshaltungen gegenüber den Gesprächspartnern, die dann zwangsläufig zu Gesprächsgegnern werden. Ambiguitätstoleranz kommt im Unterschied dazu darin zum Ausdruck, daß ein Bewerber erkannte oder vermutete Widersprüche und Unvereinbarkeiten aufdeckt und benennt, die persönliche damit verbundene emotionale Lage zuläßt und gleichermaßen verbalisiert.

In letzter Konsequenz bedeutet die Fähigkeit zur Ambiguitätstoleranz für einen Bewerber, sich dem Risiko zu stellen, daß die im Bewerbungsgespräch angestrebte Passungsüberprüfung keine Passungsübereinstimmung ergeben könnte.

3.3.4 Charakteristika identitätsfördernder Fähigkeiten

Bei den dargestellten Qualifikationen handelt es sich weder um invariable, gesicherte Persönlichkeitsattribute im Sinne von Charaktereigenschaften (vgl. KRAPPMANN 1978, 132) noch um technische Verfahren im Sinne eines methodischen Anleitungskatalogs zur Verbesserung kommunikativen Verhaltens. Vielmehr muß von Fähigkeiten gesprochen werden, die als

> "strukturelle Notwendigkeit eines fortzuführenden Interaktionsprozesses" (ebd.)

zu verstehen sind. Es handelt sich also im Sinne des entwickelten Identitätsbegriffs nicht um einmalig zu erwerbende Kenntnisse, sondern um kommunikative Kompetenzen, die das Individuum immer wieder neu erfahren und überprüfen muß. Gleichzeitig vereinigen diese Fähigkeiten in sich zwei Dimensionen: Sie sind einerseits kognitiv-rationale Reflexionsprozesse und emotionale Verarbeitungsprozesse, andererseits handelt es sich immer um sprechsprachliche Ausdrucksleistungen.

Die Anleitung und Förderung der dargestellten Qualifikationen wird jedoch hier in dem Sinn verstanden, daß es weder um eine sprechtechnische Ausdrucksschulung, noch um einen therapeutischen Prozeß geht, bei dem die Psyche des Bewerbers im Mittelpunkt steht. Vielmehr ist diese Förderung als dialektischer Prozeß zu begreifen, in dem kognitiv-rationale und emotionale Strukturen, die in der Versprachlichung zum Ausdruck kommen, benannt und in bezug auf ihre kommunikative Wirkung beschrieben werden, um daraus Handlungsanweisungen zu gewinnen. Der sprechwissenschaftliche Ansatz setzt folglich dort an, wo sich Ich-Identität in kommunikativen

Haltungen des Bewerbers niederschlägt.[21] Die kommunikative Haltung wird hier als jeweils individuelle Wahrnehmungs- und Ausdrucksfähigkeit des Bewerbers verstanden. Die Fähigkeit zur Rollendistanz, Empathie und Ambiguitätstoleranz lassen sich nicht als katalogisierte Handlungsregeln erfassen, auf die ein Bewerber beliebig zurückgreifen kann, sondern die Veränderung kommunikativen Handelns ist ein sich gegenseitig bedingender Prozeß der Aufdeckung und Auseinandersetzung mit persönlicher und sozialer Identität einerseits und der Sensibilisierung der Wahrnehmung und Beschreibung sprechsprachlicher Präsentation im konkreten Kommunikationsereignis.

Damit ist das in einen sprechwissenschaftlichen Kontext eingebundene Identitätskonzept nicht im Sinne eines Anpassungs- oder Konditionierungskonzepts zu verstehen. Mittels einer sprechwissenschaftlichen Perspektive wird dem Individuum ermöglicht, Norm- und Interpretationsspektren kommunikativer Situationen auszuloten und gegebenenenfalls zu erweitern, um dadurch die Fähigkeit zu erlangen beziehungsweise zu stabilisieren, festgefahrene, zu Stereotypen erstarrte Denk- und Handlungsweisen neu zu überdenken sowie situationsbezogen und -angemessen zu verändern.

Aus sprechwissenschaftlicher Sicht ist damit gelingendes Rollenhandeln des Bewerbers nicht die optimale Anpassung an vorgefertigte Rollenmuster, sondern die Fähigkeit, Rollen situationsbezogen und personbezogen individuell zu interpretieren und zu präsentieren.

---

[21]An dieser Stelle scheint mir eine grundsätzliche Kritik an KRAPPMANN angebracht, der die Fähigkeit zur Identitätsdarstellung neben die Fähigkeiten der Rollendistanz, Empathie und Ambiguitätstoleranz stellt. M.E. ist die Fähigkeit, sich in seiner Ich-Identät zu präsentieren, nicht isoliert zu betrachten, sondern sie ist Voraussetzung und Folge zugleich. Demzufolge liegt bei einem Individuum immer dann eine konsistente, stimmige, situationsangemessene und damit wirksame Identitätsdarstellung vor, wenn in ihr Rollendistanz, Empathie und Ambiguitätstoleranz zum Ausdruck kommen, das heißt, wenn sich das Individuum in gleichzeitiger Übereinstimmung und Abgrenzung zu Normen und Erwartungen befindet, Widersprüche aushält und dies sprachlich und sprecherisch zum Ausdruck bringt. Damit teile ich nicht die Auffassung von KRAPPMANN (vgl. 1978, 168), daß ein Individuum zwar beispielsweise über Rollendistanz verfügt, diese aber nicht präsentieren kann. Demzufolge kann ich auch nicht die Auffassung vertreten, daß es mißlungene Präsentationen von Identität gibt, die nach KRAPPMANN immer dann vorliegen, wenn ein Individuum den Anschein erwecken will, eine bestimmte Identität vorzugeben. Gerade das ist Ausdruck von mangelnder Rollendistanz, Empathie oder Ambiguitätstoleranz.

4 Sprechintentionen im Bewerbungsgespräch

Wenn Bewerber und Einstellende im Bewerbungsgespräch miteinander kommunizieren, dann vollziehen sie dies sprachlich. Mittels der Sprache verdeutlichen sie ihre Motive, Ziele, handeln in ihren jeweiligen sozialen Rollen und sprechen über Themen. Passungsüberprüfung und den Nachweis darüber, daß eine Passung vorliegt, muß der Bewerber sprachlich vornehmen. Das Kapitel geht der Frage nach, welche generellen sprachlichen Handlungsmöglichkeiten einem Bewerber zur Verfügung stehen. Der die Sprechsituation konstituierende Faktor 'sprachliches Zeichen' muß daraufhin untersucht werden, wie kommunkative Absichten sprachlich zum Ausdruck gebracht werden können. Diese sprachlich umgesetzten kommunikativen Absichten werden als Sprechintentionen[1] bezeichnet.

4.1. Der Begriff der Sprechintention

Mit dem Begriff der Sprechintention greife ich auf das Instrumentarium der "Sprechintentionstypologie" von STEGER (1976) zurück, das maßgeblich von SCHWITALLA (1976a; 1979a) weiterentwickelt wurde.[2]

Nach STEGER ist jegliches Sprechen intentional und wird mittels der Sprache in konkreten sozialen Situationen realisiert (1976, 2). Die Intentionalität sprachlicher Handlungen ist immer auf den konkreten Sprechvollzug ausgerichtet, das heißt, ein Sprecher verfolgt mit einer Äußerung immer innerhalb konkreter sozialer Sprechsituationen bestimmte Absichten. Sprechintentionen sind damit nicht dialogunabhängig zu gewinnen und zu erfassen, sondern sie sind an die kommunikative Funktion von Sprache gebunden.[3]

---

[1]Mit der Bedeutung der Intention für die Sprechkommunikation und den daraus sich ergebenden didaktischen und methodischen Konsequenzen für die Lehrbarkeit von Kommunikation beschäftigt sich ausführlich BIEßNER (1982).

[2]Nach ihrer Entwicklung und Veröffentlichung in den siebziger Jahren, neben einer gleichzeitigen explosionsartigen Entwicklung der Sprechakttheorie und ihren Nachfolgemodellen geriet die Sprechintentionstypologie fast ins Vergessen.

[3]EHLICH / REHBEIN versuchen das Problem der Intentionalitätsbestimmung von Sprechhandlungen dadurch zu lösen, daß sie illokutionäre Zwecke gesellschaftlich zu erklären versuchen. Sie verstehen sprachliche Handlungsmuster als Ausprägungen gesellschaftlicher

Aufgrund der Tatsache, daß über verschiedene Sachverhalte oder Gegenstände unterschiedliche intentionale Äußerungen in einer konkreten Sprechsituation vollzogen werden, formuliert STEGER seine Grundauffassung zum Terminus 'Sprechintention':

> "Ich will folgendes (sic!) - Sprechintention (SPI) in bezug auf den Sachverhalt (SV) im Rahmen der sozialen Interaktionssituation" (ebd.).

Damit versteht STEGER Sprechintentionen immer als Ausdruck einer situationsgebundenen Ziel-Mittel-Relation. Das jeweilige Äußerungsmittel wird von einem Sprecher als adäquat zur Erreichung einer kommunikativen Ziels in einer konkreten Sprechsituation angesehen, auch wenn es "ihm nicht reflektiert-'bewußt' präsent ist" (SCHWITALLA 1979a, 110).

Sprechintentionen sind keine isolierten oder konstruierten Sätze, sondern sie werden innerhalb konkreter Äußerungen umgesetzt. Zwar gibt es sprachliche Äußerungen, die formal aus einem Satz bestehen, darüber hinaus treten im Gespräch aber vor allem komplexere Äußerungen auf, deren intentionaler Gehalt vom Hörer nicht in Form von Einzelfunktionen gehört und verstanden wird, sondern als Konglomerat.

> "Der Hörer speichert nicht Einzelsprechakte, sondern er abstrahiert bereits und bildet sich einen Gesamteindruck aus einer Satzmenge. Dieser Gesamteindruck wird aber nicht von der Illokution eines Sprechaktes geprägt, sondern von der Gemeinsamkeit kommunikativer Funktionen (...)" (BARTSCH 1985, 115).

Dabei ist bei der Beschreibung von Sprechintentionen zu berücksichtigen, daß sie immer auf einen Gesprächspartner gerichtet sind.

Für jede Sprechsituation existiert ein bestimmtes Repertoire an Handlungsmöglichkeiten, die ein Sprecher normalerweise kennt und entsprechend auswählt. Dieses Repertoire ist nicht beliebig, sondern die unzähligen Realisierungsvarianten, die sich für die verschiedensten Sprechsituationen aufzählen lassen, können zu verschiedenen "konventionellen Sprechintentionstypen" (STEGER 1976, 3) zusammengefaßt werden. Ausgegangen wird von einer begrenzten Zahl von Sprechintentionstypen, die sprechsprachlich verschieden realisiert werden können. Für einen Sprecher ergibt sich daraus die Notwendigkeit, die für die jeweilige Sprechsituation angemessenen Mittel, also Sprechintentionen, auszuwählen. Charakteristisch für die Sprechintentions-

---

Zwecke, deren illokutiver Gehalt Ausdruck gesellschaftlicher Tätigkeit ist und damit auch nur durch eine gleichzeitige gesellschaftliche Analyse zu ermitteln ist (1979a, 243f.).

typologie ist damit das Abgehen von der bloßen Aufzählung einer praktisch und theoretisch unbegrenzten Auswahl möglicher Sprechakte zugunsten einer empirisch und theoretisch fundierten Bestimmung sprachlicher Funktionstypen:

> "Um zu einem begrifflichen Instrumentarium der Textanalyse zu gelangen, plädiere ich dafür, statt mit einem formalen Apparat von Intentionen und Teilintentionen, inhaltlich konzipierte Intentionstypen zu definieren, denen sich einzelne sprachliche Akte zuordnen lassen. Solange man Sprechintentionen an den Begriff der illokutionären Rolle und/oder an perlokutionäre Wirkungen bindet, hat man soviele Sprechintentionen, wie man Sprechakte identifizieren kann. Aus der Vielzahl der dann benennbaren Sprechintentionen kommt man nur heraus, wenn man einen Abstraktionsschritt höher geht und nach Intentionstypen fahndet. Der Zugang zu solchen Typen liegt in der Frage, ob sich allgemeine Verwendungsweisen von Zeichen (Sätzen, utterances) ausmachen lassen. Im Hintergrund steht damit die Frage nach den Funktionen, welche das gesprochene Wort erfüllt" (SCHWITALLA 1979a, 109).

Die Ermittlung von allgemeinen Sprechintentionstypen, die im Unterschied zu sprechakttheoretischen[4] Klassifizierungsversuchen über die Beschrei-

---

[4]Ich möchte die Problematik, die mit sprechakttheoretischen Klassifizierungen im Hinblick auf eine anwendungsbezogene Gesprächsanalyse entstehen, an einem Beispiel konkretisieren. AUSTIN nennt für die Gruppe der exerzitiven Äußerung en die Sprechhandlung 'Verzeihen' (1972, 173). Mit exerzitiven Äußerung en drückt der Sprecher Entscheidungen für ein bestimmtes Verhalten aus (ebd.). In der Gruppe der konduktiven Äußerungen erscheinen Sprecherhandlungen wie 'Danken', 'Beglückwünschen', 'Grüßen', 'Gratulieren' u.a. (ebd., 178). Meines Erachtens weisen die Sprecherhandlungen 'Verzeihen' und 'Beglückwünschen', 'Danken' etc. jedoch in Bezug auf ihre kommunikative Funktion große Ähnlichkeiten auf. In beiden steht im Mittelpunkt der sprachlichen Handlung die personale Beziehung der Gesprächspartner. Diese Sprechhandlungen haben die Funktion, interpersonale Beziehungen zu korrigieren ('Verzeihen', 'Entschuldigen'), zu stören, zu unterbrechen ('Beschuldigen', 'Beleidigen', 'Àngreifen' u.a.), zu konstituieren ('Begrüßen', 'Verabschieden') und auch zu stabilisieren ('Gratulieren', 'Danken', 'Beglückwünschen', 'Loben' u.a.). Auch am Beispiel der 'Frage' läßt sich die Problematik aufzeigen. Fragen stellt AUSTIN in die Gruppe der expositiven Äußerung en. Damit legt der Sprecher fest, wie seine Äußerung aufzufassen ist. In die gleiche Gruppe gehören nach AUSTIN 'Behaupten', 'Feststellen','Anmerken', 'Melden', 'Entgegnen' u.a. Genauso gut kann aber eine Frage eine Sprechhandlung der personalen Ebene sein (Z.B. "Warum läßt du mich nicht aussreden?") und müßte im Sinne AUSTINS in die Gruppe der konduktiven Äußerungen eingeordnet

bung kommunikativer Funktionen des sprachlichen Zeichens im konkreten Gesprächsereignis erfolgt, kann mithilfe des Organon-Modells vorgenommen werden.

4.1.1 Organon-Modell als Paradigma zur Ermittlung von Sprechintentionstypen

Das Organonmodell von BÜHLER, das auch als Sprechintentionsmodell beschrieben werden kann, bildet die theoretische Grundlage zur Ermittlung von Sprechintentionstypen.[5] Da STEGER und SCHWITALLA zwar darauf

---

werden.

Das Problem sprechakttheoretischer Ansätze liegt darin, daß die Ermittlung der illokutionären Zwecke deduktiv ohne Berücksichtigung des dialogischen Kontextes und einer Überprüfung an konkretem Gesprächsmaterial erfolgt. Durch die Ermittlung von Illokutionen mithilfe ontologisch-philosophischer Kategorien werden Sprechhandlungen isoliert vom realen, situativ gesteuerten Kommunikationsprozeß beschrieben; vgl. zur ausführlichen Kritik an AUSTIN und SEARLE (1971) auch BREMERICH-VOS (1981). Von verschiedenen Seiten wurde versucht, die Problematik einer isolierten Analyse von Sprechakten zu überwinden, indem nicht mehr von einzelnen Sprechakten ausgegangen wurde, sondern von Abfolgemustern aufeinanderfolgender Sprechakte (vgl. z.B. WUNDERLICH 1972a; 1972b, 25f.; 1972c, 137f.; auch 1979; 1986). Dabei wurde die analytische Einheit auf Sprechaktabfolgen wie z.B. Beschuldigung-Entschuldigung, Vorwurf-Rechtfertigung etc. ausgedehnt (vgl. WUNDERLICH 1976, 300; FRITZ / HUNDSNURSCHER 1975; HUNDSNURSCHER 1980, 92). Dabei wird jedoch der Systematisierungszwang soweit getrieben, daß man sogar davon ausgeht, daß sich komplette Gesprächsverläufe aufgrund ihrer "Wohlgeformtheit" mttels Sprechakten beschreiben lassen (vgl. ebd., 92). Ein Perspektivwechsel vom sprachphilosophisch ermittelten Sprechakt hin zur kommunikativen Sprechhandlung wird auch hier nicht vollzogen.

Zur Kritik an der Sprechakttheorie v.a. im Hinblick auf ihre Verwendbarkeit für gesprächsanalytische Zwecke vgl. v.a. auch UNGEHEUER (1974, 16f.); KANTH (1981, 203); MEIBAUER (1985); KOHRT (1986).

Auch aus sprechwissenschaftlicher Perspektive liegen einige kritische Betrachtungen zur Sprechakttheorie vor, z.B. GEIßNER (1975b; 1975c, 79ff.; 1980); GUTENBERG (1981, v.a. 105ff.); BARTSCH (1981; 1985); HEILMANN (1990).

[5]Die Probleme, die mit der Ermittlung von Funktionen sprachlicher Zeichen verbunden sind, faßt ORTNER (1992) zusammen. Neben einer eindrucksvollen Liste, in der die verschiedenen Erklärungsansätze erfaßt sind, wieviele Funktionen das sprachliche Zeichen aufweist, (Nachgewiesen werden zwischen einer und acht Funktionen, allerdings ohne Berücksichtigung der Sprechakttheorie), kommt er zu der Auffassung, Sprache besitze folgende allgemeine Funktion: "Da die Sprache mehr ist als die Summe der sie mitkonsti-

verweisen, daß das BÜHLER'sche Modell der Sprachzeichenfunktionen die Grundlage zur Ermittlung von Sprechintentionen darstellt (vgl. STEGER 1976; SCHWITALLA 1979a, 109), eine explizite Herleitung jedoch schuldig bleiben, soll dies hier nachgeholt werden.[6] Kennzeichnend für dieses Sprachhandlungsmodell ist, daß das Kommunikationsgeschehen nicht als Reiz-Reaktionprozeß aufgefaßt wird, sondern Sprache immer symbolisch vermittelt. BÜHLER (1982, 28f.) ermittelt für das sprachliche Zeichen drei grundsätzliche Funktionen: die Darstellungs-, die Ausdrucks- und die Appellfunktion.

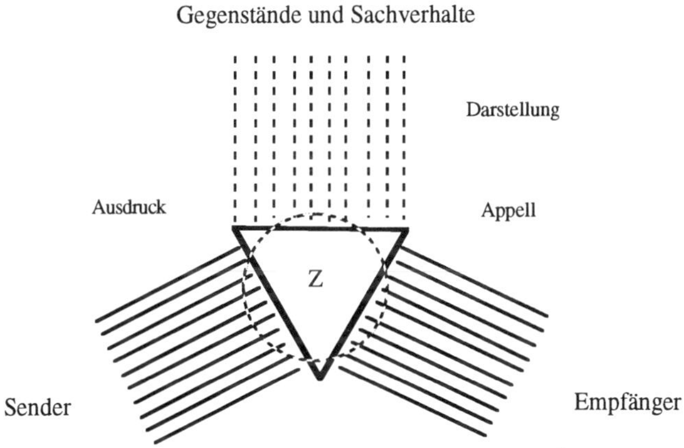

Abb. 3: Organon-Modell nach BÜHLER (1982, 28)

tuierenden Elemente, der Zeichen, will ich ihre Funktion am Ende meiner Abhandlung ganz allgemein bezeichnen als Medium für symbolvermittelte Prozesse, aus denen die Typen von Welten entstehen, und aus und zwischen den Welten wiederum gehen die Funktionskreise hervor, mit und in denen der Geist verkehrt: die innere Welt, die soziale Welt und die Welt der Gegenstände und Sachverhalte" (ebd., 291). Er kommt dann zu der Schlußfolgerung: "'My lords, facts are like cows. If you look them in the face hard enough, they generally run away. (Dorothy L. Sayers)' Auch die Funktionen der Sprache sind like cows. Wir Linguisten sind die Cowboys, die diese Kühe einfangen, zählen und sortieren sollten" (ebd., 292).

[6]Im Rahmen sprechwissenschaftlicher Untersuchungen finden sich bei GEISSNER (1978, 31ff.) und bei BARTSCH Klassifikationsversuche von Reden auf der Basis des Organon-Modells von BÜHLER. BARTSCH unterscheidet die Informationsrede, bei der die Darstellungsfunktion im Mittelpunkt steht, von der Meinungsrede (Kundgabefunktion) und der Überzeugungsrede (Appellfunktion) (1986; 1990b; 1991b)

Das sprachliche Zeichen hat eine Darstellungsfunktion in Bezug auf Gegenstände und Sachverhalte, über die gesprochen wird. Mittels des sprach-lichen Zeichens wird etwas über die Gegenstände und Sachverhalte der Welt ausgesagt. Weiterhin besitzt das sprachliche Zeichen eine Ausdrucksfunktion, da es immer etwas über den jeweiligen Sprecher mitteilt, der das sprachliche Zeichen verwendet. Darüberhinaus verfügt das sprachliche Zeichen über eine Appellfunktion; es entfaltet eine Einwirkungsstruktur im Hinblick auf den Hörer, indem es die zukünftigen Handlungen des Hörers steuert. Die drei genannten Funktionen bezeichnet BÜHLER als die Leistungen der menschlichen Sprache (1982, 28).

Es ist nun nicht so, daß die jeweiligen Funktionen getrennt und isoliert auftreten, sondern mit jeder sprachlichen Äußerung werden grundsätzlich immer alle drei Funktionen aktiviert. Allerdings können sie unterschiedlich gewichtet sein. In Sprechhandlungen wie 'Das Haus ist grün.' oder 'Ich habe heute morgen beim Bäcker Brötchen gekauft.', in denen die Darstellungsfunktion im Vordergrund steht, dominiert deren informationeller Charakter. Die Ausdrucksfunktion tritt in den Hintergrund, das heißt, der Sprecher drückt in der Sprechhandlung nur wenig über seine situative Befindlichkeit aus. Auch die appellative Funktion ist hier weitgehend in den Hintergrund getreten.

Den BÜHLER'schen Funktionen des sprachlichen Zeichens lassen sich nun verschiedene Sprechintentionen zuordnen, je nachdem, welche Funktion des sprachlichen Zeichens aktuell dominiert.

Sprechhandlungen, in denen die Darstellungsfunktion im Mittelpunkt steht, lassen sich dem Sprechintentionstyp 'Information' zuordnen.

Sprechhandlungen, in denen die Ausdrucksfunktion dominiert, können unterschiedlichen Sprechintentionstypen zugeordnet werden. Zum einen handelt es sich um Sprechhandlungen, mit denen ein Sprecher seine Stimmungen und Gefühle zum Ausdruck bringt. Sie sind dem Sprechintentionstyp 'Gefühlsexpression' zuzuordnen. Zum anderen handelt es sich um Sprechhandlungen, mit denen ein Sprecher einen Gegenstand oder Sachverhalt bewertet oder einschätzt. Sie gehören dem Sprechintentionstyp 'Bewertung' an. Darüber hinaus lassen sich Sprechhandlungen ermitteln, mit denen etwas über die Beziehung der Gesprächspartner zueinander ausgedrückt wird. Sie sollen dem Sprechintentionstyp 'Beziehungshandlung' zugeordnet werden.

Sprechhandlungen, in denen die Appellfunktion im Mittelpunkt steht, können unterschieden werden in solche, durch die bei einem Hörer explizit eine Handlung ausgelöst werden soll. Sie sind dem Sprechintentionstyp 'Appell' zuzuordnen. Argumentative Sprechhandlungen, durch die bei einem Hörer eine Überzeugung, Meinung oder Einstellung beeinflußt werden soll, werden dem Sprechintentionstyp 'Begründung' zugeordnet.

Zu einer vergleichbaren Differenzierung von Sprechintentionen gelangt BARTSCH über die Analyse eines in englischer Sprache geführten 'small-talk'.[7] Anhand dieses Alltagsgesprächs ermittelt BARTSCH zunächst Gruppen von Redneräußerungen, die er in Anlehnung an die Sprechtätigkeitstheorie als "Redneroperationen" bezeichnet und beschreibt deren jeweilige Wirkung auf den Gesprächspartner (1985, 129f.). In seinem zugrundegelegten Gesprächsmaterial ermittelt BARTSCH die Redneroperationen Frage, längere Information, minimale Information (bis 5 Wörter), auch Minimalantworten, Hörersignal (während der andere spricht), Hörersignal als Übergang zum eigenen Sprechen, Korrektur, Appell, Wertung, Verbalisierung von Gefühlen und die Einführung einer Metaebene (ebd., 117; 129f.).[8]

4.1.2 Ersatzproben zur Überprüfung von Sprechintentionen

Die Ermittlung und Beschreibung von Sprechintentionen ist kein theoretischer, sondern ein hermeneutisch-verstehender Prozeß, an den jedoch ebenfalls der Anspruch der Überprüfbarkeit gestellt werden muß:

---

[7]Nach BARTSCH bietet sich ein solches Alltagsgespräch zur Gesprächsanalyse besonders an, da hier zum einen eine prinzipielle Symmetrie vorliegt, also keiner der Gesprächsteilnehmer - bedingt durch einen bestimmten Gesprächszielzwang - auf eine bestimmte Gesprächsrolle, beispielsweise auf die des Fragenden, festgelegt ist. Da ein solches Alltagsgespräch auf keinen bestimmten Inhalt festgelegt ist, lebt das Gespräch von den "news", die die Gesprächsteilnehmer einbringen (vgl. 1985, 116).

[8]Die von BARSCH ermittelten Typen Frage, Information, Appell, Wertung, Verbalisierung von Gefühlen, Metakommunikation sind mit den hier auf der Basis des Organon-Modells ermittelten Typen weitgehend identisch. Darüber hinaus nennt BARTSCH Hörersignale, auf deren Steuerungsfunktionen und kommunikativen Wirkungen bei vereinzeltem und gehäuftem Gebrauch im Rahmen der Ermittlung der lokalen Steuerungsmöglichkeiten von Bewerbern auf der Ebene der Sequenzstruktur (III 2) eingegangen wird.

> "Um unser Verstehen jedoch jederzeit intersubjektiv überprüfbar zu machen, versuchen wir (sic) es methodisch zu fixieren, zu operationalisieren" (STEGER 1976, 4).

Überprüfbar werden Sprechintentionstypen über die Durchführung von Ersatzproben in Form von Testsätzen. Dabei werden die Testsätze anstelle des intentionalen Teils eines Satzes oder Textes gesetzt (ebd., 4f.). Mittels des Testsatzes erfolgt eine Paraphrasierung des intentionalen Gehalts.

4.2 Sprechintentionstypen

Im folgenden werden die von STEGER ermittelten Sprechintentionstypen im einzelnen vorgestellt und erläutert sowie anhand von Beispielen aus dem in dieser Arbeit analysierten Gesprächsmaterial verdeutlicht.

4.2.1 Sprechintentionstyp Aufforderung[9]

Nach BÜHLER ist eine der drei explizit ausgewiesenen Sprachfunktionen die Appellfunktion des sprachlichen Zeichens. Sprechhandlungen mit explizit appellativem Charakter sind in besonderer Weise auf den aktuellen Hörer bezogen. Äußerungen wie "Geh raus!", "Bitte gib mir das Buch." oder "Wie spät ist es?" appellieren an den Hörer und fordern ihn zu einer Handlung auf.

> "Aufforderung soll eine Sprechintention heißen, bei der einem Dialogpartner sprachlich mitgeteilt werden soll, daß bei ihm selbst eine Sprechintention oder Handlung auf der Sachverhaltsebene ausgelöst werden soll" (STEGER 1976, 14).

Das Charakteristische sprachlicher Aufforderungshandlungen ist, daß sie bei einem Gesprächspartner entweder sprachliche, gegenständliche oder mentale Handlungen bewirken wollen. Aufforderungen können als Fragen (Wollen Sie mir die Frage nicht beantworten?), Befehle (Sie antworten mir jetzt sofort!) oder Bitten (Bitte antworten Sie mir!) unterschiedliche "Dringlichkeits- und verschiedene Verbindlichkeitsgrade" (ebd., 14) auf-

---

[9]Vgl. die Taxonomie von Aufforderungstypen aus sprechakttheoretischer Sicht bei HINDELANG (1978a; 1978b).

weisen. Die Entscheidung darüber, welche Dringlichkeitsstufe bei einer Aufforderung vorliegt, kann jedoch nur im konkreten situativen Vollzug der Äußerung getroffen werden.[10] Das gilt ebenfalls für indirekte Aufforderungen. In sprachlichen Äußerungen wie 'Es zieht.' oder 'Dazu fehlen mir noch einige Informationen über Ihren Lebenslauf.' liegen indirekte Aufforderungen vor (vgl. SEARLE 1980, 140f.), da die Feststellungen implizit die Aufforderung enthalten, daß Fenster zu schließen beziehungsweise Informationen zum Lebenslauf nachzureichen. Die Ermittlung indirekter Sprechakte ist ein interpretativer Vorgang und abhängig vom situativen Kontext und konventionellen Gegebenheiten.[11]

4.2.1.1 Charakteristika der Frage

Da im Bewerbungsgespräch die spezifische Aufforderungshandlung 'Frage' als Mittel zur Passungsüberprüfung für Einstellende und Bewerber dominiert, sollen im folgenden einige Charakteristika von Fragehandlungen aufgeführt werden, die es ermöglichen, sprachliche Äußerungen als Fragen im Bewerbungsgespräch zu identifizieren.

Fragen wollen den Hörer zu Antworten motivieren und unterscheiden sich von Bitten, Anweisungen, Befehlen etc. dadurch, daß dem Verwender der Frage etwas bezüglich eines Gegenstandes oder Sachverhalts erklärungsbedürftig ist.[12] Sie verweisen damit auf einen bestimmten Defizitzustand

---

[10] In Verhören weisen Fragen bzw. Aufforderungen eine besondere Intensität auf (vgl. HOLLY 1981, 275f.). Den Zusammenhang von Beziehung und Fragetechniken arbeitet HOLLY (1983) am Beispiel psychotherapeutischer Gespräche heraus.

[11] Vgl. im Unterschied dazu die sprechakttheoretische Auffassung von indirekten Sprechakten, die immer dann vorliegen, wenn ein Sprecher einen illokutionären Akt x mithilfe eines illokutionären Aktes y vollzieht (vgl. SEARLE 1980, 130; auch HINDELANG 1983, 93).

[12] EHLICH / REHBEIN bezeichnen die Frage als eine Realisierungsvariante des Handlungsmusters der Assertion (1979a, 266f.). Der Zweck der Assertion ist "die Veränderung einer Wissensdefizienz auf seiten eines Handelnden" (ebd., 264). Die Voraussetzung zur Realisierung dieses Handlungsmusters ist die Existenz eines Wissensdefizits auf seiten eines Handelnden. Zur Beseitigung dieses Wissensdefizites stehen einem Handelnden mehrere Handlungsalternativen zur Verfügung. Das Handlungsmuster der Frage steht dann zur Verfügung, wenn ein anderer Handelnder über dieses Wissen verfügt. Dann kann A "das Wissen von S. (gemeint ist der Sprecher, A.L.) für seinen Wissenserwerb funktionalisieren,

des Fragenden (vgl. HINDELANG 1981, 215). Demnach müssen zur Identifizierung von Fragehandlungen neben der Beachtung formaler Kriterien wie Fragewort, Wortstellung und intonatorischer Merkmale (steigende Intonation) weitere Kriterien herangezogen werden. Die Kriterien, die SCHWITALLA (im folgenden 1979a, 128f.) zur Identifizierung von Fragen zusammengestellt hat, lassen sich weitgehend auch in Bewerbungsgesprächen belegen. Fragen liegen dann in Bewerbungsgesprächen vor,

- wenn eine sprachliche Äußerung explizit als Frage ausgewiesen wird (`Jetzt Frage...; Ich hab da jetzt noch eine Frage bezüglich...`) oder imperativisch durch verba dicendi zum Ausdruck kommt (`Eh können Sie uns das mal + erklären, wie das dazu gekommen is?`);
- wenn eine Frageabsicht indirekt ausgedrückt wird (`Das ist mir jetzt noch nicht ganz klar...; Da fehlen mir jetzt noch einige Informationen zu Ihrem Lebenslauf.`) Auch hier spielt die Berücksichtigung des situativen Kontextes zur Identifizierung eine entscheidende Rolle;
- wenn Äußerungen eines Hörers in Kategorien wie Glauben, Wollen, Denken, Fühlen o.ä. interpretiert werden (`Sie glauben also, daß Sie für diese Stelle geeignet sind.`);
- wenn ein Sprecher konträre Auffassungen zu denen des Hörers vertritt (`Man könnte natürlich jetzt auch sagen eh, dat is ne ein* allgemeine christliche Pflicht, sich so zu verhalten, ne?`) oder diesen provoziert, wie es in Bewerbungsgesprächen, vor allem sogenannten Streßinterviews nicht selten ist (`...und Sie erzählen uns hier, daß Sie von Kirche nichts halten.`);

---

sofern S. ihm sein Wissen zur Verfügung stellt." Wird der Handlungszusammenhang neu initiiert, bestehen also zwischen den Handelnden bisher noch keine Handlungszusammenhänge, kann dies durch die Verwendung des Musters der Frage geschehen. "Die Frage eröffnet kommunikativ einem Handelnden H den Wissensbereich eines anderen Handelnden" (ebd., 267). Das sprachliche Handlungsmuster der Assertion kann neben der interaktionalen Form der Frage auch durch mentale Vollzüge wie z.B. das "ERSCHLIEßEN" des Wissens von B realisiert werden (ebd. 268). In Bezug auf die Analyse sprachlicher Äußerungen in Gesprächen entsteht hier der Eindruck, daß von einem theoretisch-analytischen Erkenntnisinteresse ausgegangen wird. Im Mittelpunkt steht m.E. jedoch die Beschreibung sprachlicher Handlungsmuster als sprachphilosophisch-abstrakte Größen. Berücksichtigt wird zwar die gesellschaftliche Funktion von Sprechhandlungen, unberücksichtigt bleibt jedoch ihre situativ-kommunikative Funktion und damit eine dialogorientierte Ermittlung und Beschreibung von Sprechhandlungen.

- wenn durch Äußerungen Unkenntnis oder Desinteresse demonstriert wird (Ich kenne die Ausbildung nicht, die Sie gemacht haben...);
- wenn ein Sprecher den Inhalt seiner eigenen Äußerung in Frage stellt oder anzweifelt (Ich weiß nicht, ob ich Sie richtig verstanden habe...; So wie ich Sie jetzt verstanden habe...);
- wenn ein Sprecher seine Äußerung als Schlußfolgerung aus der vorausgegangenen Äußerung des Hörers formuliert (Sie meinen also, daß Sie der Aufgabe in unserer Institution gewachsen sind?; Also das is für Sie d* der dia*/ der diakonische Auftrag?).

4.2.1.2 Erwartungsnormen von Fragen

Das Identifizieren einer sprachlichen Äußerung als Frage stellt für die Beteiligten an einem Bewerbungsgespräch in der Regel kein Problem dar. Schwieriger für einen Bewerber ist das Identifizieren der hinter der Frage stehenden Erwartungsnorm. Unter einer Erwartungsnorm[13] wird verstanden, daß die Sprechhandlung 'Frage' die folgende Sprechhandlung intentional festlegt, also eine bestimmte Sprechhandlung in der Folge erwartet (vgl. SCHWITALLA 1979a, 130ff.; auch REHBOCK 1987).[14] Fragen können demnach unterschieden werden nach der ihnen jeweils zugrundeliegenden Sprechintention, die bei einer Reaktion auf die Frage erwartet wird.[15]

[13] An dieser Stelle soll auf die in Bewerbungshandbüchern, auch in allgemeinen Rhetorikratgebern (z.B. NEUBERGER 1987, 17) angetroffene Unterscheidung in offene und geschlossene Fragen kurz eingegangen werden. Der Unterschied zwischen offenen und geschlossenen Fragen wird in der Regel dadurch erklärt, daß auf geschlossene Fragen entweder Bestätigungen, Zustimmungen, Ablehnungen oder Verneinungen erwartet werden, während ein Sprecher auf offene Fragen, sog. W-Fragen (Was, Warum, Wer, Wo, Wie usw.) eine ausführliche Beantwortung erwartet. Man könnte demnach annehmen, daß damit unterschiedliche kommunikative Erwartungsnormen gemeint sind. Die Unterscheidung in offene und geschlossene Fragen erweist sich häufig als eine lediglich grammatisch-formale Unterscheidung, da auch die Erwartungshaltung geschlossener Fragen auf ausführliche Antworten gerichtet sein kann.

[14] Vgl. auch HUNDSNURSCHER, der ebenfalls zu der Einsicht gelangt, daß "die typologie der fragen zusammenfällt mit einer typologie der sprechakte, zu denen mit fragen aufgefordert werden kann" (1975, 13); vgl. auch HINDELANG (1977, 34); KLINKE (1976, 126).

[15] Vgl. dagegen die sprechakttheoretisch orientierten Klassifizierungsversuche für Fragen bei HINDELANG (1980; 1981).

Nach STEGER werden sechs Typen von Erwartungsnormen unterschieden, in denen die ermittelten Sprechintentionen repräsentiert sind:
- Fragen mit der Erwartungsnorm einer (Gegen-)Aufforderung
- Fragen mit der Erwartungsnorm einer Begründung
- Fragen mit der Erwartungsnorm einer Information
- Fragen mit der Erwartungsnorm einer Bewertung
- Fragen mit der Erwartungsnorm einer Gefühlsexpression
- Fragen mit der Erwartungsnorm eines gegenständlichen Handelns[16](1976, 15).

Darüber hinaus weist SCHWITALLA anhand von Medieninterviews Fragen mit gleichzeitig zwei Erwartungsnormen nach:
- Fragen mit den Erwartungsnormen Information und Wertung
- Fragen mit den Erwartungsnormen Wertung und Begründung

und Fragen mit dreifachen Erwartungsnormen in Form von Information und / oder Bewertung und / oder Begründung (1979a, 131f.), die

> "untereinander in der Relation der additiven Folge, der Verschränkung oder einer alternativen Möglichkeit stehen" (ebd.).

Die zuletzt genannten Fragetypen mit mehreren Erwartungsnormen sind hinsichtlich ihrer Identifizierung und Interpretation in besonderer Weise vom situativen Kontext abhängig. Aus diesem Grund soll im folgenden eine Unterscheidung in obligatorische und fakultative Erwartungsnormen von Fragen vorgenommen werden (vgl. FRANCK 1980, 57f.). Obligatorische Erwartungsnormen werden als solche verstanden, die sich zwingend aus der Frage, zum Beispiel durch die explizite Verwendung von Formulierungen wie 'Wie bewerten Sie das...?'; 'Warum wollen Sie..?'; 'Können Sie mal beschreiben, was ...' ergeben und deren Mißachtung Sanktionen nach sich ziehen kann. Fakultative Erwartungsnormen werden als solche verstanden, auf die mehrere Antwortmöglichkeiten in Bezug auf die intentionale Erwartungsnorm der Frage möglich sind, zum Beispiel Fragen wie 'Wie sehen sie das Problem?'. Fakultativ bedeutet demzufolge, daß der Bewerber nicht gegen Erwartungsnormen verstößt, wenn er beispielsweise zusätzlich zu einer Information eine Begründung nachreicht, diese von ihm aber auch

[16]Aufforderungen, eine nicht-sprachliche, gegenständliche Handlung zu vollziehen, können hier vernächlässigt werden, da sie im Bewerbungsgespräch keine Rolle spielen.

nicht ausdrücklich erwartet wird. Dabei bleibt im Einzelfall die Entscheidung darüber, welche fakultativen Möglichkeiten gegeben sind, ein interpretativer Prozeß, der vor allem durch Erfahrungswissen (Was intendieren z.B. Einstellende im Normalfall mit einer bestimmten Frage?) genährt wird.

Im folgenden werden zentrale Fragetypen, die in den von mir untersuchten Bewerbungsgesprächen ermittelt werden konnten, vorgestellt und erläutert.[17]

a) Fragen mit der Erwartungsnorm einer obligatorischen Begründung

Fragen mit der Erwartungsnorm einer obligatorischen Begründung zielen auf Argumente (Gründe, Beweise, Belege) ab, durch die ein Bewerber Sachverhalte, Entscheidungen oder Überzeugungen nachweisen und veranschaulichen muß. Inhaltlich können sie sich auf die Motivationen eines Bewerbers bezüglich eines oder mehrerer Stellenwechsel, Umschulungen oder Entscheidungen für eine bestimmte Institution beziehungsweise Tätigkeit oder Ausbildung beziehen:

- Sie haben in S. für Lehramt studiert und dann in K. Sozialarbeit. Dieser Wechsel wie der/ ja wo die <u>Motivation</u> dieses Wechsels liegt?
- Warum eh sind Sie nich Altenpfleger geworden, und warum eh wollten Sie unbedingt Heimleiter werden? *Warum* haben Sie gerade die Altenheimleiterausbildung gemacht?
- Warum wollen Sie geráde béi úns ánfángen? Wárúm wóllen Síe béi <u>úns</u> Heimleiter werden= bei <u>únsérér</u> in* Innérén Mission?

b) Fragen mit der Erwartungsnorm einer obligatorischen Information

Informationsfragen beziehen sich in Bewerbungsgesprächen zum Beispiel auf die Ermittlung von Daten und Fakten der beruflichen und privaten

[17]Dabei habe ich an dieser Stelle darauf verzichtet, im einzelnen darauf hinzuweisen, aus welchem Gespräch jede einzelne Frage stammt.

Situation und Entwicklung des Bewerbers, auf Informationen zu bisherigen ausgeführten Tätigkeiten, aber auch auf Kenntnisse, über die ein Bewerber bezüglich der einstellenden Institution verfügt. Intendiert sein können Benennungen und Bestätigungen, die im Bewerbungsgespräch im Hinblick auf Daten und Fakten identifizierenden Charakter besitzen:

- Diese Zeit, eh se* gibt es da irgendwie n Zertifikat, oder habn Sie da n Abschluß machen können?

Auch Beschreibungen von Sachverhalten, die erklärenden Charakter haben, können intendiert sein:

- Und in welchen Bereichen haben Sie die Praktika gemacht?
- Haben Sie auch in der Pflege mitgearbeitet?

c) Fragen mit der Erwartungsnorm einer obligatorischen Bewertung

Fragen mit der Erwartungsnorm einer obligatorischen Bewertung intendieren beim Befragten immer eine bestimmte Prädikation hinsichtlich eines Referenzobjektes. Durch Fragen mit der Erwartungsnorm einer Bewertung sollen Norm- und Wertvorstellungen, Einstellungen oder Einschätzungen bezüglich der eigenen Person, anderer Personen wie Vorgesetzten, Mitarbeitern, Eltern, Ehepartnern etc. sowie Sachverhalten, Konzepten, Modellen oder Tätigkeiten ermittelt werden. Sie können Einschätzungen oder Charakterisierungen der eigenen oder fremder Personen intendieren:

- Sie sprachen jetzt von Ihrer Individualität. Was sehen Sie denn so eigentlich an so als Ihre besonderen positiven Eigenschaften oder was sehen Sie als Schwäche von sich?

- Sie sprechen jetzt davon, daß bei uns Bedenken liegen. Wo könnten denn unsere Bedenken ihrer Meinung nach liegen? Was sind die Eigenschaften, die hier vielleicht Schwierigkeiten machen könnten?

Erfragt werden können ebenfalls Beurteilungen von Sachverhalten oder Konzepten:

- Eh Stichwort ganzheitliche aktivierende Pflege, was halten Sie davon?

d) Fragen mit der Erwartungsnorm einer obligatorischen Gefühlsexpression

Fragen mit der Erwartungsnorm einer Gefühlsexpression zielen auf Empfindungen und emotionale Zustände beim Befragten hinsichtlich bestimmter Personen oder Sachverhalte.

- Em und wie empfanden Sie den Wehrdienst?

e) Fragen mit der Erwartungsnorm einer obligatorischen Information und Wertung

Fragen mit der Erwartung einer Information und Bewertung liegen in Bewerbungsgesprächen dann vor, wenn Bewerber aufgefordert werden, die für eine Tätigkeit relevanten Anforderungen, Sachverhalte, Konzepte oder Problematiken feststellend zu benennen und auf dem Hintergrund persönlicher Erfahrungen, Kenntnisse und Fähigkeiten zu bewerten und zu exemplifizieren.

- Was verstehen Sie denn jetzt unter partnerschaftlicher Teamarbeit?
- Was verstehen Sie unter funktionaler Pflege und Ganzheitspflege?
- Was verstehen Sie denn unter diakonischem Auftrag?

Dabei ist der informationelle Anteil der Frage auf eine sachbezogene, übergreifende Definition eines Problems, Sachverhalts oder Konzepts gerichtet, der bewertende Anteil bezieht sich darauf, wie ein Bewerber zum Beispiel Schwerpunkte bezüglich eines bestimmten Konzepts setzt. Charakteristisch für diesen Fragetyp im Rahmen von Bewerbungsgesprächen ist, daß es sich nicht um Prüfungsfragen handelt, durch die abgefragt wird, ob ein Bewerber beispielsweise über bestimmte Kenntnisse bezüglich des Konzepts der partnerschaftlichen Mitarbeiterführung, funktionalen Pflege oder des diakonischen Auftrags verfügt, sondern welche persönliche Auffassung der Bewerber dazu hat. Dazu ein Beispiel, in dem der Einstellende explizit zum Ausdruck bringt, daß eine persönliche Stellungnahme, kein Referat erwünscht ist:

- Der Träger erwartet ne engagierte Umsetzung des diakonischen Auftrags. Em als ausdrückliches/ als ausdrückliche Erwartenshaltung auch bereits in der Ausschreibung. Sie sind in Ihrem Anschreiben darauf eingegangen eh *was ich so in Erinnerung habe so in zweierlei/* unter zweierlei Gesichtspunkten, daß Sie einerseits sagen, daß/ oder sagten im Anschreiben, daß so Ihre bisherige berufliche Praxis und diese Prinzipien eines diakonischen Auftrags eh Ihren früheren Zielsetzungen entsprochen haben und em eh daß sich das auch mit Ihrer derzeitigen Einstellung deckt. Em, *entschuldigen Sie* meine Skepsis, eh die ich da also beim Lesen zumindest/ die sich herausgebildet hat em, es hat sich früher was gedeckt. Haben Sie selbst für sich ne Entwicklung vollzogen unter diesen eh/ unter diesem Anspruch des diakonischen Auftrags, oder wie würden Sies skizzieren?

Die Erwartungsnorm in diesem Beispiel richtet sich nicht auf das Wissen über Theorien, Konzepte, Problematiken, über die der Bewerber referieren soll, sondern sie fokussiert, inwieweit ein Bewerber Theorien, Konzepte oder Problematiken verinnerlicht hat und in der Lage ist, diese umzusetzen und zu verarbeiten. Die Fragen beziehen sich also auf die Art und Weise, wie ein Bewerber eine bestimmte Rollenanforderung interpretiert.

f) Fragen mit der Erwartungsnorm einer obligatorischen Begründung und Bewertung

Fragen mit der Erwartungsnorm einer Bewertung und Begründung beziehen sich darauf, daß ein Bewerber über die Bewertung einer Person, eines Sachverhalts, einer Handlung u.a. hinaus einen argumentativen Nachweis über die Berechtigung seiner Bewertung erbringen soll.

Das kann sich zum Beispiel auf Selbstbewertungen bezüglich eines von den Einstellenden für die Tätigkeit als relevant angesehenes Attribut beziehen, über das ein Bewerber den Nachweis erbringen muß, beispielsweise durch den Verweis auf Situationen, in denen er die geforderte Eigenschaft unter Beweis stellen konnte:

- ...und von daher auch meine Frage so an Sie, eh also wir ham die Stelle + ja nicht eh für/ nur für einen eh, ich sach mal so, für einen gestandenen männlichen Mitarbeiter ausgeschrieben. Wir stelln uns durchaus auch eine Frau vor, eh aber wie würden Sie sich selber einschätzen an diesem Punkt, ich sagte Ihnen, wir ham Konfliktpotential, wären Sie da in der <u>Lage</u>, sich solchen Situationen zu stellen? Wie schätzen Sie sich da selber ein?

g) Fragen mit der Erwartungsnorm einer obligatorischen Information und fakultativen Begründung oder / und fakultativen Bewertung

Mit solchen Fragen erwartet der Fragende obligatorisch eine Bestätigung, Ablehnung oder Zurückweisung einer von ihm genannten Erwartung. Darüber hinaus sind Begründungen oder Bewertungen der Bestätigung in der Form möglich, daß der Bewerber seine Zustimmung oder Zurückweisung explizit im Hinblick auf ihre Angemessenheit und Richtigkeit bewertet oder deren Notwendigkeit beziehungsweise Unmöglichkeit begründet:

- ... em das beinhaltet für uns allerdings dann <u>auch</u> em, daß nich nur der Pflegebereich *am Wochenende vertreten sein muß,* *sondern, daß wir auch schon davon* ausgehen, eh daß auch eh aus dem Führungsbereich, + sprich Sozialdienst, Pflegedienstleitung und auch Heimleitung auch am Wochenende vertreten sind, + und daß wir dann also auch eh von Ihnen erwarten würden, eh daß Sie + im Wechsel auch eh Wochenenddienst machen würde*.

- Es hat sich in den letzten Jahren schon gut eingespielt, daß ein Altenpfleger für drei bis fünf Bewohner zuständig ist und unser Anliegen wäre <u>wirklich</u>, daß einige Altenpfleger dann immer auch gleich mit rangezogen würden. <u>Wären</u> Sie zu dieser Kooperation bereit?

Im folgenden Beispiel bezieht sich die Frage zum einen auf eine Beschreibung von beruflichen oder privaten Alternativen. Gleichzeitig impliziert die Frage eine Begründung für getroffene beziehungsweise nicht getroffene Lebensentscheidungen des Bewerbers oder eine Einschätzung und Abwägung der getroffenen Entscheidungen im Hinblick auf ihre Konsistenz und Richtigkeit:

- Ne, manchmal gehts mir zuhause so, im privaten Kreis zumindest so, daß ich überlege, o.k., nochmal zwanzig Jahre jünger, ne, da würds du vielleicht diese, jene Dinge anders machen oder geändert wissen, ne. Wenn nun Ihnen die Möglichkeit gegeben wird, mal zwanzig Jahre zurückzuschauen, ne, was würden Sie in der Zeit oder vor zwanzig Jahren gemacht haben, + mit den Erfahrungen, die Sie jetzt gemacht haben, was würden Sie/ welche Ausbildung würden Sie/?

Fragen mit diesen Erwartungsnormen können auch eine Bestätigung hinsichtlich der Angemessenheit beruflicher Motivationen intendieren. Möglich ist darüber hinaus, daß der Bewerber getroffene berufliche oder private Lebensentscheidungen im Hinblick auf ihre Konsequenz und Richtigkeit begründen oder bewerten soll:

- Wenn Sie also jetzt gerade nochmal so von Weiterbildung sprechen, eh Sie ham ja auch eh in der Vergangenheit schon an `der Volkshochschule unterrichtet, + em fällt mir doch auf/ ich meine, Sie ham Diplompädagogik + eh gemacht und sind damit ja eigentlich so vom Level em etwas überqualifiziert für die Tätigkeit, die Sie jetzt anstreben, em da:+ ziehts Sie da nicht in höhere Regionen?`

Darüberhinaus können solche Fragen eine Transferleistung des Bewerbers intendieren, wenn er theoretische Sachverhalte oder Defintionen in einen praxisbezogenen Zusammenhang stellen soll. Im folgenden Beispiel soll ein Bewerber seine Wertvorstellungen hinsichtlich des diakonischen Auftrags beschreiben und anhand konkreter Beispiele verdeutlichen. Eine Begründung wäre hier als Reaktion auf die Frage dahingehend möglich, daß der Bewerber seine Auswahl der Beispielsituationen begründet:

`- Ja, obwohls sehr schwierig ist bei dem Gesamtbereich eh em, man läßt was mit einfließen, *was,was,* was ist das, was man mit einfließen läßt? Sie schrieben auch, Sie fühlen sich verpflichtet. Wär es möglich, so an n paar Punkten deutlich zu machen, wo denn die Werte oder die Haltungen liegen Ihrerseits, denen Sie sich verpflichtet fühlen?`

h) Fragen mit der Erwartungsnorm einer obligatorischen Aufforderung und fakultativen Begründung und/oder fakultativen Bewertung

Fragen mit der Erwartungsnorm einer obligatorischen Aufforderung und fakultativen Begründung und/oder fakultativen Bewertung stellen einen für das Bewerbungsgespräch charakteristischen Fragetyp dar. Die Intention dieser Fragen richtet sich auf konzeptionelle Vorschläge oder Vorstellungen des Bewerbers in Bezug auf die Tätigkeit, um die er sich bewirbt. Darüber hinaus enthalten derartige Fragen die fakultative Möglichkeit, vorgestellte und entwickelte Konzepte oder Modelle zu begründen beziehungsweise im Hinblick auf ihre Einsatzmöglichkeiten, Angemessenheit oder Notwendigkeit zu beurteilen:

- Em ++ wir hatten in der Ausschreibung auch erwartet, daß eh innovative weiterentwickelte Altenarbeit hier praktiziert wird. ++ Eh hätten Sie da irgendwelche Vorschläge?

- Ich habe hier die Pflegedienstleitung und wenn Sie hier sozusagen als eventuell sogar meine Vorgesetzte arbeiten würden, würde mich ja doch interessieren, wie Sie sich einmal die Zusammenarbeit vorstellen würden. Wie Sie sich überhaupt Leitungstätigkeit vorstellen würden, weil mir kommt noch / wird noch nicht so richtig klar, woher Sie Ihre Berufserfahrung hinsichtlich leitender Tätigkeiten haben, also wie Sie das jetzt konkret hier eventuell umsetzen wollen?

- Was würden Sie hier bei uns in dem Haus verändern wollen, wenn Sie hier Heimleiter sind?

- Vielleicht können Sie noch so einige andere Punkte nennen, wie Sie sich Ihre Konzeption im Altenheim vorstellen.

- Wir haben uns auch überlegt, daß wir Schwerpunkte setzen wollen für die Verwirrten, weil der Anteil der gerontopsychiatrischen Bewohner doch sehr zugenommen hat und mich würde noch interessieren, wie Sie sich das vorstellen, eh wie Sie sowas aufbauen könnten, hab n Sie da schon mal sich Gedanken gemacht?

Darüberhinaus kann sich der Fragetyp (obligatorische Aufforderung und fakultative Begründung oder/und fakultative Bewertung) auf konkrete, typische oder problematische Situationen aus dem zukünftigen Berufsalltag des Stelleninhabers beziehen, zu deren Handhabung der Bewerber Vorschläge machen soll. Mittels der Frage wird der Bewerber zum Probehandeln in der Rolle des zukünftigen Stelleninhabers aufgefordert. Auch hierbei enthalten die Fragen die fakultative Möglichkeit, vorgestellte und entwickelte Handlungsvorschläge zu begründen oder im Hinblick auf ihre Durchführungsmöglichkeit, Angemessenheit oder Notwendigkeit zu beurteilen:

- Tja, aber wie wolln Sie reagieren, wenn plötzlich jemand mit ner Waffe vor Ihnen steht? Da sind Sie doch als Frau ziemlich machtlos.

- Ich denke da so so vor allen Dingen eh/ ham eh ham Sie ja vielleicht auch schon erfahren, daß wir in unserem Heim eh circa sechzig eh Verwirrte, also gerontopsychiatrische Fälle haben eh, wie würden Sie die denn aktivieren?

4.1.4.2 Sprechintentionstyp Argumentation

In Argumentationen steht, ähnlich wie im Sprechintentionstyp 'Aufforderung', die Appellfunktion des sprachlichen Zeichens im Mittelpunkt, da ein Sprecher bei seinem Gesprächspartner eine mentale Meinungs- oder Einstellungsänderung oder den Vollzug einer gegenstandsbezogenen Aktivität bewirken will.
Eine Sprechintention soll als 'Argumentation'[18] bezeichnet werden,

> "wenn für eine Information, eine Bewertung, eine Handlung oder / und einen Gefühlsausdruck ausdrücklich Belege aufgeführt oder theoretische Beweise durchgeführt bzw. versucht werden" (STEGER 1976, 28).

Mit einer Argumentation will ein Sprecher seinen Gesprächspartner von einer von ihm aufgestellten These und deren wahren oder wahrscheinlichen Geltungsansprüchen[19] überzeugen[20], Akzeptanz bezüglich der These her-

[18] Im Unterschied zu STEGER und SCHWITALLA, die vom Sprechintentionstyp 'Begründung' sprechen, soll hier von 'Argumentation' die Rede sein, weil diese Formulierung die Spezifika dieses Sprechintentionstyps besser erfaßt und 'Begründungen' konstitutiv für Argumentationen sind. In anderen Veröffentlichungen wählt SCHWITALLA ebenfalls den übergreifenden Begriff "Argumentation" (1976b; 1977).

[19] Vgl. auch KOPPERSCHMIDT (1980, 25): "Die Leistung einer Rede, die statt über einen außersprachlichen Sachverhalt x zu informieren, den *redeimmanenten Geltungsanspruch G* einer Äußerung im Falle ihrer Problematisierung durch eine andere Äußerung zu stützen vermag, bezeichnen wir in der Regel als Rechtfertigen und Begründen und den Prozeß solcher Stützung selbst *Rechtfertigung* bzw. *Begründung* oder allgemein *Argumentation.";* vgl. eine ähnliche Auffassung auch bei ÖHLSCHLÄGER (1979, 42).

[20] Den Aspekt, daß Argumentationen Überzeugungen hervorrufen bzw. ändern wollen, betonen u.a. HABERMAS (1981 I, 48); PERELMANN (1980, 18; 30).

stellen oder maximieren oder ihn zu einer Handlung bewegen (vgl. UEDING / STEINBRINK 1986, 245). Die durch eine Argumentation, also das Begründen von Behauptungen, Thesen oder Werturteilen mittels Beweisen und Belegen intendierte Überzeugung des Gesprächspartners wird jedoch weder als ausschließlich emotionale Beeinflussung noch als ausschließlich rational-logischer Erkenntnisprozeß betrachtet.[21] Während eine ausschließlich emotionale, auf oberflächlichen Effekten fußende Beeinflussung einer

[21]Die Auseinandersetzung darüber, zu welchen Zwecken die Argumentation (als Methode der Dialektik und Rhetorik) herangezogen werden darf und sollte, wird seit der Antike geführt. PLATON postuliert das Erkennen der Wahrheit als Ziel der Dialektik, das vor allem durch logische Syllogismen gewährleistet wird und richtet sich mit diesem Postulat gegen die zeitgenössische Rhetorik, die seiner Meinung nach eine Rede nicht auf Wahrheitserkennung einer Sache, sondern lediglich auf Wirkung beim Zuhörer ausrichtet. Das führt nach PLATON sogar soweit, daß der Redner auch vor Unwahrheit nicht zurückschreckt, wenn ihm dies als hilfreiches Mittel erscheint, seine Zuhörer zu seinen Gunsten zu beeinflussen (vgl. PHAIDROS 272d-e).

Die aristotelische Auffassung unterscheidet sich davon dahingehend, daß ARISTOTELES nicht ausschließlich die Wahrheitsfindung, sondern den Nachweis über das Wahrscheinliche als Gegenstand der Dialektik erfasst. Den Unterschied beschreibt er folgendermaßen:"Wahre und erste Sätze sind solche, die nicht erst durch anderes, sondern durch sie selbst glaubhaft sind. Denn bei den obersten Grundsätzen der Wissenschaft darf man nicht erst nach dem Warum fragen, sondern jeder dieser Sätze muß durch sich selbst glaubhaft sein. Wahrscheinliche Sätze aber sind diejenigen, die Allen oder den Meisten oder den Weisen wahr scheinen" (Topik, 100 a-b, zitiert nach UEDING / STEINBRINK 1986, 25). Um Überzeugung zu erreichen, muß sich der ideale Redner nach ARISTOTELES mit den wahrscheinlichen Schlüssen beschäftigen. Dabei geht es ihm im Gegensatz zu PLATON nicht um die Richtigkeit eines Schlusses, sondern um die Glaubwürdigkeit: "Die Rhetorik stelle also das Vermögen dar, bei jedem Gegenstand das möglicherweise Glaubenerweckende zu erkennen" (Rhetorik, I, 2, 1). Damit bezieht ARISTOTELES den Zuhörer insofern als wesentlichen Faktor in den Überzeugungsprozeß mit ein, als dieser darüber entscheidet, ob er sich überzeugen lassen will: "Der Zuhörer ist nun notwendig einer, der die Rede genießt, oder einer, der zu urteilen hat, und zwar zu urteilen über das, was geschehen ist oder geschehen soll" (Rhetorik I, 3, 2). Demzufolge wendet sich ARISTOTELES von formallogischen Syllogismen und Schlußverfahren ab und benennt das Enthymem als "die Grundlage der Überzeugung" (Rhetorik I, 1, 3). Das Enthymem ist ein Wahrscheinlichkeitsschluß, der nicht der Logik, sondern der Topik zugerechnet wird (vgl. UEDING / STEINBRINK 1986, 247). Demgemäß zielt das Enthymem nicht ausschließlich auf eine rationale Überzeugung, sondern v.a. auch auf eine emotionale: "Denn im Hinblick auf die Glaubwürdigkeit macht es viel aus (...) daß der Redner in einer bestimmten Verfassung erscheine und daß die Zuhörer annehmen, er selbst sei in einer bestimmten Weise gegen sie disponiert, und schließlich, ob auch diese sich in einer bestimmten Disposition befinden" (ARISTOTELES, Rhetorik II, 1 , 3).

Überrumpelung[22] des Gesprächspartners gleichkommt, die dieser über kurz oder lang bemerkt, birgt eine ausschließlich logisch-rationalen Ansprüchen verpflichtete Argumentation die Gefahr, daß sie den Gesprächspartner, seine jeweiligen biographischen Voraussetzungen, seine Befindlichkeit etc. nicht ausreichend berücksichtigt. In diesen Fällen ist die "begrifflich-abstrakte Ideen-Einsicht Lust genug" (BARTSCH 1986, 23). Die psychologisch-emotionale Komponente ist aber insofern von Bedeutung, als auch eine rationale Argumentation nur solange Überzeugungskraft besitzt, wie derjenige, bei dem eine Erkenntnis bewirkt werden soll, die Argumentation auch für nachvollziehbar und überzeugend hält. Argumentation soll demzufolge verstanden werden als eine Sprechintention, bei der ein Sprecher mittels faktischer, logischer, emotionaler oder moralisch-ethischer Beweise und Begründungen versucht, seinen Gesprächspartner situativ wirksam[23] zu überzeugen.

Formal zeichnen sich Argumentationen dadurch aus, daß in ihnen immer mindestens zwei Sprechintentionstypen gleichzeitig auftreten. Wenn man eine Argumentation allgemein als bestimmte Aufeinanderfolge von Aussagen betrachtet, die in der Regel durch einen Argumentationsindikator (z.B. deshalb, weil, da, also, folglich) miteinander verbunden sind, dann fungiert eine der Aussagen als These beziehungsweise Behauptung, die durch die anderen Aussagen belegt und begründet werden (vgl. LUMER 1990a, 246). Der Testsatz 'Ich konnte nicht kommen, weil ich einen wichtigen Termin hatte.' besteht zum einen aus einer These 'Ich konnte nicht kommen', zum

---

[22]Vgl. hierzu auch BARTSCH, der den Unterschied von Überreden und Überzeugen im Hinblick auf Reden darstellt. Beispiele für Überredungsreden liegen dann vor, wenn "Politiker anstelle rationaler Argumentation nur Versprechungen (Handlungsvisionen) anbieten. Wenn Pfarrer nur Moral predigen (Handlungsaufforderungen), anstatt über Gott zu informieren (Offenbarung, gute Botschaft). Wenn Minderheiten nur Forderungen stellen, anstatt ihre eigenen Lösungsvorschläge zu präzisieren" (1986, 23).

Vgl. zur Unterscheidung einer Argumentation und einer persuasiven Beeinflussung GEISSNER (1986; 1990a); allgemein zu diesem Bereich auch LUMER (1990b); HEGSELMANN (1985); SCHMIDT-FABER (1986).

[23] Bereits QUINTILIAN betont die Abhängigkeit der Wirkung von Begründungen vom situativen Kontext:"Es muß also, wenn man Beweise richtig handhaben will, auch Bedeutung und Wesen aller Erscheinungen bekannt sein sowie die Einsicht, welche Wirkungen jedes von ihnen in der Regel zustande bringt. Denn daraus ergeben sich die sogenannten eikota (glaublichen Dinge)" (5,10,15).

anderen aus einem begründenden Anteil 'weil ich einen wichtigen Termin hatte', der durch den Argumentationsindikator 'weil' eingeleitet wird.

Der jeweilige Argumentationsindikator bringt zum Ausdruck, "was die These ist und was die Argumente sind" (ebd.). Der intentionale Gehalt einer Argumentation läßt sich folgendermaßen formulieren:

> "Ich führe zur Begründung einer Information (...) Einschätzung (...) oder eines Gefühls (...) folgende Belege bzw. Beweise ausdrücklich an (...)." (STEGER 1976, 7)

Eine Argumentation[24] besteht demzufolge aus einem Argumentandum als dem, was begründet werden soll und den Argumenten (Begründungen, Belege, Beweise) als dem, durch das etwas begründet wird.

Die Vielschichtigkeit und auch Nichteindeutigkeit einer Argumentation, die in der sprachlichen Realität nicht immer nur auf logischen Schlüssen aufgebaut ist, versucht TOULMIN mithilfe eines Argumentationsschemas zu erfassen:

Abb. 4: TOULMINsches Argumentationsschema (1975, 95)

Das Signifikante dieses Schemas (Abb. 4) liegt darin, daß TOULMIN für eine Argumentation neben einer Behauptung/Konklusion (K) und dem Datum (D) als den Tatsachen, die als Begründung für eine Behauptung herangezogen werden, annimmt, daß Daten oft nicht ausreichen, um eine Behauptung ausreichend zu begründen, sondern daß darüber hinaus Schluß-

[24]Einen Forschungsbericht über den Bereich der Argumentation gibt VÖLZING (1980). Eine systematische Einführung findet sich bei VÖLZING (1979).

regeln (SR) und Stützungen (S) eine Argumentation vervollständigen müssen (1975, 89).

Ein Beispiel aus dem hier relevanten Zusammenhang des Bewerbungsgesprächs soll das verdeutlichen: Ein Bewerber, der sich auf eine Stelle als Altenheimleiter bewirbt, stellt die These auf, er sei für die Stelle geeignet und führt als Begründung an, daß er an einer zweijährigen Fortbildung zum Altenheimleiter teilgenommen hat.

(D) 2-jährige Fortbildung zum Altenheimleiter ——— (K) Eignung als Altenheimleiter

Abb. 5: Datum (D) und Konklusion (K)

Da sich die Konklusion, als Altenheimleiter geeignet zu sein, nicht unmittelbar aus der angeführten Begründung, eine zweijährige Fortbildung absolviert zu haben, ergibt, müssen die herangezogenen Daten weiter abgesichert werden. Dazu bedarf es einer zusätzlichen Schlußregel (SR). Sie unterscheidet sich von Daten dadurch, daß durch sie aufgezeigt werden muß,

> "in welcher Weise die schon angegebenen Daten für unsere Schlußfolgerung Relevanz besitzen" (TOULMIN 1975, 89).

Schlußregeln sind keine zusätzlichen Begründungen, sondern allgemeine Regeln, Gesetzmäßigkeiten, Prinzipien, Grundsätze oder Normen. Die Aufgabe einer solchen Schlußregel ist es, nachzuweisen,

> "daß der Schritt von diesen als Ausgangspunkt dienenden Daten auf die ursprüngliche Behauptung oder Schlußfolgerung angemessen und legitim ist" (ebd.).

Die Schlußregel stellt damit den Verfahrensmodus dar, durch den die Konklusion aus dem Datum gewonnen werden kann. Für das herangezogene Beispiel kann das folgendermaßen aussehen:

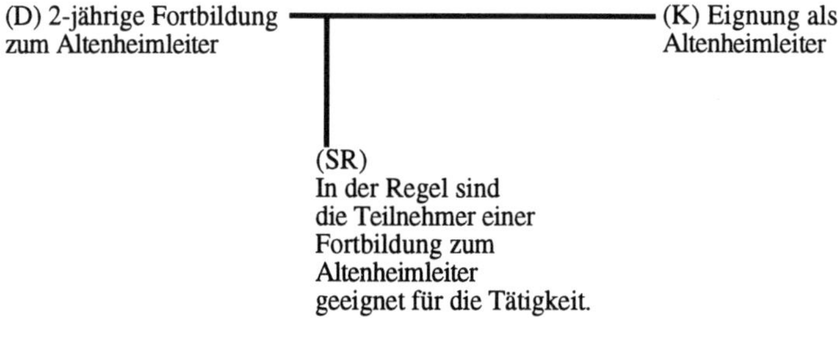

Abb. 6: Schlußregel (SR)

Da auch Schlußregeln wie die im Beispiel aufgeführte (prinzipielle Eignung durch Fortbildung) die Möglichkeit offenlassen können, daß Konklusionen weiter hinterfragbar bleiben, müssen zusätzliche Stützungen (S) herangezogen werden. Sie können in Form von "kategorischen Tatsachenaussagen" (ebd., 96) zum Ausdruck kommen:

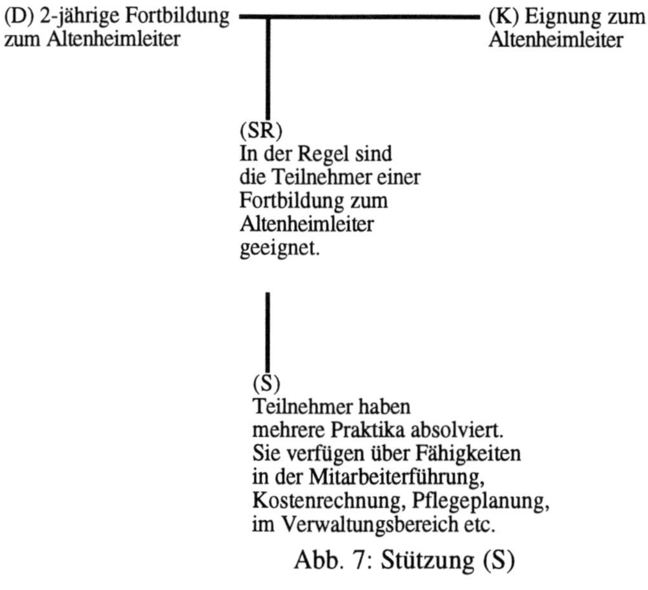

Abb. 7: Stützung (S)

Da sich die hier aufgeführte Konklusion trotz Datum, Schlußregel und Stützung nicht zwingend ergibt, sondern unter gewissen Einschränkungen und Ausnahmebedingungen (AB) getroffen werden muß, kann dies durch modale Operatoren (O) zum Ausdruck gebracht werden. Das vollständige Argumentationsschema könnte folgendermaßen aussehen:

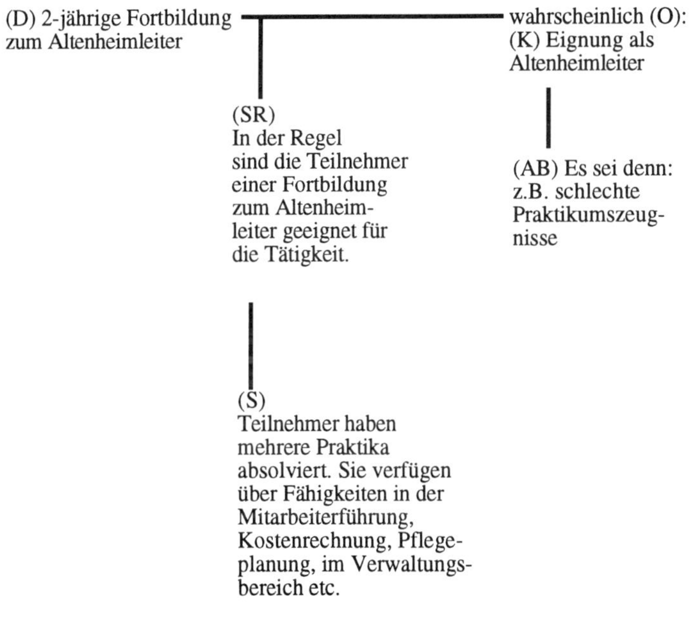

Abb. 8: Ausnahmebedingung (AB) und modaler Operator (O)

Das TOULMIN'sche Argumentationsschema verdeutlicht Strukturen von Argumentationen und kann bei der Analyse und Identifizierung von Argumentationen hilfreich sein (vgl. auch VARWIG 1982). Wenn man konkrete Argumentationen nach diesem Modell analysiert, lassen sich beispielsweise Defizite hinsichtlich unzureichender Stützungen ermitteln.

Es gibt Hinweise darauf, wann eine Argumentation schlüssig und wirksam ist. Es handelt sich jedoch um kein unmittelbares Anleitungsmodell für die sprechsprachliche Umsetzung von Argumentationen, da im konkreten

Gesprächszusammenhang oft 'unvollständige' Argumentationen auftreten können, in denen

> "Daten, Folgerungen, Rechtfertigungen oder Stützungen als Einzelelemente fehlen, wenn vom Hörer angenommen werden kann, daß ihm diese Elemente bekannt sind" (SCHWITALLA 1976, 32),

die aber trotzdem schlüssig und nachvollziehbar sind. Darüber hinaus macht das Modell keine Aussagen über die qualitative und situationsbezogene Angemessenheit von Argumentationen.[25]

4.1.4.3 Sprechintentionstyp Information

Die Sprechintention 'Information' wird folgendermaßen definiert:

> "Informieren soll eine Intention heißen, bei der ein Sprecher einem angesprochenen Dialogpartner die Zuordnung von Merkmalen zu Sachverhalten als Gewißheit sprachlich mitteilen will, ohne daß ausdrücklich angegeben wird, wie die Zuordnungen bewertend oder begründend in größere Zusammenhänge eingeordnet werden können" (STEGER 1976, 21).[26]

Für den Sprechintentionstyp 'Information' kann der folgende Testsatz exemplarisch angeführt werden: "Das Haus hat 120 qm, einen Balkon und einen Garten." Der intentionale Gehalt der Äußerung läßt sich durch folgende Paraphrasierung ersetzen:

> "Ich gebe bekannt / zeige an, daß ich / man / x benenne/ ... zustimme, wahrgenommen / getan habe folgendes ..." (STEGER 1976, 6).

Im Mittelpunkt von Informationshandlungen steht die Darstellungsfunktion des sprachlichen Zeichens. Nach SCHWITALLA zählen Sprecherhandlungen zum Sprechintentionstyp 'Informieren', in denen

> "nicht wertende Zeichen überwiegen und sie nicht in expliziter begründender Relation zu anderen Sätzen stehen" (1979a, 117).

---

[25]Dies wird Gegenstand des Kapitels II 5.4.2.3 sein.

[26]Eine wesentlich allgemeinere Definition gibt ROLF, der unter einer Informationshandlung eine sprachliche Handlung versteht, mit der "eine Person S einer Person H zu verstehen geben will, daß etwas Bestimmtes der Fall ist" (1983, 32).

Weder eine explizite Appellfunktion noch die Ausdrucksfunktion, durch die der Sprecher seine Einstellung zu einem Sachverhalt oder über seine Befindlichkeit zum Ausdruck bringt, sind dominierend. Informierende Sprechhandlungen sind in Bewerbungsgesprächen auf seiten des Bewerbers vor allem Reaktionen auf Fragen mit der Erwartungsnorm Informieren oder Fragen mit Mehrfachintentionen, die einen informationellen Anteil enthalten. Sprachliche Informationshandlungen lassen sich in vier Grundtypen unterscheiden (vgl. STEGER 1976, 23).

Zum einen handelt es sich um benennende und identifizierende Informationshandlungen, durch die ein Sprecher etwas bestätigen, bekanntgeben, melden o.ä. kann. Zum zweiten handelt es sich um Informationshandlungen, durch die ein Sprecher Konsens, Dissens oder Unentschiedenheit mitteilt, indem er einem Sachverhalt, einer Meinung etc. beipflichtet, sie bestätigt, ihr zustimmt oder ihr widerspricht, sich aber auch auf etwas festlegen kann (z.B. `Ja, versteh ich sicherlich.; Nein, das ist kein Problem.; Ja durchaus...`).[27] Zum dritten handelt es sich um Informationshandlungen, durch die ein Sprecher erlebte, wahrgenommene oder vollzogene Sachverhalte, Gegenstände, Erlebnisse, Personen beschreibt oder etwas über sie erzählt.[28] Im folgenden Beispiel geht der Äußerung der Bewerberin eine Frage voraus, die sich auf Lücken im Lebenslauf bezieht.

```
E1: ... Eh in ihrem Lebenslauf, da hab ich n paar Probleme
gehabt. Vielleicht könn Sie den nochmal kurz so in eigenen
Worten wiedergeben. Ich bin da also/ Da fehln mir so n paar/
Das sind so n paar Lücken drin, würde mich ja doch interessieren,
was Sie da so gemacht haben.
```

---

[27]Vgl. hierzu auch GRAFFE (1989), der sich mit Untertypen kommissiver Sprechakte wie 'sich festlegen'/sich verpflichten' beschäftigt; vgl. auch SPRANZ-FOGASY (1986) zum Sprechakt 'widersprechen'.

[28]Zur Funktion von 'Erzählungen' in der Alltagskommunikation vgl. auch QUASTHOFF (1980); GÜLICH (1980); EHLICH (1980); REHBEIN (1980, 82f.; 1982), zur Funktion von Erklärungen vgl. BAYER (1981).

Daraufhin erfolgt folgende Information durch die Bewerberin:

`B: Ja, zunächst eine Ausbildung als Gymnastiklehrerin in O., dann zwei Jahre als Gymnastiklehrerin an einem Gymnasium und einer Realschule gearbeitet, während dieser Zeit die Begabtensonderprüfung gemacht, eh dann nach diesen zwei Jahren Unterrichtstätigkeit ein Studium aufgenommen, als Lehrerin mit den Fächern Biologie und Geographie ... em, dann ergab sich nach dem Studium ein Jahr Wartezeit aufs Referendarjahr. Zu dieser Zeit habe ich beim Arbeitsamt als Aushilfskraft gearbeitet eh. Nach dem Referendariat keine Möglichkeit, eine Stelle zu bekommen, weil meine Fächerkombination nicht im Lehrereinstellungsverfahren war und habe mich dann arbeitslos gemeldet und mir ist dann vom Arbeitsamt aus eine Arbeitsbeschaffungsmaßnahme angeboten worden, im Zoologischen Garten in O. zu arbeiten und im Zoologischen Garten habe ich eine Zooschule aufgebaut und diese Schule insgesamt fünf Jahre lang geleitet, wobei ich zwischendurch ein Jahr arbeitslos war, weil eine Maßnahme immer nur über zwei Jahre geht, und in dieser Zeit, wo ich arbeitslos war, habe ich diese Schule aber ehrenamtlich weitergeführt, weil ich nicht wollte, daß nach zwei Jahren, die Schule war gerade gut angelaufen, das Ganze wieder im Sande verläuft und ansonsten wär dieses Projekt Zooschule eben gestorben.`

Auf seiten der Bewerberin handelt es sich um eine primär informierende Sprechhandlung, mittels derer sie ihren beruflichen Werdegang beschreibt. Auch wenn sie an zwei Stellen (`...weil meine Fächerkombination ...; weil eine Maßnahme immer nur über zwei Jahre geht...`) ihre Informationen zum besseren Verständnis für die Einstellenden begründet, überwiegen Darstellung und Beschreibung von Daten und Fakten aus ihrem Lebenslauf.

Zum vierten handelt es sich um behauptende Informationshandlungen, mittels derer ein Sprecher Überzeugungen mitteilt, für die er eine bestimmte

Geltung oder Wahrscheinlichkeit beansprucht.[29] Der Unterschied zu Begründungen liegt darin, daß keine ausdrücklichen Angaben über das Zustandekommen der Behauptung expliziert werden (vgl. STEGER 1976, 22).

> "Ob aber Behauptungen ausreichend plausibel werden oder nicht, hängt von den mehr oder weniger zwingenden Folgebeziehungen ab, die zwischen den begründenden und den zu begründenden Sätzen bestehen" (SCHWITALLA 1976b, 22).

Es kann sich um Vermutungen, Annahmen oder Versicherungen handeln, von deren Richtigkeit oder wahrscheinlicher Gültigkeit der Sprecher ausgeht. Bei der Betrachtung konkreter Sprecheräußerungen ist es jedoch nicht immer unproblematisch, eine Behauptung dem Sprechintentionstyp 'Information' zuzuordnen, weil die Möglichkeit besteht, daß Behauptungen vom Sprecher als Argumentation gemeint sind.[30] Auf dieses problematische Verhältnis von Behauptungen zu Argumentationen weist STEGER nur implizit hin, indem er Behauptungen immer als Ergebnis von Ableitungen, zum Beispiel

> "- aus Verallgemeinerungen eigener konkreter Erfahrungen (...)
> - aus der Tradition und durch sie vermittelte Normen

[29]Vgl. hierzu die meines Erachtens idealistische, ganz in der platonischen Tradition stehende Definition von GABRIEL (1976, 8):"Eine Behauptung ist ein Wahrheit beanspruchender Sprechakt, der mit Hilfe der Äußerung eines Behauptungssatzes (Aussagesatzes) vollzogen wird und dessen Sprecher hinsichtllich des Wahrheitsanspruchs die drei Forderungen (Bedingungen) der Wahrhaftlichkeit, Ernsthaftigkeit und Konsequenz erfüllen muß."

[30]Vgl. hierzu GOFFMAN (1982), der das Problem unter dem Aspekt behandelt, welche Rolle der Austausch von Behauptungen im kommunikativen Miteinander spielt. Dabei unterscheidet GOFFMAN nicht zwischen Argumenten und Behauptungen: "Der erste Sprecher äußert ein Argument, bringt eine Meinung zum Ausdruck, zieht eine Lehre aus etwas, denkt laut nach, macht seinen Gefühlen Luft und so weiter, alles mit dem Anspruch, etwas zu sagen, das eine gewisse Relevanz oder sogar Gültigkeit für alle Zuhörer hat; der zweite Sprecher gibt an einer geeigneten Stelle des Gesprächs eine die Behauptungshandlung ratifizierende Antwort - ein Brummen, ein Nicken, eine verbale Zustimmung, ein Gegenargument -, die sämtlich den Anspruch des ersten Sprechers bestätigen, als Person zu gelten, die ein Recht hat, Meinungen zu äußern, und die es wert ist, daß man ihr dabei zuhört. Eine Behauptung vollziehen bedeutet nämlich, einen Standpunkt zu beziehen, der vielleicht nicht aufrechterhalten werden kann, und macht den die Behauptung Vollziehenden von einer Bestätigung seitens der Zuhörer abhängig - einer Bestätigung nicht so sehr in bezug auf das, was er sagt, als vielmehr in bezug auf seine Berechtigung zu sagen, was er sagt" (1982, 224).

- aus vernünftigen Schlüssen
- aus Glaubenssätzen
- aus Interessenlagen" (STEGER 1976, 22)

betrachtet.

Das läßt die Frage zu, ob Behauptungen in bestimmten Fällen nicht als unvollständige Argumentationen zu betrachten sind, weil die Behauptung zwar den Status einer Konklusion besitzt, aber nicht mittels Datum, Schlußregel und Stützung begründet wird. Andererseits muß die Frage gestellt werden, ob es sich bei Behauptungen um bewußt eingesetzte Strategien handelt, durch die der Sprecher seinem Gesprächspartner gegenüber einen Vorteil durch das Demonstrieren von Wissen und Kenntnissen erzielen will, indem er etwas behauptet, das er nicht begründen kann. Die Problematik der Identifizierung von Behauptungen soll an einem Beispiel aus einem Bewerbungsgespräch demonstriert werden, in dem es um die Beantwortung der folgenden Frage eines Einstellenden geht:

E2: ... Und unsere Frage ist einfach dahingehend. Können Sie sich einfach vorstellen, wenn zum Beispiel deshalb auch jetzt für Sie ne andere Stelle, wie die Zooschulenleitung oder sie hab n ja auch diese abgeschlossene Ausbildung als Lehrerin, falls Ihnen die wieder angeboten würde, würden Sie vielleicht sagen, ja Mensch eigentlich ist das <u>mehr</u> meine Sache oder oder ist das wirklich für Sie so klar, daß jetzt Altenarbeit <u>das</u> Ding für Sie ist?

B: Ja, also wenn mir die Möglichkeit geboten würde, jetzt em so eine Stelle in der Schule anzunehmen, würde ich sicherlich so n bißchen in Zweifel geraten, mache ich das jetzt oder mache ich das nicht, em wobei die Chancen natürlich äußerst gering sind. Also Zooschule oder Tierparkschule, in dem Bereich ist sowieso/ em kommt für mich gar nicht mehr in Frage und eh an der Schule eine Stelle zu bekommen, die Chancen gehen gleich null. Also ist das <u>schon</u> so, daß eh diese Chance einfach realistisch nicht besteht.

Kann man bei der auf diese Frage geäußerten Antwort mit Sicherheit 'behaupten', daß die Äußerung der Bewerberin den Versuch einer Begründung darstellt, warum sie nicht mehr an einer Stelle in der Zooschule interessiert ist beziehungsweise warum sie nicht mehr als Lehrerin in der Schule arbeiten kann? Handelt es sich um eine Argumentation, die von den Einstellenden als nachvollziehbar empfunden wird oder handelt es sich um Behauptungen, die nicht bewiesen sind?

Ob es sich bei dieser Äußerung um eine Behauptung handelt, ist letztlich abhängig von der jeweiligen Akzeptanz der Gesprächspartner und ist somit nur aus dem konkreten Gesprächszusammenhang interpretativ zu ermitteln. In diesem Fall besteht einerseits die Möglichkeit, daß die Einstellenden von der Aussage nicht überzeugt sind und nachfragen, warum die Bewerberin a) keine Chancen hat und b) die Zooschule bzw. Tierparkschule für sie nicht mehr in Frage kommt. Andererseits besteht aber auch die Möglichkeit, daß die Einstellenden die Äußerung als Begründung akzeptieren. Es gibt demzufolge keine situationsunabhängigen Kriterien, eine Behauptung als solche zu identifizieren.

4.1.4.4 Sprechintentionstyp 'Bewertung'

Im Sprechintentionstyp 'Bewertung' dominiert die Ausdrucksfunktion des sprachlichen Zeichens, da Sachverhalte, Personen, Gegenstände oder Situationen in einer bestimmten Art und Weise eine subjektive Einschätzung oder Beurteilung durch den Sprecher erfahren (vgl. STEGER 1976, 23).

Der Beispielsatz: 'Ich bin sehr kontaktfreudig und gehe gerne mit Menschen um.' repräsentiert den Sprechintentionstyp 'Bewertung'.[31] Die Ersatzprobe lautet:

> "Ich gebe bekannt / zeige an, daß ich einschätze, ohne dies ausdrücklich zu begründen folgendes ... " (ebd., 6).

Der Sprecher nimmt in diesem Beispiel eine Einschätzung seiner Person vor, indem er sich selbst auf eine bestimmte Art und Weise bewertet. Von wertenden Sprechhandlungen wird nach SCHWITALLA dann gesprochen,

---

[31] Vgl. auch die sprechakttheoretische Unterscheidung der verschiedenen Untertypen des Bewertens bei ZILLIG (1982); vgl. auch BAYER (1982).

> "wenn die konnotativen oder denotativen Inhalte von sprachlichen Zeichen(gruppen) Wertungen enthalten, die gegenüber den beschreibenden Inhalten überwiegen"[32] (1979a, 117f.).

Wertende Sprechhandlungen zeichnen sich durch den Gebrauch von Adjektiven und Adverbien aus:

`E1: Ja trauen Sie sich das zu, auch + hier bei uns im Leitungsteam tätig zu werden?`

`B: Wenn Sie mich so direkt fragen, würd ich zunächst einmal direkt mit Ja antworten. Also zutrauen tu ich mir das auf jeden Fall. Und eh Sie sachten ja auch gerade` <u>`Leitungsteam`</u>`". (RÄUSPERT SICH)) Das ist ja aber auch ne Sache, was mir besonders am Herzen liegt. Praktisch in einem Team/ in einem Team eingebunden zu arbeiten. Das is also ne Sache, die also +/ die sich auch mit meinem Konzept, was ich mir` *`also`* `von dieser Arbeit mache, deckt.`

Sprachliche Indikatoren für die Bewertung sind in diesem Beispiel die Syntagmen:`...ne Sache, was mir besonders am Herzen liegt.; Das is also ne Sache, ... die sich auch mit meinem Konzept ... deckt`).

Wertende Sprechhandlungen bedingen immer, daß sich der Sprecher zugunsten oder gegen eine bestimmte Sache aussprechen muß. So können Vergleiche oder Einordnungen ebenfalls zu diesen Sprechhandlungen gezählt werden. Wertungen können zum Beispiel auf Fragen mit der Erwartungsnorm Bewerten oder auf Kombinationsfragen mit den Erwartungsnormen Werten und Begründen folgen. In Bewerbungsgesprächen können sich Wertungen auf konzeptionelle oder einschätzende Vorstellungen beziehen, die der Bewerber zum Beispiel hinsichtlich des zukünftigen Aufgabenbereichs hat.

---

[32]Vgl. auch die Definiton von RIPFL (1987, 155): "Eine Person (BS) bewertet zu einem bestimmten Zeitpunkt t_i einen Bewertungsgegenstand (BG), indem BS BG im Hinblick auf bestimmte durch die Vergleichsbasis (V) vorgegebene Bewertungsaspekte (BA) anhand diesen zugeordneten Einordnungsskalen (ES) einordnet und die Eindordnungsergebnisse (EE) relativ zu in V vorgegebenen Sollergebnissen (SE) verbunden mit einer Gewichtung (G) auszeichnet."

Unterschieden werden können Bewertungen nach dem Modus ihrer jeweiligen Wertgrundlage (vgl. STEGER 1976, 24f.):

- kognitive Bewertungen, durch die die Möglichkeit oder Machbarkeit einer Sache beziehungsweise die Richtigkeit, Wahrheit oder Beweisbarkeit einer Sache beurteilt wird;
- normative Bewertungen, zum Beispiel hinsichtlich der Relevanz, die sie für eine Person oder eine Gruppe besitzen oder hinsichtlich der Qualität beziehungsweise der positiven oder negativen Eigenschaften einer Sache;
- Bewertungen im Hinblick auf die Ästhetik einer Sache oder ihrer Angemessenheit/Erlaubtheit.

4.1.4.5 Sprechintentionstyp Gefühlsexpression

Eine Sprechintention wird als 'Gefühlsexpression' bezeichnet, wenn durch eine Äußerung eine

> "Gefühlsreaktion auf Personen, Gegenstände und Vorgänge" (ebd., 25)

zum Ausdruck kommt.[33] Der intentionale Teil der Äußerung: 'Ich freue mich darüber, daß ihr zu meinem Geburtstag gekommen seid.' läßt sich durch folgende Paraphrasierung ersetzen:

> "Ich drücke aus, daß ich (ggf. in bezug auf folgendes) fühle..." (ebd., 7)

Auch in Gefühlsexpressionen steht die Ausdrucksfunktion des sprachlichen Zeichens im Mittelpunkt. Gefühlsexpressionen können zum einen positive Gefühlszustände des Sprechers wie Lust, Freude, Wohlbefinden, Befriedigtsein, Bewunderung, Zuneigung, Gelassenheit zum Ausdruck bringen , zum anderen negative Gefühle wie Schmerz, Trauer, Wut, Angst, Mitleid, Bedauern, Unzufriedenheit, Enttäuschung, mangelndes Wohlbefinden, Sorge, Angst, Erschrecken, Mißfallen, Abneigung oder auch neutrale Gefühlszustände wie Gleichgültigkeit beschreiben (ebd., 27).

---

[33]Vgl. zur Bedeutung von Emotionaliät in Gesprächen auch TISCHER (1989); FIEHLER (1990; 1991).

4.1.4.6 Sprechintentionstyp Beziehungshandlung[34]

Ein Sprechintentionstyp wird als 'Beziehungshandlung' bezeichnet, wenn er sich auf

> "die kommunikativsprachlichen und die sozialen Beziehungen zwischen Dialogpartnern" (STEGER 1976, 12)

richtet. Repräsentiert wird diese Sprechintention durch einen Beispielsatz wie 'Du unterbrichst mich ständig.'. Nach STEGER gehört die Aufrechterhaltung der personalen Beziehung der Gesprächspartner zu den grundlegenden Konstitutiva menschlicher Kommunikation. Es ist notwendig,

> "die Beziehungsgestaltung als einen Typ von Intentionen, die man mit sprachlichen Äusserungen verwirklichen kann, (anzusehen) und den Beziehungsaspekt als eine Kategorie, unter der solche Äusserungen interpretiert werden können, zu begreifen" (ADAMZIK 1984, 126).

Obwohl STEGER eine Zuordnung der Beziehungshandlungen innerhalb des Organon-Modells nicht explizit vornimmt, läßt sich die Einordnung dieses Sprechintentionstyps dort folgendermaßen vornehmen:

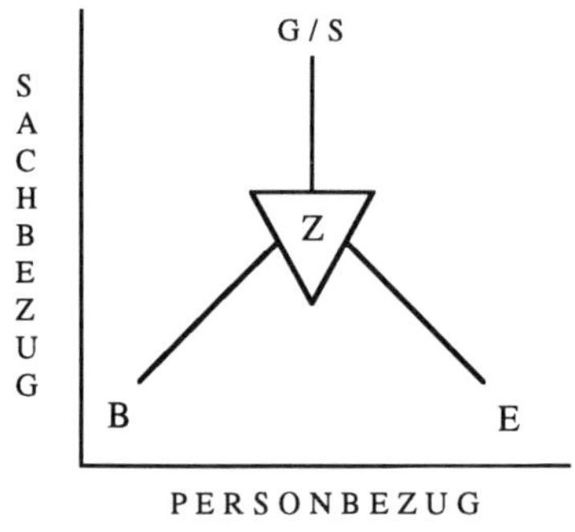

Abb. 9 : Sach- und Personbezug nach BARTSCH (1991a, 7)

[34]STEGER verwendet zur Bezeichnung dieses Sprechintentionstyp die unpräzise Formulierung "Kommunikative und soziale Beziehungen" (1976, 12). Da hierdurch nicht der funktionale Aspekt des Zeichens zum Ausdruck kommt, soll der Sprechintentionstyp im folgenden als 'Beziehungshandlung' bezeichnet werden.

Betrachtet man die dialogische Situation (vgl. BARTSCH 1991a, 2) anhand des Organon-Modells, dann lassen sich für die Kommunikationssituation zwei Bezugskoordinaten feststellen. Zum einen handelt es sich um den Bezug der Kommunikationsteilnehmer (Sprecher und Hörer) zu den Gegenständen und Sachverhalten. Diese Bezugsebene wird "Sach-Bezug" (ebd., 7) genannt.[35] Darüber hinaus existiert in jeder Kommunikationssituation ein Bezug zwischen den jeweiligen Kommunikationsteilnehmern. Diese Bezugsebene wird als "Person-Bezug" (ebd.) bezeichnet.[36]

Beziehungshandlungen sind Sprechhandlungen, die keinen unmittelbaren Zusammenhang zum Gegenstand eines Gesprächs haben, sondern die den jeweiligen situativen und aktuell kommunikativen Stand des Person-Bezugs thematisieren. In diesem Sinn kann auch von metakommunikativen Handlungen gesprochen werden.[37]

> "Metakommunikation nenne ich alle Verbalisierungen der Bedingungen einer Interaktion; das Definieren, Werten und Begründen von einzelnen sprachlichen Äußerungen, deren Bedingungen, Ziele

[35]Die Unterscheidung in Sach- und Personbezug wurde bereits 1968 von GEISSNER herausgestellt: "Im Gesprochenen kommt immer etwas zur Sprache als dem Prozeß der geschehenden Auslegung; also geht es einmal darum, *etwas* zu verstehen. Im Miteinandersprechen kommen aber auch die Miteinandersprechenden ins Gesprochene; so geht es auch darum, *sich* zu verstehen" (1968, 26). Vgl. später WATZLAWICK / BEAVIN / JACKSON: "Jede Kommunikation hat einen Inhalts-und einen Beziehungsaspekt (...)" (1982, 56); vgl. auch HABERMAS zur Doppelstruktur umgangssprachlicher Kommunikation: "Ein Verständigung kommt nicht zustande, wenn nicht mindestens zwei Subjekte gleichzeitig *beide* Ebenen betreten: a) die Ebene der Intersubjektivität, auf der die Sprecher / Hörer *miteinander* sprechen, und b) die Ebene der Gegenstände, *über die sie sich verständigen"* (1971, 105).

[36]Bei BÜHLER wird die personale Relation von Kommunikation nicht expliziert, weil er in seinem Modell zunächst nur vom Zeichenaspekt der Sprache ausgeht, nicht von einer Gesprächssituation, in der auch das soziale Verhältnis der Gesprächspartner zur Realisierung von Kommunikation eine zentrale Rolle spielt.

[37]Hierzu gehören auch Handlungen, die als performative Sprechhandlungen immer die gleichzeitige Funktion eines Handlungsvollzugs besitzen wie: "Wir kommen jetzt zu einem neuen Thema". Mit dem sprachlichen Zeichen wird unmittelbar die Handlung des Gegenstandswechsels vollzogen. Äußerungen dieser Art, die für Gesprächsprozeße relevant sind, werden in dieser Arbeit nicht dem Sprechintentionstyp "Handeln durch Sprechen" (STEGER 1976, 11) zugeordnet.

und Konsequenzen. Fast alle metakommunikativen Sequenzen verändern auch die Lage der Beziehung zwischen den Interaktanten" (SCHWITALLA 1979b, 203).[38]

Mit Beziehungshandlungen wird das Verhältnis der Gesprächsteilnehmer zueinander aufgebaut, verbessert, stillgelegt, es werden aber auch Kommunikationsstörungen aufgedeckt und beseitigt. Den Sprechhandlungen des Sprechintentionstyps 'Beziehungshandlung' kommen zusammenfassend folgende Aufgaben zu (vgl. STEGER 1976, 13):[39]

- Sie stellen "kommunikativsprachliche und/oder soziale Beziehungen" her (z.B. Begrüßungen).
- Sie dienen der Aufrechterhaltung, der Steuerung und der Verbesserung personaler Beziehungen.
- Sie zeigen Defekte an und dienen der Beseitigung dieser Defekte. Sie stellen damit das kooperative Verhältnis wieder her.
- Sie können die personale Beziehung beenden, stillegen oder abbrechen (z.B. Verabschiedungen).
- Eine gesonderte Gruppe von Beziehungshandlungen sind solche, mit denen die Kommunikationsteilnehmer die formale Ebene ihrer Beziehung im Gespräch sichern. Hierzu gehören sämtliche Handlungen zur Regelung des Sprecherwechsels, Hörersignale und Sprechersignale (vgl. III 2.2.3).

Darüber hinaus muß berücksichtigt werden, daß Beziehungshandlungen ebensogut die Beziehung beeinträchtigen, stören oder sogar verhindern

[38]Vgl. SCHWITALLA, der betont, daß Metakommunikationen nicht nur beziehungsstabilisierende Funktion haben, sondern durchaus auch dazu verwendet werden können, "Aggressionen und Spannungen loszuwerden" (1979c, 112). An anderer Stelle nimmt er sogar an, "daß Metakommunikationen über Aspekte von Äußerungen des Dialogpartners eher eine Konfliktverschärfung mit sich bringen als eine Verbesserung der Beziehung" (1987, 147).

Zu Metakommunikationen vgl. auch: WIEGAND (1979), der einen Überblick über verschiedene Definitionen gibt; TECHTMEIER (1983), die sich mit der Funktion von Metakommunikation im Wissenschaftlergespräch beschäftigt.

[39]SCHWITALLA (1979c) arbeitet eine ganze Reihe von metakommunikativen Beziehungshandlungen anhand des Gesprächstyps 'Medieninterview' heraus, z.B. "Metakommunikativer Vorwurf, eine Frage nicht gestellt zu haben" (ebd., 123); "Metakommunikationen über die Situationsangemessenheit von Äußerungen" (ebd., 128); "Metakommunikationen über die gemeinsamen sprachlichen Aktivitäten" (ebd., 129); "Metakommunikationen zur Sicherung des Rederechts" (ebd., 132) u.a..

können. Durch sie können Konflikte im Gespräch entstehen, Provokationen ausgelöst werden u.ä..

Als für Bewerbungsgespräche, vor allem Streßinterviews, typische Beziehungshandlungen können Fragen angesehen werden, denen kein wirkliches Wissensdefizit zugrundeliegt, sondern die auf der personalen Ebene eine Provokation oder Verunsicherung erreichen wollen wie zum Beispiel:

> "Warum werden Sie denn rot?"; "Ist dieses Gespräch ein Problem für Sie?"; "Sind Sie sexuell normal veranlagt?"; "Warum schwitzen Sie eigentlich so?" (LEHRENKRAUSS 1986, 26).

oder:

> "Sehen Sie den Kugelschreiber, den ich in der Hand halte? Verkaufen Sie ihn mir?"
>
> "Was würden Sie sagen, wenn ich Ihnen vorhalten würde, daß Sie heute nachmittag eine sehr mäßige Vorstellung geboten haben?"
>
> "Was haben Sie - im Rückblick - für Dummheiten gemacht?" (YATE 1990, 134ff.).

Ermittelt werden soll, inwieweit der Bewerber sich von einer solchen Frage verunsichern und aus dem Konzept bringen läßt. Häufig handelt es sich bei solchen Fragen sogar um juristisch unzulässige Fragen (BÖHM / JUSTEN 1990, 20). In den meisten Fällen provozieren Einstellende bewußt solche Fragen, um zu testen, wie der Bewerber darauf reagiert.[40] Die Entscheidung darüber, ob im Einzelfall Fragen unzulässig sind oder nicht, ist jedoch in erster Linie eine Interpretationssache. Der Bewerber hat leider nur wenige Möglichkeiten, nachträglich feststellen zu lassen, ob die Fragen, die ihm in einem Bewerbungsgespräch gestellt wurden, unzulässig waren. In der konkreten Gesprächssituation muß er sich mit ihnen auseinandersetzen.

---

[40]Ein klassisches Beispiel für unerlaubte Fragen ist die nach einer bestehenden Schwangerschaft (vgl. BÖHM / JUSTEN 1990, 20f.).

4.2 Handlungspraktische Konsequenzen

Passungsüberprüfung wird von Einstellenden und Bewerbern mittels Fragen vorgenommen, da der überwiegende Teil der Informationen, die im Bewerbungsgespräch ausgetauscht werden, durch Fragen ermittelt werden.

Die Problematik, die sich bei Bewerbern bezüglich nicht situationsangemessenen sprachlichen Handelns immer wieder zeigt und im letzten Kapitel bereits an einigen Aspekten zum Rollenhandeln konkret aufgezeigt werden konnte, ist unter anderem darauf zurückzuführen, daß bei Bewerbern häufig unzureichende Kenntnis über und Sensibilität für sprachliches Tun vorhanden ist. Zum Ausdruck kommt das zum einen im rezeptiven Bereich da, wo ein Bewerber Erwartungsnormen von Fragen nicht oder nur unzureichend identifiziert, zum anderen im produktiven Bereich da, wo er eigene Sprechabsichten nicht oder unzureichend sprechsprachlich umsetzt. Bewerbungsratgeber versuchen dieses Problem dadurch zu lösen, daß sie Bewerbern thematische Fragenkataloge, Antwort- und Formulierungsvorschläge und Listen von Ausdrucksmöglichkeiten bereitstellen (z.B. YATE 1990, 82ff.; HESSE / SCHRADER 1992, 135f.). Die Antwortvorschläge suggerieren dem Bewerber, daß es sich um die 'richtigen' Antworten handelt. Durch eine solche Vorgehensweise erhält der Bewerber jedoch lediglich eine Scheinsicherheit, gut auf ein Bewerbungsgespräch vorbereitet zu sein. Da sich nicht sämtliche potentiell vorkommenden Fragen erfassen lassen, wird auf seiten des Bewerbers eine Unflexibilität bezüglich der Antwortmöglichkeiten erzeugt, da er auf Antwortkataloge festgelegt wird und im Gespräch mit bereits vorformulierten Antworten darauf hofft, daß von Einstellerseite aus eine Frage gestellt wird, auf die seine Antwort paßt.

Um Passungsüberprüfung zu erreichen, bedarf es entgegen der von Ratgebern suggerierten Scheinsicherheit auf seiten des Bewerbers der rezeptiven Fähigkeit, Erwartungsnormen von Fragen zu identifizieren und der produktiven Fähigkeit, eigene Sprechabsichten angemessen sprechsprachlich umzusetzen.

Die Befähigung zur Identifizierung von Erwartungsnormen meint, daß der Bewerber in der Lage ist, die hinter der jeweiligen sprechsprachlichen Realisierungsvariante einer Frage stehende Frageabsicht aufzudecken. Für den Bewerber ist das Erkennen von in Fragen enthaltenen Erwartungsnormen zum einen die Voraussetzung dafür, um ihnen mit seiner Antwort entsprechen zu können, zum anderen dafür, selbst eine gezielte Passungsüberprüfung durch Fragen vornehmen zu können.

Die produktive Fähigkeit, eigene Sprechabsichten angemessen sprechsprachlich umzusetzen, bedeutet, zielgerichtet zu sprechen. Zielgerichtetes Sprechen setzt voraus, daß der Bewerber sich über seine Absichten bewußt ist, daß er Sprechabsichten differenzieren und entsprechend versprachlichen kann.

Die Identifikation von und das Eingehen auf Erwartungsnormen von Fragen und die sprechsprachliche Umsetzung von Sprechabsichten steht in unmittelbarem Zusammenhang mit den Steuerungsmöglichkeiten, die ein Bewerber im konkreten Gesprächsvollzug auf der Ebene der lokalen Themabearbeitung besitzt. Dies wird Gegenstand des Kapitels III 2.3.4 sein. Hier wird über die Analyse des Responsivitätsgrades einer Antwort ermittelt, inwieweit ein Bewerber auf Erwartungsnormen eingeht, welche kommunikativen Wirkungen durch verschiedene Responsivitätsgrade erzeugt werden können und welche handlungspraktischen Konsequenzen sich daraus im Hinblick auf lokale Steuerungsmöglichkeiten ergeben.

5 Thema des Bewerbungsgesprächs

Das Sprechsituationsmodell als erweitertes und differenziertes Organonmodell weist neben den Determinanten des Anlasses und Ziels, der Konstellation der Gesprächsteilnehmer und des sprachlichen Zeichens die des Themas (WORÜBER) auf (vgl. II 1.4). GEIßNER erweitert damit die Bedeutung der Komponente Gegenstände und Sachverhalte im BÜHLERschen Organonmodell, das seinerseits wiederum Bezug nimmt auf die platonische Definition von Sprache als Werkzeug, mit Hilfe dessen einer dem anderen etwas über die Dinge mitteilt. Bereits PLATON differenziert hier zwischen dem, über das etwas mitgeteilt wird (Dinge), und dem, das mitgeteilt wird (etwas).[1] Ersteres bezeichne ich im folgenden mit dem weiter zu differenzierenden Begriff 'Thema', letzteres bezeichne ich als den 'Gegenstand', der aus dem thematisch determinierten Gesprächshorizont aktuell fokussiert wird.

5.1 Thema als Inhalt-Ziel-Korrelation

Ein Gesprächsthema ist die Korrelation eines Inhaltes der außersprachlichen - und für metakommunikative Sprechereignisse sprachlichen - Wirklichkeit mit einem Ziel[2], die im Miteinandersprechen vollzogen wird:

---

[1]Bei dieser Unterscheidung und Zuordnung ist sich die Verfasserin der Arbeit darüber bewußt, daß es sich hier um eine Arbeitshypothese handelt, die einer weiteren ausführlichen Diskussion bedarf, an dieser Stelle jedoch den Rahmen sprengen würde.

[2]Die Themadefinition ist in der Literatur nicht einheitlich: vgl. zum Beispiel die Überlegungen zur Thema-Rhema-Gliederung in Sätzen. Mit einer Thema-Rhema-Unterscheidung in Sätzen wird problematisiert, inwiefern Satzglieder nach bereits bekannten und neuen Informationen unterschieden werden können. So bezeichnen z.B. DRACH (1937), später BARTSCH, R. (1975); HAUSENBLAS (1977) oder WEIGAND (1979) das Bekannte eines Satzes als das Thema, das Neue als das Rhema. Einen Überblick über die Thema-Rhema-Forschung geben KALLMEYER/MEYER-HERMANN (1980); BUßMANN (1983); vgl. auch LUTZ (1981); LÖTSCHER (1987). VAN DIJK (1980) führt das Thema neben der intentionsbezogenen Superstruktur eines Gesprächs als semantisch-inhaltliche Makrostruktur ein (ebd., 134ff.; 179f.); vgl. dagegen DEUTRICH, der eine Gleichsetzung von 'Thema' und 'Gegenstand' vornimmt: "Unter 'Thema' oder unter 'Themen' sollen die Gegenstände der Kommunikation verstanden werden" (1973b, 137). EIFLÄNDER vertritt eine ähnliche Auffassung. Gespräche sind für sie "Formen focussierter Interaktion mit gemeinsamer Aufmerksamkeitsrichtung der Beteiligten aufeinander und auf ein Thema" (1989, 191).

> "Ein Thema definiert somit sowohl das Handlungsziel wie die referentiellen Ausgangsbedingungen für dieses Handlungsziel (...)" (LÖTSCHER 1989, 116).

Der so gefaßte Begriff des Gesprächsthemas hat zwei Komponenten: Die eine verweist auf den intentionalen Aspekt des Gesprächs und kann auch als pragmatische Themakomponente bezeichnet werden, die andere verweist auf den Inhalt des Gesprächs als bestimmte Menge von Gegenständen und Sachverhalten und kann als semantische Themakomponente bezeichnet werden.

Die Zielkomponente eines Themas ist als Handlungsziel bestimmt, das die Beteiligten im Gespräch realisieren wollen (vgl. ebd.). Im Rückgriff auf die Überlegungen zu Anlaß und Ziel des Bewerbungsgesprächs kann nun die Zielkomponente des Themas von Bewerbungsgesprächen als wechselseitige Passungsüberprüfung formuliert werden. Der inhaltliche Aspekt des Themas von Bewerbungsgesprächen wird repräsentiert durch die Person des Bewerbers und den zu besetzenden Arbeitsplatz. Die Korrelation beider Aspekte ergibt das Thema des Bewerbungsgesprächs: 'Wechselseitige Überprüfung des Passungverhältnisses zwischen der Person des Bewerbers und dem zu besetzenden Arbeitsplatz'.[3]

5.2 Gegenstände als aktuell fokussierte Teilinhalte

Die Gegenstände ("Etwas") des Bewerbungsgesprächs sind die innerhalb des thematischen Rahmens von den Gesprächsteilnehmern akzeptierten und für thematisch relevant gehaltenen aktuell fokussierten Teilinhalte. Die Fokussierung auf einen Gegenstand erfolgt dadurch, daß die Gesprächsteilnehmer auf ein Objekt der sprachlichen oder außersprachlichen Wirklichkeit aus dem Gesprächsinhalt referieren und etwas über den Gegenstand prädizieren.

Auch von ihr wird keine Unterscheidung von Thema und Gegenständen vorgenommen (vgl. ähnlich auch KALLMEYER 1978, 194f.).

[3]LÖTSCHER (1987) versteht unter einem Thema "ein mangelhaftes Objekt, dessen Mangel mit Hilfe eines Textes beseitigt werden soll" (1987, 84). Das Thema eines Gesprächs kann folglich auch als zu lösende Aufgabe gesehen werden; vgl. dazu A.N. LEONT'EV (1984, 24), der Handlungen als Erfüllung von Aufgaben begreift. Insofern ist das Thema ein Synomym für die Handlung, die Miteinandersprechende im Gespräch vollziehen.

Die Gesprächsgegenstände, die in einem Bewerbungsgespräch aktuell fokussiert werden, unterliegen der konkreten und aktuellen Aushandlung der Gesprächsteilnehmer (vgl. BUBLITZ 1989, 180). Im aktuellen Gesprächsprozeß verständigen sich die Kommunizierenden darüber, was als thematisch relevant angesehen wird (vgl. KALLMEYER 1981, 93f.). Die Gesprächsteilnehmer entscheiden darüber, ob die fokussierten Teilinhalte einen Bezug zum Thema haben. Dennoch lassen sich für das Bewerbungsgespräch inhaltliche Spektren erfassen, die in besonderer Weise geeignet sind, die durch das Thema gestellte Aufgabe zu bewältigen. Zu diesem inhaltlichen Spektrum gehört die persönliche und berufliche Entwicklung des Bewerbers (schulische Ausbildung, Fächerpräferenzen, Studium, Studienschwerpunkte, bisherige berufliche Tätigkeiten, Fort- und Weiterbildungen, familiäre Situation), seine momentanen Bedürfnisse, Neigungen, Selbsteinschätzungen, Stärken, Schwächen, Pläne, Wünsche, Vorstellungen und Konzepte über die zukünftige Tätigkeit. Dazu gehören auch Informationen über die zukünftige Tätigkeit, Wünsche, Vorstellungen und Erwartungen der einstellenden Institution.

5.3 Das Bewerbungsgespräch als themafixiertes Gespräch

Da Bewerber und Einstellende ausschließlich zur Behandlung des Themas 'Überprüfung des Passungsverhältnisses' zusammenkommen, ist das Bewerbungsgespräch ein themafixiertes Gespräch.[4]

---

[4]In nicht-themafixierten Gesprächen werden sowohl Themen, also Inhalt-Ziel-Korrelationen sowie die fokussierten Teilinhalte (Gegenstände) von den Gesprächsteilnehmern ausgehandelt. Während des Gesprächs können also beliebige Themenwechsel vollzogen werden (vgl. VAN DIJCK 1980, 200). Das ist in Alltagsgesprächen wie allgemeinen Plaudereien, Theken- oder Partygesprächen der Fall, in denen es hauptsächlich um die Aufrechterhaltung von Sozialkontakten beziehungsweise um die Stabilisierung interpersonaler Beziehungen geht (vgl. auch STEGER u.a. 1974, 83). Die Auswahl der Themen und Gesprächsgegenstände ist hier beliebig, kann gewechselt werden und kann von jedem der am Gespräch beteiligten Personen initiiert werden. (vgl. HENNE/REHBOCK 1982, 33) Es besteht also prinzipiell jederzeit die Möglichkeit, ein neues Thema einzuführen, ohne daß ein Gesprächsteilnehmer mit Sanktionen rechnen muß. Lediglich folgende Einschränkungen nimmt BUBLITZ (1989, 181) an: Die erste Einschränkung für Alltagsgespräche bezieht sich auf eine Vermeidung tabuisierter Themen, die beispielsweise innerhalb einer Sprachgemeinschaft existieren oder aber auch für den am Gespräch beteiligten Personenkreis gelten können. So kann innerhalb der Gruppe der Beteiligten an einem Gespräch die Thematisierung einer allen bekannten Person aufgrund von Tod, Verbrechen o.ä. tabu

Das Thema ist notwendige Voraussetzung für das Zustandekommen des Gesprächs (vgl. BUBLITZ 1989, 183). Themenfixierte Gespräche sind vor allem produktionsorientierte Gespräche wie Mitarbeitergespräche, Dienstbesprechungen, Verkaufsgespräche, Planungsgespräche, aber auch reproduktionsorientierte Gespräche wie Vereinsversammlungen (vgl. auch SCHWARZ 1985, 43). In Bewerbungsgesprächen wird das Thema vorher nicht durch eine Tagesordnung festgelegt, sondern mit der Einladung zum Gespräch existiert die gleichzeitige Vereinbarung, worüber gesprochen wird.

Aus der Themafixierung ergibt sich die Anforderung an die Gesprächsteilnehmer, daß die Gesprächsbeiträge in bezug auf ihren propositionalen Gehalt Themenkohärenz aufweisen müssen, da zwischen Bewerber und Einstellenden

> "eine stillschweigende Übereinkunft besteht, zum Thema zu sprechen" (BUBLITZ 1989, 183).

Die Themafixierung stellt also eine soziale Normierung und Reglementierung dar, da hinsichtlich der einzelnen Gesprächsbeiträge bestimmte Erwartungshaltungen impliziert sind. Wenn Bewerber und Einstellende zur Überprüfung des Passungsverhältnisses zusammenkommen, dann erwarten sie voneinander, daß sich die jeweiligen Äußerungen auf das Thema beziehen und zur Bearbeitung des Themas beitragen. Sämtliche Äußerungen unterliegen damit dem Anspruch einer thematischen Relevanz (vgl. SCHÜTZ 1971, 56ff.; auch SCHWITALLA 1979a, 51f.).

> "Gesprächsthemen sind gewöhnlich äußerungsübergreifend und daher auch stark kohärenzbildend. (...) Sie bündeln die Aufmerksamkeit sowie die (Inhalte der) Redebeiträge der Teilnehmer" (BUBLITZ 1989, 180).

Verstößt ein Gesprächsteilnehmer gegen den Anspruch der thematischen Relevanz, verletzt er die beiderseitig eingegangene Verpflichtung, nur zum vorgeschlagenen und akzeptierten Thema zu sprechen und wird eventuell sogar mit Sanktionen belegt (z.B. Metakommunikation: Aufforderung, zum Thema zu sprechen; Unterbrechung; Beschimpfung, Gesprächsabbruch). Im folgenden wird ein Beispiel für eine solche Sanktionsmaßnahme von

---

sein. Die zweite Einschränkung bezieht sich darauf, daß die initiierten Themen auf ein allgemeines Interesse (z.B. Wetter, Gesundheit, Kinder) bei den beteiligten Personen treffen müssen.

Im folgenden wird ein Beispiel für eine solche Sanktionsmaßnahme von seiten eines Einstellenden vorgestellt.

Gespräch VI:

B: Vielleicht ist auch noch interressant, ge* gerade gestern Abend war von der CDU eine Veranstaltung in O., und eh ich habe diese besucht, und da wurde gerade dieses Projekt vorgestellt von der Frau K. von der em/ Sie ist persönliche Referentin des Sozialdezernenten. Und was für mich sehr interessant war, daß die O'ler jetzt ein Informationsblatt für die O.'ler Bevölkerung, also die CDU, herausgeben will und auch um Verständnis für diese Asylbewerber eh bittet und das/ da war ich eigentlich eh sehr em angetan davon.

E1: Das is sicherlich ne ganz notwendige Geschichte, das dieses passiert, denn wir haben immer wieder gerade in diesem Arbeitsbereich eh erlebt, daß doch die Anwohner und direkten Nachbarn sehr empfindlich reagieren und eh wir von daher auch Schwierigkeiten hatten so mit unserer Arbeit so.

B: Also dies Problem seh ich eh schon <u>sehr</u>,

E1: Ja ja mm

B: zumal gerade O. em doch ein gutsituierter Stadtteil ist,

E1: mm ja eben ja

B: wenn ich allein die vielen Eigenheime sehe, und die oft sehr luxuriös sind und was ich gestern natürlich <u>auch</u> angesprochen habe, und da sagte mir ein CDU- Mitglied, ja aber doch <u>nur</u> wenn ich Geld habe, em kann ich doch auch den andern helfen und hab dann auch die Mittel dazu.

P1: (LACHT) Ich denke, Frau L., das geht son bißchen in die politische Diskussion.

Während der Einstellende die erste Äußerung der Bewerberin noch aufgreift und die Notwendigkeit betont, daß bei Anwohnern von Asylbewerberheimen um Verständnis geworben wird, gehört der sich daran anschließende von der Bewerberin angesprochene Teilinhalt (...da sagte mir ein CDU-

gezogen werden, in dem es um technische Probleme an einer Maschine geht. Anlaß und Ziel des Gesprächs - technische Probleme an einer Maschine und Beseitigung dieser Probleme - lassen eine Einordnung als produktionsorientiertes Gespräch zu. Auch dieses Gespräch ist als sachthematisches zu beschreiben, da die Gesprächsteilnehmer über einen sachlichen Inhalt sprechen. So können beispielsweise auch Dienstbesprechungen, Verhandlungen oder Bürgerberatungsgespräche sachthematisch-produktionsorientierte Gespräche sein.

- Denkbar ist aber auch ein Gespräch zwischen Meister und Maschinenführer, in dem es um die sich häufenden Fehlzeiten auf seiten des Maschinenführers geht. Anlaß und Ziel des Gesprächs - Fehlen des Mitarbeiters und Minimierung der Fehlzeiten - lassen eine Einordnung des Gesprächs als produktionsbezogen zu. Da eine der am Gespräch beteiligten Personen, der Maschinenführer beziehungsweise seine Arbeitsdisziplin das Thema des Gesprächs bilden, ist das Gespräch dann jedoch als 'personthematisch-produktionsorientiertes Gespräch' zu bezeichnen. Innerhalb von Unternehmen, sozialen Einrichtungen, Gewerkschaften etc. finden sich personthematisch-produktionsorientierte Gespräche in Form von Personalentwicklungs- und Mitarbeitergesprächen, wie beispielsweise Konfliktgespräche zwischen Vorgesetztem und Mitarbeiter, aber auch Motivations-, Beurteilungs- oder Kündigungsgespräche, die einen wesentlichen Teil innerbetrieblicher Kommunikation darstellen.

In die zuletzt aufgeführte Gruppe der produktionsorientierten-personthematischen Gespräche ist das Bewerbungsgespräch einzuordnen. Personthematisch ist das Bewerbungsgespräch, weil sämtliche möglichen Teilinhalte wie persönlicher und beruflicher Werdegang, Fachkenntnisse, Berufserfahrungen, Familiensituation oder Selbsteinschätzungen fokussiert werden, um zu ermitteln, ob sie zu den Vorstellungen der einstellenden Institution passen. Überprüft wird der Bewerber von einstellender Seite nicht im Hinblick auf seine fachlichen Kenntnisse, beruflichen Erfahrungen oder Konzeptvorstellungen bezüglich der neuen Stelle an sich, sondern im Hinblick auf ein mögliches Passungsverhältnis. Der Bewerber muß keinen Nachweis darüber führen, daß er über bestimmte Kenntnisse oder Charaktereigenschaften verfügt, sondern daß er mit diesen den Anforderungen der Stelle entspricht und zur einstellenden Institution paßt. Sämtliche Gesprächsgegenstände dienen somit der Klärung des Passungsverhältnisses zwischen Bewerber und Einstellenden. Damit ist das Bewerbungsgespräch auch abzugrenzen gegen

Prüfungsgespräche, mit denen es häufig verglichen wird (vgl. GRIEẞHABER 1987a, 23), da das Prüfungsgespräch nach der hier getroffenen Unterscheidung als sachthematisches Gespräch einzuordnen ist, weil sämtliche Teilinhalte des Prüfungsgesprächs thematisiert werden, um zu ermitteln, ob der Prüfungskandidat über bestimmte Qualifikationen und Kenntnisse verfügt.

5.5 Handlungspraktische Konsequenzen

Aus der Bestimmung des Bewerbungsgesprächs als themafixiertes und personthematisches Gespräch werden im folgenden die sich daraus ergebenden handlungspraktischen Konsequenzen ermittelt.

5.5.1 Herstellung thematischer Kohärenz durch Koreferenz

Aus der Anforderung der thematischen Relevanz an Gesprächsbeiträge ergibt sich für den Bewerber die handlungspraktische Konsequenz, Koreferenz herzustellen. Koreferenz stellt die Bedingung der Möglichkeit zur Prädikation dar. Die Verletzung dieser Erwartung kann zu dialogischen Differenzen führen. Dialogische Differenzen können auf der referentiellen Ebene eines Gesprächs entstehen und sich auf der personalen Ebene der Gesprächsteilnehmer in Form von Beziehungsstörungen, beispielsweise Aggressionen oder Unverständnis, niederschlagen.

Im folgenden Beispiel fragt der Einstellende den Bewerber nach den in seinem Lebenslauf aufgeführten beruflichen Fortbildungen an einer Universität, deren Status ihm durch die schriftlichen Unterlagen nicht klar geworden ist :

Gespräch III:

```
E2: Diese Zeit, eh se gibt es da irgendwie n Zertifikat oder
   |habn Sie da n Abschluß|
B: |Ich habe/ ich hab/    |
E2: machen können?
B: Eh, ich habe em/ Ja sicherlich, ich habe eh/ ich war ja
```

`eingetragen ich hab en studentischen Ausweis eh einfach verschiedene Unterlagen dabeigelegt.`

`E2: Nein, ich meine jetzt nicht den Nachweis, daß Sie studiert habn. Das ist ja völlig unwesentlich mittlerweile. Das ist ja schon bis 19xx gewesen, sondern ob das mit nem Abschluß verbunden war.`

In diesem Gesprächsausschnitt entsteht ein Mißverständnis aus der Tatsache, daß beide Gesprächsteilnehmer nicht koreferieren. Während der Einstellende auf eine qualifizierte Leistungsbescheinigung referiert (`...Abschluß...`), referiert der Bewerber auf eine formale Statusbeschreibung (`...studentischen Ausweis..., ...verschiedene Unterlagen...`). Obwohl von Einstellerseite aus die Koreferenz durch eine sofortige Korrektur (`Nein, ich meine jetzt nicht den Nachweis, daß Sie studiert habn.`) wiederhergestellt wird und dadurch weitere Mißverständnisse ausgeschlossen werden, erfolgt trotz des relativ harmlosen Mißverständnisses von seiten des Einstellenden eine negativ wirkende Bewertung der mangelnden Koreferenz durch den Bewerber (`Das ist ja völlig unwesentlich mittlerweile.`).

Wenn Koreferenz nicht sichergestellt ist, besteht die Gefahr, daß etwas über unterschiedliche Referenzobjekte prädiziert wird, obwohl die Gesprächsteilnehmer der Meinung sind, über das gleiche zu sprechen. Eine Sicherstellung von Koreferenz ist in Bewerbungsgesprächen vor allem dort von Bedeutung, wo ein abstraktes Referenzobjekt 'Führung', 'Team' etc. vorliegt oder der Bewerber aufgefordert ist, über ein Referenzobjekt, das bereits durch einen Einstellenden mit einer Prädikation versehen ist (z.B. partnerschaftliche Mitarbeiterführung, diakonischer Auftrag, ganzheitliche Pflege), eine Prädikation zu treffen.

Gespräch I:

`E2: Ja gut. Dann eh 'ne andere Frage. Wie eh/ welches Verhältnis eh ham Sie zur evangelischen Kirche? Wie würden Sie das beschreiben?`

`B: m + Die Kirche is für mich + ja`

```
E1: Wie stehen Sie zur evangelischen Kirche? (SEHR BESTIMMT)
B: Kirche, ja als als/ Kirche als was=, würde ich jetzt
einfach mal fragen. ++
E2: Kirche als Institution, zunächst mal.
B:  eh Kirche ist für mich eh + persönlich eine eh lebendige
Einrichtung...
```

Die Sicherstellung von Koreferenz kann, wie das Beispiel demonstriert, durch Nachfragen[9] des Bewerbers bezüglich des Referenzobjektes gewährleistet werden.

5.5.2 Personales Sprechen

Im Bewerbungsgespräch referieren Bewerber und Einstellende auf das Passungsverhältnis. Über die Art und Weise der jeweiligen Prädikationen der Gesprächsteilnehmer wird festgestellt, ob eine Passung vorliegt. Entsprechend muß der Bewerber über die von ihm getroffenen Prädikationen zum Ausdruck bringen, daß er auf eine Stelle und zu einer bestimmten Institution paßt. Wie und was vom Bewerber über einen konkreten Gesprächsgegenstand prädiziert wird, wird als "Gegenstandssicht" (BARTSCH 1990a, 99) bezeichnet.

Mit der jeweils zum Ausdruck kommenden Gegenstandssicht trifft der Bewerber prädikative Aussagen über seine Person und sein Verhältnis zur einstellenden Institution. Auf Bewerberseite setzt das voraus, daß er über sich als Person und nicht wie über einen neutralen Gegenstand spricht. Dieser Modus der Gegenstandsbearbeitung soll als personales Sprechen bezeichnet werden. Unter personalem Sprechen wird die themarelevante Modalität der Gegenstandsbehandlung in personthematischen Gesprächen verstanden, das heißt, die jeweilige persönliche Gegenstandssicht zum Ausdruck zu bringen. Dazu bedarf es entsprechender Identifikationsindikatoren, durch die der Bewerber signalisiert, daß er über sich spricht.

[9]Nicht auszuschließen ist in diesem Beispiel die Möglichkeit, daß das Nachfragen des Bewerbers eine Ausweichstrategie darstellt, um Zeit zu gewinnen.

Da die Beziehung von Einstellenden und Bewerbern im Hinblick auf Passung auf dem Prüfstand steht und beide in den Überprüfungsprozeß unmittelbar involviert sind, sind auch die Kriterien, nach denen über eine mögliche Passung entschieden wird, keine ausschließlich objektiv-neutralen.[10] Von daher läßt sich auch die subjektive Betroffenheit der Beteiligten nicht neutralisieren, sondern ist Konstituens des Bewerbungsgesprächs. Emotionale Eindrücke, Einstellungen und mögliche Vorurteile fließen unmittelbar in die Themabehandlung ein. Das Gelingen eines Bewerbungsgesprächs ist deshalb wesentlich davon abhängig, inwieweit die Gesprächsteilnehmer explizit über sich und ihre Beziehung zueinander sprechen. Da im Bewerbungsgespräch die Personen selbst, ihre Beziehungen zueinander oder zu anderen thematischer Mittelpunkt sind, ist keine Distanzierung zum Thema möglich, das heißt, es gibt keine neutralen 'Sach-Bearbeiter', sondern nur 'Betroffene'. Das korrespondiert mit der an anderer Stelle aufgezeigten Notwendigkeit, persönliche Erfahrungen, Vorstellungen und Werte als persönliche Identität zu präsentieren.[11] Je mehr ein Bewerber versucht, sich selbst und seine Definition einer Passung zu neutralisieren, um so weniger wird seine Gegenstandssicht zum Ausdruck kommen. Im folgenden sollen einige Kennzeichen personalen Sprechens aufgeführt werden.

5.5.2.1 Sprecherbezug

Um zu gewährleisten, daß der Bewerber seine Gegenstandssicht zum Ausdruck bringt, muß er bei der Gegenstandsbehandlung einen expliziten Sprecherbezug herstellen. Dies kann beispielsweise realisiert werden durch

---

[10] Die am Gespräch beteiligten Personen entscheiden situativ und subjektiv, ob eine Passung vorliegt. Daran ändern auch die zahlreichen Versuche der Institutionen, objektive Kriterien zu ermitteln, nichts. Die Frage nach der Objektivität der Beurteilungskriterien in Bewerbungsgesprächen stellt ein zentrales Problem der Personalauswahl dar. Vgl. dazu TRIEBE (1976), der weitgehende Vorschläge zur Objektivierung des Bewerbungsgesprächs macht, zum Beispiel die sequentielle Beurteilung jeder einzelnen Bewerberäußerung; vgl. zu dieser Problematik auch TRIEBE/ULICH (1977); BERGER (1986, 254f.; 1987); LINNIG/WINKLER 1988).

[11] Das gilt auch für andere personthematische Gespräche. So läßt sich über Motivationsprobleme am Arbeitsplatz, Arbeitsbeurteilung oder Kündigungen nicht oder nur schwer distanziert sprechen, da immer mindestens einer der Gesprächsteilnehmer unmittelbar durch das Thema betroffen ist.

Ich-Aussagen wie 'Ich bin der Meinung', 'Meiner Meinung nach' etc. Dadurch wird eine verallgemeinernde, neutralisierende Gegenstandsbehandlung vermieden, die zudem oft die Wirkung der Vereinnahmung des Gesprächspartners hat. Im folgenden werden einige Beispiele aufgeführt, in denen Bewerber auf unterschiedliche Weise versuchen, durch Neutralisierungen personales Sprechen zu vermeiden.

Gespräch IV:

B: Ja, zunächst eine Ausbildung als Gymnastiklehrerin in O., dann zwei Jahre als Gymnastiklehrerin an einem Gymnasium und einer Realschule gearbeitet, während dieser Zeit die Begabtensonderprüfung gemacht, eh dann nach diesen zwei Jahren Unterrichtstätigkeit ein Studium aufgenommen, als Lehrerin mit den Fächern Biologie und Geographie ...

Die Bewerberin verzichtet zu Beginn ihrer Ausführungen auf die deiktische Markierung 'ich' und vermeidet auf diese Weise einen Sprecherbezug. Dadurch entsteht ein sehr neutraler und versachlichter Telegrammstil.

Die explizite Herstellung von Sprecherbezug stellt auf Bewerberseite ein zentrales Problem dar, da mit ihm gleichzeitig immer auch die Möglichkeit einer Kollision von Gegenstandssichtweisen verbunden sein kann. Ein Bewerber, der seine "Sicht der Dinge" mitteilt und sie als seine persönliche Überzeugung darstellt, macht sich gleichzeitig angreifbar. Durch den Rückzug auf neutrale Aussagen, Mehrheitsmeinungen oder auch Autoritäten kann der Bewerber zwar versuchen zu verhindern, "sich zwischen zwei Stühle zu setzen" und dadurch eine Nichtangreifbarkeit seiner Position zu erreichen. Ein Rückzug auf neutrale Aussagen erschwert aber gleichzeitig eine Passungsüberprüfung. Der folgende Gesprächsausschnitt verdeutlicht weitere Schwierigkeiten, die ein Bewerber hinsichtlich der Herstellung des Sprecherbezugs hat.

Gesprääch III:

Im Vorfeld dieses Ausschnitts geht es um die Frage nach den christlichen Werten und Auffassungen des Bewerbers.

E2: +++ Ja, obwohl s sehr schwierig ist bei dem Gesamtbereich, eh em man läßt was mit einfließen, *was, was,* was ist das, was man mit einfließen läßt? Sie schrieben auch, Sie fühlen sich verpflichtet. Wär es möglich, so an n paar Punkten deutlich zu machen, wo denn die Werte oder die Haltungen liegen Ihrerseits, denen Sie sich verpflichtet fühlen?

B: Ich denke, Grundwerte des Christentums sind Nächstenliebe und eh, sagn wer mal, im sozialen Bereich Kümmern um Randgruppen.

E2: mm

B: + Also ich will jetzt nicht auf Christus jetzt verweisen,

E2: Ja

B: der sich ja schließlich auch für die Schwachen eingesetzt hat

E2: Ja

B: und nicht für die Starken,

E2: mm

B: der das als nicht notwendig erachtet hat, also daß gerade die Schwachen Hilfe brauchen, und eh das seh ich nun gerade/ das hab ich bei den Jugendlichen so gesehen, + die ja auch Randgruppen darstellen, jedenfalls nicht allgemein Jugendliche, die Jugendlichen, mit denen ich da eh zu tun hatte, genauso wie jetzt mit den Alten, die zwar von der Masse sagn wer mal viel eh stär* eh stark sind,

E2: mm

```
B: aber der Hilfe bedürftig sind. Weil sie sonst sozusagen
von den Starken an den Rand gedrückt werden, oder sie sinds
eigentlich schon.|Aber jetzt     |
E2:              |Ich will Ihnen |
B: frag ich, entschuldign Se vielleicht: Was erwarten Sie von
mir?
```

Die Frage des Einstellenden enthält die Erwartungsnorm, persönliche christliche Werte und Haltungen zu verdeutlichen, denen sich der Bewerber verpflichtet fühlt. Der Bewerber beginnt seine Ausführungen mit einer feststellenden Äußerung, indem er zunächst allgemeine Grundwerte des Christentums aufführt (...Nächstenliebe...; ...Kümmern um Randgruppen...). Diese Antwort würde jedoch eher folgender Frage entsprechen: 'Welche Grundwerte und Haltungen gibt es im Christentum?' und ist von daher eher denkbar als Reaktion auf die thematische Erwartungsnorm einer Prüfungsfrage im Fach Theologie oder im Religionsunterricht. Im Bewerbungsgespräch soll jedoch durch die Frage ermittelt werden, ob die Gegenstandssicht des Bewerbers über das Referenzobjekt 'Werte und Haltungen' zu derjenigen der einstellenden sozialen Einrichtung paßt.

Im Anschluß an diese Äußerung weist der Bewerber nun genau den von ihm erwarteten Sprecherbezug zurück, indem er 'nicht auf Christus verweisen' will. Man gewinnt fast den Eindruck, als sei es dem Bewerber aufgrund der von ihm vermuteten Banalität des Verweises peinlich, sich am Handeln dieses Christus zu orientieren. Durch den persönlichen, indirekten Verweis auf Christus und sein Handeln stellt der Bewerber jedoch genau den geforderten Sprecherbezug her, durch den er seine Gegenstandssicht mitteilt. Die persönliche Interpretation und Umsetzung christlicher Grundwerte kommt im Anschluß daran auch dort zum Ausdruck, wo der Bewerber einen expliziten Bezug herstellt zwischen dem Handeln Jesu, der sich 'für die Schwachen eingesetzt hat' und der Arbeit mit Jugendlichen und alten Menschen, die seiner Meinung nach ebenfalls zu den Schwachen gehören, da sie gesellschaftliche Randgruppen darstellen.

5.5.2.2 Partnerbezug

Ein weiteres Merkmal personalen Sprechens ist die adäquate Herstellung von Partnerbezug (vgl. SANDIG 1983a,149f.).[12] Die Überprüfung des Passungsverhältnisses als Thema des personthematischen Bewerbungsgesprächs impliziert, daß der Bewerber mit jeder Äußerung nicht nur über sich spricht, sondern auch Aussagen über das Verhältnis zur einstellenden Institution trifft. Die Art und Weise der Herstellung von Sprecherbezug impliziert gleichzeitig die Herstellung von Partnerbezug, durch den beispielsweise zu große Nähe oder Distanz zum Gesprächspartner hergestellt werden kann (vgl. SANDIG 1986, 226; auch HOLLY 1983). Über die Art und Weise der Gegenstandsbehandlung kann der Bewerber einerseits Unterwürfigkeit zum Ausdruck bringen, zum Beispiel durch Syntagmen wie 'Wenn Sie erwägen, mich einzustellen '; 'Darf ich...'; 'Wenn es Ihnen nichts ausmacht...' etc., die in diesen Fällen als Degradierungsmarkierungen wirken.[13] Dabei spielen bei der Interpretation als Unterwürfigkeitsgeste zusätzlich intonatorische Merkmale und nonverbale Aspekte eine zentrale Rolle. Zum anderen kann der Bewerber aber auch Überlegenheit demonstrieren, zum Beispiel durch verbale Machtsignale wie 'Das is ganz klar...'; 'Da müssen Sie...'; 'Ja ich kann dann/...kann ich nur auf den Herrn Grond verweisen...'. Diese Formen der Gegenstandsbehandlung können die "Machtbalance" (BARTSCH 1991a, 8) im Bewerbungsgespräch gefährden, da durch sie im ersten Fall eine Abwer-

[12] Vgl. auch FRANCK (1984, 128f.): "Die Orientierung am jeweiligen Hörer in der Wahl der Formulierung ist das wichtigste Stilprinzip interaktiven Sprachgebrauchs. (...) Die Hörerorientierung wird auf allen Ebenen der Gesprächsorganisation und der Formulierung der Gesprächsbeiträge wirksam. (...) Besonders deutlich ist dies bei Ausdrücken der referentiellen Identifikation: wenn der Sprecher Personen, Orte oder Gegenstände beschreibt oder nennt, so benutzt er nicht die für ihn selbst angemessenen Ausdrücke, sondern berücksichtigt weitgehend die Position des Hörers."

[13] Interessant wäre zu überprüfen, inwieweit die hier beschriebenen Machtsignale mit den von BARTSCH beschriebenen "Detraktoren=Positionserniedriger" und "Elevatoren = Positionserhöher" (BARTSCH 1990a, 97; auch 1990c, 45) korrespondieren. BARTSCH verwendet diese Begrifflichkeit zur Beschreibung der möglichen erzeugten kommunikativen Wirkung von Sprechakten wie Fragen, Wertungen, oder Informationen bei vereinzeltem oder kulminiertem Gebrauch durch einen Sprecher im Gespräch.

tung des Bewerbers, im zweiten Fall eine Überbewertung des Bewerbers erfolgt.

Gespräch I:

E1: Ja gut. Dann gehen wir mal'n bißchen in/ eh in den Alltag. Sie ham vorhin das Haus gesehen, und eh ein Mitarbeiter hat Sie durchs Haus geführt. Was würden Sie hier bei uns in dem Haus verändern wollen, wenn Sie hier Heimleiter sind?

B: Ja, ich möchte/ Das is doch/ is n älteres Haus, und eh es sind zwar einige Neuerungen da, (LAUTES ATMEN) ich hätte doch sehr vieles |zu bedenken.|

E: |Sie sind von 1970 |

B: Ja darf ich/ ja darf ich bitte ausreden. Also eh es ist ein eh älteres Heim, und man hat einfach sozusagen die Strukturen + vom Krankenhaus, also stationäre Strukturen, hat man übertragen auf das Altenheim. Das Altenheim is natürlich ne relativ neuere Einrichtung und auch vom Gesetz her und eh da eh + (SCHNALZEN), wie gesacht, da hat man Sachen gemacht, die nicht unbedingt gut sind. Zugegeben, es gibt + gute Sachen, es gibt eh Pflegeplanung, wenn man die konsequent durchhält. Die sollte man so auch oder ähnlich im Altenheim durchführen. Aber gucken wir uns die Strukturen an. Die Strukturen auf der Stationsebene sind einfach zu groß. Wir müssen dahin kommen, daß wir Leben und Wohnen miteinander verbinden, daß wir kleinere dezentrale Strukturen aufbauen, sprich eine Art Wohngruppenmodell, wie es auch ähnlich in der Familie läuft. Es ist klar, wir können im Heim, könn wir keine eh Familie ersetzen, aber wir müssen dem Bewohner, der dann den Schritt, diesen sauren Schritt *sozusagen wählt, ins Heim zu gehen*, dem müssen wir etwas anbieten. Und er muß sich stabilisieren können, und das kann er meines Erachtens eher in kleineren gruppenähnlichen Strukturen als jetzt in einem großen stationären Bereich, wo dann mittags das Löffelgeklapper losgeht und der eine ißt so, der andere ißt so, es ist manchmal auch/ und dann kommt 'n Neuer dazwischen eh, dem wird dann unter Umständen nicht einmal der Nachtisch gegönnt. Also es is nicht leicht eh mit so einem großen Heim und gerade/ Stellen *Se sich das* vor, Sie wären selbst in dieser Situation. Was würden *Se sich* selber zumuten? Da sollte man doch bei sich denken: Wenn ich in ein so ein Heim möchte, möcht ích dás háben, da möcht' ich das so haben, daß ich eben in 'ner überschaubaren Gruppenstruktur leben kann und ähnliches hab' ich ja auch eh schon während meiner Studentenzeit erlebt. Ich war da in einer Wohngemeinschaft. Da war ein* eh eh + eh Wohngruppe sozusagen. In dieser Wohngruppe waren sechs Leute untergebracht. Da war ein gemeinsames Wohnzimmer, da war ein gemeinsamer Küchentrakt, und eh ich hab das eigentlich als ganz positiv vom Kontakt empfunden. Also wir ham heute noch Kontakte. Also kann das eh da* v* von meiner Person her gar nicht so schlimm gewesen sein. Es gibt natürlich auch andere Studentenheime, wo die eh Studenten aus den Fenstern eh ausm eh eh zehnten Stock springen *undsoweiter*, sowas gibt es auch. Aber, *wie gesacht*, das jetzt als positives Beispiel.

Die Erwartungsnorm der Frage ist gerichtet auf konzeptionelle Vorschläge des Bewerbers zu heiminternen Veränderungen. Zunächst nimmt der Bewerber eine allgemeine Bewertung über das Haus vor (...älteres Haus...; ...einige Neuerungen...), dann erfolgt eine bewertende Analyse der Heimstruktur (...man hat einfach sozusagen die Strukturen + vom Krankenhaus, also stationäre Strukturen, hat man übertragen auf das Altenheim.; Das Altenheim is natürlich ne relativ neuere Einrichtung...; ... da hat man Sachen gemacht, die nicht unbedingt gut sind.; ...es gibt + gute Sachen, es gibt eh Pflegeplanung...). Anschließend expliziert der Bewerber seine Vorstellungen für eine Veränderung der Heimstruktur (Wir müssen dahin kommen, daß wir Leben und Wohnen miteinander verbinden, daß wir kleinere dezentrale Strukturen aufbauen...; ...wir können im Heim, könn' wir keine eh Familie ersetzen, aber wir müssen dem Bewohner, der dann den Schritt, diesen sauren Schritt *sozusagen wählt, ins Heim zu gehen*, dem müssen wir etwas anbieten. "Und er muß sich stabilisieren können...).

Im folgenden spricht der Bewerber die Einstellenden durch eine rhetorische Frage unmittelbar an, die er sich dann selbst beantwortet (Stellen *Se sich das* vor, Sie wären selbst in dieser Situation. Was würden *Se sich* selber zumuten? Da sollte man doch bei sich denken: Wenn ich in ein so ein Heim möchte, möcht ích dás háben, da möcht' ich das so haben, daß ich eben in ner überschaubaren Gruppenstruktur leben kann...). Abschließend vergleicht der Bewerber seine Vorstellungen mit seinen Erfahrungen, die er innerhalb einer Wohngemeinschaft gemacht hat und versucht dadurch, seine strukturellen Veränderungsvorschläge zu fundieren (...und ähnliches hab' ich ja auch eh schon während meiner Studentenzeit erlebt. Ich war da in einer Wohngemeinschaft. Da war ein* eh eh + eh Wohngruppe sozusagen...).

Der durch den Bewerber hergestellte Partnerbezug erweist sich aus mehreren Gründen als problematisch. Die Adressaten seiner kritischen Bestandsaufnahme und Analyse der Heimstruktur werden nur indirekt mit dem unbestimmten Pronomen 'man'[14] angesprochen. Es entsteht der Eindruck, daß der Bewerber sich dadurch einer direkten Konfrontation entziehen will, indem er versucht, die Kritik zu entpersonalisieren. Darüber hinaus markiert der Bewerber nur einmal explizit seine Proberolle (...meines Erachtens...), ansonsten nimmt er in den sich anschließenden Vorstellungen zu Veränderungen der Heimstruktur, die durch die gehäufte Verwendung des Modalverbs 'müssen' wie Anweisungen oder Forderungen wirken, nicht die Rolle eines Heimleiters auf Probe ein, sondern er agiert als Heimleiter. Das kommt auch durch die permanente Vereinnahmung der Einstellenden mittels des Personalpronomen 'wir' und den Versuch, die Einstellenden durch die rhetorische Frage in die eigenen Überlegungen einzubeziehen, zum Ausdruck. Diese sprachlichen Mittel wirken als Positionserhöher. Das hat eine permanente Vereinnahmung der Positionen der Einstellenden und damit eine Verletzung der Beziehungsebene zur Folge.

---

[14]"*Man* ist der zum unbestimmten Pronomen der 3. Person gewordene Nominativ Singular des Substantivs Mann, bedeutet also ursprünglich 'irgendein Mensch'. Das Wörtlein *man* war von jeher ein vortreffliches Versteck für alle Sünden des Ich (...). Statt zu sagen „ich meine“...schreibt er in seinem Rapporte „man erzählt sich“." (DUDEN GRAMMATIK 1973, 300, Fußnote 1,2)

Die dem Thema angemessene Herstellung von Partnerbezug kommt zum Beispiel dann zum Ausdruck, wenn der Bewerber immer wieder sprachlich verdeutlicht, daß er die Rolle, in der er sich bewirbt, nur auf Probe hat. Das wird besonders dann von ihm erwartet, wenn er Pläne, Wünsche, Vorstellungen und Konzepte über die zukünftige Tätigkeit erläutern soll oder wenn er aufgefordert wird, fiktive Problemsituationen aus dem Tätigkeitsbereich zu bewältigen.

Die Herstellung von Partnerbezug spielt im Zusammenhang mit der Herstellung von Machtbalance eine zentrale Rolle. Um Machtbalance zu gewährleisten, muß der Bewerber einen Gesprächsgegenstand so behandeln, daß seine Gegenstandssicht ohne Anspruch auf allgemeine Gültigkeit zum Ausdruck kommt. In solchen Fällen ist es sinnvoll, den "Geltungsbereich einer Proposition" (SANDIG 1986, 288) z.B. durch Modalpartikel (schon, doch, mal, ja etc.), abzutönen (vgl. DUDEN-GRAMMATIK, 1973, 310) oder Modaladverbien zu verwenden. Mit Modaladverbien wie 'sicher, bestimmt, gewiß, wahrscheinlich, hoffentlich, angeblich, vermutlich' drückt ein Sprecher aus,

> "wie er eine Aussage einschätzt, in welchem Grad eine Aussage nach seiner Meinung gilt, zutrifft" (ebd., 309).

Gleichzeitig bringt er durch die Relativierung seiner Aussage damit auch eine bestimmte Einstellung dem Gesprächspartner gegenüber zum Ausdruck. Er stellt seine Gegenstandssicht gleichberechtigt neben die der Gesprächspartner, ohne diese zu vereinnahmen oder abzuqualifizieren. Er signalisiert Empathie, bringt aber auch zum Ausdruck, daß er in der Lage ist, eine Situation angemessen einzuschätzen. Er gibt sich

> "als emotional fühlende und kognitiv denkende Person dem Interaktionspartner zu erkennen" (OSSNER 1985, 58).

Darüber hinaus muß hier auf einen weiteren Modus der Gegenstandsbehandlung hingewiesen werden, durch den der Bewerber Einfluß auf die Beziehungsgestaltung über die Herstellung von Partnerbezug nehmen kann. Es handelt sich um die Verwendung des Konjunktivs, der dann von Bedeutung ist, wenn der Bewerber Konzepte und Vorstellungen präsentieren oder fiktive Problemsituationen lösen soll.

> "Der Konjunktiv dient dazu, eine Aussage als Wunsch oder Begehren, als nur vorgestellt und irreal oder als eine ohne Gewähr vermittelte Aussage eines anderen hinzustellen" (DUDEN-GRAMMATIK 1973, 752).

Durch die Verwendung des Konjunktivs signalisiert der Bewerber den Einstellenden, daß er 'probehandelt'. Er markiert seine Konzeptvorstellungen oder Problemlösungen als Handlungsmöglichkeiten, nicht als Forderungen und Anweisungen.

Gespräch VI:

`E2: Ham Sie sich Ihrerseits schon mal eh Gedanken gemacht, wie Sie die Arbeit anpacken könnten oder em was sich überhaupt für Ansatzpunkte da bieten?`

`B: Ja zunächst em wäre/ würd ich für mich den Schwerpunkt setzen, Kontakte aufzunehmen und em bestimmte Gruppen eh zusammenzufassen oder auch einfach die Kulturkreise kennenlernen zu wollen, um dann bestimmte Leute anzusprechen, bestimmte Sachen für sich selbst zu regeln, zum Beispiel im Haushalt oder bei der Reinigung der Zimmer oder im/ im Nähbereich oder bei der Kinderbetreuung.`

Das Beispiel demonstriert, wie es einer Bewerberin gelingt, einen solchen notwendigen Partnerbezug durch die Verwendung des Konjunktivs herzustellen. Positiv ist weiterhin in diesem Beispiel anzumerken, daß die Bewerberin einen expliziten Sprecherbezug durch die Formulierung `'würd ich für mich den Schwerpunkt setzen'` herstellt.

5.5.2.3 Aktivierung von Topoi

Die Gegenstandssicht wurde als die jeweilige Art und Weise bezeichnet, wie und was von einem Bewerber über einen konkreten Gesprächsgegenstand prädiziert wird. In der Gegenstandssicht bringt der Bewerber Werte, Erfahrungen oder Normen zum Ausdruck, die für ihn eine bestimmte Geltung, Wichtigkeit, Bedeutung, Aktualität oder Tradition besitzen. Die jeweilige

Prädikationsgrundlage einer Gegenstandssicht bilden Topoi, die allgemein als

> "bewußt übernommene und unbewußt internalisierte Spielregeln und Bedeutungsgehalte der Tradition und der Konvention"[15] (BORNSCHEUER 1977, 209)

zu verstehen sind. In Topoi kommen Denk-, Verhaltens-, Gefühls- oder Wertmuster zum Ausdruck, die für einen bestimmten Zeitraum maßgeblich und meinungsbildend für eine Gesellschaft, einen Kulturkreis, aber auch kleinere Organisationseinheiten wie ein Unternehmen, eine soziale Einrichtung, eine Verwaltung, Universitäten etc. sind und die sich je nach gesellschaftlich-sozialem Umfeld ändern können.[16] Für den Topos-Begriff liegt keine eindeutig-konkrete Definition vor (ebd., 206f.). Er läßt sich

> "als ein heuristischer Sammelbegriff bezeichnen für sämtliche Gesichtspunkte, die für die intersubjektive Problemerörterung und Meinungsbildung innerhalb eines bestimmten soziokulturellen Horizontes relevant sind. Jeder formale oder thematische Gesichtspunkt, jede logische oder psychologische, disputationstaktische oder ethisch-normative Verhaltensregel, jedes objektive Faktum oder fiktionale Bild, jedes konkrete Beispiel oder einprägsame Merkwort *kann* unter bestimmten soziokulturellen Bedingungen den Rang eines Topos gewinnen" (BORNSCHEUER 1977, 208).

Topoi werden im Zusammenhang dieser Arbeit verstanden als Denk-, Gefühls- und Handlungsmuster, die auf der Gegenstandsebene des Gesprächs in Form von Prädikationen in den jeweiligen Gegenstandssichtweisen der Gesprächsteilnehmer aktiviert werden und zum Ausdruck kommen.[17] Perso-

---

[15]Vgl. hierzu auch die Definition von CURTIUS (1948, 18), der als einer der ersten für eine Aktualisierung des Begriffs gesorgt hat. Nach CURTIUS sind Topoi zu verstehen als "Clichés oder Denk- und Ausdrucksschemata".

[16]PAWLOWSKI beschreibt beispielsweise den Umbruch des Topos "Ehre" im Hinblick auf seine Wirksamkeit als Argumentationsbasis. Dabei stellt er fest, daß sich die Bedeutung des Topos 'Ehre' innerhalb der historischen Entwicklung verändert hat. Während der Topos zu früheren Zeiten noch eine enorme Wirksamkeit hatte, ist er heute quasi bedeutungslos (PAWLOWSKI 1990, 256).

[17] Nach antikem Verständnis gelten Topoi als "die Fundstätten für Beweise" (UEDING / STEINBRINK 1986, 218) und bilden die Basis jeder wirkungsvollen Argumentation. ARISTOTELES versteht unter Topoi "allgemeine Gesichtspunkte", unter denen man einen

nales Sprechen wird folglich auch über die Aktivierung und Verwendung solcher Topoi vollzogen, die ein Bewerber heranzieht, um von seiner Passung zu überzeugen.

a) Semantische Leerformeln

Die Aktivierung von Topoi birgt die Gefahr, daß sie vom Bewerber als Schlagworte ohne inhaltliche Aussagekraft verwendet werden. Die Gründe dafür können zum einen darin liegen, daß es Bewerbern schwerfällt, eigenständige Gegenstandssichtweisen zu entwickeln und statt dessen auf gängige Schlagworte, Clichés und stereotype Formulierungen zurückgreifen, die sie beispielsweise in Bewerbungsratgebern gelesen haben und davon ausgehen, daß

> "mit dem Schlagwort gleichzeitig seine Bedeutung und seine Wertgestalt appellhaft im Hörer" (BARTSCH 1970, 147)

aufgerufen wird. Das zentrale Problem der Verwendung von Topoi liegt darin, daß häufig mit einem vom Bewerber verwendeten Schlagwort keine Erfahrung, kein persönlicher Bezug und keine Identifizierung vorhanden ist. Häufig verbirgt sich hinter dem Schlagwort nur eine sehr diffuse Vorstellung des Bewerbers. Es tritt dann die Wirkung ein,

> "daß die häufige Wiederholung eines Wortes dieses Wort langsam zur »Leerformel« werden läßt. Die Bedeutung des Wortes nimmt ab, je öfter es wiederholt wird, es sei denn, der Mensch macht z.B. gleichzeitig mit dem Wort »gehen« auch wieder einmal die Erfahrung »gehen« (an sich oder an anderen). Nur eine solche »Verstärkung« des Wortzeichens bewahrt das Wort vor »semantischer Sättigung«. Es bleibt nur dann bedeutungstragendes Zeichen (semeion), wenn es ab und zu durch eine Wahrnehmung der bezeichneten Wirklichkeit bestätigt wird" (ebd., 149).

Die von BARTSCH[18] beschriebene Wirkung trifft in ganz besonderer Weise auch auf in der Bewerbersprache gängige Formulierungen und Schlagworte zu. So bleiben beispielsweise von Bewerbern herangezogene Topoi

---

Gegenstand oder Sachverhalt betrachten kann (Rhetorik I, 2, 21).

[18] BARTSCH beschäftigt sich im Zusammenhang der Gestaltung von Predigten mit diesem Problem.

zur Selbsteinschätzung wie 'zuverlässig, belastbar, kontaktfreudig, tolerant, teamfähig, konfliktfähig' etc. oder Rollencharakterisierungen wie 'dynamische Führungskraft, kreativer Denker' etc., die er für passungsrelevant hält, häufig Allgemeinplätze und semantische Leerformeln, da mit ihnen oft keine authentische Identifizierung möglich ist, wenn der Bewerber sie nicht mit Erfahrung und einer erlebten Wirklichkeit ausfüllen kann. Dieses Problem existiert nicht nur bei Bewerbern, die sich um Stellen in sozialen Bereichen bewerben, sondern ebenso sind davon Betriebswirtschaftler, Geisteswissenschaftler, Physiker oder Ingenieure betroffen.

Diese Problematik, die auf Bewerberseite bezüglich der Prädikationen und der ihnen zugrundeliegenden Topoi auftritt, soll im folgenden an einigen konkreten Gesprächsausschnitten verdeutlicht werden.

Gespräch V:

Die Bewerberin wird im vorliegenden Gesprächsausschnitt nach ihrer Motivation gefragt, wie sie von der Behindertenarbeit zur Altenarbeit gekommen ist.

E1: Is ja an sich ne sehr interessante Tätigkeit, und wie sind Sie dann von da aus auf den Altenbereich gekommen?

B: (LAUTES ATMEN) Eh: ja also, ich denke irgendwie, als/ ich als Diplompädagogin/ also ich war früher in der Jugendarbeit auch tätig und hab dann halt so in der Behindertenarbeit gearbeitet, und/ und ich denke irgendwie es/ es is auch oft so, daß man halt wechselt in der Arbeit, und die Arbeit läßt sich übertragen, also vom Menschenbild her. Also ich denke gerade Behinderte irgendwie, das Menschenbild, humanistisches Menschenbild, Selbstständigkeit war mir wichtig, und das läßt sich auch auf den Bereich der alten Menschen auch übertragen. Und auch so die Freizeitarbeit, denk ich.

Die Erwartungsnorm der Frage (obligatorische Information und fakultative Begründung und/oder fakultative Bewertung) zielt auf eine persönliche Stellungnahme der Bewerberin hinsichtlich ihres Wechsels zur Altenarbeit.

Die Bewerberin muß also die persönlichen Gesichtspunkte (Prädikationen) verdeutlichen, die sie zu einem Wechsel (Referenzobjekt) bewogen haben. Zu diesem Zweck greift sie auf folgende Topoi zurück, die ihre Prädikationsgrundlage bilden: Zunächst führt sie Flexibilität (`...es is auch oft so, daß man halt wechselt in der Arbeit...`) an. Darüber hinaus versucht sie einen Vergleich der Behindertenarbeit mit der Altenarbeit über den Topos `'humanistisches Menschenbild'` zu ziehen, der ihrer Meinung nach beiden Tätigkeiten zugrundeliegt. Zum dritten verweist sie auf `'Selbständigkeit'` und `'Freizeitarbeit'`, die für sie von Bedeutung sind. Dabei erweckt ihre Auswahl der Topoi, vor allem durch die mehrmalige Verwendung des Unbestimmtheit ausdrückenden Modaladverbs `'irgendwie'`, den Anschein der Beliebigkeit. Ein Topos wie `'humanistisches Menschenbild'`, hinter dem sich die gesamte abendländische Philosophie und Tradition verbirgt, wird ohne weitere Konkretion und Erläuterung unmittelbar neben den Schwerpunkt `'Freizeitarbeit'` gestellt. Die von ihr herangezogenen Topoi, die den Wechsel zur Altenarbeit begründen sollen, bleiben Schlagworte, da es ihr nicht gelingt zu verdeutlichen, was für sie mit diesem Wertbegriff verbunden ist, welche Erfahrungen und welche Wirklichkeit für sie hinter der Orientierung an einem humanistischen Menschenbild stehen. Das gleiche gilt für den Topos `'Selbstständigkeit'`, der von der Bewerberin ebenfalls nicht erläutert wird. Auch der den Wechsel begründende Vergleich der `'Freizeitarbeit'` bleibt ohne weitere Konkretionen stehen. Offensichtlich erwartet die Bewerberin, daß sich mit der Nennung dieser inhaltsträchtigen Begriffe für die Einstellenden gleichzeitig auch die persönliche Bedeutung erschließt.

Die Reaktion der Einstellenden deutet darauf hin, daß eine unzureichende Erklärung für den Wechsel vorliegt.

```
E1: Ja:= + + Sie sind jetzt seit Januar vergangenen Jahres in
dieser X-Umschulung....
```

Ihr gedehntes `'Ja:='` drückt eher Zweifel am als Bestätigung des Gesagten aus. Auffällig ist auch der sich unmittelbar anschließende kommentarlose Gegenstandswechsel, der signalisieren könnte, daß die Einstellende von den Erläuterungen der Bewerberin nicht überzeugt werden konnte.

Das folgende Beispiel demonstriert ebenfalls eine gehäufte Ansammlung theologischer Schlagworte, mit denen ein Bewerber seine Bewerbung in einem in evangelischer Trägerschaft stehenden Altenheim begründet:

Gespräch I:

E2: Sie wollen also Heimleiter werden. Und wollen auch/ Warum wollen Sie geráde béi úns ánfángen? Wárúm wóllen Síe béi úns Heimleiter werden, bei únsérér in* innérén Mission?

B: Ja eh eh, zum einen, weil Sie gerade jetzt/ Warum gerade bei Ihnen? Ich selber habe eine/ + habe im zweiten Fach Evangelische Theologíe stúdiert, und das eh eh Prinzip der Inneren Mission, Nächstenliebe, Kontakt zum Nächsten und (LAUTES ATMEN) + darüber hinaus eben die Kommunikation mit Menschen, das is ne Sache, die mir Spaß macht. Ich hab einfach/ möchte gern auf der Beziehungsebene arbeiten und möchte auch den diakonischen Auftrag sozusagen überbringen und sehe/ das pflege ich ohnehin im Alltag.

Das braucht man |eigentlich gar nicht|
E2: | Was verst*/ |

B: zu betonen, aber weil Sie mir das jetzt so sagen, nich?

Die Frage des Einstellenden zielt auf eine Begründung für die Bewerbung in einem Altenheim der Inneren Mission. Der Bewerber nennt daraufhin die Gründe, die ihn dazu veranlaßt haben, sich bei der Inneren Mission zu bewerben. Keinen der von ihm genannten Topoi 'Nächstenliebe; Kontakt zum Nächsten; Kommunikation mit Menschen; Beziehungsebene; diakonischer Auftrag' konkretisiert der Bewerber, im Gegenteil: die Folgeinformation, diese Attribute im Alltag umzusetzen, wird mit einer, fast als Beschuldigung wirkenden Bagatellisierung der Frage versehen.

In beiden Beispielen sind die ausgewählten Topoi grundsätzlich geeignet, um im einen Fall die Motivation für einen Wechsel von der Behinderten- zur Altenarbeit zu erklären, im anderen Fall eine Bewerbung in einem kirchlichen Altenheim zu begründen. Die einstellenden Gesprächpartner können jedoch aus den Äußerungen der Bewerber, also aus der Art und Weise der Gegenstandsbehandlung, keinen Eindruck darüber gewinnen, ob eine Passung vorliegen könnte, da die Bewerber nicht verdeutlichen können, daß hinter den von ihnen verwendeten Topoi eine persönliche Gegenstandssicht steht, die sie sich durch Reflexion ihrer Erfahrungen erarbeitet haben und die ein Heranziehen solcher Topoi rechtfertigen würde.

b) Strukturmerkmale des Topos als Anforderungen an die Gegenstandsbehandlung

Topoi weisen vier Strukturmerkmale auf, die für die Entfaltung ihrer Wirkung von konstitutiver Bedeutung sind (BORNSCHEUER 1976, 91ff.). Aus diesen Strukturmerkmalen lassen sich handlungspraktische Konsequenzen für die Gegenstandsebene gewinnen. Die Strukturmerkmale können als Anforderungsprofil für eine angemessene Aktivierung von Topoi nutzbar gemacht werden.

Habitualität

BORNSCHEUER beschreibt als erstes Merkmal die "Habitualität" eines Topos (ebd., 96).

> "Ein Topos ist ein Standard des von einer Gesellschaft jeweils internalisierten Bewußtseins-, Sprach- und/oder Verhaltenshabitus, ein Strukturelement des sprachlich-sozialen Kommunikationsgefüges, eine Determinante des in einer Gesellschaft jeweils herrschenden Selbstverständnisses und des seine Traditionen und Konventionen regenerierenden Bildungssystems" (ebd.).

Topoi besitzen innerhalb einer Gesellschaft oder eines Kulturkreises immer einen bestimmten Stellenwert. Der Stellenwert eines Topos kann begrenzt sein auf kleinere Organisationseinheiten. Das ist bei Topoi wie 'ganzheitliche Pflege' oder 'aktivierende Pflege' der Fall, da sie nur in sozialen Einrichtungen wie Alten- oder Pflegeheimen einen bestimmte Relevanz besitzen. Der Stellenwert von Topoi kann darüber hinaus begrenzt sein auf berufliche Tätigkeiten oder Tätigkeitsfelder. So hat der Topos 'Durchsetzungsfähigkeit' bei einem Sozialarbeiter in sozialen Brennpunkten einen wesentlich höheren

Stellenwert als bei einem Bundesbahnangestellten oder einer Verkäuferin. Topoi können auch unterschiedlich emotional besetzt sein. So steht der Topos 'ganzheitliche Pflege' im Altenheimbereich für ein zwar allgemein befürwortetes Konzept der Altenpflege, dessen konkrete Umsetzung sich jedoch als ausgesprochen schwierig erweist und auf verschiedene Widerstände stößt.

Aus dieser ersten Charakterisierung des Topos ergibt sich für den Bewerber bei der Aktivierung und Verwendung von Topoi die Notwendigkeit, ihren jeweiligen Stellenwert in bezug auf die zu besetzende Stelle zu ermitteln. Der Bewerber muß sich darüber bewußt sein, welchen aktuellen Stellenwert der von ihm herangezogene Topos als Prädikationsgrundlage seiner Gegenstandssicht für ihn selbst und die einstellende Institution besitzt.

Intentionalität

In unmittelbarem Zusammenhang zum Merkmal "Habitualität" steht das Merkmal der "Intentionalität" (ebd., 103). Die Verwendung von Topoi impliziert eine bestimmte Wirkungsabsicht. Der Empfänger soll beeinflußt werden, indem man ihn von der Richtigkeit einer Aussage oder eines Arguments durch die Aktivierung eines bestimmten Topos überzeugen will.

> "Einen konkreten Argumentationswert gewinnt ein Topos allerdings nicht schon aufgrund seiner habitualisierten Allgemeingeltung, und erst recht nicht aufgrund seiner polyvalenten Interpretierbarkeit, sondern erst aufgrund einer dezidierten Applikation innerhalb eines konkreten Problemzusammenhangs und im Sinne einer bestimmten Argumentationsabsicht" (BORNSCHEUER 1977, 210).

Bei der Aktivierung von Topoi muß der Bewerber jedoch berücksichtigen, daß ein gleicher Topos in unterschiedlichen Situationen für unterschiedliche Ziele herangezogen werden kann.

Im Bewerbungsgespräch verwendet der Bewerber Topoi, um damit von seiner Passung zu überzeugen. Daraus ergibt sich für ihn die Anforderung der Ermittlung solcher Topoi, durch die er bei der einstellenden Institution etwas bewirken kann, das heißt, er muß sie auf ihre Passungsrelevanz überprüfen: Die Überprüfung der Passungsrelevanz muß aufzeigen, daß die ausgewählten und aktivierten Topoi eine geeignete und ausreichende

Prädikationsgrundlage darstellen, um von einer Passung zu überzeugen. Im Fall der Bewerberin, die sich auf eine Stelle im Asylbewerberheim bewirbt und danach gefragt wird, ob sie sich diese Arbeit zutraut, reicht die alleinige Feststellung, daß sie über Durchsetzungsfähigkeit verfügt, nicht aus. Weitere passungsrelevante Topoi in diesem Zusammenhang wären beispielsweise 'Konfliktfähigkeit' oder 'emotionale Belastbarkeit'.

Potentialität

Als weiteres Strukturmerkmal eines Topos nennt BORNSCHEUER die "Potentialität" (1976, 99).

Im Rückgriff auf ARISTOTELES ist damit gemeint, daß Topoi generell unbestimmt und allgemein sind und sich für unterschiedliche Argumentationsziele verwenden lassen.

> "Aus jedem einzelnen lassen sich verschiedenartige und sogar völlig gegensätzliche Argumente gewinnen, derselbe Topos kann bei derselben Problemfrage beiden Kontrahenten nützlich sein (in utramque partem-Prinzip). Ausschlaggebend ist stets, in welchem Sinne ein Topos jeweils ins Spiel gebracht wird" (BORNSCHEUER 1976, 98).

Topoi bedürfen folglich der Interpretation durch die sie verwendenden Benutzer (vgl. auch PAWLOWSKI 1990, 257). Das Strukturmerkmal der Potentialität verweist auf das an anderer Stelle beschriebene Problem der semantischen Leerformeln.

> "Ohne aktuellen Gebrauch in der Erörterung lebensbedeutsamer Problemfälle sinkt ein Topos entweder zum Klischee ab, d.h. in die reflexionslose Habitualität, oder er verflüchtigt sich zum bloßen Einfall, d.h. in eine unverbindliche Potentialität" (BORNSCHEUER 1976, 102).

Seine Wirkung entfaltet ein Topos erst durch eine Interpretation auf der Basis von Erfahrungswissen und einer gelebten Wirklichkeit. Dieses Strukturmerkmal eines Topos ist für den Bewerber von elementarer Bedeutung, da personales Sprechen dann darin zum Ausdruck kommt, wie der Bewerber auf Topoi zurückgreift und diese auf der Basis persönlicher Erfahrungen interpretiert. Diese Interpretation von Topoi stellt die Grundlage dafür dar, die einstellende Institution von seiner Passung zu überzeugen. Gelingt es ihm nicht, wie im oben aufgeführten Beispiel, Topoi wie 'Nächstenliebe' oder 'humanistisches Menschenbild' auf dem eigenen Erfahrungshintergrund zu interpretieren, dann bleiben die herangezogenen Topoi semantische Leerformeln, die als solche unwirksam sind und auf einstellender Seite den Eindruck von fehlender Authentizität, Unvorbereitetheit oder Prahlerei hinterlassen können.

Symbolizität

Die Interpretation eines Topos kommt in der jeweiligen Art und Weise der symbolischen Vermittlung zum Ausdruck. Es handelt sich um das Strukturmerkmal der "Symbolizität" (BORNSCHEUER 1976, 103). Die symbolische Vermittlung kann unterschiedlich realisiert werden.

> "Die konkrete Merkform, in der ein Topos bzw. eine Topik im gruppenspezifischen Individualbewußtsein am konzentriertesten notifiziert und am leichtesten abrufbar ist, bezeichnen wir als Symbolisierung. Eine präzise sprachlich-formelhafte oder auch bildhaft-schematische Symbolprägung (Stichwort, Merkvers, Sentenz, logisches Schema usw.) ist die Voraussetzung einer zuverlässigen Präsenz" (BORNSCHEUER 1976, 105).

Bei Bewerbern existieren in bezug auf die symbolische Vermittlung von Topoi zwei Probleme. Zum einen existiert die Schwierigkeit, Topoi zu symbolisieren, indem ein bestimmter Bedeutungsgehalt, ein Beispiel oder eine bestimmte Situation auf eine prägnante Formel zurückgeführt wird. Das ist beispielsweise dann der Fall, wenn sich Bewerber bei der Beantwortung von Fragen, die sich auf persönliche Konzepte oder Vorstellungen zur künftigen Tätigkeit beziehen, nur auf das Explizieren von Beispielen, Episoden aus ihrer beruflichen Tätigkeit beschränken, ohne sie mittels eines induktiven Verfahrens in eine allgemeine Aussage zu überführen.

Zum anderen existiert das Problem, daß Bewerber Topoi wie 'partnerschaftliche Mitarbeiterführung; Teamfähigkeit, Selbstständigkeit, Verantwortungsbewußtsein' etc. in ihrem Bedeutungsgehalt interpretatorisch nicht oder nur unzureichend dechiffrieren und vermitteln. In diesen Fällen bedarf es der sprachlichen Auflösung von Topoi durch Substitution, das heißt, der konzentrierte allgemeine Bedeutungsgehalt, der in einem Topos wie 'Teamfähigkeit' kulminiert, muß durch die persönliche Interpretation des Bewerbers konkretisiert werden. Wesentliche Möglichkeiten zur sprachlichen

Dechiffrierung, Substitution und Vermittlung von Topoi sind Erfahrungsberichte, Beispiele oder Analogiebildungen. Das folgende Beispiel demonstriert die gelungene Auflösung eines Topos:

Gespräch III:

E1: Herr N., Sie eh nehmen in Ihrem Anschreiben Stellung dazu, daß Sie besonders eh daran interessiert sind oder *diese Stelle besonders* reizvoll finden, weil hier die Möglichkeit zur partnerschaftlichen Mitarbeiterführung geboten wird, und Sie erwähnen, daß Sie also bisher auch schon Erfahrungen diesbezüglich gemacht haben. Könnten Sie mal kurz skizzieren +, was Sie darunter verstehen und wo Sie diese Erfahrungen gemacht haben.

B: Mm mm ja, ich hatte ja eh/ *ich habs Ihnen ja vorhin schon* kurz gesagt als Erzieher gearbeitet, und wir ham damals eh sehr teammäßig gearbeitet, das heißt, wir waren relativ selbständig in gewissem Rahmen + und eh habn ebend die Sachen, was wir machen, zusammen abgesprochen. Da war direkt jetzt nicht einer, der hinterher das Sagen hatte. Es gab zwar ne Gruppenleitung, ich hab teilweise auch Gruppenleitungsvertretung gemacht, eh aber es/ wir waren relativ gleichgestellt trotz Gruppenleitung, und das war ne Arbeitsform, mit der ich gut klar kam und die, ich denke, auch sehr effektiv war. Ich habe gleichzeitig aber auch die Erfahrung gemacht, wie wichtig es ist, Kollegen miteinzubeziehen, *ich sage es jetzt mal* vom negativen Rahmen, wo ich erlebt habe, daß Leitung oft nicht fähig war, *sozusagn* die Kollegen mit einzubeziehen oder wo es nur Scheinkonferenzen gab, sagn wer, wo/ wo man zusammensaß und eh angeblich bestimmen konnte oder Einfluß nehmen *und das im Grunde genommen* alles klar war, und das hat sehr viel eh Unbehagen hervorgerufen, und ich habe selbst bei mir und bei andern erlebt, wie dann mehr und mehr sozusagen Resignation eintrat, und ich halte es für sehr wichtig, und ich trau mir das auch zu, eh Mitarbeiter sagn wer mal zu motivieren, mit denen zusammenzuarbeiten, mit einzubeziehen in Entscheidungsprozesse oder zumindestens eh mit in die Arbeit einzubeziehen.

In diesem Beispiel geht es um den Topos 'partnerschaftliche Mitarbeiterführung'. Der Bewerber beschreibt seine letzte Tätigkeit als Erzieher und bewertet die Führungsstruktur als 'sehr teammäßig'. Damit erfolgt zunächst eine erste Substitution des Topos 'partnerschaftliche Mitarbeiterführung'. Dies substituiert der Bewerber im folgenden nochmals durch das mit 'das heißt' beginnende Syntagma und löst ihn in konkrete Erfahrungen auf. Er konkretisiert, wie die Teamarbeit gestaltet war (... Sachen zusammen abgesprochen...; Da war direkt jetzt nicht einer, der hinterher das Sagen hatte.) und berichtet von seinen positiven (...gut klar kam...; ...effektiv...) und negativen Erfahrungen (...Resignation...), die er ebenfalls wieder konkretisiert (z.B. ...Scheinkonferenzen...). Der Bewerber kann dadurch verdeutlichen, daß er mit dem Topos 'partnerschaftliche Mitarbeiterführung' konkrete Erfahrungen verbindet, sie für ihn also einen Teil erlebter Wirklichkeit darstellt, mit der auch eine konkrete Auseinandersetzung stattgefunden hat.

Die erläuterten Sturkturmerkmale liefern Kriterien zur Analyse der Wirksamkeit und Angemessenheit aktivierter Topoi, die als Prädikationsgrundlage in der jeweiligen Gegenstandssicht eines Bewerbers zum Ausdruck kommen. Für Bewerber sind sie von zentraler Bedeutung, da ihm erst die Berücksichtigung dieser Strukturmerkmale eine Prädikation ermöglicht, durch die eine persönliche Gegenstandssicht zum Ausdruck kommt.

III Prozeßstruktur des Bewerbungsgesprächs

Aus der zu Beginn der Arbeit zugrundegelegten Gesprächsdefinition, in der Bewerbungsgespräche als situativ gesteuerte, wechselseitige Verständigungsprozesse bezeichnet wurden, mit dem Ziel, gemeinsam das Problem einer Stellenbesetzung zu lösen, ergibt sich nun der zweite notwendige Analyseschritt, der zur Formulierung von Handlungsanweisungen für einen Bewerber von Bedeutung ist. Dieser Analyseschritt bezieht sich auf die Prozeßstruktur des Bewerbungsgesprächs. Unter der Prozeßstruktur wird der konkrete, aktuelle Gesprächsvollzug als Verständigungsereignis verstanden (vgl. GEIßNER 1988a, 43). Der Gesprächsprozeß kann analytisch auf zwei Ebenen betrachtet werden.

Zum einen handelt es sich um die Ebene der "Ablaufkonstitution" (KALLMEYER / SCHÜTZE 1976, 12), die sich auf die Konstituierung von Anfang, Mitte und Beendigung des Bewerbungsgesprächs und seine inhaltliche und formale Gesamtstruktur beziehungsweise auf seinen Gesamtverlauf bezieht. Sie wird im folgenden als Phasenstruktur bezeichnet.

Zum anderen kann der Verständigungsprozeß des Bewerbungsgesprächs auf der Ebene der Sequenzstruktur, das heißt der sequentiellen Aufeinanderfolge von Gesprächsschritten analysiert werden (vgl. ebd., 15).

Das Bewerbungsgespräch als aktuell vollzogenen Verständigungsprozeß aufzufassen, beinhaltet, daß von den Gesprächsteilnehmern keine festgelegten Muster abgearbeitet werden. Zwar wirken im aktuellen Sprechereignis situative Bedingungen wie das Ziel, das Thema oder die jeweiligen Rollenerwartungen an die Gesprächsteilnehmer, dennoch müssen sich die Gesprächsteilnehmer mithilfe des sprachlichen Zeichens aktuell verständigen. Insofern ist auch das Bewerbungsgespräch nicht als Abarbeitung von Verlaufsmustern zu betrachten, die Einstellenden und Bewerbern zur Verfügung stehen,

> "sondern sie (die Gesprächsteilnehmer, A.L.) verfolgen bestimmte Zwecke, und, aus der Natur der Sache ergibt es sich, daß ein Ablauf, sprich: Handlungsabfolge, besser ist als eine andere, und daß es möglicherweise so etwas wie ein optimales Verlaufsmuster gibt" (DITTMANN 1979a, 34f.).

Der situative Kontext des Bewerbungsgesprächs wirkt insofern auf die Prozeßstruktur ein, als hier keine explizite Verständigung über das Thema beziehungsweise das Ziel erreicht werden muß, da Einstellende und Bewerber ausschließlich zur Passungsüberprüfung zusammenkommen.

Für beide Ebenen der Prozeßstruktur sollen die sprecherischen und sprachlichen Handlungsmöglichkeiten des Bewerbers im Hinblick auf gelingende Teilnahme am Bewerbungsgespräch ermittelt werden.

1 Phasenstruktur

Die Phasenstruktur unterliegt im Bewerbungsgespräch konventionellen Regelungen, die in Form unterschiedlicher Handlungskompetenzen bezüglich der Phasenstrukturierung auf seiten der einstellenden Institution und des Bewerbers zum Ausdruck kommen. Die Phasenstrukturierung wird weitgehend durch die einstellende Institution geregelt, der Bewerber ist von der Gestaltung und Strukturierung des Ablaufs ausgeschlossen. Die Handlungskompetenzen sind also in bezug auf das Recht zur Gesamtstrukturierung ungleich verteilt. Der Einstellende nimmt eine privilegierte, der Bewerber eine untergeordnete Position ein.[1] In bezug auf das Recht zur Phasenstruk-

[1]Mit Kriterien für die Bestimmung von asymmetrischen und symmetrischen Gesprächen hat sich besonders die Freiburger Redekonstellationsforschung beschäftigt. Sie bezeichnet ein Gespräch dann als asymmetrisch, wenn sich einer oder mehrere der Gesprächsteilnehmer in einer privilegierten, andere sich in einer untergeordneten Rolle befinden (vgl. BERENS 1975, 34; STEGER u.a. 1974, 79f.; JÄGER 1976, 69; auch HENNE/REHBOCK 1982, 33; 35f.). Privilegiert ist ein Gesprächsteilnehmer dann, wenn er den Gesprächsprozeß in besonderer Weise steuert, indem er beispielsweise die Themen bestimmt, Fragen stellt, die Gesprächseröffnung und -beendigung vornehmen kann. Entsprechend sind in einem solchen Gespräch die übrigen Gesprächsteilnehmer untergeordnet. Kennzeichen für situative Unterordnung können z.B. eine passive Gesprächsführung, reaktives Verhalten auf Beiträge des Gesprächspartners, keine eigenen Themenvorschläge u.ä. sein (vgl. BERENS 1975, 37f.; auch JÄGER 1976, 69). Entsprechend liegen symmetrische Gesprächskonstellationen vor, wenn in ihnen alle beteiligten Gesprächsteilnehmer die Möglichkeit haben, "das Wort zu ergreifen und Beiträge zur Erörterung des Kommunikationsgegenstandes zu liefern" (STEGER u.a. 1974, 79). Dabei läßt die Freiburger Redekonstellationstypik unberücksichtigt, daß Symmetrien und Asymmetrien innerhalb eines Gesprächs auf mehreren Ebenen zu unterscheiden sind: Während die Gestaltung der Phasenstruktur zum konventionellen Recht der Einstellenden gehört, ergibt sich für die Sequenzstruktur in Bezug auf die Verteilung von Fragen und Antworten ein anderes Bild. Hier besteht für beide Seiten gleichermaßen das Recht und die Verpflichtung, durch Fragen Informationen einzuholen, aber auch Informationen abzugeben (vgl. III 2).

turierung liegt demnach ein asymmetrisches Verhältnis vor. Hier bietet sich ein Vergleich mit einem Interview[2] an:

> "dem I-er (Interviewer, A.L.) steht das Recht zu, das Interview zu eröffnen und zu beendigen, Themen einzuführen und fortzusetzen, aus vorgegebenen Daten Fragen zu stellen (...)" (SCHWITALLA 1979a, 167; auch BERENS 1975, 71f.).

Das Recht der einstellenden Institution auf Gesprächseröffnung, -beendigung und Organisation des thematischen Verlaufs der Gesprächsmitte ist Bestandteil der gegenseitigen Sprechrollenerwartungen und besitzt für beide Seiten verpflichtenden Charakter. Eine Verletzung dieser konventionellen Regelung kann zu Störungen der Beziehung der Gesprächsteilnehmer zueinander führen.

1.1 Phasenstrukturmodelle in der Literatur zur Einstellungspraxis

Die jeweilige Durchführungspraxis bezüglich der Phasenstrukturierung variiert in den einzelnen Institutionen und ist, abgesehen von individuellen Erfahrungen und Berichten, nur über die Literatur zugänglich. Über die jeweilige Verfahrenspraxis liegen einem Bewerber im Vorfeld des Gesprächs keine Informationen vor. Aus diesem Grund sollen zunächst die drei gängigen Verfahrensweisen zur Phasierung von Bewerbungsgesprächen vorgestellt werden, mit denen ein Bewerber in einem Bewerbungsgespräch konfrontiert werden kann. Es handelt sich um intuitiv-spontane, standardisierte und halbstandardisierte Gespräche (vgl. BÖHM / JUSTEN 1990, 161).

1.1.1 Intuitiv-spontanes Gespräch

Das intuitiv-spontane Gespräch weist Ähnlichkeiten zu einem small-talk auf, in dem ein unmittelbarer Ziel-und Themabezug nicht erkennbar ist. Es wird ohne reflektierte Vorbereitung und Konzept durchgeführt. Aus eignungsdiagnostischer Sicht gilt es als am wenigsten valide (vgl. SCHULER / FUNKE 1992, 247). Auch für den Bewerber liegt darin die Gefahr, daß

---

[2] Auch innerhalb der eignungsdiagnostischen Literatur wird überwiegend der Begriff "Einstellungsinterview" verwendet.

nur in unzureichender Form passungsrelevante Gegenstände thematisiert werden.

1.1.2 Standardisierte Phasierung

Im vollständig standardisierten Gespräch erfolgt von einstellender Seite aus vor dem Gespräch bereits eine komplette Festlegung der Fragen und ihrer Reihenfolge, die dann im vorbereiteten Wortlaut im Gespräch gestellt werden (vgl. BÖHM / JUSTEN 1990, 161). Eine Variante der Vollstandardisierung ist die Erstellung von Antwortkatalogen (vgl. ebd.). Hier bekommt der Bewerber neben der Frage eine begrenzte Anzahl von Antworten vorgelegt, die er im multiple-choice-Verfahren beantworten muß. Die Auswertung erfolgt nach einem bestimmten vorher ausgearbeiteten Skalen- und Punktsystem. Die eignungsdiagnostische Kritik richtet sich vor allem auf die Starrheit einer solchen Vorgehensweise, die die Tendenz aufweist, in ein Verhör mit dem Bewerber zu verfallen und situationsbezogene Reaktionen ausschließt. Ein wechselseitiger Austausch ist in standardisierten Gesprächen nicht mehr gegeben; dadurch erhöht sich auch der Streßfaktor für den Bewerber erheblich (vgl. BOHLEN 1989, 220). Von vollstandardisierten Bewerbungsgesprächen verspricht man sich eine höhere Vergleichbarkeit und eine Verminderung subjektiver Einflüsse. Da im Rahmen einer Stellenbesetzung normalerweise mehrere Bewerbungsgespräche aufeinanderfolgen, dient die Strukturierung einer Verobjektivierung der erst im Anschluß an die Gespräche zu treffenden Entscheidung.

1.1.3 Halbstandardisierte Phasierung

Die Strukturierung läßt in halbstandardisierten Gesprächen innerhalb eines bestimmten Rahmens Variationen und Spontaneität zu, ist jedoch strikt themaorientiert. Es handelt sich um eine Mischung aus intuitivem und standardisiertem Vorgehen.

Die Binnenstrukturierung der Gesprächsmitte und die Auswahl thematischer Kernbereiche unterliegt dem Verantwortungsbereich der Einstellenden und wird jeweils abhängig von der zu besetzenden Stelle vorgenommen. Die Einstellenden sind nicht zwingend auf eine bestimmte Aufeinanderfolge der thematischen Kernbereiche festgelegt, sondern haben die Möglichkeit, darüber aktuell und situativ zu entscheiden (vgl. KOMPTER 1991, 64ff).

Das halbstandardisierte Gespräch wird von Personalexperten favorisiert, weil durch die Strukturierung eine gewisse Vergleichbarkeit von Bewerbern möglich ist, andererseits aber auch die Möglichkeit besteht, situativ auf den jeweiligen Bewerber einzugehen und zu einem Informationsaustausch zu kommen. Gerade diese Form wird auch von Bewerbern positiv beurteilt (vgl. SCHULER / FUNKE 1992, 248).

1.1.3.1 Multimodale Standardisierung

Ein Beispiel für die Strukturierung eines halbstandardisierten Bewerbungsgesprächs, das sich durch den Einsatz verschiedener Methoden auszeichnet, stellt das "multimodale Einstellungsinterview" (ebd.) dar.

Es weist folgende idealtypische Struktur auf:

> "1. *Gesprächsbeginn*. Kurze informelle Unterhaltung; Bemühen um angenehme und offene Atmosphäre; Skizzierung des Verfahrensablaufs; keine Beurteilung.
>
> 2. *Selbstvorstellung des Bewerbers*. Bewerber sprechen einige Minuten über ihren persönlichen und beruflichen Hintergrund. (...)
>
> 3. *Freies Gespräch*. Interviewer stellt offene Fragen in Anknüpfung an Selbstvorstellung und Bewerbungsunterlagen. (...)
>
> 4. *Biographiebezogenes Fragen*. Biographische (oder « Erfahrungs-») Fragen werden aus Anforderungsanalyse abgeleitet oder anforderungsbezogen aus biographischen Fragebogen übernommen.(...)
>
> 5. *Realistische Tätigkeitsinformation*. Ausgewogene Information seitens des Interviewers über Arbeitsplatz und Unternehmen. Überleitung zu situativen Fragen.
>
> 6. *Situative Fragen*.[3] (...)

---

[3]Beispiel für eine situative Frage: Die Leistung eines ihrer Mitarbeiter hat nachgelassen. Anläßlich Ihrer jährlichen Gehaltsgespräche müssen Sie ihm erklären, daß seine Gehaltserhöhung geringer ausfällt als die Zulage, die die meisten seiner Kollegen bekommen. Wie gehen Sie vor?" (SCHULER/FUNKE 1992, 248). Anhand eines vorgegebenen Antwortenkatalogs, muß sich der Bewerber für eine Antwort entscheiden.

7. *Gesprächsabschluß.* Fragen des Bewerbers; Zusammenfassung; weitere Vereinbarungen" (ebd.).

Diese Form des halbstandardisierten Gesprächs enthält sowohl methodische Anteile eines intuitiv-spontanen (Phase 3) als auch Anteile des standardisierten Gesprächs, da hier beispielsweise die Abfolge der einzelnen Phasen festgelegt ist (vgl. ebd.).

1.1.3.2 Thematische Standardisierung

In einer weiteren Variante des halbstandardisierten Gesprächs kann neben den konstitutiven Phasen der Gesprächseröffnung und -beendigung die Strukturierung der Gesprächsmitte nach thematischen Kernbereichen erfolgen (vgl. JUNG 1983, 268; auch STOPP 1977, 77ff.). Dabei werden die jeweiligen Teilinhalte mit Teilzielen korreliert.

Phase	**Zielsetzungen und Erkenntnisziele**	**Beispiele für Gesprächsinhalte**
I	Hemmungs- und Prüfungsangstabbau	Fragen zur Anreise
II	Paßt der Bewerber zur Arbeitsgruppe? "Integrationsfähigkeit"	Fragen zur persönlichen Situation und Entwicklung, zu Freizeitaktivitäten
III	Ist der Bewerber entwicklungsfähig und bildungswillig? "Entwicklungsfähigkeit"	Fragen zu bisherigen Weiterbildungsaktivitäten und Unterlassungsgründen
IV	Wie weit kann der Bewerber den neuen Tätigkeitsbereich ausfüllen? "Leistungsfähigkeit"	Fragen zur beruflichen Entwicklung und zum bisherigen Arbeitsalltag
V	Information des Bewerbers über weitere Arbeitsplatz- und Firmeninterna (zur besseren Entscheidungsfindung	Erklärungen mit Hilfe von Stellenbeschreibungen und Organigrammen
VI	Vertragsverhandlungen	Diskussion über Nebentätigkeiten und Gehaltshöhe
VII	Motivation	Einladung zu einem zweiten Gespräch

Tabelle 1 nach JUNG (1983, 268)

Zu Phase VII führt JUNG als Ergänzung auf, daß diese Phase dem "versöhnlichen Ausklang" (ebd., 267) dienen soll.

Ähnliche Vorschläge zur Strukturierung finden sich auch bei BÖHM / JUSTEN (1990, 167ff.). Auch in den von GRIEßHABER untersuchten Gesprächen mit türkischen und deutschen Lehrstellenbewerbern phasiert die Einstellende das Gespräch nach den thematischen Kernbereichen:

> "-Auskünfte des Bewerbers über seine Eltern, Angaben zur Schullaufbahn mit den entsprechenden Abschlüssen;
>
> - die Vorstellungen des Bewerbers zum angestrebten Beruf." (GRIEßHABER 1987a, 25)

Die Teilbereiche sind jedoch hier aufgrund der jungen Bewerber, bei denen es um einen Berufseinstieg geht, stark eingeschränkt.

1.2 Sprechwissenschaftliche Analyse der Phasenstruktur in den dieser Arbeit zugrundeliegenden Gesprächen

Zur Analyse der Phasenstruktur wird hier zurückgegriffen auf ein Phasenstrukturmodell von BARTSCH (1987; auch 1988, 90f.), das dieser auf der Basis des Organon-Modells von BÜHLER (1982) entwickelt hat.

Während BÜHLER in seinem Modell eine statische Momentaufnahme des Sprechereignisses festgehalten hat, entwickelt BARTSCH am Beispiel des Gesprächstyps der Verhandlung ein dynamisches Prozeßmodell, das hier für die Beschreibung der Phasenstruktur von Bewerbungsgesprächen modifiziert wird. In diesem Modell ist neben der Gesprächseröffnung, Gesprächsmitte und Gesprächsbeendigung als weitere konstitutive Phase die Vorphase eines Gesprächs berücksichtigt, die vor dessen Beginn liegt.

1.2.1 Vorphase

Unter die Vorphase des Bewerbungsgesprächs werden die Aspekte, Handlungen und Ereignisse subsumiert, die zwar vor einem unmittelbaren face-to-face-Kontakt zwischen Bewerber und Einstellenden liegen, für das eigentliche Gespräch aber von Relevanz sind und zu seiner Vorbereitung dienen können.

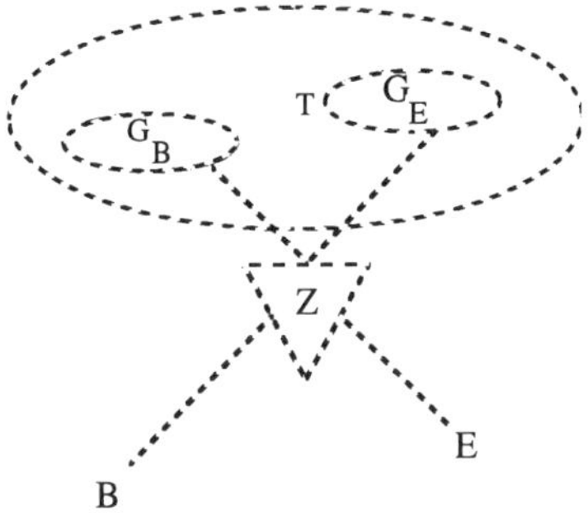

Abb. 10: Vorphase des Bewerbungsgesprächs
(modifiziert nach BARTSCH 1988)

Die gestrichelten Linien deuten an, daß die Verbindung zwischen Einstellenden und Bewerber noch nicht real hergestellt ist (vgl. BARTSCH 1987, 24). Einstellende und Bewerber haben sich noch nicht persönlich kennengelernt. Beide Seiten haben jedoch unterschiedliche Vorerwartungen aneinander und Vorstellungen voneinander. In der Vorphase bilden Einstellende, die im Unterschied zu Bewerbern über die schriftlichen Bewerbungsunterlagen verfügen, eine "Prä-Hypothese" (GRIEßHABER 1987a, 28) über eine mögliche Passung. Die Bildung einer Prä-Hypothese ist für einen Bewerber wesentlich schwieriger, da er in der Regel nur über wenige Informationen bezüglich der einstellenden Institution verfügt. In der Vorphase existiert dadurch eine informationelle Asymmetrie zwischen Bewerber und einstellender Institution, die in der Skizze dadurch angedeutet werden soll, daß die Einstellenden dem Thema näher stehen. BARTSCH spricht in diesem Zusammenhang von "sachbezogener Machtdifferenz" (BARTSCH 1987, 7). Das Ungleichgewicht kann auf der personalen Relationsebene der Gesprächsteilnehmer dann zum Ausdruck kommen, wenn auf Bewerberseite Angst, Unsicherheit oder Unterlegenheitsgefühle bezüglich der für ihn relativ unbekannten und nicht-vertrauten Situation existent sind, so daß dann ebenfalls eine "personenbezogene Machtdifferenz" (ebd.) vorliegen kann.

1.2.2 Gesprächseröffnung

Die Eröffnungsphase stellt den unmittelbaren face-to-face-Kontakt zwischen Einstellenden und Bewerbern her.

Die formalen Kennzeichen von Gesprächseröffnungsphasen (Openings) hat SCHEGLOFF an Telefongesprächen untersucht (1972, 374ff.). Demnach besteht eine Gesprächseröffnung aus einer Paarsequenz von Aufforderung und Antwort ("sequence of summons and answer") (vgl. KALLMEYER / SCHÜTZE 1976, 15). Der auf die Aufforderung mit einer Antwort reagierende Gesprächspartner signalisiert damit grundsätzlich eine Kommunikationsbereitschaft, und damit ist der Gesprächsprozeß in Gang gesetzt (vgl. ebd.).

Im Fall des Telefongesprächs ist das das Gespräch auslösende Signal das Klingeln des Telefons. Wenn der Angerufene sich meldet, signalisiert er dem Anrufenden damit prinzipielle Kommunikationsbereitschaft. Daraufhin muß der Anrufende das Thema initiieren. Wird diese Abfolge durchbrochen, ist der weitere Gesprächsverlauf gestört, weil das konventionalisierte Regelsystem nicht mehr reibungslos funktioniert.

In den von mir zugrundegelegten Gesprächen wurde das Gespräch in den meisten Fällen durch das Hereinholen der Bewerber durch die Einstellenden oder durch ein Klopfen des Bewerbers und das anschließende Hereinbitten durch einen der Einstellenden in Gang gesetzt.

Die Gesprächseröffnungsphase des Bewerbungsgesprächs dient der Kontaktherstellung und der Konstitution der Beziehungsebene und hat damit in erster Linie beziehungsaufbauende und -stabilisierende Funktion (vgl. BARTSCH 1987, 24; auch BERENS 1976, 17f.)[4] Darüberhinaus kommt der Gesprächseröffnung eine die weitere Urteilsbildung beeinflussende Wahrnehmungssteuerung zu. Der erste Eindruck wirkt auf die Entscheidungsfindung maßgeblich ein. Untersucht wurde dieses Phänomen bisher nur für die einstellende Seite. So ermittelt SCHMITT (1976, 82) in einer Studie, daß Einstellende nach circa vier Minuten eine Entscheidung über einen

---

[4]HUNDSNURSCHER bezeichnet die Eröffnungs- und Beendigungsphase als kommunikative Vor- und Nachfelder des Dialogs, "die größtenteils nicht konstitutiv sind für das Dialogmuster, die aber die Funktion haben, die Bedingungen für den initiativen Sprechakt herzustellen, im Gesprächsverlauf das Gesprächsergebnis zu sichern und zu anderen Dialogtypen überzuleiten" (1980, 93).

Bewerber treffen. Diese Form der Urteilsbildung stellt für die Eignungsdiagnostik insofern ein Problem dar, als sie sich aufgrund des ersten Eindrucks häufig als falsch erweist, den Gesprächsverlauf jedoch dominant steuern kann.

> "Beispielsweise hat sich gezeigt, daß die meisten Informationen, die Interviewer bei ihren Entscheidungen berücksichtigen, irrelevant[5] sind und daß frühe Eindrücke im Gespräch für die weitere Informationsverarbeitung dominierendes Gewicht haben und das Verhalten der Interaktionspartner steuern. Darüberhinaus sind emotionale Urteilskomponenten (beispielsweise beeinflußt durch Attraktivität, subjektive Ähnlichkeit und andere sympathiebedingende Parameter) für einen Großteil der Urteilsvarianz verantwortlich" (SCHULER / FUNKE 1992, 247).

Da dem Bewerber die subjektiven, den ersten Eindruck steuernden Urteilsmaßstäbe der Einstellenden verschlossen bleiben, kann auf weitere Ausführungen zu diesem Problem verzichtet werden.

Als Modell kann die Eröffnungsphase folgendermaßen dargestellt werden:

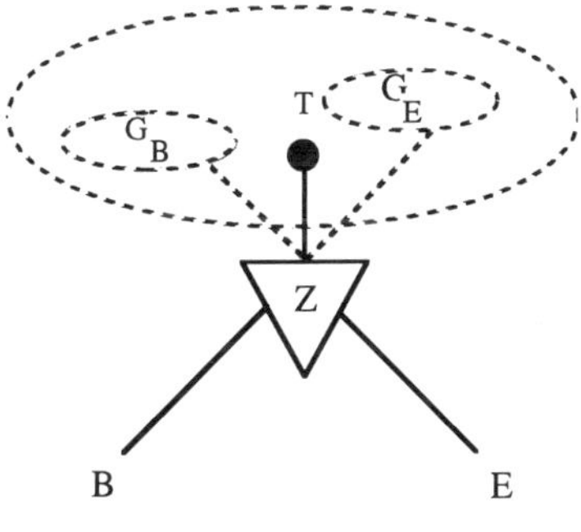

Abb. 11: Gesprächseröffnung (modifiziert nach BARTSCH 1988)

Die durchgezogene Linie von B zu E signalisiert den hergestellten realen Kontakt. Die gestrichelten Linien demonstrieren, daß über die Hauptthematik

[5]Dagegen versucht BORKENAU (1991) einige Aspekte aufzuzeigen, die die Validität des ersten Eindrucks bestätigen.

'Passungsüberprüfung' des Bewerbungsgesprächs noch kein Austausch erfolgt. Dagegen existiert als gemeinsame Sache (schwarzer Punkt) die Herstellung der Beziehung. Die Beziehungsherstellung ist ein stark konventionalisierter und ritualisierter Prozeß.[6]

> "Ein Ritual ist eine mechanische, konventionalisierte Handlung, durch die ein Individuum seinen Respekt und seine Ehrerbietung für ein Objekt von höchstem Wert gegenüber diesem Objekt oder seinem Stellvertreter bezeugt" (GOFFMAN 1982, 97).

Sie haben die Funktion, erhöhte Kontaktbereitschaft zu signalisieren und stellen die soziale und kommunikative Beziehung her (vgl. II: 4.1.4.6). Gesprächseröffnungen und -beendigungen sind als "rituelle Klammern" (ebd., 118) eines Gesprächs zu verstehen. Die personbezogene Machtdifferenz kann über die rituelle Herstellung des Kontakts vorläufig dadurch ausgeglichen werden, daß auf Bewerberseite Angst oder Unsicherheit hinsichtlich der Situation abgebaut wird.

Im folgenden werden die möglichen Teilphasen der Eröffnungsphase anhand der untersuchten Bewerbungsgespräche aufgeführt.[7]

1.2.2.1 Begrüßung und namentliche Vorstellung

Die Begrüßung und gegenseitige Vorstellung mit Namen sind für die Eröffnungsphase des Bewerbungsgesprächs obligatorisch.

---

[6]Zwar weist auch die Eröffnungs- und Beendigungsphase eines Bewerbungsgesprächs eine gewisse Asymmetrie auf (z.B. das Recht des Einstellenden auf Ankündigungen zum Gesprächsverlauf, s.u.), für den Bewerber ergibt sich jedoch nicht die Notwendigkeit, diese auszugleichen, da sie für ihn eine Entlastung darstellt. Konventionelle Regelungen, die in partiellen Asymmetrien zum Ausdruck kommen, haben aus diesem Grund nicht immer Unterlegenheit oder Unterdrückung des sich jeweils in der 'untergeordneten' Position Befindlichen zur Folge. Problematisch sind Asymmetrien für einen Bewerber dann, wenn dadurch eine gegenseitige Passungsüberprüfung verhindert oder gestört wird.

[7]BARTSCH (1987, 24) bezieht die "gemeinsame Sache" der Beziehungsherstellung lediglich auf die small-talk-Anteile zu Beginn einer Verhandlung. Ich meine dagegen, daß sämtliche oben erwähnten Teilfunktionen eine gemeinsame Sache repräsentieren.

Gesprach III:

```
(BEWERBER KLOPFT)
E1: Ja bitte. (BEWERBER KOMMT HEREIN)
E1: |Ach |(ERFREUT)
B:  |Guten|Tag.
E1: Guten Tag Herr N. (SEHR FREUNDLICH)
B: Frau + K.?
E1: Ja, sehr richtig.
E2: Tach Herr N., A.K.  (STELLT SICH MIT NAMEN VOR.)
B: Schönen guten Tag.
E2: Nehmen Sie Platz.
```

1.2.2.2 Platz- und Getränkeangebot

Die Eröffnungsphase muß nicht ausschließlich aus einer wechselseitigen Begrüßungsformel und der gegenseitigen Vorstellung bestehen, sondern erscheint häufig in erweiterter Form. Zur Eröffnungsphase im Bewerbungsgespräch kann das Anbieten eines Platzes (s.o.) und das Anbieten von Getränken gehören:

Gespräch IV:

```
E2: Soll ich uns erst mal nen Kaffee holen? (GERICHTET AN E1)
E1: Jo das/
E2: Möchten |Sie auch Kaffee?|
B:          |Ja doch gerne.  |
(P2 HOLT KAFFEE)
E2: Trinken Sie mit Milch oder|was|?
B:                            |Ja |mit Milch und Zucker.
```

```
E2: Zucker haben wir leider nicht da, ist uns leider ausgegangen.
(LACHT)
B: Ja zur Not gehts auch ohne +++
```

1.2.2.3 Small-talk

Eine häufig vorkommende und vor allem von Personalexperten (z.B. JUNG 1983, 268; SCHULER / FUNKE 1992, 248; LOPEZ 1975, 115) erwünschte Teilphase der Gesprächseröffnung stellt der small-talk dar (vgl. BARTSCH 1987, 24). Dieser Teil der Eröffnungsphase hat die Funktion, eine positive Atmosphäre herzustellen und vor allem auf Bewerberseite Ängste und Hemmungen abzubauen (vgl. SCHULER / FUNKE 1992, 248; JUNG 1983, 268).

Gespräch IV:

```
E1: Ham Sies denn gut gefunden?
B: Ja, das warn bißchen schwierig. So von O. aus nach N.
E1: Ja
B: Und die Autobahn + war sehr voll. Aber + Ihre Beschreibung
war ja ganz gut.
```

In diesem Beispiel unterhalten sich Einstellende und Bewerber über die Anreise der Bewerberin. Andere Themen sind das Wetter, die Verkehrsverhältnisse etc. Kennzeichnend für die Gesprächsgegenstände ist, daß sie zum Gesprächsthema "Überprüfung des Passungsverhältnisses", zu dem die Gesprächsteilnehmer zusammengekommen sind, in keinem propositionalen Zusammenhang stehen. Es handelt sich um Gesprächsgegenstände, die unverbindlichen Charakter haben und die in der Regel wenig Konfliktpotential enthalten. Über die Besprechung solcher unverbindlicher Gegenstände stellen die Gesprächspartner erste Gemeinsamkeiten (Man ärgert sich gemeinsam über die vielen Staus auf den Autobahnen!) und eine persönliche Beziehung her (vgl. BARTSCH 1987, 24). Sie machen sich miteinander vertraut, beobachten sich und bilden sich einen ersten Eindruck vom Gesprächspartner. Der small-talk innerhalb produktionsorientierter

Gespräche besitzt jedoch eine andere kommunikative Qualität als der ausschließlich reproduktionsorientierte small-talk. In produktionsorientierten Gesprächen handelt es sich um einen geplanten und organisierten Teil der Eröffnungsphase, der dem Gesamtgesprächsziel unterliegt und die Funktion hat, über die Stabilisierung der Beziehung einen kommunikativen Austausch über das eigentliche Thema zu ermöglichen.

1.2.2.4 Dank für das Zustandekommen des Gesprächs

Weiterhin kann in der Eröffnungsphase auch Dank für das Zustandekommen des Gesprächs ausgesprochen werden:

Gespräch IV:

E1: Ja, möcht ich mich nochmal bedanken, daß Sie gekommen sind.

Auch hierbei handelt es sich um eine ritualisierte Höflichkeitskonvention, durch die sich Einstellende und Bewerber gegenseitig Respekt zollen.

1.2.2.5 Klärung von Zuständigkeiten

In der Eröffungsphase kann der Zuständigkeits- und Kompetenzbereich der Einstellenden abgesteckt werden:

Gespräch III:

E1: ... Ich bin em Geschäftsführerin + des eh ++ Aufsichtsrates der Evangelischen Kirche Altenhilfe

B: Ja, wir hatten ja schon miteinander |telefoniert.|

E1: |Ja:,| |und em bin zuständig eben auch für den ganzen Personalbereich, für Einstellungen undsoweiter, und mir obliegt eben auch die Oberaufsicht über dieses Heim in W. Das also so zu ++ meiner Funktion=

E2: Ja, n paar Takte vielleicht zur mir, damit Sie mich einordnen können. *Mein Name ist A.K.*. Ich bin eh angefragt worden von eh von Frau K. Ich bin Mitarbeiter vom eh Spitzenverband von der Diakonie= dort im Referat Altenhilfe tätig

B: mm

E2: und ich bin angefragt worden halt hier in diesem Bewerbungsverfahren für die Heimleitung mitzuwirken.
←
B: Gut.

1.2.2.6 Ankündigungen zum Gesprächsverlauf

In der Gesprächseröffnungsphase kann weiterhin eine Ankündigung des Gesprächsverlaufs durch die Einstellenden erfolgen:[8]

Gespräch VIII

E: Frau N., schön daß Sie gekommen sind zum Auswärtigen Amt. Sie haben ja einige Tests jetzt schon hinter sich gebracht und ein Teil des Auswahlverfahrens ist ja dieses Gespräch. ++ Em wir wollen hier so auf so n paar Dinge, persönliche Daten, eh Fragen zum Auswärtigen Amt selbst eingehen und hoffen dann, daß Sie uns kennenlernen und wir Sie auch n bißchen kennenlernen.

Neben der positiven Bewertung des Zustandekommens des Gesprächs und des Rückblicks auf den bereits absolvierten Teil des Auswahlverfahrens, kündigt die Einstellende im vorliegenden Beispiel überblicksartig den Verlauf des Gesprächs an. Für GRIEßHABER gibt die Ankündigung

[8]Da sich in den innerhalb der Fortbildung zum Altenheimleiter/Sozialer Dienst aufgezeichneten Gesprächen keine explizite Ankündigung nachweisen ließ, wird hier ausnahmsweise zur Veranschaulichung auf ein Gespräch aus einem Bewerbertraining an der Universität/ Gesamthochschule Siegen zurückgegriffen.

"den Bewerbern einen *Überblick* über den Plan des Gesprächs (...) (GRIEßHABER 1987a, 39).[9]

Ankündigungen können dem Bewerber damit zur Orientierung über den Gesamtverlauf des Gesprächs dienen. Auch diese Teilaufgabe der Gesprächseröffnung gehört zum konventionell verankerten Recht der Einstellenden.

1.2.3 Gesprächsmitte

Die Eröffnungsphase wird vom Einstellenden durch eine Überleitung zum eigentlichen Thema beendet. Der Mittelteil des Gesprächs kann durch propositionale Indikatoren deutlich von der Eröffnungsphase abgesetzt sein.

Gespräch IV:

```
E1: Ja also ihre/ ihr Anschreiben hat mich ja/ hat mir sehr
gut gefallen...
```

---

[9]Bei den von GRIEßHABER ermittelten Ankündigungen handelt es sich jedoch m.E. nicht um Ankündigungen, sondern um Aufforderungshandlungen, die sich bereits auf den thematischen Mittelteil des Gesprächs beziehen.

"(1) Sa: So Herr Grabowski (...)

(2) Und ich habe jetzt ihre sämtlichen Unterlagen vorliegen.

(3) Aber ich hätte ganz gerne, daß Sie mir mal n' bißchen erzählen.

(4) Erstens mal, was Ihre Eltern machen.

(5) Zweitens, welche Schulen Sie besucht haben.

(6) Und drittens, wie Sie sich den Beruf des Einzelhandelkaufmanns vorstellen." (GRIEßHABER 1987a, 39)

Die vorausgehende Äußerung ist zu identifizieren als Aufforderung mit der Erwartungsnorm einer Information, die von der Einstellenden in drei von ihr erwarteten Teilinformationen konkretisiert wird. Sie haben nichts mit der von REHBEIN beschriebenen Funktion der Ankündigung als "preceeding summary" (REHBEIN 1981, 244) zu tun, sondern gehören bereits zur thematischen Gesprächsmitte.

In diesem ersten Beispiel leitet die Einstellende E1 mit einer Bewertung des Anschreibens über in den Mittelteil des Gesprächs.[10] Themaindikator ist hier das Substantiv 'Anschreiben'.

Gespräch III:

E2: Ja Herr N., zum + eh Lebenslauf eh hätten wir einige Verständnisfragen, die uns so aufgefallen sind, um einfach von einer gemeinsamen Grundlage auszugehen.

Im zweiten Beispiel leitet der Einstellende E2 zum Mittelteil des Gesprächs über, indem er dem Bewerber mitteilt, daß bezüglich seines Lebenslaufes Fragen offengeblieben sind. Der Überleitungsindikator ist hier 'Lebenslauf'.

In der Gesprächsmitte findet die Überprüfung des Passungsverhältnisses statt. Hier werden die von den Gesprächsteilnehmern als themarelevant erachteten Gegenstände bearbeitet. Die Überprüfung des Passungsverhältnisses erfolgt in der Weise, daß die jeweiligen Gegenstandssichtweisen zu den aktuell focussierten Gegenständen von Einstellenden und Bewerbern aufeinander bezogen werden.

Modellhaft läßt sich die Gesprächsmitte des Bewerbungsgesprächs folgendermaßen darstellen:

---

[10]Mit dieser expliziten verbalisierten Bewertung handelt die Einstellende so, wie es von Personalexperten gerade nicht erwünscht ist. Dannach soll sich der Einstellende im Bewerbungsgespräch jeglicher Bewertung im Gespräch enthalten (vgl. SCHULER / FUNKE 1992, 248).

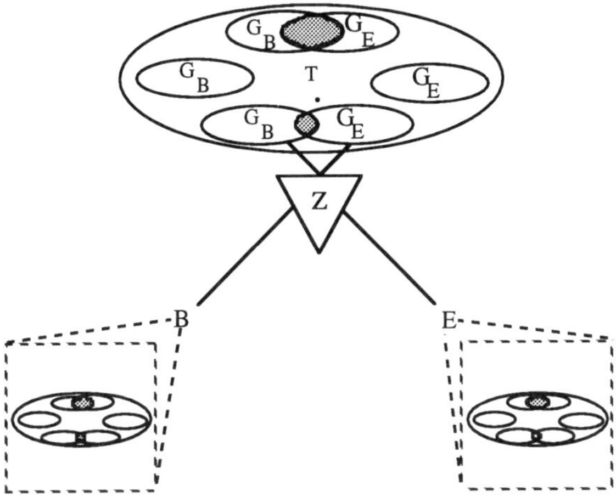

Abb. 12: Gesprächsmitte (modifiziert nach BARTSCH 1988)

Das Sprechen über ein gemeinsames Thema wird durch den Rahmen um $G_B$und G_E ausgedrückt. Die Auswahl der aktuell focussierten Gesprächsgegenstände und das Ausmaß der jeweiligen Bearbeitung des Gegenstands in der Gesprächsmitte, im Modell repräsentiert durch die unterschiedlichen Schnittmengen innerhalb des thematischen Rahmens, unterliegen weitgehend der Steuerung der einstellenden Institution.

Beide Seiten legen während der Passungsüberprüfung mental ein Passungskonto an, aus dem ein Gesamteindruck entwickelt wird. Die mentale Repräsentanz von im Gespräch jeweils subjektiv festgestellter Passung, die im Hinblick auf den jeweiligen Gesprächsgegenstand gespeichert wird, ist im Modell in den gestrichelten Kästen angedeutet. Während des aktuellen Gesprächsvollzugs werden in der Regel keine expliziten Passungsübereinstimmungen verbalisiert. Das Modell der Gesprächsmitte bildet insofern den Optimalverlauf ab, als hier beide Seiten gleichermaßen die Möglichkeit besitzen, eine Passungsüberprüfung vorzunehmen. Die Durchführungsrealität zeichnet sich allerdings häufig dadurch aus, daß auch in der Gesprächsmitte auf seiten der Einstellenden eine größere Nähe zum Thema vorhanden ist, da sie durch den vermehrten Einsatz von Fragen umfangreichere Möglichkeiten zur Passungsüberprüfung besitzen.

Die Gesprächsmitte stellt die komplexeste und am wenigsten ritualisierte Phase des Bewerbungsgesprächs dar. Zur Erforschung der Gesprächsmitte und ihrer Binnenphasierung liegen nur vereinzelte Forschungen vor (vgl. BRINKER / SAGER 1989, 103). Die Gesprächsmitte weist in den in dieser Arbeit zugrundeliegenden Gesprächen eine thematische Teilphasierung[11] auf.[12] Innerhalb dieser Teilphasen erfolgt die "Entfaltung des Hauptthemas" (HENNE / REHBOCK 1982, 20). Eine thematische Teilphase ist

> "dadurch gekennzeichnet, daß die Bedingungen für die Einheitlichkeit eines Themas eingehalten sind, d.h. daß die Aufmerksamkeitsausrichtung (Fokus) der Gesprächsteilnehmer auf einen Gegenstand oder Sachverhalt konstant bleibt. (...) Die Ausgrenzung thematischer Abschnitte erfolgt über Signale und Formulierungshandlungen, allerdings auf der Basis einer inhaltlichen Grobsegmentierung des Gesprächs, die der Forscher unter intuitiver Anwendung des Kriteriums 'Themenwechsel' vornimmt" (SAGER / BRINKER 1989, 103).

So kann die Überleitung zu einer neuen thematischen Teilphase von den Gesprächsteilnehmern durch sprachliche und sprecherische Indikatoren (z.B. `Also da fällt mir noch ein Stichwort ein...; Ja, ich hab jetzt nochmal ne ganz andere Frage zum völlig anderen Bereich...`) angezeigt werden.

Folgende Teilphasen können in den in dieser Arbeit zugrundeliegenden Gesprächen ermittelt werden, wobei zum einen die zeitliche Aufeinanderfolge der Teilphasen innerhalb der Gespräche variiert, zum anderen nicht jedes Gespräch sämtliche Teilphasen enthält.

1992, 248).

[11]Die Binnenstruktur der Gesprächsmitte kann auch unter dem Aspekt von Handlungsschemata wie z.B. 'Beratung', 'Erzählung', 'Argumentation' betrachtet werden, die konstituiert und vollzogen werden (vgl. SCHANK 1981, 181ff.; auch KALLMEYER / SCHÜTZE 1976, 18). Mit dieser Fragestellung beschäftigt sich auch die an anderer Stelle bereits aufgeführte Diskursanalyse. Für Bewerbungsgespräche, die wie aufgezeigt, thematisch mehr oder weniger stark strukturiert sind, scheint mir diese Vorgehensweise nicht geeignet zu sein und ist auch für die in dieser Arbeit zu beantwortende Fragestellung nicht von primärer Bedeutung.

[12]Eine ähnliche Teilphasierung der Gesprächsmitte weist GRIEßHABER in den von ihm untersuchten Bewerbungsgesprächen mit Lehrstellenbewerbern nach (vgl. 1987a, 24f.).

1.2.3.1 Berufliche Entwicklung

Eine dieser Teilphasen stellt der thematische Kernbereich der beruflichen Entwicklung des Bewerbers dar. Hier stehen Fragen zu bisherigen beruflichen Tätigkeiten und Fortbildungen des Bewerbers im Mittelpunkt. Einen zentralen Teil nehmen hier auch Fragen nach den Gründen und Motivationen der Bewerber für ihre Umorientierung auf den Altenheimbereich ein. Besonders arbeitslose Lehrer, die eine Umschulung absolviert haben, werden hier mit Fragen wie: 'Und wenn Sie jetzt irgendwann die Möglichkeit bekommen würden, da (Schule, A.L.) wieder einzusteigen= wär das für Sie auch interessant, das zu machen?' konfrontiert. Diese Fragen werden gestellt, um herauszufinden, ob die Bewerber die Umorientierung psychisch verkraftet haben beziehungsweise diese lediglich als Wartezeit ansehen, um bei gegebener Möglichkeit eine Stelle in der Schule anzunehmen.

1.2.3.2 Zukünftiger Tätigkeitsbereich

In einer weiteren Teilphase werden Fragen zum zukünftigen Tätigkeitsbereich thematisiert. Passungsüberprüfung findet hier im Hinblick auf die Aufgaben- und Handlungsebene statt (vgl. II 2.4). Hierzu gehören Teilinhalte wie Führungs- und Pflegeplanungskonzepte, Vorstellungen und Vorschläge zur Zusammenarbeit mit Kollegen, soziale und formale Kompetenzen des Bewerbers für den zukünftigen Arbeitsplatz (z.B. Fremdsprachen, Umgang mit Konflikten und Aggressionen, übertragbare Berufserfahrungen aus vorausgegangenen Tätigkeiten). Gerade in diesem Teilbereich wird der Bewerber auch mit beruflichen Alltagssituationen konfrontiert, zu denen er Stellung beziehen soll. Darüberhinaus gehören, gerade bei konfessionellen Trägern von Altenheimen oder anderen sozialen Einrichtungen, Fragen zum christlichen Selbstverständnis des Bewerbers zur Passungsüberprüfung. Einen weiteren Teilaspekt stellen Fragen an den Bewerber dar, die auf die Gründe für die Bewerbung in einer bestimmten Institution beziehungsweise auf einen bestimmten Arbeitsbereich gerichtet sind.

1.2.3.3 Persönliche Situation

Hier werden zum einen Fragen zur familiären Situation gestellt. Die persönliche Situation (z.B. Hochzeit, Geburt von Kindern, schulische Probleme von Kindern, Scheidung, Sterbefall) ist für die einstellende Institution insofern von Interesse, als sie maßgeblichen Einfluß auf die psychische und physische Stabilität eines Bewerbers hat. Darüber hinaus werden Bewerber, bei denen der augenblickliche Wohnort nicht identisch mit dem Ort der Bewerbung ist, häufig auf ihre Ortsgebundenheit angesprochen. Auch Fragen zur beruflichen Situation des Ehe- oder Lebenspartners können Aufschluß darüber geben, ob ein Bewerber eine längerfristige Beschäftigung in einer Institution anstrebt, oder diese nur als Übergangsstadium ansieht, wenn der Ehepartner beispielsweise in einer anderen Stadt arbeitet.

1.2.3.4 Selbsteinschätzung

Der thematische Teilbereich, in dem es um die Selbsteinschätzung des Bewerbers geht, bezieht sich auf berufliche und private Stärken und Schwächen des Bewerbers. In bezug auf das an anderer Stelle dargestellte Eignungsprofil zielen diese Fragen auf die Eigenschaftsebene ab.

1.2.3.5 Gehalt

Die Gehaltsfrage wird lediglich in zwei Gesprächen kurz angesprochen. Sie spielt bei Stellenbesetzungen im sozialen Bereich in der Regel keine zentrale Rolle, da je nach Tätigkeit und Berufsabschluß festgelegte Gehaltseinstufungen vorliegen, die meistens bereits in der Stellenanzeige aufgeführt sind.

1.2.3.6 Informationseinholung durch den Bewerber

Im Unterschied zu den aufgeführten Strukturverläufen von JUNG (1983, 268) oder SCHULER / FUNKE (1992, 248), in denen in der Gesprächsmitte eine Teilphase der Informationseinholung und -gewinnung durch den Bewerber vorgesehen ist, kommt diese Teilphase in den untersuchten Bewerbungsgesprächen bis auf eine Ausnahme nicht vor. Auch die von GRIEßHABER ermittelten Phasenverläufe in Bewerbungsgesprächen mit Lehrstellenbewerbern enthalten keine Phase der Informationseinholung durch den Bewerber (vgl. 1987a, 25).

1.2.4 Gesprächsbeendigung

Das Recht zur Gesprächsbeendigung ist in Bewerbungsgesprächen konventionell geregelt. Die Gesprächsbeendigungsphase wird von den Einstellenden eingeleitet. Als Voraussetzung für die Beendigung gilt jedoch,

> "daß jeder Beendigungsversuch der Bestätigung durch den bzw. die Gesprächspartner bedarf; erst dann kann es zur Beendigung des Gesprächs kommen" (BRINKER / SAGER 1989, 99).

Wenn also beispielsweise die Phase der Informationseinholung durch den Bewerber nicht oder nicht ausreichend berücksichtigt wurde, kann er intervenieren und die Gesprächsbeendigung verzögern. Hierbei handelt es sich um ein konventionelles Recht des Bewerbers. Erst

> "wenn zwischen den Interaktanten darüber Einverständnis erzielt worden ist, daß das 'eigentliche' Gespräch, d.h. die Behandlung der Gesprächsthemen, abgeschlossen ist" (ebd., 98)

kann das Gespräch von Einstellerseite aus beendet werden. Das Gesprächsende läßt sich modellhaft folgendermaßen darstellen:

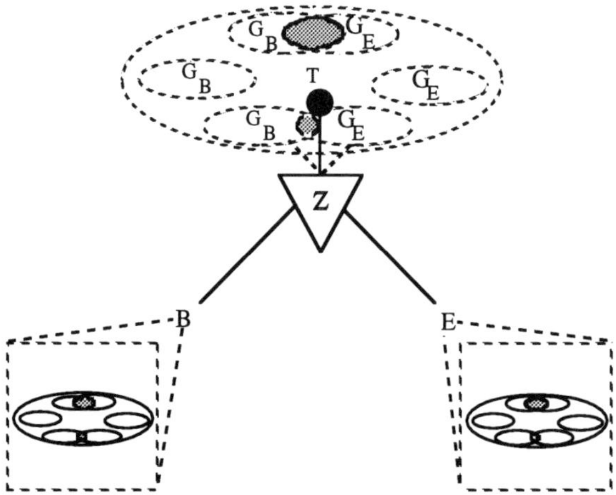

Abb. 13: Gesprächsbeendigung (modifiziert nach BARTSCH (1988))

In der Gesprächsbeendigungsphase erfolgt eine "Ablösung" (gestrichelte Linie) von der Hauptthematik und ein Übergang zu ritualisierten Handlungsformen (schwarzer Punkt). Eine mögliche Passung wird nicht im Gespräch selbst verbalisiert, sondern beide Seiten werten ihr Passungskonto lediglich mental aus. Diese mentale Auswertung kann Divergenzen zwischen Einstellenden und Bewerbern ergeben. Das bedeutet, die Schnittmenge (schraffiert) kann ein unterschiedliches Ausmaß annehmen. Die Entscheidung über eine mögliche Passung wird erst nach Gesprächsbeendigung umgesetzt. Allerdings kann sich auch dann insofern eine ungleiche Situation zwischen Einstellenden und Bewerbern ergeben, als eine Feststellung von Nicht-Passung auf seiten des Unternehmens für den Bewerber bezüglich seiner Lebenssituation schwerwiegendere negative Konsequenzen hat als im umgekehrten Fall.

Das folgende Beispiel zeigt, daß auch die Gesprächsbeendigungsphase neben einer gegenseitigen Verabschiedung verschiedene ritualisierte Teilphasen aufweisen kann (vgl. auch BRINKER / SAGER 1989, 98ff; auch WERLEN 1984, 259).

Gespräch VI:

E1: ... eh ja: Was meinen Sie Frau + N. (E1 zu E2, A.L) ham Sie noch eh Fragen?

E2: eh im Moment nicht, ich denke

E1: Ja

E2: eh wir werden s auch bei uns im Hause nochmal besprechen.

B: mm

E1: mm

E2: Wir ham auch noch andere +

E1: mm

E2: Bewerbungen, und Sie werden dann wieder von uns hören.

B: Ja

E2: Ja.

B: Schönen Dank.

E1: Erstmal vielen Dank, Frau B., daß Sie gekommen sind.

B: Ich bedanke mich auch für Ihr Gespräch. Wiedersehen Frau T. (HÄNDESCHÜTTELN MIT E1 UND E2)

E1: Und wir melden uns auf jeden Fall bei Ihnen.

An diesem Beispiel können folgende mögliche Teilphasen der Gesprächsbeendigung verdeutlicht werden.

1.2.4.1 Vorbereitung der Gesprächsbeendigung

In der Regel wird die Gesprächsbeendigung durch den Einstellenden mittels Auflösungssignalen wie "gut, na schön, also dann..." vorbereitet, durch die angedeutet wird, daß das Gespräch beendet wird (vgl. KALLMEYER / SCHÜTZE 1976 15f.). Wie das Beispiel verdeutlicht (E1: ... eh ja: Was meinen Sie Frau + N., ham Sie noch eh Fragen?), kann das

Gesprächsende auch durch Aussagen markiert werden, mit denen der Einstellende signalisiert,

> "daß er keine weitere themenorientierte Äusserung machen möchte" (ebd., 15).

1.2.4.2 Hinweise auf das weitere Verfahren und den Bescheid über eine Einstellung

Die Gesprächsbeendigung kann ebenfalls Hinweise auf das weitere Verfahren beinhalten oder eine Information darüber, wann der Bewerber mit einer Entscheidung rechnen kann (...wir werden s auch bei uns im Hause nochmal besprechen...; Wir ham auch noch andere ... Bewerbungen, und Sie werden dann wieder von uns hören...).

1.2.4.3 Verabschiedung und Dank

Im vorliegenden Beispiel wird der Dank über das Zustandekommen des Gesprächs erst in der Beendigungsphase ausgesprochen (Schönen Dank; Erstmal vielen Dank Frau B., daß Sie gekommen sind...; Ich bedanke mich auch für Ihr Gespräch.) Den Abschluß kann die gegenseitige Verabschiedungsformel bilden. Die Verabschiedungsformel am Ende eines Gesprächs bringt

> "die Begegnung zu einem eindeutigen Abschluß, resumiert die Konsequenz der Begegnung für die Beziehung und stärkt diese für den bevorstehenden kontaktlosen Zeitraum" (GOFFMAN 1982, 118).

Auch die Verabschiedung hat eine beziehungsfördernde Funktion. Im aufgeführten Beispiel besteht die Verabschiedungsformel nicht aus Gruß/Gegengruß, sondern nachdem die Bewerberin sich verabschiedet hat (Wiedersehen Frau T....; HÄNDESCHÜTTELN MIT E1 UND E2), sichert der Einstellende E1 der Bewerberin nochmals den Bescheid über die mögliche Einstellung zu (Und wir werden uns auf jeden Fall bei Ihnen melden.).

1.3 Handlungspraktische Konsequenzen

1.3.1 Steuerungsmöglichkeiten in der Vorphase

Die Gestaltung und Nutzung der Vorphase trägt aus Bewerbersicht entscheidend zum Gelingen eines Gesprächs bei. Da in der Vorphase ein informationelles Ungleichgewicht zwischen Bewerber und Einstellenden vorliegt, ergibt sich für den Bewerber die Anforderung, dies durch Informationseinholung (Telefonat, Veröffentlichungen der einstellenden Institution etc.) auszugleichen. Einen Teil der Vorbereitung sollte die Situationsanalyse ausmachen, zu der die im letzten Kapitel erarbeiteten Situationsfaktoren herangezogen werden können. Da sich die Situationseinschätzungen und -interpretationen des Bewerbers mit denen der Einstellenden häufig nicht decken und die unterschiedlichen Auffassungen im Gespräch aufeinandertreffen und dort zu Konflikten, Störungen oder sogar zur Verhinderung einer gegenseitigen Passungsüberprüfung führen können, ist es aus Bewerberperspektive notwendig, in der Vorphase eine Situationsanalyse aus der Partner-Perspektive vorzunehmen. Durch diese Situationsanalyse eröffnet sich der Bewerber zum einen die Möglichkeit, eine Einschätzung und Überprüfung der persönlichen Situation vorzunehmen. Durch Perspektiveübernahme kann er sich die potentiell mögliche Situationssicht der einstellenden Institution einschließlich deren möglicher passungsrelevanter Kriterien verdeutlichen. Auf diese Weise können bereits im Vorfeld des Gesprächs mögliche Übereinstimmungen und Differenzen ermittelt werden.

Die Vorbereitung auf die Gesprächsmitte sollte der Bewerber mittels thematischer Kernbereiche und der ermittelten Anforderungsprofile (Aufgaben, Handlungen, Eigenschaften) vornehmen und hierzu ein persönliches Bewerberprofil erstellen (vgl. II 2.5).

1.3.2 Steuerungsmöglichkeiten in der Gesprächseröffnungs- und beendigungsphase

Der Bewerber sollte sich sowohl in der Gesprächseröffnungs- als auch Beendigungsphase um eine aktive, freundliche Kontaktherstellung und -beendigung bemühen und dabei Regeln der Höflichkeit einhalten, jedoch nicht in ein "geheucheltes Engagement" (GOFFMAN 1986, 138) verfallen.

> "Engagement vorzutäuschen ist ein Kunstgriff des entfremdeten Individuums, der je nach dessen Motiven verschieden beurteilt wird. (...) Er (der Betreffende, A.L.) erweckt den Anschein, als ob er sich mit dem Gespräch beschäftige; in Wirklichkeit ist er damit beschäftigt, diesen Anschein zu erwecken" (ebd., 139).

Bezogen auf die Kontaktherstellung und -beendigung bedeutet geheucheltes Engagement ein identitätsentfremdetes Kommunikationshandeln, durch das der Bewerber positive Emotionalität erzeugen will , ohne daß der sprachliche Ausdruck seiner Identität entspricht. Im Rahmen seiner Beschäftigung mit Interaktionsritualen beschreibt GOFFMAN sehr anschaulich, wie Menschen in verschiedenen Kommunikationssituationen auf der Ebene konventioneller Rituale (Begrüßungen, Verabschiedungen, Dank etc.) identitätsentfremdet kommunizieren und welche Wirkung ein solches Verhalten auf Kommunikationspartner hat (ebd., 128ff.). Besonders interessant für den Bereich des Bewerbungsgesprächs sind die von GOFFMAN bearbeiteten Phänomene der "Affektiertheit" und "Unaufrichtigkeit" eines Kommunizierenden:

> "Affektierte Leute sind hauptsächlich damit beschäftigt, (sic!) zu kontrollieren, wie ein Beobachter sie einschätzt, und teilweise sind sie auch selbst von ihrer eigenen Pose eingenommen. (...) diejenigen aber, die dazu neigen, unaufrichtig oder affektiert zu sein, erwecken den Eindruck, als beschäftigen sie sich übermäßig mit dem, was sie in Zukunft erreichen können und deshalb sind sie, um dieses Ziel zu erreichen, gewillt, entsprechend zu handeln" (ebd., 133f.).[13]

Bezogen auf die Gesprächseröffnungs- und Beendigungsphase des Bewerbungsgesprächs bedeutet das, daß sich Bewerber gegenüber Einstellenden nicht deshalb freundlich verhalten, weil eine entsprechende Gesprächshaltung zugrundeliegt, sondern weil sie hoffen, dadurch Pluspunkte sammeln zu können. Die nach außen zur Schau gestellte Freundlichkeit ist damit reduziert auf eine technische und berechnende Finesse.

Genau dazu ermutigen einige Bewerbungsratgeber, indem sie dem Bewerber für die Herstellung einer positiven Beziehung zu Formulierungen wie "Ihren Verwaltungsbau finde ich beeindruckend" oder "Von der hier geleisteten Arbeit bin ich zutiefst beeindruckt" (SIEWERT / SIEWERT 1989, 137)

---

[13]Hier liegt im Originaltext eine Vertauschung und Doppelung mehrerer Zeilen vor, die ich hier sinngemäß korrigiert habe.

raten. Auch für die telefonische Kontaktaufnahme wird in Bewerbungsratgebern dazu geraten, "kleine Schmeicheleien" oder Bewunderung über die Leistungen der Institution auszusprechen (YATE 1990, 63).

Die Wirkung eines solchen Verhaltens auf den Kommunikationspartner beschreibt GOFFMAN:

> "Wenn jemand spürt, daß andere unaufrichtig oder affektiert sind, glaubt er meist, daß sie aus ihrer Position in der Kommunikation einen unfairen Vorteil gezogen haben, um ihre eigenen Interessen voranzubringen; er fühlt dann, daß sie die Grundregeln der Interaktion durchbrochen haben. Seine ablehnende Haltung gegenüber ihrem unfairen Spiel bringt ihn dazu, um den Preis seines eigenen Engagements an der Konversation, die Hauptaufmerksamkeit nun auf sie und ihr Fehlverhalten zu lenken" (ebd., 134).

Bei vorgetäuschtem Engagement von seiten des Bewerbers besteht immer die Gefahr, daß bei seiner Entdeckung genau der gegenteilige Effekt des eigentlich beabsichtigten positiven Eindrucks erzeugt wird. Besonders deutlich tritt das dort zutage, wo zwischen Gesagtem, Gemeintem und dem Stimm-, Sprech- und Körperausdruck Diskrepanzen und Unstimmigkeiten zu beobachten und zu hören sind (vgl. GEISSNER 1984, 9f.; auch 1991a).[14]

Viel entscheidender, als sich engagiert wirkende Formulierungen für den Gesprächsbeginn oder die -beendigung zu überlegen, ist die Entwicklung einer Gesprächshaltung, die in authentischem Gesprächsengagement zum Ausdruck kommt. Authentizität wird über die Komplexität des sprachlichen, sprecherischen und körperlichen Ausdrucks mitgeteilt und ist eine soziale Kompetenz, die nicht antrainiert werden kann (vgl. GEISSNER 1991b, 52).

Authentisches Gesprächsengagement läßt sich nicht durch aufgesetzte und auswendiggelernte Formulierungen erreichen, sondern muß vom Bewerber bereits vor Beginn des Gesprächs entwickelt werden. Aus einer entsprechenden Einstellung kann dann sowohl sprachlich wie sprecherisch eine situativ angemessene Kontaktherstellung resultieren. Dazu bedarf es der Sensibilisierung für die kommunikativen Funktionen einer Gesprächseröff-

---

[14]Vgl. hierzu auch: GUTENBERG (1989); Forschungsüberblicke zur nonverbalen Kommunikation bei: SCHERER (1973); SCHERER / WALLBOTT (1979); SCHEFLEN (1977); OLTHUIS-VOLKMER (1988).

nung und -beendigung sowie die kommunikativen Wirkungen, die durch sprachlichen und sprecherischen Ausdruck in ihr erzeugt werden.

1.3.3 Steuerungsmöglichkeiten in der Gesprächsmitte

Da die thematische Strukturierung und Phasierung der Gesprächsmitte durch die einstellende Institution geregelt wird, hat der Bewerber auf dieser Ebene nur in beschränktem Maße Steuerungsmöglichkeiten. Sie beziehen sich in erster Linie auf die Phase der Informationseinholung durch den Bewerber.

Der Eindruck, daß eine solche Teilphase der Gesprächsmitte zur Passungsüberprüfung zwar von Personalexperten als relevant angesehen wird, in der konkreten Durchführung jedoch nicht immer erfolgt, wird bestätigt durch Gespräche mit Bewerbern nach deren Teilnahme an Bewerbungsgesprächen. Es stellt keinen Einzelfall dar, daß dieser Phase im Gespräch von Einstellerseite aus kein Platz eingeräumt wird, wenn Bewerber diese Phase nicht selbst initiieren. Auch in simulierten Gesprächen innerhalb der verschiedensten Bewerbertrainings macht man immer wieder die Erfahrung, daß die Phase der Informationseinholung durch den Bewerber nicht genutzt wird. Offensichtlich kommt ihr in den Köpfen von Einstellenden und Bewerbern nicht die Bedeutung zu, die sie im Hinblick auf die Passungsüberprüfung besitzt. Damit der Bewerber seinerseits jedoch eine ausreichende Passungsüberprüfung vornehmen kann, muß er seine Möglichkeiten zur Informationseinholung nutzen.[15]

Das oben ausgeführte konventionelle Recht des Einstellenden zur Phasenstrukturierung soll in diesem Zusammenhang modifiziert werden. Der Einstellende hat das Recht, die Initiierung der Gesprächsbeendigung ohne Berücksichtigung dieser bewerberrelevanten Phase vorzunehmen; er muß aber, meldet der Bewerber Widerspruch an, dieser Teilphase einen Platz einräumen.

---

[15] Auf das Problem der Informationseinholung durch den Bewerber und die Herstellung eines Informationsgleichgewichts wird im Zusammenhang der Sequenzstrukturanalyse (III 2.3.3) ausführlich eingegangen. Dort werden direkte Steuerungsmöglichkeiten erarbeitet, die dem Bewerber auf der Ebene der lokalen Themabearbeitung zur Verfügung stehen.

Geschieht die Initiierung nicht von Einstellerseite aus, sollte der Bewerber die Phase der Informationseinholung vor Gesprächsbeendigung selbst initiieren. Dieses Vorgehen stellt keine Verletzung des Einstellerrechts bezüglich der Phasenstrukturierung dar. Damit steht dem Bewerber auf der Ebene der Phasenstrukturierung eine indirekte Steuerungsmöglichkeit zur Verfügung.

Zur Binnenstrukturierung dieser Phase sollten die in der Vorphase vorbereiteten passungsrelevanten Fragen herangezogen werden. Da auch für den Bewerber das Gespräch die einzige umfassende Gelegenheit zur Informationseinholung und Passungsüberprüfung darstellt, sollte er die Fragen nicht dem Zufall und seiner spontanen Intuition überlassen.

2 Sequenzstruktur

Die Prozeßstruktur des Bewerbungsgesprächs wird in einem zweiten Analyseschritt im Hinblick auf ihre Sequenzstruktur analysiert, um daraus lokale Steuerungsmöglichkeiten für Bewerber zu ermitteln. Die Sequenzstruktur wird als wechselseitiger Vollzug von Gesprächsäußerungen verstanden, deren Ablauf formal durch die Regelung des Sprecherwechsels und material durch die thematische Aufeinanderfolge und Verbundenheit der Äußerungen gesteuert wird. Sie wird damit als formale und thematische lokale Binnenstruktur des Gesprächsverlaufs aufgefaßt.

Die für die Sequenzstruktur relevante Analyseeinheit ist die Gesprächsschrittsequenz als Abfolge von Gesprächsschritten. Ein Gesprächsschritt wird definiert als

> "das, was ein Individuum tut und sagt, während es jeweils an der Reihe ist" (GOFFMAN 1982, 201).

Ein Gesprächsschritt umfaßt unter Umständen mehrere Sprecherhandlungen, die zum Beispiel durch eine Pause des Sprechers oder eine versuchte Unterbrechung von seiten eines anderen Gesprächsteilnehmers auseinandergezogen auftreten können.[1]

---

[1]Die hier verwendete Bezeichnung Gesprächsschritt als Gesprächsprozeßeinheit steht dem pragmalinguistischen Terminus 'Sprechakt' gegenüber, der unter anderem von Dialoggrammatikern als Prozeßeinheit verwendet wird: "Dialoge sind aufzufassen als regelhafte Verknüpfung von Sprechakten; ihre konstitutive Einheit ist also der Sprechakt" (HUNDSNURSCHER 1980, 92). HUNDSNURSCHER sieht im Begriff 'Gesprächsschritt' dessen funktionale Bestimmung nicht ausreichend expliziert. Die Beschreibung der Gesprächsverläufe mittels wechselseitiger Gesprächsschritte bleibt für ihn unverbindlich, da keine funktionalen Einheiten, sondern lediglich "fluktuierende Sequenzen" (ebd. 90) beschrieben werden. Dieser Auffassung ist entgegenzusetzen, daß sich aus der Perspektive der Gesprächsteilnehmer keine einzelnen Sprechakte wahrnehmen lassen, sondern der jeweilige Hörer das Gehörte 'summiert' (vgl. BARTSCH 1985, 115). Der Hörer registriert keine isolierten Intentionen, sondern er bildet einen Gesamteindruck, da nicht nur die illokutive Kraft des Sprechaktes, sondern ebenfalls "emotionale, volitive und andere psychische Prozesse" (ebd., 116) auf den Hörer wirken. Darüberhinaus beschränken sich Sprecher in ihren Äußerungen nicht auf einzelne Sprechakte, sondern können innerhalb eines Gesprächsschritts verschiedene Sprechabsichten verfolgen.

2.1 Gesprächsorganisation und Themabearbeitung als Gesprächsaufgaben

Gesprächsteilnehmer müssen auf der Ebene des lokalen Verständigungsprozesses unterschiedliche Aufgaben bewältigen. Zum einen betreffen sie die formale Organisation, die sich vor allem auf die Regelung des Sprecherwechsels bezieht, zum anderen auf die Bearbeitung des Themas. Die beiden Aufgabenebenen der Sequenzstruktur werden als Gesprächsorganisation und Themabearbeitung bezeichnet (vgl. DITTMAR 1988, 64; auch KALLMEYER / SCHÜTZE 1976, 6f.; KALLMEYER 1981, 89).

Die Sequenzstruktur als Aufgabe und gleichzeitige Leistung der Gesprächsteilnehmer zu betrachten, geht auf die Grundannahme zurück, daß Gespräche als dynamische Prozesse gleichzeitig Problemlösungsprozesse darstellen. In ihnen sind die beteiligten Gesprächsteilnehmer vor eine Vielzahl von Aufgaben gestellt, die sie zur Lösung des das Gespräch fundierenden Problems bewältigen müssen. Die jeweiligen Handlungen und Bedeutungen müssen dabei immer wieder neu ausgehandelt und produziert werden (vgl. KALLMEYER / SCHÜTZE 1976, 16f.).

> "Ich gehe dabei von einer interaktionistischen Konzeption aus, nach welcher das Zustandebringen und Durchhalten von Kommunikation als eines gemeinschaftlichen Handelns an die Beteiligten bestimmte, als Aufgaben zu formulierende Anforderungen stellt. Das Lösen der Aufgaben durch das Vollziehen bestimmter Aktivitäten macht den Vorgang der Konstitution von Kommunikationsabläufen aus" (KALLMEYER 1977, 52).

Die Bewältigung der Aufgaben Gesprächsorganisation und Themabearbeitung wird von den Gesprächsteilnehmern sprachlich und sprecherisch geleistet. Die zu deren Realisierung und Bewältigung eingesetzten sprachlichen und sprecherischen Mittel werden als gesprächsorganisatorische[2] und gesprächsthematische Sprecher- und Hörerhandlungen bezeichnet (vgl. SCHWITALLA 1979a, 70f.). Ihnen kommt im dynamischen Gesprächsprozeß

---

[2]Ich wähle hier die Bezeichnung 'gesprächsorganisatorisch' im Unterschied zu dem von SCHWITALLA (1979a, 70) verwendeten Begriff "dialogaufrechterhaltend", da er m.E. umfassender und präziser gesprächsstrukturierende Aufgaben erfaßt. Da hierzu auch Beendigungssignale gehören, ist die Bezeichnung "dialogaufrechterhaltend" etwas mißverständlich.

auf der Ebene der Sequenzstruktur eine steuernde Funktion zu. Gesprächssteuernd sind sie, weil sie

> "einen Sprecher in die Lage versetzen, solche kommunikativen Akte, die eine einmal konstituierte Redekonstellation (oder einzelne ihrer Komponenten) aufrechterhalten, sie (fortlaufend) bestätigen oder sie verändern, nach den Regeln der situativen Relevanz zu erkennen, zu produzieren und auf sie mit einer Auswahl aus einem Satz alternativer Antwortzüge zu reagieren" (SCHWITALLA 1976a, 78).

Mit Sprecher- und Hörerhandlungen wollen sich die Gesprächsteilnehmer zu verbalen oder nonverbalen Handlungsweisen motivieren (vgl. SCHWITALLA 1979a, 94). Gesprächshandlungen werden nicht unmotiviert vollzogen, sondern zielen auf eine bestimmte Wirkung beim Gesprächspartner. Der Grad der Steuerungswirkung ist unterschiedlich stark ausgeprägt.

Die Steuerungsfunktion von Gesprächshandlungen steht im Mittelpunkt der folgenden Überlegungen, da aus der Beschreibung der Charakteristika der Sequenzstruktur des Bewerbungsgesprächs Handlungsanweisungen bezüglich der Steuerungsmöglichkeiten für einen Bewerber entwickelt werden sollen, mit denen er sowohl auf der Ebene der Gesprächsorganisation als auch auf der Ebene der Themabearbeitung im Sinne gelingender Teilnahme Einfluß nehmen kann.

2.2 Sequentielle Gesprächsorganisation

Gesprächsorganisation ist die Aufgabe, die die Gesprächsteilnehmer zur Regelung des formalen Ablaufs der Sequenzstruktur bewältigen müssen (vgl. KALLMEYER/ SCHÜTZE 1976, 6).[1]
Die Koordination eines geordneten Ablaufs der Gesprächsschritte erfolgt über die Regelung des Wechsels von Sprecher- und Hörerrolle. Darüber hinaus müssen die Gesprächsteilnehmer einzelne Abschnitte oder auch einzelne Äußerungen innerhalb des Kommunikationszusammenhangs etablieren. Sprecher- und Hörerhandlungen, die den Sprecherwechsel regeln, durch die sich ein Sprecher die Aufmerksamkeit der Hörer sichert und ein Hörer den Sprecher in seiner Sprecherrolle bestätigt, werden als gesprächsorganisatorische Gesprächshandlungen bezeichnet (vgl. SCHWITALLA 1979a, 70; auch HENNE / REHBOCK 1982, 27). Dazu gehören zum Beispiel Signale eines Sprechers, die einen Themenwechsel oder die Einführung eines neuen Aspekts ankündigen. Gesprächsorganisatorische Aufgaben sind innerhalb eines kommunikativen Prozesses nicht als mechanistische Aktivitäten, sondern als "ein Komplex sozialer Aktivitäten" (ebd., 16) aufzufassen. Ohne die Aufrechterhaltung der Gesprächsorganisation ist die Bewältigung der Themabearbeitung erschwert oder wird sogar verhindert.

2.2.1 Entstehungsmodalität des Sprecherwechsels

Der Sprecherwechsel als bestimmendes formales Kennzeichen eines Dialogs regelt die Abfolge der Beiträge der Gesprächsteilnehmer. Untersuchungen, vor allem der amerikanischen Gesprächsforschung, haben gezeigt, daß der Sprecherwechsel nach bestimmten Regeln vollzogen wird (u.a. SACKS / SCHEGLOFF / JEFFERSON 1974). Der regelhafte Wechsel von Sprecher-

[1]Mit dieser Definition der Gesprächsorganisation wird gegenüber KALLMEYER / SCHÜTZE eine Einschränkung vorgenommen. In Anlehnung an SACKS umfaßt bei ihnen die Gesprächsorganisation Grundannahmen zur Sicherung der Kooperation, der Verständlichkeit, der Ablaufkonstitution und der Organisationsformen, zu denen vor allem die Regelung des Sprecherwechsels zählt (vgl. KALLMEYER / SCHÜTZE 1976, 6ff). Dieser letzte Aspekt wird in dieser Arbeit als Gesprächsorganisation verstanden, während die anderen Aspekte in dieser Arbeit anderen Kapiteln zugeordnet wurden. (Ablaufkonstitution - Phasenstruktur; Verständlichkeit - Thema).

und Hörerrolle im Gespräch findet seinen Niederschlag in einem Gesprächsorganisationssystem, daß

> "insbesondere regelt, welcher Gesprächsteilnehmer an welchen Stellen im Vollzug einer Äusserung als nachfolgender Sprecher in Aktion treten kann bzw. soll" (BERGMANN 1981a, 25).

Die Grundregeln des alternierenden Sprecherwechsels werden folgendermaßen zusammengefaßt:

2.2.1.1 Autonome Regelung

Wenn durch institutionelle Bedingungen keine expliziten Gesetzmäßigkeiten zur Regelung des Sprecherwechsels vorgegeben sind, dann regeln die am Gespräch beteiligten Personen die Verteilung des Rederechts selbst (vgl. KALLMEYER / SCHÜTZE 1976, 14). Das ist vor allem im reproduktionsorientierten nicht-themafixierten small-talk der Fall. Der Sprecherwechsel muß dann von Gesprächsschritt zu Gesprächsschritt organisiert und beispielsweise durch syntaktische Strukturen oder intonatorische Signale initiiert werden (ebd.). So kann zum Beispiel durch das Senken der Stimme oder eine Verminderung der Lautstärke angezeigt werden, daß der Gesprächsschritt übernommen werden kann.

2.2.1.2 Selbstselektion

Selbstselektion bedeutet, daß der Gesprächsschrittwechsel vollzogen wird, indem ein Teilnehmer des Gesprächs die Sprecherrolle beansprucht (vgl. SACKS 1971, 308).

> "Wenn der bis dahin vollzogene Redebeitrag so konstruiert ist, daß er keine Technik der Auswahl des nächsten Sprechers beinhaltet, dann kann - muß aber nicht - Selbstauswahl eines nächsten Sprechers einsetzen. Wer zuerst anfängt, gewinnt das Recht auf einen Redebeitrag (...)
>
> Wenn der bis dahin vollzogene Redebeitrag so konstruiert ist, daß er keine Technik der Auswahl des nächsten Sprechers beinhaltet, dann kann - muß aber nicht - der gegenwärtige Sprecher fortfahren, sofern nicht ein anderer sich selbst als nächsten Sprecher ausgewählt

> hat" (SACKS / JEFFERSON / SCHEGLOFF 1974, 704, zitiert nach KALLMEYER / SCHÜTZE 1976, 14).

Selbstselektion kann sich also sowohl auf den Sprecher selbst beziehen, der sich erneut auswählt, als auch auf einen anderen Gesprächsteilnehmer.

2.2.1.3 Fremdselektion

Der Sprecherwechsel kann darüber hinaus durch Fremdselektion erfolgen (vgl. SACKS 1971, 308; auch KALLMEYER / SCHÜTZE 1976, 14ff.).

> "Wenn der bis dahin vollzogene Redebeitrag so konstruiert ist, daß er die Verwendung einer Technik beinhaltet, mit der der gegenwärtige Sprecher den nächsten Sprecher auswählt, dann hat der ausgewählte Sprecher das Recht und die Verpflichtung, als nächster zu sprechen. Kein anderer hat dieses Recht oder diese Verpflichtung (...)" (SACKS / JEFFERSON / SCHEGLOFF 1974, 704, zitiert nach KALLMEYER / SCHÜTZE 1976, 14).

Fremdselektion liegt demnach dann vor, wenn der gegenwärtige Sprecher einen Hörer durch explizite Mittel wie eine Frage auffordert, die Sprecherrolle zu übernehmen. Die Aufforderung stellt für den Aufgeforderten eine Verpflichtung zu sprechen dar; für andere Gesprächsteilnehmer bedeutet das, daß sie die Sprecherrolle nicht ergreifen können.

2.2.1.4 Institutionelle Implikationen der Entstehungsmodalität des Sprecherwechsels im Bewerbungsgespräch

Die Entstehungsmodalität des Sprecherwechsels unterliegt im Bewerbungsgespräch in großem Maße gesellschaftlichen und individuellen Voraussetzungen.

Zu den gesellschaftlichen Bedingungen gehört die Tatsache, daß der Sprecherwechsel nicht, so wie zum Beispiel in einem Thekengespräch, auf mehr oder weniger freiwilliger Basis vollzogen wird und jeder Gesprächsteilnehmer darüber entscheiden kann, ob und wann er sprechen will, solange er nicht gegen das Gesprächsprinzip verstößt, daß zu gleicher Zeit immer nur ein Sprecher das Wort haben sollte. Grundsätzlich existiert in Bewerbungsgesprächen für beide Seiten immer eine Verpflichtung, nach einer bestimmten

Zeit die Sprecherrolle zu übernehmen, da nur derjenige, der spricht, auch Informationen abgeben kann. Das beiderseitige Einholen von Informationen ist zur Erreichung des Zwecks der gegenseitigen Passungsüberprüfung zwingend notwendig. Insofern gibt es im Bewerbungsgespräch keine Freiwilligkeit bezüglich der Übernahme eines Gesprächsschritts.

Für Bewerbungsgespräche kann als Standardverfahren das folgende konventionelle Sprecherwechselprinzip angenommen werden:

Der Bewerber wird in der Regel durch Fremdselektion von seiten des Einstellenden dazu aufgefordert, den Gesprächsschritt zu übernehmen. Der Einstellende ergreift in der Regel durch Selbstselektion das Wort, ausgenommen der Fall, daß sich der Bewerber mit einer Frage an den Einstellenden richtet. Nach Beendigung des Gesprächsschritts eines Bewerbers, der keine explizite Markierung (Technik) enthält, die auf Fremdselektion schließen lassen kann, gehört es zum konventionellen Recht des Einstellenden, den Gesprächsschritt wiederum zu ergreifen.

Die Situation Bewerbungsgespräch ist also so definiert und wird in der Regel von den Beteiligten auch so interpretiert, daß Gesprächsschritte eines Einstellenden als Fremdselektionen aufzufassen sind, ohne daß dieser sie als solche zwingend markieren muß. Auf Bewerberseite dagegen müssen Fremdselektionen explizit markiert werden.

Dieses Prinzip sagt jedoch nichts über die Rechte der Gesprächsteilnehmer aus, die diese bezüglich Selbstselektion und Fremdselektion besitzen. Sie sind gesondert davon zu betrachten. Grundsätzlich hat der Bewerber das gleiche Recht auf Fremdselektion wie der Einstellende. Und auch die Verpflichtung, als ausgewählter Sprecher den Gesprächsschritt zu übernehmen, gilt sowohl für Einstellende als auch Bewerber. Im Bewerbungsgespräch verstößt die Verweigerung der Fremdselektion gegen die dort zweckrelevanten Konventionen und Normen. In dieser Hinsicht ist das Bewerbungsgespräch ein symmetrisches Gespräch. Daß es trotz eines gleichen Rechts auf Fremdselektion in Bewerbungsgesprächen zu einem kulminierten Gebrauch der Fremdselektion auf seiten des Einstellenden kommt und damit ein vor allem informationelles Ungleichgewicht zwischen Einstellenden und Bewerber entstehen kann, ist zum einen darin begründet, daß Einstellende zum Beispiel Arbeitsmarktsituationen dahingehend mißbrauchen, daß sie Bewerber im Gespräch zu "Prüfungsobjekten degradieren" (KRAUß / KURTZ 1986, 380); zu einem großen Teil liegen die Gründe aber auch beim

Bewerber. Inwieweit der Bewerber von seinem Recht auf Fremdselektion Gebrauch macht, indem er den Einstellenden durch Fragen auffordert, Informationen abzugeben, ist vor allem von der Gesprächshaltung des Bewerbers abhängig, die wiederum unmittelbar mit seinem jeweiligen Rollenverständnis und seiner Rolleninterpretation korrespondiert. Versteht der Bewerber das Gespräch als gegenseitige Passungsüberprüfung, kommt diese Gesprächshaltung in der Regel durch den Einsatz vermehrter Fremdselektionen zum Ausdruck.

2.2.2 Verlaufsmodalität des Sprecherwechsels und seine kommunikative Wirkung

Die Gesprächsschrittwechsel können auf unterschiedliche Weise realisiert werden. Grundsätzlich lassen sich glatte Wechsel und Wechsel nach Unterbrechung unterscheiden (HENNE /REHBOCK 1982, 190ff.; vgl. auch SCHWITALLA 1979a, 75ff.).

2.2.2.1 Glatter Wechsel

Ein glatter Wechsel kann in den Varianten des überlappenden Wechsels ("slight overlap"), des zäsurierten Wechsels ("slight gap") oder des Wechsels nach Pause vorkommen (vgl. SACKS / SCHEGLOFF / JEFFERSON 1974. 706; DUNCAN 1973, 30ff.). Notwendig für einen glatten Wechsel ist ein "übergangsrelevanter Ort" (SACKS / SCHEGLOFF / JEFFERSON 1974, 706).

a) Zäsurierter Wechsel

Der zäsurierte Wechsel wird vollzogen, wenn der Hörer den Gesprächsschritt nach einer kurzen Pause übernimmt,

> "die nach dem Inhalt des voraufgehenden Gesprächsschritts (z.B. einer Sachfrage) erwartbar war" (HENNE/REHBOCK 1982, 193).

Gespräch VI:

E2: Und welche Fremdsprachen sprechen Sie?

B: Ja, ich spreche Englisch, em das muß ich dazu sagen, das is noch Schulenglisch.

Der zäsurierte Wechsel stellt die kooperationsfreundlichste und unproblematischste Art des Sprecherwechsels dar, da keine simultanen Gesprächsschritte auftreten und keine Kooperationsverletzungen vorliegen, die zu Störungen auf der Beziehungsebene führen könnten.

b) Wechsel nach Pause

Der Wechsel nach Pause entsteht, wenn nach Vollzug eines Gesprächsschritts von seiten eines Gesprächspartners eine deutliche Pause oder ein Schweigen entsteht. Die entstehende Pause eröffnet für beide Gesprächsteilnehmer mehrere Folgemöglichkeiten. Die Sprecherrolle kann vom bisherigen Sprecher weiterhin eingenommen werden, sie kann von einem anderen Hörer übernommen werden oder sie zeigt das Ende des Gesprächs an (vgl. ebd., 195).

Allerdings soll hier im Rahmen des Bewerbungsgesprächs auf ein Problem im Zusammenhang mit dem Wechsel nach Pause hingewiesen werden. Wenn die Pause zwischen den Sprecherwechseln zu lang ist und der Bewerber bereits durch Fremdselektion aufgefordert wurde, den Gesprächsschritt zu übernehmen, kann auf seiten des Einstellenden bezüglich der nicht unmittelbar erfolgenden Antwort durch den Bewerber der Eindruck entstehen, daß der Bewerber unsicher und aus der Fassung geraten ist. Dazu ein Beispiel:

Gespräch IV:

E2: ... Und unsere Frage ist einfach dahingehend=, können Sie sich einfach vorstellen, wenn zum Beispiel, deshalb auch jetzt für Sie ne andere Stelle, wie die Zooschulenleitung, oder sie hab n ja auch diese abgeschlossene Ausbildung als Lehrerin, falls Ihnen die wieder angeboten würde, würden Sie vielleicht sagen, ja Mensch eigentlich ist das mehr meine Sache oder/ oder ist das wirklich für sie so klar, daß jetzt Altenarbeit das Ding für Sie ist?

B: (+++ 9 sec.) (LAUTES AUSATMEN,LACHT)

E2: Ich bin ja ziemlich direkt, aber wir müssen langfristig planen. ++ Das werden Sie sicherlich verstehen.

B: Ja, versteh ich sicherlich. Ja, also wenn mir die Möglichkeit geboten würde ...

Die Pause, die nach der Fremdselektion der Bewerberin entsteht, veranlaßt den Einstellenden zu einer erneuten Übernahme des Gesprächsschritts. Da die Bewerberin mit der Beantwortung der für eine Einstellung zentralen Frage (Sieht die Bewerberin ihre Zukunft im Altenheimbereich oder benutzt sie die Stelle als Warteplatz für eine mögliche Einstellung in der Schule?) offensichtlich Schwierigkeiten hat, fühlt sich der Einstellende zu einer Gefühlsäußerung und einer anschließenden Beziehungshandlung aufgefordert, mit der er um Verständnis wirbt.

Die Tatsache, daß die Bewerberin erst auf diesen Gesprächsschritt des Einstellenden hin die Frage beantwortet, erzeugt die Wirkung, daß sie jetzt Zeit genug hatte, sich eine passende Antwort zu überlegen. Zu lange Pausen nach einer Fremdselektion entstehen zu lassen, kann als Unkenntnis, Unsicherheit oder sogar Antwortverweigerung des Bewerbers interpretiert werden.

2.2.2.2 Unterbrechungen

a) Überlappender Wechsel

Der überlappende Wechsel wird vollzogen, indem der Hörer den Sprecher zu einem Zeitpunkt unterbricht,

> "wo dieser nur noch inhaltlich Redundantes, wenn auch Grammatisch Notwendiges zu äußern hat, wo sein Gesprächsschritt also für einen aufmerksamen Hörer beendet ist" (HENNE / REHBOCK 1982, 193).

Überlappende Wechsel führen zu simultanen Gesprächsschrittanteilen. Folgende Beispiele aus dem Gesprächsmaterial sollen das demonstrieren:

Gespräch IV:

E1: ... Eh, in ihrem Lebenslauf, da hab ich n paar Probleme gehabt. Vielleicht könn Sie den nochmal kurz so in eigenen Worten wiedergeben. Ich bin da also/ Da fehln mir so n paar/ Das sind so n paar Lücken drin, würde mich ja doch interessieren, was Sie da so gemacht haben.
B: Ja, zunächst eine Ausbildung als Gymnastiklehrerin in O. Dann zwei Jahre als Gymnastiklehrerin an einem Gymnasium und einer Realschule gearbeitet ...

Gespräch IV:

E2: Was verstehen Sie jetzt unter funktionaler Pflege und Ganzheitspflege
B: Als funktionaler Pflege versteh ich, daß einzelne Mitarbeiter ganz bestimmte Aufgaben erfüllen ...

Gespräch III:

E2: ...Mich würde interessieren, eh Sie haben in O. fürs Lehramt studiert
B: Ja
E2: und dann em in S. eh Sozialarbeit studiert eh dieser Wechsel wie der m/ ja, wo die Motivation dieses Wechsels liegt für Sie?
B: Ja ja, das is eine der üblichen Fragen (LÄCHELT)...

In den aufgeführten Beispielen ist mit dem durch die Bewerber verursachten überlappenden Wechsel immer auch eine erhöhte Lautstärke zu verzeichnen. Auffällig sind auch die durch die Einstellenden initiierten Gesprächsgegenstände, auf die die Bewerber mit überlappenden Wechseln reagieren. Im ersten Beispiel spricht die Einstellende Lücken im Lebenslauf der Bewerberin an; im zweiten Beispiel soll die Bewerberin zu einem innerhalb der

Altenpflege brisanten Thema Stellung beziehen; der Bewerber im dritten Beispiel soll begründen, warum er eine Umorientierung zur Sozialarbeit vorgenommen hat, obwohl er in einem Lehramtsstudiengang imatrikuliert war. Bei den focussierten Gegenständen handelt es sich im Kontext der jeweiligen persönlichen und gesellschaftlichen Situation der Bewerber um neuralgische Fragen, deren Beantwortung für die Bewerber problematisch werden kann, da ein persönlicher Rechtfertigungszwang entstehen kann. Zum Ausdruck kommt diese Problematik dann häufig darin, daß Bewerber bereits mit der Beantwortung einer Frage beginnen, bevor die Einstellenden ihre Frage zuende geführt haben. Bei gehäuftem Vorkommen kann das zur Folge haben, daß Bewerber übereifrig wirken und der Eindruck entsteht, daß sie sich für getroffene persönliche Entscheidungen rechtfertigen wollen.

Dazu kommt, daß auf jeden Fall die Grenzen zum Wechsel nach Unterbrechung als fließend zu betrachten sind. Da im konkreten Gesprächsprozeß von den Kommunizierenden nicht oder nur sekundär wahrgenommen wird, ob ein überlappender Wechsel oder ein Wechsel nach Unterbrechung stattgefunden hat, müssen auch überlappende Wechsel, die vom Bewerber erzeugt werden, als Unterbrechungen aufgefaßt werden, da die erzeugte kommunikative Wirkung nicht allein aufgrund formaler Kriterien entsteht. Wenn von seiten des Bewerbers häufig überlappende Wechsel verursacht werden, kann sich auf seiten der Einstellenden der Eindruck verdichten, daß der Bewerber ständig unterbricht, obwohl er formal lediglich einen überlappenden Wechsel erzeugt hat, in dem der Einstellende seinen Beitrag zu Ende führen kann.

b) Wechsel nach Unterbrechung

Auf die Schwierigkeiten, überlappende Wechsel von Unterbrechungen zu unterscheiden, wurde hingewiesen. Die formale Abgrenzung zum überlappenden Wechsel ist folgendermaßen zu erfassen:

Ein Wechsel nach Unterbrechung liegt vor, wenn der unterbrochene Gesprächspartner seinen Gesprächsschritt nicht an der von ihm vorgesehenen Stelle abgibt, sondern währenddessen unterbrochen wird und ihn nicht zu Ende führen kann (SCHWITALLA 1979a, 75). Der den Gesprächsschritt beanspruchende Gesprächspartner hat nun entweder die Möglichkeit, seinen Anspruch zurückzuziehen oder den bereits begonnenen Gesprächsschritt fortzusetzen. Im letzteren Fall kommt es dann zu simultanen Gesprächsschritten.

Deutliche Unterbrechungen liegen in den folgenden Beispielen vor:

Gespräch IV:

```
E2: | Aber Sie hätten |
B:  |Das war/         |
E2:das gerne getan, wenn die|Möglichkeit/   |
B:                          |Ich hätte das|sicherlich ...
```

In diesem Beispiel scheitert der erste Versuch der Bewerberin, den Gesprächsschritt durch Unterbrechung zu erlangen; unmittelbar danach ist sie erfolgreich, indem sie deutlich die Lautstärke erhöht.

Gespräch IV:

```
E2: Aber das hat dann nicht geklappt, daß|Sie    |
B:                                       |Do:ch, |und dann hab
ich zwei Jahre nochmal die Zooschule weitergeführt...
```

Auch in diesem Beispiel unterbricht die Bewerberin die Einstellende durch eine deutliche Erhöhung der Lautstärke und das stark gedehnt artikulierte Widerspruchselement do:ch. Offensichtlich fühlt sich die Bewerberin hier durch den Einstellenden persönlich angegriffen und versucht, durch die Unterbrechung eine inhaltliche Korrektur herzustellen.

Gespräch IV:

```
E2: Was verstehen Sie denn jetzt unter partnerschaftlicher
Teamarbeit? Also der Begriff wird ja häufig jetzt
```

B: mm

E2: in letzter Zeit eingeführt. Viele Einrichtungen sprechen davon. Was sind eh/ Was verstehen Sie denn (...)/

B: Ja daß zum Beispiel, daß nicht irgendwelche Instruktionen von oben gegeben werden, sondern ...

In diesen Beispielen können die Einstellenden ihren Gesprächsschritt nicht wie vorgesehen beenden. Durch sehr massive Eingriffe und Unterbrechungen, die bedingt durch die paralinguistischen Phänomene erhöhte Lautstärke und emphatische Betonung emotionalisiert wirken, verdichtet sich der Eindruck, daß sich die Bewerberin unter Druck und Rechtfertigungszwang setzen läßt.

Gespräch VI:

E1: (...) Ich bin von der Ausbildung her Sozialarbeiter=

B: Ja ich bin Sozialarbeiterin em

E1: Aber erst mal +

B: mm

E1: vielleicht Frau

B: Ja

E1: N. ...

Das Beispiel demonstriert eine Unterbrechung durch eine Bewerberin, die die Äußerungen des Einstellenden als beendet betrachtet, obwohl der Einstellende seinen Gesprächsschritt fortführen will. Grammatisch ist die Äußerung des Einstellenden zwar vollständig, die Schwebeintonation signalisiert jedoch, daß er seinen Gesprächsschritt noch nicht beendet hat. Die Unterbrechung der Bewerberin ist auch inhaltlich interessant. Sie scheint hier so etwas wie einen Statusausgleich herstellen zu wollen, der sie dazu veranlaßt, auf die Information des Einstellenden, Sozialarbeit studiert zu haben, ebenfalls ihre Ausbildung als Sozialarbeiterin anführt. Dieser voreilig wirkende Hinweis auf die eigene Ausbildung kann auch als Grund für die Unterbrechung von seiten des Einstellenden angenommen werden, der die Bewerberin darauf verweist, daß sich erst die Einstellenden vorstellen wollen, bevor die Bewerberin etwas zu ihrer Person sagt.

Gespräch VI:

E1: ...Ich fänd es ganz gut, wenn wir so auch in so einen gemeinsamen Austausch hineinkommen könnten, na* was also auch bedeutet, daß eh vielleicht auch ihre Einstellung zu dem neuen Arbeitsgebiet hier

B: mm

E1: | etwas eh | klarer wird

B: | Also sie |

E1: Ich denke, Sie ham die Fortbildung im Altenhilfebereich gemacht, jetzt ist natürlich die Stelle ausgeschrieben im Bereich eh Asylantenarbeit Asylbewerberarbeit eh ++

B: | Ja eh vielleicht |

E1: | Sehen Sie da einen | | Zusammenhang = |

B: | Ja doch, | das seh ich wohl, ich seh das erst mal allgemein als Sozialarbeit ...

Hier spricht der Einstellende - bezogen auf den beruflichen Werdegang der Bewerberin - offensichtlich einen neuralgischen Punkt an, auf den diese mit erhöhter Lautstärke und deutlichen Widerspruchselementen (...doch, wohl...) und einer Unterbrechung reagiert.[2] Auch hier entsteht der Eindruck, daß sich die Bewerberin energisch darum bemüht, einen Zusammenhang zwischen ihrer absolvierten Fortbildung und der ausgeschriebenen Stelle herzustellen.

Auf Bewerberseite ist die Tendenz zur Unterbrechung beziehungsweise zum überlappenden Wechsel häufig dann zu beobachten, wenn von Einstellenden neuralgische Gesprächsgegenstände angesprochen werden, wie zum Beispiel berufliche Umorientierungen, umstrittene Konzepte und Modelle,

[2] Parallelitäten zeigte das Beispiel zum überlappenden Wechsel auf.

die den zukünftigen Tätigkeitsbereich betreffen oder wenn von Einstellenden negative Bewertungen (...nicht geklappt...) oder Dissenssignale verbalisiert werden.

Durch Unterbrechungen und überlappende Wechsel läßt der Bewerber dann den Eindruck der Übereifrigkeit entstehen, wenn er, den Inhalt der Frage bereits vorausahnend, mit der Beantwortung während des aktuellen Gesprächsschritts des Einstellenden beginnt. Darüber hinaus wird der Eindruck erzeugt, der Bewerber fühle sich persönlich angegriffen und gefordert, einen Statusausgleich vornehmen zu müssen. Auf einstellender Seite kann sich darüber hinaus bei gehäuft vorkommenden Unterbrechungen auch der Eindruck verdichten, daß der Bewerber grundlegende Höflichkeitskonventionen nicht beherrscht und ein unsensibler Gesprächspartner ist.

Im Kontext des Bewerbungsgesprächs stellen sowohl Unterbrechungen als auch überlappende Wechsel von seiten des Bewerbers Verstöße gegen das kommunikative Grundprinzip 'Nur ein Sprecher spricht zur gleichen Zeit' dar (vgl. SACKS/ SCHEGLOFF / JEFFERSON 1974, 700; auch SCHWITALLA 1979a, 53). Häufige Unterbrechungen von seiten eines Gesprächspartners oder simultane Äußerungen stören den Kommunikationsablauf erheblich, da hierdurch die personale Beziehung der Gesprächspartner zueinander beeinträchtigt werden kann. Häufige Unterbrechungen können beim Unterbrochenen Unverständnis, Aggression oder Abblocken erzeugen. Inwieweit sie die Entscheidungsfindung und Beurteilung des Einstellenden beeinflussen, kann nicht abschließend behandelt werden. Anzunehmen ist, daß sie sich, vor allem bei gehäuftem Vorkommen, zu einem negativen Eindruck zuungunsten des Bewerbers verdichten.

2.2.3 Gesprächsorganisatorische Mittel

Die Intentionalität gesprächsorganisatorischer Handlungen ist nicht auf das Thema des Gesprächs gerichtet, sondern auf die formale Gestaltung seiner Sequenzstruktur. Funktional können drei Typen von gesprächsorganisatorischen Gesprächshandlungen unterschieden werden:

Zum einen handelt es sich um Steuerungshandlungen zur Regelung des Sprecherwechsels, zum zweiten um Sprechersignale und drittens um Hörersignale (vgl. SCHWITALLA 1979a, 71ff.). Ihre jeweilige gesprächsorganisatorische Funktion und sprachliche sowie sprecherische Realisierung im Bewerbungsgespräch wird im folgenden erläutert.

Zu ihrer Beschreibung wird weitgehend auf die systematische Zusammenstellung von SCHWITALLA zurückgegriffen (vgl. ebd.).

Zur Klassifizierung gesprächsorganisatorischer Steuerungshandlungen stellt SCHWITALLA eine Liste "ausdrucksseitiger Implikatoren" (1979a, 78) vor. Sie umfaßt sowohl verbale Mittel als auch paralinguistische Mittel wie Lautstärke, Sprechtempo und nonverbale Mittel wie Blickkontakt, Gestik u.ä.. [3]

2.2.3.1 Gesprächshandlungen zur Regelung des Sprecherwechsels

a) Mittel zur Gewinnung der Sprecherrolle

Mittel, die den Anspruch auf Gewinnung der Sprecherrolle explizieren, beinhalten gleichzeitig den Wunsch des Sprechers, der augenblicklich die Sprecherrolle Innehabende möge diese möglichst bald abgeben (vgl. DUNCAN 1972, 283ff.).[4]

Explizite Beanspruchungen wie:"'ich möchte dazu folgendes sagen...' - 'wenn ich zu diesem Punkt etwas sagen darf' - 'Darf ich bitte auch etwas dazu sagen?' - 'Darf ich das aus meiner Sicht darstellen?' - 'Kann ich dazu auch meine Meinung sagen?' - 'Jetzt kommen Sie bitte zum Ende'" (SCHWITALLA 1979a, 79)[5] kommen in den von mir untersuchten

---

[3]Obwohl nonverbale Aspekte in dieser Arbeit nicht diskutiert werden, werden die von SCHWITALLA im einzelnen erarbeiteten Mittel trotzdem angesprochen, da sie im Rahmen von Bewerberseminaren, in denen die Aufzeichnung mit einer Videokamera erfolgt, zur Analyse sehr nützlich sind.

[4]Vgl. zu diesem gesamten Bereich auch: DUNCAN / NIEDERREHE (1974, 240); JEFFERSON (1973, 50f.); SACKS / SCHEGLOFF / JEFFERSON (1974, 719f.); YNGVE (1970, 575); MELTZER / MORRIS / HAYES (1971); KENDON (1977); SCHEFLEN (1972, 234).

[5]Da sich in den von mir untersuchten Gesprächen nicht sämtliche Realisierungsvarianten gesprächsorganisatorischer Mittel nachweisen lassen, greife ich zur Veranschaulichung in Einzelfällen auf die Beispiele von SCHWITALLA zurück. Die Beispiele aus den Bewerbungsgesprächen sind im Text in der Transkriptionsschrift aufgenommen.

Gesprächen nur vereinzelt vor. Wesentlich häufiger werden Eröffnungssignale (`nun, also, ja zunächst, ja ich denke, ja doch, doch, nein`), das gehäufte Wiederholen von Worten zu Beginn eines Gesprächsbeitrags (`Ja ja...`) und das Zuendeführen des vorangegangenen Gesprächsbeitrags eingesetzt (ebd. 80).[6] Darüber hinaus erfolgt die Gesprächsschrittbeanspruchung von seiten des Bewerbers häufiger durch parallelisiertes Sprechen, bei dem die letzten Worte des vorhergehenden Gesprächsbeitrags wörtlich oder sinngemäß wiederholt werden.

Gespräch VI:

```
E1: Und nach Bielefeld, eh welche Station war dann? Dann sind
sie umgezogen,|sagten Sie, aus persönlichen Gründen=|
B:            |Dann bin ich umgezogen|aus persönlichen  Gründen...
```

Gespräch IV:

```
E1: Sie haben also keine eh speziellen Bindungen an O., so
daß das für sie kein Problem|wär,|
B:                          |Nein,|das ist kein Problem für mich
E1:|nach P. zu ziehen?|
B:|nach P. zu ziehen. |
```

Zu den paralinguistischen Mitteln gehören laut hörbares Einatmen, erhöhte Lautstärke oder auch ein beschleunigtes Sprechtempo (vgl. SCHWITALLA 1979a, 82).[7] Ein nonverbales Mittel zur Gewinnung der Sprecherrolle kann die Veränderung des Blickkontaktes sein, beispielsweise die Abwendung des Hörers vom momentanen Sprecher. Weitere Mittel sind Veränderungen der Gestik (z.B. unmittelbares Zeigen auf den Sprecher bzw. abwehrende Gesten zum Gesagten), Veränderungen der Sitz- oder Standposition (z.B.

---

[6]Zu Eröffnungssignalen ("prestarts") vgl. SACKS / SCHEGLOFF / JEFFERSON (1974, 719); zu gehäuften Wiederholungen zu Beginn eines Gesprächsbeitrags ("restart formats") vgl. JEFFERSON (1973, 76f.).

[7]Vgl. die Beispiele zu 'Wechsel nach Unterbrechung'.

Auseinandernehmen überkreuzter Beine) innerhalb der Gesprächsgruppe (vgl. ebd.). Sprachliche Mittel wie Zustimmungssignale oder das Stellen einer Verständnisfrage, obwohl bereits jemand anderer begonnen hat zu sprechen, sind in besonderer Weise an den aktuellen Kontext gebunden und intendieren nicht immer die Beanspruchung eines Gesprächsschritts, sondern können auch als Hörersignale (vgl. 2.2.3.3) interpretiert werden.

b) Mittel, die Sprecherrolle zu behalten

Mittel, die Sprecherrolle zu behalten, werden in solche unterschieden, die bei Unterbrechungsgefahr eingesetzt werden, und Signale, die eingesetzt werden, ohne daß diese Gefahr der Unterbrechung besteht.[8]

Zu den Mitteln, die Sprecherrolle zu behalten, gehören vor allem Vorankündigungen als Einleitung eines neuen oder weiterzuführenden Gesprächsschritts (ebd. 83). Bewerber verwenden hier Verbalisierungen wie:' `...n passendes Beispiel möcht ich...; ...ich möchte mal n passende Beispiel anführen...; ...ja zunächst einmal...; ...möcht ich noch mal eben aufgreifen...; ...Da fällt mir folgendes Beispiel ein....`'. Ebenfalls kann der Bewerber ankündigen, daß er zu mehreren Punkten Stellung nehmen will (`Erstens ist dazu zu sagen...; Zum einen...`). Häufig finden sich auf Bewerberseite Konjunktionen (vgl. ebd., 83) am Anfang eines syntaktischen Abschnittes (`... dann; also; daraufhin`) oder Adverbien (`...beispielsweise; ja zunächst...`).

Bei Gefahr einer Beanspruchung des Gesprächsschritts oder bei mehrmals versuchten Unterbrechungen können Äußerungen erfolgen wie: "'Lassen Sie mich bitte zu Ende reden'; 'Dürfte ich das noch zuende führen'" (ebd., 82f.). Auf die zuletzt genannten Mittel greift in den von mir untersuchten Gesprächen lediglich ein Bewerber zurück (`Ja darf ich/ ja darf ich bitte ausreden...`). Paralinguistische Mittel bei Gefahr einer Unterbrechung sind vor allem eine erhöhte Stimmfrequenz, eine erhöhte Lautstärke und gefüllte Pausen (ebd.).

---

[8]Vgl. hierzu auch: SACKS (1971); FERGUSON (1976, 13ff.); LALLGEE / COOK (1969, 27f.); SCHEFLEN (1972, 232); DUNCAN / NIEDERREHE (1974, 235ff.).

Gespräch I:

B: (SCHNALZEN) Jo, da fällt mir ein Beispiel ein. Ich ha* hatte mal ei* während eines ++ eh Praktikums hatte ich gerade frei. Ich ging mit meiner + Tochter spazieren, und *sie* fragte: Papa, wo arbeitest du? Ja sag ich, ich ar*/
E1: Herr B., dat wäre aber auch ganz gut, wenn,
B: Ich arbeite + Ja=/
E1: Entschuldigen Sie, daß ich Sie unterbreche, es wäre ganz gut...

Im vorliegenden Beispiel erfolgt als Reaktion auf die versuchte Unterbrechung des Einstellenden E1 eine deutliche Erhöhung der Lautstärke von seiten des Bewerbers, um die Sprecherrolle zu behalten.
Liegt keine Gesprächsschrittbeanspruchung vor, kann eine ruhige Kopf- und Handhaltung oder die Vermeidung des Blickkontaktes die Fortführung eines Gesprächsschritts signalisieren. Bei Gefahr des Unterbrochenwerdens kann ein Handabwehrsignal signalisieren, daß ein Sprecher den Gesprächsschritt beibehalten will (vgl. ebd., 84).

c) Mittel, die das Ende des eigenen Sprechbeitrags ankündigen

Eine weitere Gruppe sind solche Mittel, mit denen ein Sprecher signalisiert, daß er den Gesprächsbeitrag nach einem mehr oder weniger umfangreichen Zeitraum beenden wird.[9] In den von mir untersuchten Gesprächen beenden Bewerber ihren Gesprächsschritt häufig mittels Schlußsignalen oder Nachträgen (und so; oder sowas), abschließenden Bewertungen (...so eh so hab ich es jedenfalls empfunden...; ...sehr abwechslungsreich und sehr interessant...; ...und das übrigens, das is ne Sache, die also ich für mich persönlich nich so gut finde.; ...also das is schon so, das diese Chance einfach realistisch

[9]Vgl. hierzu auch: JEFFERSON (1973, 69ff.); DUNCAN (1973, 32ff.); FERGUSON (1976, 9f.); YNGVE (1970, 567ff.); SACKS / SCHEGLOFF / JEFFERSON (1974, 724).

nicht besteht.) oder einfachen Satzabschlüssen (vgl. ebd., 84) in Verbindung mit intonatorischer Vollschwere am Ende des Satzes, bei einer abschließenden Frage mit Frageintonation.
Weitere paralinguistische Mittel, die Bewerber einsetzen, sind verlangsamtes Sprechen oder reduzierte Lautstärke (vgl. ebd., 84f.).
Als nonverbale Mittel nennt SCHWITALLA "Blickwendungen weg vom Hörer" und "Beendigung von Handgesten und Entspannung einer gespannten Handhaltung" (ebd.).

d) Mittel, den Hörer aufzufordern, die Sprecherrolle zu übernehmen

Zu den verbalen Mitteln gehören explizite Aufforderungen, die auch eine Anrede enthalten können, zustimmende Sprechersignale und die Beendigung initiierender Akte (vgl. ebd., 85). Gerade der letzte Punkt reicht bereits in die gesprächsthematischen Steuerungshandlungen hinein, da Fragen als initiierende Sprechhandlungen immer ein sprachliches Mittel darstellen, den momentanen Hörer zur Übernahme der Sprecherrolle zu bewegen (vgl. III 2.3.3.1). SCHWITALLA verweist weiterhin auf paralinguistische und nonverbale Mittel, zu denen er unter anderem "Handbewegungen mit Aufforderungscharakter, Blickkontakt" (ebd., 85) zählt.

2.2.3.2 Sprechersignale

Als dritte Gruppe gesprächsorganisatorischer Steuerungshandlungen sind Sprechersignale zu nennen (vgl. ebd., 90). Sprechersignale sind verbale und nonverbale Kontrollhandlungen, durch die sich der Sprecher die Aufmerksamkeit der Hörer sichern will.[10]
Vereinzelt treten in den untersuchten Bewerbungsgesprächen Sprechersignale auf, die der Aufmerksamkeits- oder Verstehensüberprüfung (ja, ne) und Sicherung der Akzeptanz des Hörers (gut ne; sicherlich) dienen. Häufig sind Sprechersignale zu finden, durch die der Bewerber innerhalb seines Gesprächsschritts einen Zusammenhang herstellen will (also; sozusagen; übrigens; jedenfalls). Vermehrt werden von

[10] Vgl. hierzu auch: DUNCAN (1974); SCHEGLOFF (1968); auch: SCHANK (1979; 1981).

Bewerbern Sprechersignale verwendet, mit denen durch einen Rückbezug oder -verweis auf die Stellenanzeige, ein Telefonat oder den bisherigen Verlauf des Gesprächs versucht wird, Gemeinsamkeiten zwischen sich und den Einstellenden herzustellen (`Sie suchen ja sehr viele Mitarbeiter...; Sie schreiben ja auch von Dolmetscherdiensten...; Ich hab mich bei Ihnen ja schon informiert...; Ich hab ihnen ja vorhin schon kurz gesagt...; ...möcht ich nochmal eben aufgreifen, was ich gerade schon gesagt habe...`).
Darüber hinaus finden sich auch Sprechersignale, durch die Bewerber eine Binnengliederung ihres Gesprächsschritts vornehmen (`Das muß ich dazu sagen...; Ich kann Ihnen das gleich sagen...; Da kann ich ihnen auch gleich Dinge sagen, wenn Sie das wissen wollen...;...sagn wir mal...; ...wie soll ich sagen...; ...konkret gesagt...; ...und zwar...`). Sie sind vergleichbar mit sprachlichen Mitteln, durch die der Sprecher signalisiert, daß er die Sprecherrolle behalten will.
Sprechersignale können darüber hinaus als "beiläufige Mittel der Beziehungskundgabe" (ebd., 90) fungieren (`Sie wissen ja auch...; Das kennen wir ja alle...; Das wissen Sie genauso gut wie ich...`). Bewerber verwenden diese Mittel, um sachliche oder emotionale Gemeinsamkeiten zwischen sich und den Einstellenden herzustellen. Durch die unmittelbare Adressierung an den Einstellenden versucht der Bewerber, ihn dazu zu motivieren,

> "auch seine Wertung der Sachverhalte mit nachzuvollziehen" (GRIEßHABER 1987a, 134).

Bewerber verwenden weiterhin relativierende Sprechersignale, um sich damit gegen einen möglichen Widerspruch abzusichern (`...ja, vielleicht drücke ich mich jetzt etwas verkehrt aus...; ...ich nenn s mal so...; Entschuldigen Sie, wenn ich das noch sage...`).

Daß Sprechersignale die oben aufgeführten Funktionen häufig tatsächlich nicht erfüllen, sondern lediglich funktionslose Floskeln darstellen, möchte ich an einem Beispiel demonstrieren.

Gespräch II:

B: Ja also, + (RÄUSPERT SICH) zunächst einmal muß ich sagen/ *Also* ich hab gr* eh grade nochmal eben/ eh möcht ich nochmal eben aufgreifen, was ich gerade schon gesagt hab. Ja also, ich wollte / mein Ziel ist es, im <u>sozialen Bereich</u> tätig zu werden. + Die Frage jetzt von Ihnen, eh warum gerade im Altenbereich". Ich hab álsó schón éhrenámtlich mehrere Jahre bei u*/ in me* meiner Heimatgemeinde mit Senioren gearbeitet + em und hab dabei festgestellt, *also* daß das wohl 'ne Tätigkeit is, die ich wohl zu meinem Hauptberuf machen könnte. Die mir *also* Spaß macht, die mir *also* Freude bereitet und eh + deshalb hab ich ja auch unter anderem diese Máßnáhme, *also* Weiterbildung zum Altenheimleiter + in Angriff genommen + und auch beendet". Und während dieser Maßnahme hab ich ja auch Praxiserfahrung gewonnen in diesem Bereich Altenheimleitung und *ich hab festgestellt*, daß die Tätigkeit des Altenheimleiters *is* für mich, so eh so hab ich es jedenfalls empfunden, sehr abwechslungsreich + und sehr interessant=

Der Bewerber verwendet in seiner Äußerung eine Vielzahl von Sprechersignalen (...zunächst einmal muß ich sagen/ Also ich hab gr* eh grade nochmal eben/ eh möcht ich nochmal eben aufgreifen, was ich gerade schon gesagt hab; 5x also, Die Frage jetzt von Ihnen, eh warum gerade im Altenbereich, 2x wohl), die bezüglich des darzustellenden Inhalts redundant sind und in Bezug auf die Verständlichkeit und Prägnanz des Gesprächsschritts keine strukturierende Funktion haben, sondern eher wie Floskeln wirken. Deutlich wird das, wenn man eine Weglaßprobe vornimmt und den Gesprächsbeitrag ohne diese Floskeln liest.

2.2.3.3 Hörersignale[11]

Bei den bisher erläuterten gesprächsorganisatorischen Steuerungen handelt es sich um Steuerungsmöglichkeiten, die ein Bewerber in der Sprecherrolle einsetzt.

Hörersignale dagegen sind sprachliche, sprecherische und nonverbale Mittel, mit denen ein aktueller Hörer einen aktuellen Sprecher in seiner Sprecherrolle bestätigt. Es handelt sich um Steuerungshandlungen eines Gesprächsteilnehmers in der Hörerrolle (vgl. u.a. SACKS / SCHEGLOFF / JEFFERSON 1974, 722; SCHWITALLA 1979a, 92). Diese Rückmeldungssignale des Hörers sind deshalb von zentraler Bedeutung, da sie eine starke indirekte gesprächssteuernde Funktion besitzen (vgl. HENNE / REHBOCK 1982, 177ff.).

Der sich jeweils in der Hörerrolle befindliche Gesprächspartner nimmt durch Hörersignale aktiv am Gespräch teil. Es lassen sich verschiedene Typen von Hörersignalen (vgl. DUNCAN 1974, 166) differenzieren, die sich auch in den untersuchten Gesprächen auf Bewerberseite nachweisen lassen.

Mit Hörersignalen wie 'mm' oder 'ja', aber auch nonverbalen Signalen wie Kopfnicken signalisiert der Bewerber dem Einstellenden, daß dieser verstanden wird oder daß er seinen Äußerungen folgen kann.

Auf seiten der Bewerber finden sich vereinzelt auch Hörersignale wie '...ja is mir bekannt...; ...ah ja...; ...die is klar...', durch die er dem Einstellenden signalisiert, daß er mit dem Gesprächsgegenstand vertraut ist. Wesentlich häufiger treten Hörersignale auf, durch die der Bewerber eine Bestätigung oder Zustimmung signalisiert (Gut; Richtig; So ist es; Ja selbstverständlich; Sicherlich; Eben; Ja versteh ich sicherlich).

---

[11]SCHWITALLA unterscheidet noch einmal zwischen Hörersignalen und Mitteln, mit denen der aktuelle Sprecher in seiner Sprecherrolle bestätigt wird (1979a, 86). Da m.E. hier kein kategorieller Unterschied besteht, soll hier nur von Hörersignalen gesprochen werden.

a) Steuerungsversuche durch Hörersignale auf Bewerberseite

Die beiden folgenden Beispiele sind dem Gespräch entnommen, in dem die Bewerberin im Verhältnis zu den anderen untersuchten Gesprächen die meisten Hörersignale verwendet (mm: 59; ja: 9).[12]

An zwei Beispielen werden die Steuerungsversuche der Bewerberin durch Hörersignale deutlich:

Gespräch V:

E1: Ja, wo ich dann also auch nochmal einhaken wollte, eh Sie ham / wir ham vorhin von Teamarbeit gesprochen, daß uns das sehr wichtig ist

B: mm

E1: em das beinhaltet für uns allerdings dann <u>auch</u> em, daß nich nur der Pflegebereich *am Wochenende vertreten sein muß, sondern daß wir auch schon davon* ausgehen, eh daß auch eh aus dem Führungsbereich +

B: mm

E1: sprich Sozialdienst, Pflegdienstleitung und auch Heimleitung auch am Wochenende vertreten sind +

B: mm

E1: und daß wir dann also auch eh von Ihnen erwarten würden,

---

[12]Dazu im Vergleich:

Gespräch I (Besetzung einer Altenheimleiterstelle: mm: 2).

Gespräch II (Besetzung einer Altenheimleiterstelle: mm: 2).

Gespräch III (Besetzung einer Altenheimleiterstelle: mm: 29; gut: 2; ja: 8; richtig: 1; so is es: 1; ach: 1).

Gespräch IV (Besetzung einer Altenheimleiterstelle: mm: 5; ja: 7; durchaus: 1; ja selbstverständlich: 1; ja versteh ich sicherlich: 1; sicherlich: 1).

Gespräch VI (Besetzung einer pädagogischen Mitarbeiterstelle in einem Asylbewerberheim: mm: 20; ja: 10; ja is mir bekannt: 1; Ja ich hab mich so entschieden: 1).

Gespräch VII (Besetzung einer Altenheimleiterstelle: mm: 32; eben: 1; richtig: 2; ja: 13; gut: 1; die is klar: 1; 60 gebaut: 1).

eh daß Sie + im Wechsel

B: mm

E1: auch eh Wochenenddienst machen würde ...

Die Hörersignale erfolgen in diesem Ausschnitt immer als Reaktion auf die zentralen Botschaften der Einstellenden (...Teamarbeit...wichtig...; ...Führungsbereich...; ...Wechsel...). Die Bewerberin zeigt durch die Hörersignale ihre Zustimmung zum Gesagten an, die im Anschluß an den Gesprächsschritt der Einstellenden durch die Äußerung der Bewerberin bestätigt wird. Sie führt aus, daß für sie Wochenenddienst kein Problem darstelle und sie gerne auch einmal montags frei habe, um einkaufen zu können.

Das zweite Beispiel zeigt ebenfalls Steuerungsaktivitäten der Bewerberin durch Hörersignale:

Gespräch V:

E1: Wenn Sie also jetzt gerade nochmal so von Weiterbildung sprechen, eh Sie ham ja auch eh in der Vergangenheit schon an der Volkshochschule unterrichtet +

B: mm

E1: em fällt mir doch auf, ich meine, Sie ham Diplompädagogik +

B: mm

E1: eh gemacht und sind damit ja eigentlich so vom Level em etwas überqualifiziert für die Tätigkeit, die Sie jetzt anstreben, em da: + / zieht Sie da nichts in höhere Regionen?

B: (LACHT) Also ich hab mich so auf den Bereich der Sozialarbeit *irgenwie*/Ich find den Bereich ganz interessant für mich und fühl mich auch wohl, also ich eh ich mach gerne Gruppenarbeit und auch Einzelarbeit= wichtig is mir auch so Konzeptenwicklung, das is ganz <u>klar</u> und daß ich auch mal mich an Schreibtisch begebe *und auch mal/ aber mir is wichtig* auch so der Kontakt em mit den Bewohnern...

Die Einstellende E1 wiederholt zwei Fakten aus dem Lebenslauf der Bewerberin (Unterricht an der Volkshochschule, Diplompädagogikstudium), die diese jedesmal mit einem Hörersignal bestätigt. Die anschließende Bewertung der Einstellenden (Überqualifizierung) bestätigt die Bewerberin nicht durch ein Hörersignal. Die Bewerberin steuert hier also durch die Vermeidung des Hörersignals und sigalisiert damit im Unterschied zum vorausgegangen Beispiel diesmal einen vorausgreifenden Widerspruch gegenüber der von der Einstellenden vorgenommenen Bewertung. Bestätigt wird das im darauffolgenden Gesprächsschritt der Bewerberin, in dem sie darauf verweist, daß sie sich auf den Bereich der Sozialarbeit spezialisiert hat und sich dort wohl fühlt. Dadurch versucht sie, den Einwand der Einstellenden zu entkräften.

Beide Beispiele demonstrieren, daß ein Bewerber während der Äußerung des Einstellenden seine Folgeäußerung sowohl durch den Einsatz von Hörersignalen als auch deren Vermeidung dahingehend vorbereiten kann, daß er bereits vorausgreifend Zustimmung, Widerspruch oder Ablehnung signalisiert.

b) Reaktion des Bewerbers auf Hörersignale

Hörersignale haben eine stark steuernde Funktion und können beim aktuell Sprechenden die Wirkung erzeugen, doppelt so lange wie vorgesehen zu sprechen (MATARAZZO / WIENS / SASLOW (1965, 200ff.). Dieser Aspekt soll hier aus der Sprecherperspektive des Bewerbers in den Blick genommen werden.

Gespräch VI:

E1: Was waren das übrigens, als Zwischenfrage, was waren eh das für Leute, die dort eh betreut wurden?

B: Das waren Nichtseßhafte, die auch von der Polizei aufgegriffen wurden, <u>auch</u> Jugendliche, die eh auch von der Polizei aufgegriffen wurden

E1: mm

B: und eh damals aus den Fürsorgeerziehungsheimen,

E1: Ah so:

B: so nannte sich das ja noch,

E1: mm

B: entwichen waren.

E1: Und die verblieben dort nur immer für eine bestimmte Zeit in dem Haus?

B: Für eine bestimmte Zeit. Und ich selbst hatte damals die Initiative ergriffen, eh da ich mich lange mit diesen Jugendlichen unterhalten hatte,

E1: mm

B: und das erforderte oft Nächte,

E1: mm

B: em daß sie auch unter keinen Umständen wieder in das Erziehungsheim zurückwollten, und

E1: mm

B: ich konnte damals mit der Sch*/ em mit dem Jugendamt der Stadt O. Vereinbarungen treffen, daß ich für diese Jugendlichen eine Etage eingerichtet hatte und eh daß sie Arbeit suchen konnten und eben selbst für ihre

E1: mm

B: Sachen verantwortlich waren.

E1: Ah jaa

B: Und eh ich eh sogar mit ihnen in Urlaub gefahren bin,

E1: mm

B: und das hat mir sehr viel Freude gemacht.

E1: mm

B: Nur konnt ich das leider nur ein Jahr machen,

E1: mm

B: weil ich em pers*/ aus persönlichen Gründen dann nach S. verzogen bin.

E1: Ah ja mm mm

B: Und da möcht ich auch so anknüpfen, das is für mich ein Stück Hilfe zur Selbsthilfe. Da seh ich so/ da seh ich irgendwie Parallelen jetzt

E1: mm

B: zu ihrer Stellenanzeige

E1: mm

B: Für mich eh wär es sehr wichtig, also n Stück Hilfe zur Selbsthilfe zu leisten,

E1: mm mm

B: daß diese Familien nich also total versorgt werden, sondern daß ich irgendwie Initiativen gründen könnte

E1: mm mm

B: und sie selbst an/ also dazu zu bringen,

E1: mm

B: daß sie ihre eigenen eh Bedürfnisse selbst

E1: mm

B: regeln können,

E1: mm

B: und das würde für mich doch ne große Herausforderung

E1: mm mm

B: bedeuten.

E1: Und nach Bielefeld eh welche Station war dann?

Im vorliegenden Beispiel treten auf seiten des Einstellenden gehäufte Hörersignale auf, die die Bewerberin offensichtlich als Zustimmungs- und Ermunterungssignale zum Sprechen interpretiert und sie zu einer ausführlichen Stellungnahme motivieren.

Auf die vom Einstellenden E1 lediglich als Verständnisfrage intendierte Äußerung (Was waren das übrigens, als Zwischenfrage, was waren eh das für Leute, die dort eh betreut wurden?) berichtet die Bewerberin ausführlich über Einzelheiten ihrer Tätigkeit in einem Durchgangsheim für Nichtseßhafte. Sie schließt den inhaltlichen Abschnitt mit der Begründung für die Beendigung dieser Tätigkeit ab (Umzug aus persönlichen Gründen). Daraufhin erfolgen von E1 drei Hörersignale (ah ja; mm; mm), die die Bewerberin als Aufforderung und Erwartungshaltung des Einstellenden zur Fortführung des Gesprächsschritts interpretiert. Da jedoch die Verständnisfrage hinreichend beantwortet ist und der Inhaltsbereich von der Bewerberin verbal abgeschlossen wird, focussiert sie einen neuen Gegenstandsbereich (zukünftiger Tätigkeitsbereich) und stellt nun ihre konzeptionellen Vorstellungen bezüglich der zukünftigen Tätigkeit vor.

Die Bewerberin hat sich durch die gehäuft auftretenden Hörersignale von seiten der Einstellenden zu einer Überbeantwortung (vgl. auch III 2.3.4.2, c) der Frage 'verführen' lassen. Daß hier von seiten der Bewerberin eine Fehlinterpretation der Hörersignale vorliegt, die keine Zustimmung oder Bestätigung demonstrieren, sondern eher als Automatismen des Einstellenden zu interpretieren sind, signalisiert die von E1 abrupt vorgenommene Rückorientierung auf den Ausgangsfocus (berufliche Entwicklung). Nach der gehäuften Verwendung von Hörersignalen wäre, wenn sie als Zustimmung und Bestätigung gemeint gewesen wären, eher zu erwarten gewesen, daß der Einstellende nochmals in irgendeiner Form (z.B. Nachfrage, Bewertung o.ä.) auf die ausführliche Äußerung der Bewerberin eingeht. Die folgende Frage des Einstellenden ignoriert jedoch sämtliche von der Bewerberin dargestellten Informationen und Vorstellungen und bricht den von ihr neu focussierten Gegenstand (Hilfe zur Selbsthilfe) abrupt ab. Die Hörersignale sind also nicht als Demonstration von Interesse an den Äußerungen der Bewerberin zu verstehen, sondern können eher als Höflichkeitssignale bewertet werden, die Ausführungen zu beenden, da sie nicht zum aktuellen Gesprächsgegenstand gehören. Obwohl der Einstellende durch den kumulierten Gebrauch von Hörersignalen der Verursacher der Überbeantwortung ist, erzeugt die Bewerberin den Eindruck, gegen die aktuelle Focussierung zu verstoßen.

2.2.4 Handlungspraktische Konsequenzen

2.2.4.1 Fremdselektion als Ausgleichshandlung für sequentielles Ungleichgewicht

Je mehr ein Bewerber die Situation des Bewerbungsgesprächs als einseitige Präsentation der eigenen Person versteht, das heißt, je weniger er den Passungsgedanken verfolgt, um so wahrscheinlicher ist, daß er weniger von seinem Recht auf Fremdselektion Gebrauch machen wird. Als handlungspraktische Konsequenz ergibt sich daraus die Aufforderung an den Bewerber, durch Fremdselektion ein sequentielles Gleichgewicht herzustellen, um dadurch das Ziel der gegenseitigen Passungsüberprüfung besser erreichen zu können.

2.2.4.2 Rückgewinnung eines Gesprächsschritts durch Selbstselektion

Anders verhält es sich mit dem Recht des Bewerbers auf Selbstselektion. Der Bewerber kann sich nur dann selbst zum Sprecher wählen, wenn er den Einstellenden unterbricht und auf diese Weise den Gesprächsschritt beansprucht. Damit sind die Möglichkeiten, in denen eine Unterbrechung durch den Bewerber toleriert wird, stark eingeschränkt und unterscheiden sich grundlegend von den Möglichkeiten zur Unterbrechung, die nach SCHWITALLA allgemein toleriert werden. Seiner Meinung nach darf ein Hörer einen Sprecher unterbrechen,

> "- um ihm mitzuteilen, daß man schon weiß, wovon er spricht;
>
> - um ihm zu sagen, daß man schon das Ergebnis der Aktion kennt, die er sich anschickt zu tun;
>
> - um ihn über ein Mißverständnis aufzuklären, dem er erlegen ist;
>
> - wenn der aktuelle Sprecher im Begriff ist, etwas zu tun, was nach Meinung des Hörers unnötig oder unhöflich ist oder Konversationsmaximen verletzt;
>
> - wenn einem Sprecher ein sinnentstellender Versprecher unterlaufen ist und er ihn nicht korrigiert;
>
> - wenn ein Sprecher in Gefahr gerät, von einem explizit vereinbarten Großthema einer Interaktion (z.B. Beratung) abzuweichen;
>
> - wenn ein Angesprochener merkt, daß er nicht der kompetente Adressat ist" (1979a, 76).

Die von SCHWITALLA aufgeführten allgemein gültigen Unterbrechungsmöglichkeiten können für den Bewerber nicht zu generellen Handlungsanweisungen transformiert werden, da zwar die aufgeführten Gründe formal die Berechtigung für eine Unterbrechung liefern, die möglichen erzeugten kommunikativen Wirkungen solcher Unterbrechungen, vor allem bei gehäuftem Vorkommen, von SCHWITALLA jedoch nicht berücksichtigt werden.

Dazu ein Beispiel:

Gespräch IV:

```
E2: Aber das hat dann nicht geklappt, daß |Sie
B:                                        |Do:ch,| und dann hab
ich zwei Jahre nochmal die Zooschule weitergeführt/
E2: Nein, ich meine es hat nicht geklappt, daß Sie das
weiter|führen konnten.|
B:|Nein, übernehmen|konnte ich das leider nicht.
```

Die Bewerberin unterbricht den Einstellenden zu einem Zeitpunkt, an dem sie meint, bereits die Frage zu kennen, bevor der Einstellende diese zu Ende führt. Nach SCHWITALLA wäre an dieser Stelle also eine Unterbrechung von seiten der Bewerberin gerechtfertigt. Es stellt sich jedoch im Anschluß daran heraus, daß der Einstellende mit seiner Frage etwas anderes intendiert hat, als das von der Bewerberin vermutete.

Auch wenn im aktuellen Gespräch Unterbrechungen unter den oben genannten Bedingungen von Einstellenden toleriert, das heißt, nicht unmittelbar durch Beziehungshandlungen, Metakommunikationen oder Selbstselektion sanktioniert werden, geht der Bewerber das Risiko ein, daß seine - wenn auch formal korrekten - Unterbrechungen als Verstöße gegen das Kooperationsprinzip (Nur ein Sprecher spricht zur gleichen Zeit.) aufgefaßt werden. Aus diesem Grund läßt sich eine generalisierte Handlungsanweisung für einen Bewerber nur folgendermaßen formulieren:

Der Bewerber kann den Gesprächsschritt nur dann durch Unterbrechung - und damit durch Selbstselektion - erneut beanspruchen, wenn er zuvor von einem der Einstellenden unterbrochen wurde. Nur in diesem Fall sollte sich der Bewerber den Gesprächsschritt mittels markierter Selbstselektion zurückholen. Da Unterbrechungen jedoch immer potentielle Verletzungen des Kooperationsprinzips darstellen, durch die die personale Relation der Gesprächsteilnehmer belastet werden kann, sollte er gleichzeitig die Beziehung durch eine zusätzliche stabilisierende Beziehungshandlung ("Entschuldigen Sie"; "Bitte darf ich...", etc.) unterstützen.

2.2.4.3 Einbeziehung des Einstellenden durch Sprechersignale

Die Formulierung von Handlungsanweisungen, die sich auf die Verwendung von Sprechersignalen beziehen, ist problematisch, da immer die Gefahr besteht, daß Sprechersignale als Floskeln, "Pausenfüller" oder umgangssprachliche Automatismen vom Bewerber verwendet werden. Aus diesem Grund wird bezüglich der Verwendung von Sprechersignalen folgende handlungspraktische Konsequenz formuliert:

Auf Sprechersignale, die als Automatismen, Floskeln oder Pausenfüller fungieren, sollte der Bewerber grundsätzlich verzichten, da sie nicht zur Strukturierung des Gesprächsschritts beitragen, sondern Prägnanz und Verständlichkeit stören oder sogar verhindern können. Zu erreichen ist das jedoch nicht durch ein reduktionistisches sprechtechnisches "Abtrainieren", sondern durch Entwicklung von Sensibilität und Bewußtsein für die Funktions- und Wirkungsaspekte von Sprechersignalen auf der Ebene der Gesprächsorganisation.

Darüber hinaus ist zu beobachten, daß gehäuft auftretende Sprechersignale Anzeichen für eine unzulängliche Gesprächsvorbereitung sein können, da der Einsatz von Sprechersignalen in engem Zusammenhang mit der Vorplanung eines Gesprächsschritts steht. Je besser der Sachverhalt mental vorstrukturiert ist, um so weniger Sprechersignale benötigt der Bewerber während der Ausführung des Gesprächsschritts, um gesprächsschrittinterne Zusammenhänge zu verdeutlichen. Von zentraler Bedeutung ist deshalb in diesem Zusammenhang vor allem die gezielte Vorbereitung des Bewerbers auf das Thema in der Vorphase des Gesprächs, in der eine mentale Vorstrukturierung thematischer Kernbereiche erfolgen kann.

Darüber hinaus können Sprechersignale, die als "fishing for compliments"-Äußerungen (z.B. sich permanent der Zustimmung der Einstellenden zu versichern, sich für das Gesagte zu entschuldigen oder den Einstellenden zu vereinnahmen) interpretiert werden können, die Gesprächsatmosphäre zuungunsten des Bewerbers verschlechtern, da die durch sie hervorgerufenen Passungssignale von Einstellenden als erzwungen empfunden werden.

Sprechersignale, mittels derer ein Bewerber gesprächsexterne (Telefonat, Stellenanzeige) oder gesprächsinterne (Bezug auf Fragen, bereits behandelte thematische Kernbereiche) Rückverweise vornimmt, können Aufmerksamkeit signalisieren und die Beziehungsebene stabilisieren, da der Bewerber durch Verweise und Rückbezüge auf gemeinsame Aktivitäten (z.B. Gespräch) Gemeinsamkeiten verbindlich feststellen kann. Dadurch erzwingt er keine Passungssignale, sondern er bietet sie den Einstellenden lediglich an.

2.2.4.4 Aktive Gestaltung der Hörerrolle

Das Bewerbungsgespräch als wechselseitige Verständigungshandlung zu begreifen, impliziert die aktive Gestaltung der Hörerrolle mittels Hörersignalen.

Allerdings gilt die Aufforderung, Hörersignale zu verwenden, unter einer ähnlichen Einschränkung, wie sie für die Verwendung von Sprechersignalen formuliert wurde. Immer dann, wenn Hörersignale als Automatismen oder Floskeln bei einem Bewerber gehäuft auftreten, verlieren sie ihre ursprüngliche gesprächsfördernde Wirkung und können dann den Eindruck der "Passivität des Verstärkenden" (BARTSCH 1985, 130) erzeugen. Im Mittelpunkt handlungspraktischer Überlegungen zur Hörerrolle steht also vor allem das Bewußtmachen von und Sensibilisieren für die Hörerrolle sowie deren sprachliche und sprecherische Aktivitäten.

Aus der Analyse der Hörersignale ergibt sich darüber hinaus als handlungspraktische Konsequenz, daß der Bewerber sich in der Sprecherrolle nicht durch gehäuft auftretende Hörersignale eines Einstellenden zum "Plaudern", das heißt, in erster Linie zu Umfocussierungen "verführen" lassen sollte, sondern er sollte seinen Gesprächsschritt wie vorgesehen beenden und das Ende verbal oder durch eine Pause markieren.

2.3 Sequentielle Themabearbeitung

Neben der Aufgabe, das Gespräch formal im Hinblick auf den Sprecherwechsel zu organisieren, kommt Bewerbern und Einstellenden die Aufgabe zu, sich über einzelne themarelevante Gesprächsgegenstände zu verständigen. Die sequentielle Themabearbeitung[1] (vgl. KALLMEYER / SCHÜTZE 1976, 16f.) umfaßt die intentionale und inhaltliche Bearbeitung der von den Gesprächsteilnehmern aktuell focussierten und für das Thema als relevant erachteten Gegenstände. Dazu können beispielsweise die Darstellung von Sachverhalten bezüglich der privaten und beruflichen Entwicklung des Bewerbers, Informationen über die einstellende Institution, die Begründung und Bewertung unterschiedlicher konzeptioneller Vorstellungen über die zukünftige Tätigkeit, Vorschläge zur Gestaltung des zukünftigen Tätigkeitsbereichs, die Verständigung über Probleme, die Herstellung und Stabilisierung der Beziehung gehören. Im folgenden werden Steuerungsmöglichkeiten ermittelt, über die der Bewerber auf der lokalen Ebene der Themabearbeitung verfügt. Mit der lokalen Ebene ist in diesem Zusammenhang die Ebene des konkreten, aktuell vollzogenen Gesprächsschritts gemeint (vgl. BRINKER /SAGER 1989, 136).

2.3.1 Gesprächsthematische Sprecherhandlungen

Sprecherhandlungen, mit denen die Gesprächsaufgabe der Themabearbeitung bewältigt wird, werden als gesprächsthematische Züge bezeichnet (vgl. SCHWITALLA 1979a, 96). Mit ihnen beziehen sich die Sprecher auf

> "das Thema oder das Objekt der gemeinsamen Aufmerksamkeit" (SCHWITTALLA 1979a, 71).

Gesprächsthematische Züge umfassen gemäß der an anderer Stelle formulierten Themadefinition sowohl eine intentionale als auch eine inhaltlich-propositionale Komponente (vgl. II 5.1). Ein Gesprächsschritt kann mehrere gesprächsthematische Züge umfassen (vgl. FRANCK 1980, 51).

---

[1]KALLMEYER / SCHÜTZE wählen im Unterschied zu der hier vorgenommenen Definition den Begriff der "Handlungskonstitution" (1976, 16). Da auch die Aufgabe der Gesprächsorganisation allgemein als Handlungskonstitution aufgefaßt werden kann, scheint mir der Begriff der lokalen Themabearbeitung präziser zu sein.

2.3.2 Thematische Verknüpfung von Gesprächsschritten

Die Entwicklung, Entfaltung und Bearbeitung von Themen erfolgt im Gespräch durch eine Aufeinanderfolge von Gesprächsschritten, die aus einem oder mehreren gesprächsthematischen Zügen wie zum Beispiel einer Bewertung, Begründung und/oder Information bestehen können. Für die Themabearbeitung gelten die Bedingungen, daß die Gesprächsbeiträge thematische Relevanz und innere Verbundenheit aufweisen müssen.

> "Gespräche bestehen normalerweise nicht aus einer Abfolge unzusammenhängender Bemerkungen und wären so auch nicht rational. Sie sind (...) bis zu einem gewissen Maß kooperative Bemühungen und jeder Teilnehmer erkennt bis zu einem gewissen Grad in ihnen einen gemeinsamen Zweck oder zumindest eine wechselseitig akzeptierte Richtung an. Zweck oder Richtung können von Beginn an festgelegt sein (z.B. durch einen Vorschlag einer zu erörternden Frage) oder sich während des Gesprächs herausbilden; sie können ziemlich bestimmt sein oder so unbestimmt, daß sie den Teilnehmern ganz beträchtlichen Spielraum lassen (wie bei zwangloser Konversation). Aber an jedem Punkt wären einige Züge im Gespräch als konversational unpassend ausgeschlossen" (GRICE 1980, 248).

Voraussetzung für das Zustandekommen von Gesprächen ist demnach, daß aufeinanderfolgende Sprecherhandlungen in irgendeiner Weise miteinander sinnvoll verknüpft sind, sich die Gesprächsteilnehmer mit ihren Äußerungen

> "in erkennbarer Weise aufeinander beziehen" (SCHWITALLA 1976a, 87).

Der jeweilige Handlungsspielraum der Gesprächsteilnehmer bezüglich der Aufeinanderfolge der Gesprächsschritte ist zum einen begrenzt durch die kommunikative Basisregel[2] der inneren Verbundenheit von Gesprächsbeiträgen :

> "Die Basisregel der inneren Verbundenheit der Sprecherbeiträge ist in dem Postulat begründet, daß es innerhalb des kommunikativen Geschehens in Face-to-face-Interaktionen keine isolierten Handlungen gibt, sondern daß eine Handlung einer Person einen Rahmen absteckt,

---

[2]Kommunikative Basisregeln sind die Bedingung der Möglichkeit für das Zustandekommen von Kommunikation (vgl. dazu v.a. auch CICOUREL 1973).

> innerhalb dessen eine Antwort-Handlung einer anderen Person erwartet wird" (SCHWITALLA 1979a, 195; vgl. auch GOFFMAN 1982, 207).

Bedingung für das Zustandekommen von Kommunikation ist das Aufeinandereingehen und Sich-Aufeinanderbeziehen der Gesprächsteilnehmer. Zum anderen ist der Handlungsspielraum begrenzt durch die Bedingung der thematischen Relevanz, den die jeweiligen Gesprächsbeiträge aufweisen müssen.

Die lokale thematische Struktur eines Gesprächs wird also verstanden als sequentielle Verknüpfung von Gesprächsschritten, die sich inhaltlich und intentional aufeinander beziehen (vgl. BRINKER / SAGER 1989, 72f.). Zur Realisierung der Themabearbeitung können die Gesprächsteilnehmer aus einem Repertoire möglicher Handlungsalternativen zweckorientiert auswählen (vgl. DITTMANN 1979a, 34f.). Dabei wird jede Äußerung eines Kommunikationsteilnehmers

> "als Reaktion auf den bzw. die unmittelbar vorausgehenden Schritte der anderen Teilnehmer interpretiert" (BRINKER / SAGER 1989, 72).

Solche spezifischen Verknüpfungen können in Paarsequenzen ("adjacency pairs") vorliegen, die durch das Prinzip der "bedingten Erwartbarkeit" ("conditional relevance") verknüpft sind (vgl. SCHEGLOFF 1972, 388f.; SCHEGLOFF / SACKS 1973, 215f.). Paarsequenzen sind beispielsweise Frage/Antwort, Gruß/Gegengruß oder Vorwurf/Rechtfertigung (vgl. SCHEGLOFF / SACKS 1973, 295ff.; SACKS / SCHEGLOFF / JEFFERSON 1974, 716f.; WUNDERLICH 1976, 300f.).

2.3.3 Steuerungszüge der lokalen Themabearbeitung

Die thematische Sequenzstruktur von Gesprächen entsteht durch die Aufeinanderfolge von initiierenden und respondierenden Zügen (vgl. SCHWITALLA 1976a, 87f.; 1979a, 95ff.). Mit dieser Unterscheidung werden zwei grundsätzliche Steuerungsfunktionen gesprächsthematischer Sprecherhandlungen erfaßt, durch die die sequentielle Bearbeitung des Themas realisiert wird.

2.3.3.1 Initiierende Züge

Initiierende Züge sind solche,

> "mit deren Vollzug ein Sprecher seine(n) Hörer zu einer spezifischen Antwort auffordert" (SCHWITALLA 1976a, 87f.).

Die initiierende Kraft gesprächsthematischer Sprecherhandlungen liegt

> "in dem vom Sprecher und Hörer mitverstandenen Zwang, daß der Angesprochene die so initiierte Dialoghandlung seinerseits fortführt oder zu einem (vorläufigen) Ende bringt, jedenfalls aber auf sie eingeht" (SCHWITTALLA, 1976a, 88).

Initiierende Züge beziehen sich damit auf die zeitlich nachfolgenden Akte des aktuellen Hörers, indem sie bestimmte Erwartungen bezüglich der Folgeäußerung des nächsten Sprechers ausdrücken (vgl. im folgenden HENNE / REHBOCK 1982, 210). Diese Erwartung ist zum einen auf die Intention der Folgeäußerung gerichtet. Mit der Frage: `Was verstehen Sie denn unter diakonischem Auftrag?` ist die Initiierung auf eine definierende und erläuternde Äußerung des Antwortenden bezogen. Die Erwartung einer Initiierung ist weiterhin auf einen Inhalt gerichtet, das heißt, der Initiierende erwartet, daß sich die Antwort auf das gleiche Referenzobjekt bezieht. Die inhaltliche Erwartungshaltung einer Frage umfaßt gleichzeitig aber auch, ob die jeweilige Antwort des Bewerbers mit den an ihn gerichteten Rollenerwartungen korrespondiert. Im Rahmen der Überlegungen zur Bestimmung der Angemessenheit von Antworten wird auf diesen Aspekt näher einzugehen sein.

Zum dritten ist mit einer Initiierung immer auch eine mehr oder weniger explizite Erwartung hinsichtlich der Beziehungsgestaltung verbunden, die allerdings in unmittelbarem Zusammenhang mit der intentionalen Erwartung steht, da beziehungsgestaltende Indikatoren in der Regel nicht isoliert auftreten, sondern beispielsweise in Form von Höflichkeitssignalen wie "gerne, bitte, wenn es Ihnen nichts ausmacht, es wäre schön, wenn" (SCHWITALLA 1979a, 115) etc. begleitend verbalisiert werden.

Die initiierende Kraft gesprächsthematischer Sprecherhandlungen kann unterschiedlich stark ausgeprägt sein. Aufforderungen weisen in ihren jeweiligen Realisierungen wie beispielsweise Bitten, Vorschlägen, Befehlen oder Fragen eine hohe Verbindlichkeit bezüglich der nachfolgenden Äußerung auf. So läßt sich die Erwartungsnorm, die durch Fragen expliziert wird, über die in ihnen zum Ausdruck kommenden Sprechintentionen (vgl. II 4.1.4.1) ermitteln. Dagegen ist die initiierende Kraft von Informationen, Bewertungen, Argumentationen, Beziehungshandlungen oder Gefühlsexpressionen stark vom aktuellen Gesprächskontext und der persongebundenen, subjektiven Interpretation der Äußerung als Initiierung abhängig. Ob ein Zug in diesen Fällen als initiierend zu betrachten ist, muß im Zusammenhang der Folgeäußerung ermittelt werden. Hier können Initiierungsindikatoren wie Modalpartikel "doch, auch, wohl etwa, eigentlich", Sprechersignale am Ende eines Gesprächsbeitrags oder Modaladverbien wie "vielleicht, vermutlich, wahrscheinlich" Aufschluß über eine mögliche Initiierung geben (ebd., 115ff.).

2.3.3.2 Respondierende Züge

Durch initiierende Sprecherhandlungen werden beim Hörer bestimmte verbale oder nonverbale Handlungen angestoßen, die als respondierende Züge bezeichnet werden. Respondierende Züge versuchen in ihrer Rückbindung an die initiierenden auf die dort motivierte Thematik einzugehen. Ihre steuernde Kraft entfalten sie, indem sie

> "zeigen, wie der andere sich von den Erwartungen des Vorredners bestimmen läßt, wie er sie abwendet oder wie er seinerseits versucht, die Initiative zu übernehmen" (SCHWITALLA 1976a, 90).

Gespräch II:

E1: Wie ham Sie sich denn die Arbeit vorgestellt?

B: Ja, ich hab mir die Arbeit + mehr in Form eines Teams vorgestellt, *also* Team insofern, daß jeder in seinem Bereich Verantwortung/ in/ seine V* Verantwortung trächt und eh somit auch eh *praktisch* eh + meiner Meinung nach mit der Arbeit zufriedener umgehen kann.

Inwieweit ein respondierender Zug auf die Frageerwartungen eingeht und diese befriedigt, wird an späterer Stelle behandelt, wenn es um die Ermittlung von Kriterien zur Bestimmung der Angemessenheit einer Bewerberantwort geht.

2.3.3.3 Reaktivierende Züge

Neben ausschließlich initiierenden und respondierenden Zügen verweist SCHWITALLA auf Züge, die eine Mischfunktion aufweisen, also sowohl initiierende als auch respondierende Anteile enthalten (SCHWITALLA 1979a, 98). Sie sollen in Anlehnung an LAPPÉ (1983, 139) als reaktivierende Züge bezeichnet werden. Reaktivierende Züge können in zwei Realisierungsvarianten auftreten.
Sie können sowohl Anteile enthalten, mit denen der Sprecher auf die vorausgegangene Äußerung eingeht als auch Anteile, durch die eine nachfolgende Äußerung in bestimmter Weise initiiert werden kann (vgl. SCHWITALLA 1976a, 88). Die jeweiligen Anteile lassen sich eindeutig als initiierende und respondierende identifizieren.

Gespräch V:

E2: (...) Und mich eh würde noch interessieren, <u>wie</u> Sie sich das vorstelln em, wie Sie sowas <u>aufbauen könnten</u>. Em ham Sie da schon mal sich so <u>Gedanken</u> gemacht?

B: Ja ich würde eh + *würde erst mal so also wirklich* mit Einzelkontakten <u>anfangen</u> und auch wirklich die <u>Pfleger</u> erst mal <u>einbeziehen</u>. Ich denk ma*, die sind mit den Bewohnern hauptsächlich zusammen, und wirklich sehr viel mit den Pflegern halt eh <u>zusammen</u> <u>überlegen.</u> Natürlich, daß ich an den Übergaben immer dabei bin, das wär mir sehr wichtig em ++ Ja und ich möchte auch nochmal fragen, ob ich <u>Kollegen</u> <u>habe</u>....

Zunächst geht die Bewerberin auf die Frage der Einstellenden ein und nennt einige ihrer konzeptionellen Vorstellungen. Dieser Teil des Gesprächsschritts ist als respondierend einzustufen. Sie schließt dann unmittelbar eine initiierende Informationsfrage an. Das Schema der Sequenz sieht folgendermaßen aus:

A: initiierend

B: respondierend + initiierend

Der gesamte Gesprächsschritt der Bewerberin besteht also sowohl aus respondierenden Anteilen (Information, Begründung) als auch aus einem initiierenden Anteil (Fragen), die ihn zu einem reaktivierenden machen.

Als reaktivierende Züge werden darüber hinaus auch solche verstanden, in denen sich initiierende und respondierende Anteile syntaktisch und intentional nicht mehr eindeutig identifizieren lassen, sondern zusammenfallen. Typische Beispiele hierfür sind Nachfragen oder Verständigungsfragen (vgl. SCHWITALLA 1979a, 148f.).

Gespräch II:

`E1: Ich kenn das gar nich eh no* eh/ Es gibt ne regelrecht ne Ausbildung zum Altenheimleiter?`

In diesem Beispiel signalisiert der Einstellende seine Unkenntnis über die Ausbildung zum Altenheimleiter und stellt eine Verständigungsfrage. Sie trägt insofern zur Erweiterung des Informationsstands des Gesprächs bei, als der Bewerber nun über das Nicht-Wissen von E 1 informiert ist und im darauffolgenden Gesprächsschritt die Ausbildungsinhalte der vorher genannten Weiterbildung darstellt.

Respondierende und initiierende Anteile sind in diesem Zug nicht mehr zu isolieren, da der Einstellende sowohl auf einen Aspekt aus der vorausgehenden Äußerung des Bewerbers eingeht (`B:...deshalb hab ich ja auch unter anderem diese Maßnahme, also Weiterbildung zum Altenheimleiter + in Angriff genommen + und auch beendet...`) als auch eine Initiierung vornimmt, indem er den Bewerber dazu motiviert, weitere Informationen über die Weiterbildung zu geben. Schematisch läßt sich der reaktivierende Zug von E1 als respondierend=initiierend darstellen.

2.3.3.4 Gesprächsstrukturelle Asymmetrien auf der Ebene der lokalen Themabearbeitung

Die im Bewerbungsgespräch dominierende Paarsequenz ist die Frage-Antwort-Sequenz. Sie stellt die funktional relevante Einheit zur Passungsüberprüfung dar.

Die Durchführungsrealität in Bewerbungsgesprächen ist häufig dadurch bestimmt, daß auf der Ebene der sequentiellen Themabearbeitung eine einseitige Verteilung der gesprächsthematischen Steuerungszüge Frage und Antwort vorherrscht. Einstellende dominieren Bewerbungsgespräche in der Regel durch Aufforderungen, insbesondere Fragen, während Bewerber in weiten Teilen des Gesprächs auf die Antworter-Rolle festgelegt werden beziehungsweise sich darauf festlegen lassen. Das Grundmuster der sequentiellen thematischen Verknüpfung in Bewerbungsgesprächen läßt sieht schematisch folgendermaßen beschreiben:

E: initiierender Zug

B: respondierender Zug

E: initiierender Zug

B: respondierender Zug (...)

Die einseitige Verteilung initiierender und respondierender Züge führt zu einer sequentiellen Asymmetrie zuungunsten des Bewerbers, da durch den ungleichen Informationsaustausch eine beiderseitige Passungsüberprüfung verhindert wird.

Diese "gesprächsstrukturell bedingte" (HENNE / REHBOCK 1982, 33) Asymmetrie entsteht vor allem durch die Art und Weise der Gesprächsführung der Einstellenden, die durch ein gehäuftes Auftreten von Fragen charakterisiert ist. Auf die durch einseitige Verwendung von Fragen entstehende Wirkung weist auch BARTSCH in einer Untersuchung zum smalltalk hin. Auf seiten des Befragten entsteht nach einer bestimmten Zeit der Eindruck, verhört zu werden.

> "- Ich leiste dauernd die Sacharbeit "Information", jedoch nicht aus eigenem Antrieb, sondern - der Frager gibt mir dauernd den Auftrag dazu; er definiert eigentlich meine personale Beziehung, ich darf sie nur übernehmen" (BARTSCH 1985, 124).

Während der Hörer im small-talk versucht, die Antworter-Rolle möglichst schnell abzugeben, stellt das für Bewerber im Bewerbungsgespräch häufig ein Problem dar, da sie sich offensichtlich in besonderer Weise zur Informationsabgabe verpflichtet fühlen und oft nur unzureichend berücksichtigen, daß das Gespräch der beiderseitigen Informationseinholung dienen sollte.

Verstärkt werden kann die gesprächsstrukturelle Asymmetrie zusätzlich durch die Art und Weise der Initiierung auf seiten der Einstellenden. Sie ist oft verbunden mit unvorbereiteten und unvermittelten Gegenstandswechseln in der Gesprächsmitte, der von einstellender Seite aus oft ohne vorherige Ankündigung oder den Einsatz überleitender Metakommunikationen initiiert wird. In Bewerbungsgesprächen charakterisiert diese Vorgehensweise, wenn sie in gehäufter Form auftritt, vor allem Streßinterviews. GRIEßHABER (1987a, 108) bezeichnet solche abrupten Initiierungen als "druckerzeugende Verfahren". Durch diese Vorgehensweise wird die gesprächsstrukturelle Asymmetrie zusätzlich verschärft, da ausschließlich Einstellende für sich das Recht in Anspruch nehmen, auf diese Weise das Gespräch zu dominieren.

Bei Bewerbern entsteht dann häufig das Gefühl des Ausgeliefertseins an die aktuelle Gesprächssituation, auf die sie keinen Einfluß nehmen können. Die Kennzeichnung dieser Asymmetrie als gesprächsstrukturelle besagt jedoch, daß eine institutionell festgelegte und normierte Verteilung von Frage und Antwort im Bewerbungsgespräch nicht besteht, sondern daß die Verteilung initiierender, respondierender und reaktivierender Züge weitgehend der aktuellen Aushandlung und gegenseitigen Akzeptanz der beteiligten Gesprächspartner unterliegt (vgl. HENNE / REHBOCK 1982, 35). Auf der Ebene der lokalen Themabearbeitung kann das Bewerbungsgespräch deshalb prinzipiell als symmetrisch bezeichnet werden, da sowohl Bewerber wie Einstellende die Möglichkeit haben,

> "das Wort zu ergreifen und Beiträge zur Erörterung des Kommunikationsgegenstandes zu liefern" (STEGER u.a. 1974, 79).

Solange in Gesprächen auf der lokalen Ebene der Themabearbeitung die grundsätzliche Möglichkeit der Austauschbarkeit der Initiator- und Antworter-Rolle besteht, kann von einer symmetrischen Konstellation gesprochen werden, unabhängig davon, ob während des Gesprächs phasenweise jeweils nur einer der Gesprächsteilnehmer Initiierungen vornimmt. Solange ein Bewerber von seinem Recht auf Passungsüberprüfung in Form initiierender oder reaktivierender Züge allerdings keinen Gebrauch macht, gehen Einstellende davon aus, daß ihre Vorgehensweise vom Bewerber akzeptiert wird.

2.3.4 Qualitative Bestimmung respondierender Züge und ihre kommunikative Wirkung

Die Verknüpfung von Gesprächsschritten wurde bisher unter dem Aspekt betrachtet, in welcher sequentiellen Stellung gesprächsthematische Sprecherhandlungen auftreten können und welche Grundmuster sequentieller Verknüpfung existieren. Verwiesen wurde darauf, daß mit einer Initiierung immer bestimmte Erwartungen hinsichtlich der Beantwortung verbunden sind.

Im folgenden geht es um die Frage, nach welchen Kriterien Antworten von Bewerbern daraufhin überprüft werden können, ob und inwieweit sie dem initiierenden Zug entsprechen und auf ihn eingehen. Ziel der Überlegungen ist die Beantwortung der Frage nach der Angemessenheit von Bewerberantworten.

Die Fähigkeit, angemessen auf die Fragen der Einstellenden einzugehen, gehört zu den entscheidenden gesprächsfördernden Qualifikationen eines Bewerbers. Das Erkennen von Erwartungsnormen stellt dafür eine allgemeine Voraussetzung dar (vgl. II 4.2). Darüber hinaus muß der Bewerber in der Lage sein, seine Sprechabsichten verbalisieren zu können. Die Umsetzung der erkannten Erwartungsnormen in eine diesen Erwartungsnormen entsprechende Antwort ist die Aufgabe und Leistung des Bewerbers, die er im konkreten, aktuellen Gesprächsprozeß auf der Ebene der sequentiellen Themabearbeitung bewältigen muß.

Zur Beantwortung der Frage, inwieweit ein respondierender Zug (Antwort) auf einen initiierenden Zug (Frage) eingeht, wird auf ein Beschreibungsinventar von SCHWITALLA zurückgegriffen, der eine Antwort nach ihrem jeweiligen Responsivitätsgrad beschreibt.[3] Der Responsivitätsgrad einer

[3]Innerhalb der linguistischen Gesprächsanalyse wird vor allem auf die Unterscheidung der Responsivitätsgrade von SCHWITALLA Bezug genommen (z.B. HENNE / REHBOCK 1982, 212; BRINKER / SAGER 1989, 69; vgl. ähnlich auch FRANCK 1980, 59), der meines Wissens zu den ersten Linguisten gehört, die versucht haben, diese Unterscheidung

Antwort ist Maßstab dafür, inwieweit der Antwortende mit seinem Zug auf die Initiierung und die in ihr zum Ausdruck kommenden inhaltlichen und intentionalen Erwartungen eingeht (vgl. ebd., 1976a, 91f.). Die Ermittlung des Responsivitätsgrades erfolgt über die Beantwortung der beiden folgenden Fragen:

> "(...) werden die Referenzen des initiierenden Zugs im selben Sinnzusammenhang aufgegriffen (...)
>
> (..) entsprechen sich der Modellsatz des respondierenden Zugs und die Erwartungsnorm des initiierenden in ihren sprechintentionalen Bestandteilen (...)" (SCHWITALLA 1979a, 139).

Die erste Frage bezieht sich darauf, ob die Aussage dem in der vorausgehenden Äußerung angeschnittenen Gegenstand entspricht. Sie orientiert sich demnach auf die inhaltlich Ebene.

Die zweite Frage bezieht sich auf die intentionale Ebene. Ermittelt werden muß, ob eine Äußerung der in der vorausgehenden Aussage initiierten Intention entspricht.

Neben der Beschreibung der kommunikativen Wirkung responsiver, teil- und nonresponsiver Bewerberantworten ist darüber hinaus nach Gründen für Teil- und Nonresponsivität zu fragen, die einen Bewerber zu dieser Art der Gesprächssteuerung veranlassen.

2.3.4.1 Responsive Bewerberantwort

Als vollständig responsiv gilt ein respondierender Zug dann, wenn er sowohl auf die intentionale Erwartungsnorm als auch auf die inhaltliche Erwartungsnorm des initiierenden Zuges eingeht (vgl. ebd., 134). Exemplarisch werden zwei responsive Bewerberantworten aufgeführt.

---

für eine Gesprächsanalyse nutzbar zu machen; ansonsten vgl. auch: WEISER (1975). SCHWITALLA verweist ebenfalls auf grundlegende Untersuchungen im psychologischen Bereich innerhalb der Schizophrenieforschung (u.a. RÜESCH 1958, SLUTZKI u.a. 1967).

Gespräch II:

E1: Damit wir ins Gespräch kommen, würde ich vorschlagen, daß Sie erst mal anfangen, so n bißchen was zu Ihrem Lebenslauf zu sagen.

B: Ja also mein Name ist A. K. Ich bin eh von Beruf Soziologe und Pädagoge und war auch in diesem Bereich einige Jahre tätig. Und zwar hab ich beim Forschungsinstitut N gearbeitet und habe dort eh praktisch eh Analysen erstellt undsoweiter". Das war allerdings von vornherein so angelegt/ die Tätigkeit, *daß de*/ daß die befristet* war. Sie war auf zwei Jahre befristet. Und nach diesen zwei Jahren hab ich mich *also* praktisch umorientiert. Ich wollte also weniger mit totem Zahlenmaterial was zu tun haben, sondern etwas méhr só, *sagn wer mal* , eh im sozialen Bereich tätig werden. Da wurde in O. die Maßnahme Weiterbildung zum Altenheimleiter angeboten, und da bin ich dann eingestiegen. Diese Maßnahme ist jetzt zuende, + und deshalb bin ich jetzt hier bei Ihnen und bewerbe mich + auf diese von Ihnen ausgeschriebene Stelle zum Altenheimleiter.

Die Antwort enspricht durch ihren informierend-darstellenden Charakter der intentionalen Erwartungsnorm einer Information. Inhaltlich bezieht sich der Zug des Bewerbers auf das Referenzobjekt 'Lebenslauf'. Der mittransportierten und in diesem Fall explizierten situativen Erwartungsnorm, sich auf die wesentlichen, für eine Passungsüberprüfung relevanten Informationen zu beschränken (...so n bißchen was...) und nicht etwa bei der Einschulung zu beginnen, entspricht der Bewerber, indem er seine Informationen auf wesentliche Entwicklungen und Stadien seiner beruflichen Laufbahn beschränkt. Damit demonstriert er insofern kommunikative Kompetenz, als er die Frageabsicht vollständig identifiziert und die verbale Umsetzung in eine Antwort angemessen vollzogen hat.

Auch der folgende Antwortzug des Bewerbers kann als responsiv eingestuft werden:

Gespräch II:

E1: Ja, eh gefällt mir ja ganz gut, was Sie da grad sagen. Jetzt zum andern noch eh eine Frage. Wir hatt*/ sind ja ein Team-Modell. Und Sie müssen uns auch vertreten. Trauen Sie sich das zu, im Rahmen dieser Vertretung auch die Heimaufnahme *sozusagen* zu bearbeiten, Heimaufnahmeverfahren zu leiten und auch das Heim nach außen hin zu vertreten?

B: Ja, doch, das traue ich mir zu. Ich hab das ja auch schon gemacht in meiner/ Ich habe ja schon praktische Erfahrungen gewonnen auf dem Gebiet. Ich hatte Ihnen ja vorhin schon gesagt, in den letzten großen Praktikum/ Praktika, die ich absolviert habe, habe ich also gerade speziell auch solche Sachen gemacht, also Heimauf* sprich Heimaufnahme und auch + eh *unter anderem* auch diesen Bereich Inventur mußt ich mit abdecken. Unser Chef, der fuhr gerade in Urlaub, der ge* wo*/ da fand bei uns die Inventur statt und auch *praktisch* das Haus nach außen hin zu vertreten. Das is/+ also das is keine Schwierigkeit.

Die intentionale Erwartungsnorm der Frage zielt zum einen auf eine obligatorische Information beziehungsweise Bestätigung des Bewerbers und eine obligatorische Begründung, warum er sich die Heimaufnahme zutraut. Ich möchte an dieser Stelle noch einmal darauf verweisen, daß die intentionale Erwartungsnorm Begründung nicht ausschließlich durch das Fragewort 'Warum' expliziert werden muß. Entscheidend für das Erkennen von Erwartungsnormen sind nicht zwangsläufig nur syntaktische, intentionale oder referentielle Aspekte, sondern mitgemeinte soziale Erwartungen, die etwas mit dem situativen Erwartungskontext zu tun haben, innerhalb dessen miteinander im Bewerbungsgespräch kommuniziert wird. Die mittransportierten sozialen Erwartungen sind in der Beispielfrage darauf gerichtet, daß der Bewerber einer Nachweispflicht für seine Qualifikationen unterliegt.[4] Da sich die Qualifikationen des Bewerbers durch die Einstellenden

[4]Es liegt auf der Hand, daß gerade das Erkennen solcher mitgemeinter sozialer, situativer Erwartungen nicht immer ganz eindeutig ist und in großem Maße der subjektiven Wahrneh-

nicht real überprüfen lassen, muß der Bewerber durch konkrete Erfahrungen nachweisen, daß er über die entsprechende Qualifikation verfügt. Würde sich der Bewerber in seiner Antwort auf die Bestätigungen (Ja doch, das traue ich mir zu (...); Das is/ also das is keine Schwierigkeit.) beschränken, wäre die Antwort als teilresponsiv zu beurteilen, da der Eindruck entsteht, der Bewerber behaupte etwas, das er jedoch nicht konkretisieren kann. Erst die von ihm aufgezählten Erfahrungen im Bereich der Heimaufnahme befriedigen vollständig und glaubhaft die Erwartungsnorm der Frage.

2.3.4.2 Teilresponsive Bewerberantwort

Als teilresponsiv sind Züge zu klassifizieren,

> "die bei grundsätzlichem Themenbezug einen (möglicherweise) nebensächlichen Aspekt herauslösen (selektive Antwort), oder Antworten, die zwar auf das Thema, nicht aber, (sic!) oder nicht ganz auf die Erwartung des vorangegangenen Sprechers eingehen"[5] (SCHWITALLA 1979a, 135).

Ein teilresponsiver Zug muß einen grundsätzlichen Themenbezug aufweisen, also entweder auf den Inhalt referieren oder die durch die Initiierung erwartete Intention aufgreifen. Möglich ist aber auch, daß ein teilresponsiver Zug sowohl dem Inhalt als auch den Intentionen nur partiell entspricht.

---

mung, Erfahrung und Interpretation des Analysierenden unterliegt; vgl. dazu auch SCHWITALLA (1979b, 193), der ebenfalls auf die Schwierigkeit der oftmals nicht gegebenen Eindeutigkeit im Hinblick auf die Identifizierung von Erwartungsnormen bzw. Responsivität verweist.

[5]Die Definitionen, die SCHWITALLA zur Beschreibung von Teilresponsivität aufführt, sind nicht einheitlich: "Eine Antwort ist voll und ganz responsiv, wenn sie auf den Inhalt eingeht und eine der Intentionen realisiert, die auf einen initiierenden Akt hin zu erwarten sind; sie ist teilresponsiv, wenn sie nur auf einer Ebene Stellung bezieht, und sie ist nonresponsiv, wenn sie auf beiden Ebenen ausweicht." (1979b, 200); oder es liegt Teilresponsivität vor, "wenn er (der Sprecher, A.L.) einen Teil des Inhalts isoliert und nur darauf eingeht" (1976a, 92). Ich beziehe mich im Text auf die Definition, die meines Erachtens am besten dazu geeignet ist, die unterschiedlichen Realisierungvarianten von Teilresponsivität zu erfassen.

Im folgenden werden zentrale Realisierungsvarianten teilresponsiver Bewerberantworten aus den untersuchten Gesprächen vorgestellt und im Hinblick auf ihre jeweilige kommunikative Wirkung analysiert.

a) Ausweichende Scheinproblematisierung

Als teilresponsiv ist eine Bewerberantwort dann zu bewerten, wenn der Bewerber nur vordergründig und formal auf Inhalt und Intention eingeht, der mitgemeinten Erwartungsnorm der Frage jedoch ausweicht (vgl. auch SCHWITALLA 1979b, 209).

Gespräch VI:

E1: (...) Sie müssen sich vorstellen, es eh sind auf einem engen Raum eh unterschiedliche Kulturen untergebracht und schon allein das Problem Hindus und/ und Moslems, da liegt eine ungeheure Brisanz drin und es kommt wirklich/ und das möcht ich Ihnen/ und da möcht ich an diesem Punkt auch ehrlich

B: mm mm

E1: zu Ihnen sein, damit Sie eh auch selbst ihre Möglichkeit in diesem/ an diesem Punkt einschätzen können. Ich möchte Ihnen doch sagen, daß es oft zu Aggression und zu Gewalttätigkeiten kommt, vor allen Dingen eh haben wir einen hohen Anteil von jungen alleinstehenden Männern und eh/ únd já, és íst mánchmal séhr schwíerig únd wír kómmen nícht úmhin, eh Polizeieinsätze von Zeit zu Zeit eh zu fahren, und das bedeutet, daß natürlich die Aggressionen eh noch steigen. Also eh es ist wirklich von der Atmosphäre her auch

B: mm mm

E1: nicht einfach.Und von daher auch meine Frage so an Sie, eh also wir ham die Stelle + ja nicht eh für nur für einen, eh ich sach mal so, für einen gestandenen männlichen Mitarbeiter ausgeschrieben.

B: mm mm

E1: Wir stelln uns durchaus auch eine Frau vor. Eh aber wie würden Sie sich selber einschätzen an diesem Punkt? Ich sagte Ihnen, wir ham Konfliktpotential, wären Sie da in der Lage, sich solchen Situationen zu stellen? Wie schätzen Sie sich da selber ein?

B: Ja, also ich hab mich, bevor ich mich bei Ihnen beworben habe, schon damit auseinandergesetzt, hab mich auch gefragt, em ist dies wirklich nicht für einen männlichen eh Bewerber eine Stelle, nur könnte ich mir vorstellen, daß die Leitung des Hauses eh doch von männlicher Seite geführt werden müßte. Ich selbst eh würde mir wohl zutrauen, mich durchsetzen zu können und bestimmte Richtlinien auch em auch wirklich em + also durch* durchzusetzen und auch den Leuten mitzuteilen.

Zunächst schildert der Einstellende die brisante Situation des Heimes. Der eindringliche, emphatische Sprach- und Sprechstil deutet an, daß es sich um eine entscheidende Passungsfrage für die zu besetzende Stelle handelt (...ungeheure Brisanz...; ...es kommt wirklich und das möcht ich Ihnen/ und da möcht ich an diesem Punkt auch ehrlich zu Ihnen sein...; ...oft zu Aggression und zu Gewalttätigkeiten kommt...; ...und eh únd já és íst mánchmal schwíerig únd wír kómmen nícht úmhin, eh Polizeieinsätze von Zeit zu Zeit eh zu fahren...; ...daß natürlich die Aggression eh noch steigen...; ...es ist wirklich von der Atmosphäre her auch nicht einfach...; ...wir ham Konfliktpotential...). Die inhaltliche und intentionale Erwartung der Frage zielt auf eine obligatorische Bewertung beziehungsweise Einschätzung und Begründung der Bewerberin hinsichtlich ihrer Qualifikationen im Umgang mit konfliktträchtigen Situationen. Durch die indirekt zum Ausdruck kommenden Bedenken des Einstellenden, ob eine Frau die geeignete Besetzung für die Stelle sein könnte, markiert durch das Modaladverb 'durchaus' und die Andeutung der Vorstellungen über eine optimale Besetzung durch 'einen gestandenen männlichen Mitarbeiter', wird der Bewerberin deutlich signalisiert, daß sie aufgrund ihres Geschlechts unmißverständlich nachweisen muß, der schwierigen Situation in diesem Heim gewachsen zu sein.

Die Überlegungen des Einstellenden greift die Bewerberin auf und betont, daß auch sie sich mit der Frage auseinandergesetzt hat, ob die Stelle nicht besser für einen Mann geeignet ist. Die nachfolgende Forderung der Bewerberin, daß die Leitung des Hauses von einem Mann übernommen werden müßte, stellt ihr Ergebnis dieser Überlegungen dar. Damit entzieht sie sich jedoch einer wirklichen Auseinandersetzung mit der Problematik, indem sie die Hauptverantwortung für das Problem an die Einstellenden zurückweist. Im Anschluß daran erfolgt eine Einschätzung ihrer Qualifikationen bezüglich des Umgangs mit Konfliktsituationen. Durch abtönende Formulierungen (`wohl; bestimmte; wirklich`) und die Verwendung des Konjunktivs (`würde`) nimmt sie eine Einschränkung ihrer Qualifikation vor, indem sie dadurch zum Ausdruck bringt, es für möglich zu halten, über diese Fähigkeit zu verfügen, jedoch nicht explizit nachweist, daß sie über die Fähigkeit verfügt. Die Scheinproblematisierung, die auf die Frage erfolgende ausweichende Zurückweisung der Verantwortung für das Problem an die Einstellenden und die unzureichende Einschätzung ihrer Befähigung lassen Zweifel bezüglich ihrer Fähigkeit entstehen, einer solchen Problemsituation angemessen begegnen zu können.

b) Indirekte Responsivität

Eine Antwort kann als inhaltlich teilresponsiv eingeordnet werden, wenn sich der Bewerber indirekt auf das Referenzobjekt der Frage bezieht, dieses jedoch nicht explizit übernimmt, sondern durch ein inhaltlich vergleichbares Referenzobjekt ersetzt.[6]

Gespräch II:

`E1: Eh ham Sie auch ein eh/ die em Arbeit des Teams kennengelernt während Ihrer Praktika?`

`B: Ich muß dazu sagen, während meiner Praktika hab ich + eh leider, muß ich sagen, + eine etwas/ die traditionelle Art der Heimleitung kennengelernt, das heißt also, der + / dieses`

[6]Diese inhaltliche Indirektheit ist nicht mit den von SEARLE beschriebenen indirekten Sprechakten gleichzusetzen (vgl. SEARLE 1980).

eh/ ich hab ja in einem evangelischen Heim Praktikum gemacht. Dieses/ *und* bei den Evangelen gibts ja dieses Hausvater* Haus* eh oder Hauselternmodell, *wo also* praktisch der Heimleiter und seine Frau im Heim tätig sind + und somit auch die Geschicke des/ und eh die Geschicke des Heimes leiten und praktisch die Unter*eh *die /die* Angestellten und die andern Mitarbeiter sozusagen, + na ja, wie soll ich sagen, nur + eh (LAUTES ATMEN) eh praktisch zu ausführenden Organen werden, *also* nicht unmittelbar das Geschehen des Heimes mitbestimmen können. Und *das übrigens,* das is ne Sache, die also ich für mich persönlich nich so gut finde.

Die intentionale Erwartungsnorm der Frage zielt auf eine obligatorische Information. Inhaltlich soll der Bewerber Auskunft darüber geben, ob er während seiner Praktika die Arbeit innerhalb eines Teams (Referenzobjekt) kennengelernt hat. Der Bewerber referiert zunächst auf das Verb (kennengelernt), ersetzt jedoch das Referenzobjekt (Arbeit des Teams) durch ein anderes (die traditionelle Art der Heimleitung), das er im folgenden beschreibt (Hauselternmodell; ...der Heimleiter und seine Frau im Heim tätig sind...; ...und somit auch die Geschicke des/ und eh die Geschicke des Heimes leiten...; ...*die* Angestellten und die andern Mitarbeiter sozusagen (...) zu ausführenden Organen werden, *also* nicht unmittelbar das Geschehen des Heimes mitbestimmen können.). Die innerhalb der Information verwendeten und in diesem Zusammenhang pejorativ wirkenden Idiome (Geschicke des Heimes, ausführende Organe), das abgebrochene Substantiv Untergebene (Unterge*) und das Adverb (leider) deuten bereits an, daß die vorgestellte Form der Heimleitung nicht den Vorstellungen des Bewerbers entspricht. Von der respondierenden Information wird dann auch, eingeleitet durch einen Initiierungsindikator (Und *das übrigens*) deutlich eine initiierende Bewertung abgesetzt, durch die der Bewerber seine Kritik an einer solchen Form der Heimleitung explizit zum Ausdruck bringt.

Die in diesem Beispiel zum Ausdruck kommende indirekte Responsivität deutet auf das Dilemma, in dem sich der Bewerber offensichtlich befindet. Einerseits versucht er, durch die Ersatzinformation das Problem zu lösen, nicht unmittelbar zugeben zu müssen, über keine praktischen Erfahrungen in der Teamarbeit zu verfügen. Statt eine Information über seine Erfahrungsdefizite zu geben (z.B. Nein, ich ich habe die Teamarbeit während meiner Praktika nicht kennengelernt.), verweist er auf seine Erfahrungen mit der traditionellen `Art der Heimleitung`. Zugleich versucht er, durch die indirekte Bewertung zu vermitteln, daß die traditionelle Form nicht seinem Konzept einer Heimleitung entspricht, da die Bereitschaft und Qualifikation zur Teamarbeit ein wesentliches gefordertes Passungsmerkmal darstellt. Dazu kommt hier wahrscheinlich noch das Problem, daß der Bewerber das für Bewerbungsgespräche geltende ungeschriebene Gesetz, keine negativen Aussagen über ehemalige Vorgesetzte und Kollegen zu machen, nicht verletzen will. Das würde ebenfalls die indirekten, in die Information eingestreuten Bewertungen und die Einschränkung der Schlußbewertung `(...für mich persönlich...)` erklären.

c) Überresponsivität

Das partielle Eingehen auf eine Frage bedeutet nicht nur, daß der Bewerber inhaltliche und intentionale Teile isoliert und nur auf diese eingeht, sondern kann auch darin zum Ausdruck kommen, daß er über den erwarteten Inhalt und die Intention hinaus antwortet. Diese Realisierungsvariante teilresponsiver Antworten soll im folgenden als Überresponsivität bezeichnet werden. Die meiner Ansicht nach überresponsiven Anteile der folgenden Bewerberantwort sind fett gedruckt.

Gespräch I:

E1: Eh könn Sie mal kurz was zu Ihrem eigenen Lebenslauf erzählen?

B: Ja, Sie haben ihn já vór sích líegen, ++ ich habe zunächst eine kaufmännische Ausbildung + begonnen. Ich sollte seinerzeit das elterliche Geschäft übernehmen=, doch hat sich da von der Konjunktur díe gánze Sáche ánders entwickelt. **Sie kennen ja auch die großen Läden Aldi undsoweiter. (LAUTES ATMEN) Somit eh, *hab ich meinen Vadder gedrängt, ich möcht mich <u>weiderbilden</u>*.** +++ Hab*/ habe dánn áuch später zwei Semester + Betriebswirtschaft studiert. Zwischenzeitlich erfolchte + *wie gesacht eine Erkrankung* meines Vaters. Er bekam einen Schlachanfall, und ich bin auf Nummer Sicherheit gegangen, + (LAUTES ATMEN) bin eh zum öffentlichen Dienst gegangen und habe da ungefähr vier Jahre gearbeitet, **unter anderem auch in einer + eh, *sagen wer mal*, leitenden Position.** Ich habe den eh + Dienststellenleiter vertreten, habe gemeinsam Dienstpläne gemacht, eh Touren organisiert und eh + auch an + weitergehenden Konferenzen teilgenommen, + konnte auch selbst Sondereinsätze leiten und organisieren ++ **und wie sie gehört hatten, ich hatte schon studiert, und *wenn man einmal so ja Lunte gerochen hatte da dann* eh zi* zieht's einen doch da wieder hin.** +++ (LAUTES ATMEN) Zwischenzeitlich habe ich mich eh + vorbereitet durch eine Sonderbegabtenprüfung=, hab ich teilgenommen an einem Verfahren an der + eh *Pädagogischen Hochschule BL in O*, ++ hab das/ hab die Prüfung auch geschafft, das war *eine fachgebundene Hochschulreifeprüfung* und bi*/ eh die hat im scht* eh Fach Politik stattgefunden und ich konnte das Ganze kombinieren mít belíebigen Fáechern. + (SCHNALZEN; LAUTES ATMEN) Habe dann eh/ vom Studium her hab ich dann eh die Sekundarstufe zwei vom Schwerpunktfach her gewählt. Im ersten Fach + Sozialwissenschaften/ ***hier nennt man das so hier in BL also da nennt man das Sozialkunde/Politik*** und zweiten Fach Evangelische Reljon. + **Eh (LAUTES AUSATMEN) wie gesagt, ich bin en Typ, der gerne/ der Kontakt sucht, der handwerklich nich so geschickt ist, aber der méhr mít Ménschen úmgéhen + mách. Und, *wie gesacht,* und da werden Sie auch sehen, das sehen Sie in meinem + Lebenslauf, eh bis dahin ist das so quasi eine steigende Linie und dann ++ (LAUTES ATMEN) eh, *wie gesacht,* dann bricht das ab.** Ich hatte mir da auch Schangsen ausgedacht, gerade im Fach Reljon ( ) ab* aber da sind ausgerechnet vo* b* bei Studienende/ wurden vom Landeshaushalt her die Mittel für eh Reljon gestrichen und für andere Fächer auch, + trotz Lehrermangel, *sozusagen*, hatte ich keine Schangse zu studieren. Ich mußte dann vorübergehend in der Werbung arbeiten. Habe da drei Jahre gearbeitet, mich selbstständig gemacht im Versicherungsbereich, Finanzierungen + und habe auch mit dem Gedanken gespielt, irgendwann natürlich nochmal zurückzukommen. (SCHNALZEN) **Als Lehrer, *wissen Se alle, is es es nen* Handicap ai*, wenn man jetzt irgendeine Anstellung haben möchte, wird <u>immer</u> gesacht, ja sie gehen ja wieder in den Beruf zurück, so daß Sie auch für artverwandte eh eh Tätigkeiten kaum Schangsen haben. +** Ich habe, wie gesacht, eine Schangse wahrgenommen, indem ich immer wieder gepocht habe beim Arbeitsamt=, ich habe das und das studiert und bin spezialisiert für den sozialwissenschaftlichen Bereich und habe dann da eine zweijährige Maßnahme bekommen, **also die ist erst mal ein Jahr eh/, die lief n halbes Jahr und ist wieder solange verlängert worden, wie es von dem Arbeitgeb*/ von Arbeitgeberseite her möglich war.** Eh das is eine Maßnahme im sonderpädagogischen Bereich gewesen, an der SF-Schule in O. und dort habe ich auch sehr regen Kontakt gehabt zu den Kollegen, zu den Schülern, habe da die eh AG Berufsorientierung geleitet, habe mit den örtlichen Behörden und Stellen zusammengearbeitet. Das hat mir *auch* richtig Spaß gemacht, + aber es war für mich *wie gesacht* keine weitere eh eh Perspektive da und ich hatte schon + mit dem Gedanken gespielt, irgendwann im sozialen Bereich mal was zu machen. ++ **Eh ich hatte mich auch schon erkundigt beim Altenheimleitung, was da vorgesehen ist. Da wurde mir angedeutet, es wäre eventuell ratsam, erstmal eine Altenpflegeausbildung *zusätzlich* zu machen, so daß ich dann auch Schangsen hätte, genommen zu werden.** (SCHNALZEN) Zwischenzeitlich ist eine Maßnahme von Herrn Professor Doktor N. angeboten worden. Eine eh Maßnahme für <u>Führungskräfte</u> und zwar mit dem Ziel, Alt* zum Altenheimleiter aus* eh ausgebildet zu *werden.* ***Diese* Maßnahme eh hab ich dann + eh aufnehmen wollen und habe dann kurz/ + habe mich zweimal zweimal praktisch da beworben, bin da vorstellig geworden beim Arbeitsamt und bei Herrn Professor N. und eh habe dann an einer**

Auslesefeststellung teilgenommen + und eh (LAUTES AUSATMEN) bin dann praktisch so quasi + seit + ja Anfang J., seit M. in einer Maßnahme drin, die zwei Jahre läuft und zwar ist die mit dem Abschluß Altenheimleiter. **Ich habe dann während dieser Maßnahme nicht nur/ *also wenn man mal hörte Professor undsoweiter=* *ich habe nicht nur* eh theoretische Kenntnisse, ich habe auch eh fachpraktische Kenntnisse erworben.**

Die Erwartung der Frage ist inhaltlich auf den Lebenslauf, intentional auf eine kurze Information gerichtet. Der inhaltlichen Erwartung entspricht der Bewerber nur partiell, da sein Antwortzug zwar die Grundstruktur eines chronologischen Abrisses bisheriger beruflicher Daten enthält, darüber hinaus jedoch eine Reihe von Informationen aufweist, die inhaltlich redundant sind. Es handelt sich hierbei nicht um Informationen, die zwingend zum Verständnis der beruflichen Entwicklung beitragen, sondern die nebensächliche Hintergrundinformationen darstellen, wie es im einzelnen zu bestimmten beruflichen Entscheidungen gekommen ist (...die großen Läden Aldi undsoweiter...; ...*somit hab ich meinen Vadder gedrängt*...; ...und wie Sie gehört hatten...; Da wurde mir angedeutet, es wäre eventuell ratsam, erstmal eine Altenpflegeausbildung *zusätzlich* zu machen, so daß ich dann auch Schangsen hätte, genommen zu werden.), beziehungsweise durch die der Bewerber einzelne Verfahrensweisen wie das Bewerbungsverfahren der Umschulungsmaßnahme umständlich erklärt (...also die ist erst mal ein Jahr...; Ich hatte mich auch schon erkundigt beim Altenheimleitung...; Diese Maßnahme hab ich dann aufnehmen wollen...).

Auch in Bezug auf die intentionale Erwartungsnorm kann der Antwortzug als teilresponsiv eingestuft werden, da sich über die beschreibenden Informationen hinaus mehrfach wertende und begründend-einordnende Sprecherhandlungen nachweisen lassen, durch die der Bewerber seine beruflichen Entscheidungen immer wieder in Form positiver Selbstbeurteilungen kommentiert (...unter anderem auch in einer, sagn wer mal, leitenden Position; ...und wenn man einmal so ja Lunte gerochen hat...; ...ich bin nen Typ, der gerne/ der Kontakt sucht...; ...bis dahin ist das so quasi eine steigende Linie...). Zudem lassen sich vermehrt als Begründungen fungierende Sprecherhandlungen erkennen.

Zum einen versucht der Bewerber zu begründen, warum seine bis dahin steigende Karriere abbricht (...aber da sind ausgerechnet vo* b* bei Studienende/ wurden vom Landeshaushalt her die Mittel für eh Reljon gestrichen und für andere Fächer auch, + trotz Lehrermangel, *sozusagen*, hatte ich keine Schangse zu studieren.).
Zum zweiten begründet er die Schwierigkeiten, die ein arbeitsloser Lehrer bei der Stellensuche hat (Als Lehrer, *wissen Se alle, is es nen* Handicap ai*, wenn man jetzt irgendeine Anstellung haben möchte, wird immer gesacht, ja sie gehen ja wieder in den Beruf zurück, sodaß Sie auch für artverwandte eh eh Tätigkeiten kaum Schangsen haben.).
Zum dritten begründet er die Solidität der Altenheimleiterausbildung (*Ich habe nicht nur* theoretische Kenntnisse, ich habe auch fachpraktische Kenntnisse erworben.) und versucht dadurch, seine Eignung für die Stelle zu unterstreichen.

Ich möchte die Problematik der erzeugten Wirkung des teilresponsiven Antwortzuges zunächst im Hinblick auf die darauffolgende Reaktion der Einstellenden demonstrieren. Damit greife ich auf ein analytisches Verfahren von MEHAN (1979) zurück, der die Paarsequenz um eine dritte Größe, die Evaluation erweitert (ebd., 65). Die Evaluation ist die auf die Antwort erfolgende Reaktion des Fragenden, aus der sich sowohl negative wie positive Bewertungen der Antwort erschließen lassen.

Gespräch I:

E1: Ja, das haben wir ja in den Unterlagen gesehen. Aber wenn ich da mal zwischenfragen darf: Warum eh sind Sie nich Altenpfleger geworden, und warum eh wollten Sie unbedingt Heimleiter werden? *Warum* haben Sie gerade die Altenheimleiterausbildung gemacht?

Der Antwortzug des Bewerbers veranlaßt den Einstellenden zu einer Bestätigung der Kenntnis über die fachpraktische Qualifikation. Erstaunlich ist, daß der Einstellende sich, trotz der mehrmaligen Bemühungen des Bewerbers um eine positive Selbstbeurteilung und Selbstdarstellung als Leitungspersönlichkeit und der Begründungen, die seine beruflichen Wechsel erklären sollen, dazu veranlaßt sieht, nach einer Begründung dafür zu fragen, warum der Bewerber sich nicht für den wesentlich weniger statusträchtigen Altenpflegeberuf entschlossen hat. Das läßt zwei Schlüsse über die durch den Antwortzug erzeugte Wirkung zu. Unwahrscheinlich ist meines Erachtens die Möglichkeit, daß der Einstellende durch die Frage ein wirkliches Interesse an der Entscheidung des Bewerbers für eine Altenheimleiterausbildung demonstriert. Näher liegt der Schluß, daß in der Frage des Einstellenden eine implizite Abwertung (negative Evaluation) der Person des Bewerbers als Führungskraft enthalten ist. Der Einstellende schlußfolgert aus dem vorangegangenen Antwortzug, daß der Lebenslauf eher dem Profil eines Altenpflegers als dem eines Altenheimleiters enspricht. Er unterstellt und bescheinigt dem Bewerber damit gleichzeitig, daß er ihm eine Führungsposition nicht zutraut.

Daß auf seiten des Einstellenden dieser Eindruck entstehen kann, ist vor allem auf die überresponsiven bewertenden und begründenden Anteile im Antwortzug des Bewerbers zurückzuführen. Sie erzeugen den Eindruck, daß der Bewerber unter dem Druck steht, den eigenen Werdegang rechtfertigen und entschuldigen zu müssen und die Verantwortung für seine berufliche Entwicklung anderen zuschreibt, um sich damit als Opfer schicksalhafter Umstände darstellen zu können. Weiterhin überläßt er die Beurteilung über eine mögliche Passung als Führungskraft nicht den Einstellenden, sondern versucht, sich durch die gehäuften Selbstbewertungen als Führungskraft zu präsentieren und anzubieten. Diese Vorgehensweise erweist sich, gemessen an der negativen Bewertung der Einstellenden in der Folgereaktion, als kontraproduktiv, da der Bewerber sich dadurch eher abqualifziert. Es entsteht die paradoxe Wirkung, daß der Bewerber um so weniger den Eindruck einer qualifizierten Führungskraft hinterläßt, je mehr Energie er darauf verwendet, sich als solche darzustellen.

d) Nicht-passungsrelevante Konkretionen

Teilresponsivität liegt auch dann vor, wenn ein Bewerber die durch eine Frage geforderten Konkretionen beziehungsweise Substitutionen eines Topos (vgl. II 5.4.2.3) quantitativ überstrapaziert und das ausgeführte Beispiel nicht der sozialen Rollenerwartung entspricht. Hier liegt sowohl eine inhaltliche als auch intentionale Teilresponsivität vor.

Gespräch I:

E2: Was verstehen Sie denn unter diakonischem Auftrag?

B: Daß ich da bin, wo der Nächste steht und versuche, dementsprechend zu handeln.

E3: Können Sie das vielleicht n bißchen konkretisieren? + An einem Beispiel?

B: (SCHNALZEN) Jo, da fällt mir ein Beispiel ein. Ich ha* hatte mal ei*/ während eines ++ eh Praktikums hatte ich gerade frei. Ich ging mit meiner Tochter spazieren und *sie* fragte: Papa, wo arbeitest du? Ja sag ich, ich ar*/

(...)[7]

B: Ja, sie fragt: Papa wo du/ wo arbeitest du? Ja, sach ich, ich arbeite im Alténpflégeheím da und da, da hab ich/ da mach ich im Moment ein Praktikum. Ja laß uns doch da mal gucken. Ja sag ich, ich muß sowieso eh da Abschied geben, kannst noch ne Torte mitgeben, dahingehen. Und da hab ich so Abschied gegeben bei den Mitarbeitern. Torte mitgenommen" Und da siehe, wer war da im Gang? Da war e* e* eine Frau, *ich nenn jetzt einfach mal* die Frau Meier war am Weinen, is eine Frau, die einen Shunt hat, die eh sehr viel zu leiden hatte + eh + und, *wie gesacht*, die jetzt praktisch also nierengeschädigt ist, die alle zwei Tage an die Dialyse muß, die war e* so total fertig. *Da bin ich auf se zugegangen*: Was ham Se denn, is doch so n schöner Tag heute, 1* (LAUTES ATMEN) *lassen Se uns doch mal was unternehmen.* Ja ich kann doch nich, ich kann

[7]Es erfolgt hier eine metakommunikative Zwischensequenz, in der die Gesprächspartner versuchen, sich darüber zu einigen, auf welche Art und Weise die Frage beantwortet werden soll. Problematisiert wird hier genau das Problem, eine passungsrelevante Konkretion des Topos "diakonischer Auftrag" vorzunehmen. Die soziale Erwartung der Einstellenden erscheint hier also explizit verbalisiert. Die Sequenz wird ausführlich unter III 2.3.4.3) behandelt.

doch + meine Füße nich/ ich kann doch nich laufen, nichts ach (B IMITIERT DIE WEINERLICHE STIMME DER ALTEN FRAU) Ja, *sach ich,* wissen Se was, kommen Se mit, meine Tochter und ich, wir ham gerade Zeit, ja und ham wer die Dame in den Rollstuhl gepackt und sie hatte noch einiges zu erledigen in der Stadt, hat sich ei* eh eh Unterwäsche gekauft, diverse Sachen, die sie sonst hätte nich besorgen können, hat überall mal vorbeigeschaut und das war so'n kleines Erlebnis, *also das sind wie gesacht* oft die Kleinigkeiten und sie war hinterher richtig froh, daß se das erledigen konnte, daß sie die Sachen besorgen konnte, weil es ja auch eh Verhältnisse gibt eben für ältere Menschen, *die schwierig sind, ne*? Und da hat se sich so gefreut, hat meiner Tochter noch n Überraschungsei gekauft, meine Tochter war happy, hat die Dame geküßt und *wie gesacht,* es haben sich da Beziehungen entwickelt, die einfach so, de* des* das sind so Kleinigkeiten, ne?

E2: Also das is für Sie der d* der dia* der diakonische Auftrag?

Die Frage des Einstellenden E3 stellt eine Ergänzungsfrage dar zu der vorausgehenden Frage des Einstellenden E2 (Was verstehen Sie denn unter diakonischem Auftrag?). Der Bewerber soll anhand eines Beispiels sein Verständnis des diakonischen Auftrags konkretisieren. Offensichtlich erscheint dem Einstellenden E3 die zuerst vorgenommene Substitution (Daß ich da bin, wo der Nächste steht und versuche, dementsprechend zu handeln.) des Bewerbers als zu abstrakt. Die Erwartungsnorm der Frage ist damit gerichtet auf eine kommentierte Darstellung eines prototypischen Ereignisses, mit dem der Bewerber den Topos 'diakonischer Auftrag' passungsrelevant substituieren und konkretisieren soll. Zwar führt der Bewerber im folgenden Antwortzug ein erlebtes Beispiel auf; es entspricht jedoch nicht vollständig der intentionalen Erwartungsnorm. Der Bewerber verfällt hier in das "Handlungsschema" (KALLMEYER / SCHÜTZE 1976, 18) einer Erzählung, statt kommentierend über ein Ereignis zu berichten und eine kommentierende Distanz zum Erlebten aufrechtzuerhalten. Als Erzählung kann der Antwortzug des Bewerbers aus folgenden Gründen charakterisiert werden:

Die thematische Bedeutung der Erzählung wird vorausgreifend angedeutet (Jo, da fällt mir ein Beispiel ein). Relevanzindikator stellt hier das 'da' dar, mit dem sich der Bewerber auf den diakonischen Auftrag bezieht, den er konkretisieren soll. Der Adressat wird über den situativen Kontext (Personen, Vorgeschichte, Zeit, Ort etc.) in Kenntnis gesetzt (Ich ha* hatte mal ei*/ während eines ++ eh Praktikums hatte ich gerade frei. Ich ging mit meiner Tochter spazieren.). Es existiert eine kausal-finale "Ereigniskette" (SANDIG 1986, 177; vgl. auch KALLMEYER / SCHÜTZE 1977, 178). Die Erzählung ist auf einen "Ereignisknoten" (SANDIG 1986, 177) zentriert. Es handelt sich dabei um einen

> "Punkt maximaler Detaillierung desjenigen Geschehens, auf das es dem Erzähler ankommt" (GIESEKE / RAPPE 1981, 349)

Im Falle des Bewerbers wird dieser Ereignisknoten eingeleitet durch 'Und da siehe'. Kennzeichnend ist die Verwendung des Präsens historicum und der direkten Rede (vgl. SANDIG 1986, 177; auch QUASTHOFF 1980) (Ja, *sach ich,* wissen Se was, kommen Se mit, meine Tochter und ich, wir ham gerade Zeit...). Die Erzählung schließt mit einer Bewertung und Einordnung in den Gesamtkontext der Sprechsituation ab (...*wie gesacht,* es haben sich da Beziehungen entwickelt, die einfach so, de* des* das sind so Kleinigkeiten, ne?) (vgl. SANDIG 1986, 177).

Erzählungen weisen charakteristische Stilmittel, beispielsweise Detaillierungen auf, durch die das Erzählte anschaulich wird. Die Funktion des Erzählens ist es, den Adressaten auch "emotional und wertend zu involvieren" (ebd., 183). Der Unterschied zwischen einer Erzählung und einem Bericht läßt sich folgendermaßen erfassen:

> "Während das BERICHTEN eher ergebnisorientiert ist und deshalb auch generalisiert, ist das ERZÄHLEN eher ereignisorientiert. ERZÄHLEN ist eher 'privat' weil emotionalisierend, eine Beziehung herstellend, die Gemeinsamkeiten von Wertungen betonend; BERICHTEN ist eher 'institutionsgebunden'. Die Eigenschaften des Erzählens werden durch Teilhandlungen des Erzählens in den Bericht gemischt" (ebd., 184).

Die nicht-passungsrelevante Konkretion entsteht also zum einen dadurch, daß der Bewerber, statt einen kommentierenden Bericht über ein Erlebnis abzugeben, durch den er seine Auffassung des diakonischen Auftrags verdeutlichen kann, den Gegenstand intentional mittels einer Erzählung bearbeitet, in der er durch die übergroße Detaillierung die Distanz zum Erlebten verliert. Darüber hinaus werden auch die inhaltlichen Erwartungen nur partiell erfüllt. Die inhaltlichen Erwartungen beziehen sich vor allem auf die Auswahl des Beispiels und sind in unmittelbarem Zusammenhang mit den sozialen Erwartungen zu sehen, die an einen Bewerber gestellt werden. Der Bewerber im vorliegenden Beispiel bewirbt sich auf eine Heimleiterstelle. Auf diesem Rollenhintergrund werden sämtliche seiner Äußerungen interpretiert. Das Beispiel, das der Bewerber zur Erläuterung seiner Auffassung des diakonischen Auftrags heranzieht, entspricht jedoch eher seiner damaligen Rolle als Praktikant im Altenheim; für einen Heimleiter ist es unrealistisch, im konkreten Berufsalltag den diakonischen Auftrag dergestalt umzusetzen, daß er mit einer Heimbewohnerin Unterwäsche einkaufen geht. Die Substitution des Topos `'diakonischer Auftrag'` durch das Beispiel ist demnach ebenfalls nicht passungsrelevant. Der Bewerber entspricht in seiner Antwort somit nicht den sozialen Erwartungen an einen zukünftigen Altenheimleiter.[8]

e) Wiedergutmachung

Als teilresponsiv möchte ich eine Bewerberantwort auch dann einordnen, wenn ein Bewerber zwar auf die inhaltliche und intentionale Erwartungsnorm der Frage eingeht, die Antwort jedoch durch ergänzende Reinterpretationen oder Selbstkorrekturen wiedergutzumachen versucht.

Gespräch II:

E1: Eh, jetzt *Frage*, wo würden Sie selbst <u>persönlich</u>, jetzt abgesehen *jetzt vom An* em eh eh Ei* Einsatz für andere jetzt wo* würden Sie selbst persönlich <u>Schwerpunkte</u> setzen wollen? ++ Von <u>Ihrer</u> Person aus. Von Ihren + Fähigkeiten her aus?

B: ++ Von meinen Fähigkeiten her aus würde ich sa* oder *möcht ich gerne sagen*, daß eh daß em + schwerpunktmäßig ich mich um den Verwaltungsbereich kümmern würde +, weil ich da auch

[8] Auf Bewerberseite liegt hier mangelnde Rollendistanz vor (vgl. II 3.3.1).

eigentlich eine Aufgabe darin sehe, also Verwaltungsbereich sozusagen eh + +, ja vielleicht *drücke ich mich jetzt etwas verkehrt aus*, also Verwaltungsbereich beziehe ich auch mit ein zum Beispiel als Ansprechpartner dazusein, erstmal für die Mitarbeiter und letztlich auch natürlich in erster Linie auch für die Bewohner.

E1:Und letztlich auch für den sozialen Bereich *sozusagen.*

B: Auf jeden Fall ja. Das ist ein/ ein Standbein, das andere Standbein ist der Verwaltungsbereich, den ich gerade schon angesprochen habe, *also* praktisch eh daß das Altenheim als betriebliche Organisation funktioniert. + Ja, so/ so stelle ich mir *also* mein* meinen Aufgabenbereich vor. *Em entschuldigen Sie, wenn ich das noch sa*/ eben em* /gerade was diesen mitarbeiterbezogenen Bereich oder bewohnerbezogenen Bereich noch betrifft em, würd ich sagen, em ++ wichtig is es für mich als Leiter, Konflikte frühzeitig zu erkennen und auch frühzeitig in Angriff zu nehmen, *was daran* zu verbessern oder zu tun, daß sich d* der Konflikt nicht zu ei*/ oder daß der Konflikt nicht ausweitet. N passendes Beispiel möcht* möcht ich

E1: (...) ich hab/ ich hab noch eine Sache vorab

B: Ja gut Herr/...

Die Erwartungsnorm der Frage zielt zum einen auf eine obligatorische Bewertung; markiert wird die Bewertung durch das Substantiv 'Schwerpunkte' und das begleitende Adjektiv 'persönlich'. Der Bewerber soll seine persönlichen Arbeitsschwerpunkte benennen. Gleichzeitig impliziert die Frage eine fakultative Begründung, durch die der Bewerber die persönliche Schwerpunktsetzung nachvollziehbar begründen kann.

Der Bewerber entspricht der intentionalen Erwartungsnorm, indem er seinen Schwerpunktbereich (Verwaltungsbereich) nennt und deutet ebenfalls eine Begründung an (...weil ich da auch eigentlich eine Aufgabe darin sehe...).[9] Nach einer Pause leitet der Bewerber durch

[9]Ausgeblendet werden soll hier die Tatsache, daß der Topos "Aufgabe" meines Erachtens nur unzureichend substituiert wird (vgl. II 5.4.2.3).

das nachfolgende Sprechersignal (...ja vielleicht *drücke ich mich jetzt etwas verkehrt aus...)* eine erste Korrektur seiner bisherigen Äußerung ein, indem er den von ihm zunächst genannten Schwerpunkt (Verwaltungsbereich) ausweitet auf den Mitarbeiter- und Bewohnerbereich. Er versucht dadurch, eine nachträgliche, reinterpretierende inhaltliche Ergänzung vorzunehmen, um dem Eindruck vorzubeugen, er sei ausschließlich ein "Schreibtischtäter". Damit antizipiert er offensichtlich die soziale Erwartung an den Leiter eines Altenheims, auch über eine gewisse soziale Kompetenz beziehungsweise ein soziales Engagement verfügen zu müssen. Daß der Bewerber offensichtlich Schwierigkeiten mit der aus seiner Sicht notwendigen, aber abrupt vorgenommenen Korrektur hat, deuten die widersprüchlichen Formulierungen an, mit denen er versucht, seine Arbeitsschwerpunkte zu hierarchisieren (...erstmal für die Mitarbeiter und letztlich auch natürlich in erster Linie auch für die Bewohner.). Der Einstellende E1 verhilft dem Bewerber durch die als Hörersignal zu bewertende, zusammenfassende Äußerung (Und letztlich auch für den sozialen Bereich *sozusagen*.) dazu, seinen vermeintlichen Fehler, sich als Verwaltungsspezialist dargestellt zu haben, wiedergutzumachen, indem er signalisiert, verstanden zu haben, daß sich der Bewerber auch für den sozialen Bereich verantwortlich fühlt. Dies bestätigt der Bewerber nochmals, kommt dann aber erneut auf seinen Schwerpunkt 'Verwaltungsbereich' zurück (...*also* praktisch eh daß das Altenheim als betriebliche <u>Organisation</u> funktioniert.). Daran schließt der Bewerber eine Zusammenfassung an (Ja, so/ so stelle ich mir *also* mein* meinen Aufgabenbereich vor.). Er setzt die Äußerung fort und leitet diese mit einer Entschuldigung ein. In der Folgeäußerung weicht der Bewerber von dem durch die Frage focussierten Referenzobjekt (persönliche Schwerpunkte) ab und benennt nun eine für ihn wichtige Führungsqualität (...wichtig is es für mich als <u>Leiter</u>, <u>Konflikte</u> <u>frühzeitig</u> zu erkennen und auch <u>frühzeitig</u> in Angriff zu nehmen, *was daran* zu verbessern oder zu tun...), die ebenfalls eine Wiedergutmachungsfunktion im Hinblick auf seine Selbstdarstellung einnimmt. Offensichtlich verspürt der Bewerber das Bedürfnis, nochmals seine soziale Kompetenz zu betonen, um dadurch das eventuell entstandene Bild des Verwaltungsspezialisten zu korrigieren. Er entschuldigt sich für diese weiteren Ausführungen und deutet damit an, daß ihm bewußt ist, daß die Äußerung inhaltlich nicht vollständig der Frageerwartung entspricht. Bestätigt wird das durch die Sanktion des Einstellenden, der den Bewerber unterbricht und ihn durch das `'vorab'` darauf hinweist, daß sich das Gespräch noch in einem anderen inhaltlichen Kernbereich befindet.

f) Antwortangebot unter bestimmten Bedingungen

Eine Antwort ist dann teilresponsiv, wenn ein Bewerber ein prinzipielles Antwortangebot macht, indem er eine Antwort andeutet, die weitere ausführliche Gegenstandsbearbeitung jedoch von bestimmten Bedingungen und Einschränkungen abhängig macht.

Im folgenden Beispiel geht es um die konzeptionellen Vorstellungen einer Bewerberin hinsichtlich der Möglichkeiten, im Altenheim eine reine Pflegestation zu vermeiden:

Gespräch IV:

E2: ... Vielleicht haben Sie ja da auch selbst ein paar Vorstellungen, wie man so etwas dann konkret handhaben kann.

B: Ja, es kommt natürlich auf die Räumlichkeiten an. <u>Wenn</u> Sie sagen, daß es aufgrund von räumlichen Bedingungen <u>überhaupt</u> nicht möglich ist, müßte man sehen, inwieweit könnte man vielleicht durch kleine räumliche Veränderungen doch die Möglichkeit schaffen, diese Bewohner <u>nicht</u> zu verlegen, weil ich halte es schon für <u>sehr</u> wichtig, <u>daß</u> Bewohner nicht mehr verlegt werden so mit dem Hintergrund, jetzt komm ich auf die Pflegestation, da ist Endstation. Ich denke, da spielen ja auch so ganz viele psychische + eh Belastungen für die Bewohner eine Rolle. <u>Dazu</u> müßte ich mir das Haus vielleicht erst ansehen und *den ganzen Organisationsablauf=* wie wird das bisher gehandhabt? Welche <u>Art</u> von Pflege wird hier überhaupt praktiziert, eh funktionale Pflege oder Ganzheitspflege? Wie handhaben Sie das hier?

Die Frage enthält die obligatorische Erwartungsnorm einer Aufforderung (Vorschläge) und die fakultativen Erwartungsnormen Begründung und/oder Bewertung dieser Vorschläge.

Die Bewerberin deutet einige Vorschläge an `(...müßte man sehen, inwieweit könnte man vielleicht durch kleine räumliche Veränderungen doch die Möglichkeit schaffen, diese Bewohner nicht zu verlegen.)`, begründet deren Angemessenheit `(...weil ich halte es schon für sehr wichtig, daß Bewohner nicht mehr verlegt werden so mit dem Hintergrund, jetzt komm ich auf die Pflegestation, da ist Endstation. Ich denke, da spielen ja auch so ganz viele psychische + eh Belastungen für die Bewohner eine Rolle.)`, versieht gleichzeitig jedoch die Vorschläge mit diversen Einschränkungen `(Ja es kommt natürlich auch auf die Räumlichkeiten an...; Dazu müßte ich mir das Haus vielleicht erst ansehen und` *`den ganzen Organisationsablauf`* `, wie wird das bisher gehandhabt, welche Art von Pflege wird hier überhaupt praktiziert, eh funktionale Pflege oder Ganzheitspflege? Wie handhaben Sie das hier?)`, durch die sie zum Ausdruck bringt, daß ihr zur Formulierung konkreterer, ausführlicherer Vorschläge wichtige Informationen über die Struktur und die Räumlichkeiten des Hauses fehlen.[10] Offensichtlich will sie mit dieser durch Bedingungen eingeschränkten Antwort vermeiden, unrealistische beziehungsweise auf Widerstand stoßende konzeptionelle Vorschläge zu machen; diese Gefahr ist immer dann gegeben, wenn auf Bewerberseite Informationsdefizite hinsichtlich der einstellenden Institution, ihrer personellen und organisatorischen Strukturen und der zu besetzenden Stelle vorliegen.

2.3.4.3 Nonresponsive Bewerberantwort

Nonresponsive Züge ignorieren sowohl die intentionale Erwartungsnorm als auch den Inhalt eines initiierenden Zuges vollständig (SCHWITALLA

[10]Das Beispiel demonstriert sehr anschaulich, daß die Bestimmung von Responsivität natürlich auch für respondierende Anteile in reaktivierenden Zügen gilt und daß sich hier insofern Überschneidungen ergeben können, als die initiierende Frage der Bewerberin gleichzeitig Merkmal einer Realisierungsvariante von Teilresponsivität darstellt, da in der Frage die Bedingung für eine weitere Beantwortung liegt.

1976a, 92f.). SCHWITALLA zählt hierzu auch solche Handlungsformen, mit denen der Sprecher bewußt die Thema- und Intentionsebene ignoriert. Begründet wird das folgendermaßen:

> "Dies ist dadurch gerechtfertigt, daß mit nonresponsiven Antworten nicht eine Einstellungsqualität, sondern eine bestimmte Möglichkeit des Antwortens beschrieben werden soll" (SCHWITALLA 1979a, 137).

Als nonresponsiv gelten also sowohl vom Sprecher unbeabsichtigte wie beabsichtigte Mißachtungen des initiierenden Zuges (vgl. WEISER 1975, 649).

a) Gegeninitiierung

Als nonresponsiv ist eine Bewerberantwort dann einzuschätzen, wenn der Bewerber der Initiierung mit einer Gegeninitiierung begegnet, ohne der Initiierung gerecht zu werden.

Gespräch I:

E2: Ja gut. Dann eh 'ne andere Frage. Wie eh/ welches Verhältnis eh ham Sie zur evangelischen Kirche? Wie würden Sie das beschreiben?

B: m= Die Kirche is für mich + ja

E1: Wie stehen Sie zur evangelischen Kirche? (SEHR BESTIMMT)

B: Kirche, ja als als/ Kirche als was, würde ich jetzt einfach mal fragen ++

In diesem Beispiel entspricht der Bewerber nicht der Initiierung, sein Verhältnis zur evangelischen Kirche zu erläutern, sondern stellt eine Gegenfrage. Provoziert wird diese Gegenfrage offensichtlich durch den Einstellenden E1, der dem Bewerber keine Zeit läßt, die Beantwortung zu beendigen. Der inquisitorische Duktus der Frage wirkt, als wolle der Einstellende E1 eine Beantwortung erzwingen. Er versucht, den Bewerber durch eine zugespitzte Wiederholung der Frage in die Enge zu treiben und damit Streß zu produzieren.

Der Grund für die Gegenfrage des Bewerbers, in der er eine Definition des Begriffs Kirche einfordert, könnte zum einen darin liegen, daß er Zeit zur Planung seiner Antwort gewinnen will. Zum anderen wäre denkbar, daß er zu einer Gegeninitiierung greift, um aus der passiv-reaktiven Gesprächsposition zu gelangen.

In einem weiteren Gesprächsausschnitt begegnet der gleiche Bewerber den Einstellenden erneut mit einer Gegeninitiierung:

Gespräch I:

B: (...) sondern ich/ ich schaue nich danach, wer Mitglied ist, sondern ich schaue a*/ ich achte in erster Linie auf den Menschen.

E2: Also Kirche interessiert Sie gar nicht?

B: Das sagen Sie!

Hier versucht der Bewerber der provozierenden Unterstellung des Einstellenden (Also Kirche interessiert Sie gar nicht?) mittels einer sehr scharf wirkenden Zurückweisung zu begegnen.

b) Metakommunikation und "Retourkutsche"[11]

Eine Antwort gilt dann als nonresponsiv, wenn der Bewerber auf eine Initiierung mit einer metakommunikativen Äußerung reagiert und damit die Kommunikationsbedingungen und den aktuellen Prozeßverlauf zum Gegenstand macht (vgl. SCHWITALLA 1979b, 204f.).

[11]Es handelt sich hier um zwei voneinander zu unterscheidende Realisierungsvarianten nonresponsiver Antworten (vgl. auch SCHWITALLA 1979b, 204f; 206). Da in den von mir untersuchten Gesprächen nur ein einziges Beispiel sowohl für Metakommunikation als auch für eine Retourkutsche innerhalb einer Bewerberantwort vorkommt, fasse ich beide Formen hier zusammen.

Eine Antwort ist weiterhin dann nonresponsiv und kann als "Retourkutsche" (ebd., 206) bezeichnet werden, wenn ein Bewerber mittels einer Beziehungshandlung den Fragenden angreift, beschuldigt, abwertet oder als inkompetent abqualifiziert.

Gespräch I:

Zum besseren Verständnis des Gesprächsausschnitts ist im folgenden auch der Vorlauf der nonresponsiven Bewerberantwort (`Ja, entweder eh darf ich jetzt n Beispiel nennen...`) aufgenommen:

```
E2: Was verstehen Sie denn unter diakonischem Auftrag?
B: Daß ich da bin, wo der Nächste steht und versuche, dementsprechend zu handeln.
E3: Können Sie das vielleicht n bißchen konkretisieren? + An einem Beispiel?
B: (SCHNALZEN) Jo, da fällt mir ein Beispiel ein. Ich ha* hatte mal ei* während eines ++ eh Praktikums hatte ich gerade frei. Ich ging mit meiner + Tochter spazieren, und sie fragte: Papa, wo arbeitest du? Ja sag ich, ich ar*/
E1:                                          Herr B., dat wäre aber auch
ganz gut, wenn,
B: Ich arbeite + Ja=/
E1: Entschuldigen Sie, daß ich Sie unterbreche, es wäre ganz gut, wenn Sie eh die Frage doch mehr so auf m eh abstrakten Niveau beantworten würden, also sonst kommen wir hier von Hölsken auf Stöcksken, jeder von uns kann n Beispiel liefern und eh soviel Zeit ham wir leider nich.
B:   Ja, entweder eh darf ich jetzt n Beispiel nennen. Es würde mir um 'n konkretes/ Eh es ist jetzt eine/  da ham Sie vielleicht den eh Hergang der Diskussion oder der Befragung nicht genau verfolcht. Hier ging es konkret darum, ich sollte ein Beispiel nennen, wie sich eine reljöse, also eine Frage, die in den moralischen Bereich hineingeht, wie sich das Ganze gestaltet und + eh ich kann gerne davon Abstand
```

nehmen, aber dann + ist das Ganze praktisch abgebrochen für die anderen eh ...

Der Einstellende E2 unterbricht den Bewerber, kurz nachdem dieser damit begonnen hatte, die Frage zu beantworten. Er entschuldigt sich zunächst für die Unterbrechung und fordert den Bewerber dann zu mehr Abstraktion auf, die er gleichzeitig mit einer massiven Bewertung (Sonst kommen wir hier vom Hölsken auf Stöcksken...) versieht. Auf diese als Provokation wirkende Äußerung des Einstellenden reagiert der Bewerber zunächst mit einer metakommunikativen Äußerung. Er signalisiert dem Einstellenden E2, daß dessen Aufforderung der von E1 widerspricht, wirft ihm ungenaues Zuhören vor, thematisiert anschließend die Art und Weise der Gegenstandsbehandlung, stellt dann seine Beantwortung zur Disposition mit dem Hinweis auf die Konsequenzen für die übrigen Gesprächsteilnehmer. Aus Bewerbersicht problematisch sind hier die beschuldigenden und disqualifizierenden Angriffe innerhalb der Bewerberantwort. Diese kommen dadurch zustande, daß der Bewerber dem Einstellenden unterstellt, er habe den 'Hergang der Diskussion' nicht verfolgt. Die emotional wirkende Reaktion des Bewerbers demonstriert, daß die Provokation des Einstellenden offensichtlich erfolgreich war.
Gerade das wird oft durch Provokationen von Einstellenden bezweckt, um herauszufinden, wie Bewerber in Streßsituationen reagieren. Ziel ist die Verunsicherung des Bewerbers:

> "Mit dem Streßinterview verfolgt man zwei Ziele: Einmal soll die Streßbeständigkeit des Bewerbers erforscht werden, zum anderen geht man von der Theorie aus, daß Bewerber unter Streß weniger 'schauspielern' können" (LEHRENKRAUSS 1986, 27).

c) Antwortverweigerung

Als nonresponsiv ist eine Bewerberantwort dann zu bewerten, wenn ein Bewerber eine Frage als unberechtigt zurückweist oder in ihrem Stellenwert abqualifiziert.

Gespräch III:

E1: (...) em ++ wir hatten in der Ausschreibung auch erwartet, daß eh innovative weiterentwickelte Altenarbeit hier praktiziert wird. ++ Eh hätten Sie da irgendwelche Vorschläge?

B: ++ Ja, also das hört sich immer so gut an= innovativ, nich, das fordert ja fast schon jeder, em +++ ich denke, ich eh *halte es jedenfalls für wichtig, daß ich mal n bißchen mehr über Ihr* Haus erfahre über/ eigentlich weiß, was Sie machen +, welche Vorstellungen auch Sie habn, + und dann würd ich ganz gern auch dazu etwas sagen wolln. Also ich halts für falsch, wenn ich irgendwas/ etwas aufpfropfe + und sage, so und so solls sein, das weiß ich auch nicht, *kann ich Ihnen nich sagn.* Also ne fertige Konzeption hab ich nich da. Ich denke, ne Konzeption sollte vom Haus aus gemeinsam entwickelt werdn. Vorstellungen hätt ich schon, und eh da/ dazu kann ich Ihnen auch gleich Dinge sagn, wenn Sie das wissen wollen =

Der Bewerber ignoriert die inhaltliche und intentionale Erwartung der Frage und eröffnet seine Antwort mit einer abqualifizierend wirkenden Bewertung. Diese Abqualifizierung entsteht durch die Banalisierung (...das fordert ja fast schon jeder...) der von der Einstellenden explizierten Erwartung nach innovativer Altenarbeit. Anschließend nennt der Bewerber seine Bedingungen, unter denen er bereit ist, die Frage zu beantworten. Im Unterschied zu der aufgezeigten teilresponsiven Variante "Antwortangebot unter bestimmten Bedingungen" signalisiert der Bewerber hier durch die brüske Zurückweisung wenig Kooperation. Er deutet die Antwort zwar an, beschränkt sich ansonsten jedoch auf die Nennung seiner Bedingungen zur Beantwortung der Frage. Insgesamt erzeugt die Reaktion des Bewerbers dadurch eher den Eindruck, als wolle er mit dieser "Flucht nach vorn" einer Beantwortung ausweichen.

2.3.4.4 Akzeptanzexpression in respondierenden Zügen

Neben der Bestimmung des Responsivitätsgrades können respondierende Akte daraufhin analysiert werden, ob sie auf die vorausgehenden Propositionen mit einer Akzeptanz oder Zustimmung reagieren oder ob sie diese ganz oder teilweise ablehnen (vgl. SCHWITALLA 1979a, 139; auch 1976a, 93f.). Von besonderer Bedeutung ist hier auch die personale Relation der Gesprächspartner zueinander und die Frage, inwieweit ein Antwortender sich auf eine beziehungsbezogene Forderung (Beschuldigung, Einladung, Lob, Kritik etc.) festlegen beziehungsweise verpflichten läßt (vgl. ebd.). Als Gesprächssteuerungselement hat die Akzeptanzexpression dann folgende Bedeutung:

> "- hat ein initiierender Zug von A Erfolg oder nicht, d.h. wird er akzeptiert oder nicht?
>
> - wie weit überläßt sich B den Ansprüchen A's und wie weit artikuliert B ihnen widersprechende Interessen" (ebd.)?

Der Grad der Konsensbildung kann nach Konsens, Teilkonsens und Dissens erfaßt werden (ebd.).

a) Konsens

Mit Konsensäußerungen stellen Bewerber Gemeinsamkeiten zwischen sich und den Einstellenden her. Konsensanzeigende Indikatoren können sein: Zustimmungssignale (vgl. III 2.3.3.2), die konstitutiver Bestandteil des respondierenden Zuges sind; größere syntaktische Einheiten, die als Zustimmungsäußerungen (`Ja da/ dem stimm ich zu, hab ich ja gesacht, das ist selbstverständlich...; "Genauso hab ich es ja auch eh eh ei* eingangs meiner Aus* Ausführungen gesacht.; Das is ganz klar...`) fungieren; Paraphrasierungen des initiierenden Zuges; inhaltliche Ergänzungen oder Vollendungen des initiierenden Zuges oder Schlußfolgerungen aus vorausgegangenen Propositionen (vgl. SCHWITALLA 1979a, 140f.). Aufgrund der Eindeutigkeit kann hier auf ausführlichere Beispiele verzichtet werden.

b) Teilkonsens

Eine Äußerung bringt einen Teilkonsens zum Ausdruck,

> "wenn ein Teil (Teile) der vorangegangenen Proposition(en) abgelehnt, ein anderer (andere) Teil(e) akzeptiert wird (werden), oder wenn die Proposition(en) des Vorredners akzeptiert wird (werden) unter bestimmten Bedingungen, die ihre Geltung begrenzen" (ebd., 141).

Ich möchte im folgenden auf zwei charakteristische Varianten von Bewerberantworten eingehen.

Eigene und fremde Statussicherung

Teilkonsens findet sich in Bewerberantworten zur Sicherung des eigenen Status, aber auch als Sicherung des Status des Gesprächspartners oder zur Positionsabgrenzung.

Gespräch VI:

E2: Tja, aber wie <u>wolln</u> Sie reagieren, wenn plötzlich jemand mit ner Waffe vor Ihnen steht? Da sind Sie doch als Frau ziemlich <u>machtlos</u>.

B: Ja, da/ da muß ich Ihnen recht geben, daß eh/ da wüßt ich jetzt/ könnt ich jetzt im Moment <u>auch</u> nichts sagen, obwohl ich em ++ ich wür* em doch dazu sagen könnte, daß ich mich wohl dem Risiko <u>stellen</u> würde.

Im vorliegenden Beispiel reagiert die Bewerberin auf die Unterstellung der Einstellenden (Da sind Sie doch als Frau ziemlich <u>machtlos</u>.) mit einem Teilkonsens. Zunächst stimmt sie ihr uneingeschränkt zu, schränkt jedoch die Bestätigung dann durch die Versicherung ein, sich dem Risiko stellen zu wollen. Paralinguistisch wird dies allerdings durch eine starke Verminderung der Lautstärke markiert. Sie akzeptiert die Prädikation 'machtlos', weist aber die implizite Konsequenz, die sich daraus ergeben könnte, sich der Situation nicht stellen zu wollen (Flucht) zurück. Durch die Zurückweisung versucht sie zu verhindern, daß ihre grundsätzliche Qualifikation für die Stelle angezweifelt wird.

Gespräch IV:

E2: Ja, ich sehe persönlich so n bißchen die Schwierigkeit dadrin, daß Sie ja eh Berufseinsteigerin sind, ++ während ich hier schon seit Jahren in der Pflege tätig bin, und ich eh frage mich, wie wollen Sie mich eigentlich anleiten?

B: Anleiten in bezug auf Ihren Pfle*/ auf Ihre pflegerischen Dienste, da sicherlich nicht. *Ich denke, das ist ja auch nicht nötig.* Da werden Sie sicherlich vom fachlichen her mir weit überlegen sein. *Und Sie haben schließlich Pflegeausbildung.* Aber ich denke, wenn es darum geht, em Strukturen zum Beispiel von Tagesabläufen, da hab ich sicherlich auch während meiner Ausbildung bei N. da einige Erfahrungen machen können, auch während der Praktika, und da ist es sicherlich möglich sich zu überlegen, wie kann man zum Beispiel so einen Tagesablauf optimal gestalten, daß sowohl die Bewohnerbedürfnisse befriedigt werden als auch die Mitarbeiter zufrieden sind, und da kann man sich sicherlich hinsetzen und da kann ich meine Erfahrungen, die ich gemacht habe einbringen, und Sie können Ihre Erfahrungen einbringen, und dann ist es sicherlich möglich, für die Bewohner und für die Mitarbeiter + optimale Ergebnisse herauszuholen. ++ Ich hoffe, daß damit Ihre Frage beantwortet ist? (LACHT)

Der vom Einstellenden E2 aufgebaute Gegensatz (...Berufseinsteigerin sind, ++ während ich hier schon seit Jahren in der Pflege tätig bin...) deutet darauf hin, daß er sich in seinem bisherigen Status und Verantwortungsbereich bedroht sieht. Diese unterschwellige Beziehungsaussage begleitet auch die Folgefrage, die man durchaus als indirekte Sprecherhandlung (Ich bezweifle, daß Sie mich als Berufseinsteigerin anleiten können.) auffassen kann. Die Bewerberin erkennt offensichtlich die Beziehungsaussage und reagiert darauf mit einem Teilkonsens. Sie bestätigt einen Teil der Proposition (Anleiten in bezug auf Ihren Pfle*/ auf

Ihre pflegerischen Dienste da sicherlich nicht.) und bestätigt nochmals deutlich die Kompetenz des Einstellenden (Da werden Sie sicherlich vom fachlichen her mir weit überlegen sein.). Erst mit der nachfolgenden Äußerung widerspricht sie dem Einstellenden, indem sie auf Bereiche verweist, in der ihre spezifischen Kompetenzen liegen (Aber ich denke, wenn es darum geht em Strukturen zum Beispiel von Tagesabläufen da hab ich sicherlich auch während meiner Ausbildung bei N. doch einige Erfahrungen machen können...). Sie beschließt die Äußerung mit einer kompetenzausgleichenden, versöhnlichen Geste, indem sie nochmals betont, daß sie die Erfahrungen des Einstellenden und ihre eigenen gleichermaßen schätzt (...da kann ich meine Erfahrungen, die ich gemacht habe einbringen und Sie können Ihre Erfahrungen einbringen...). Damit arbeitet sie sowohl Gemeinsamkeiten wie auch Differenzen bezüglich der verschiedenen Gegenstandssichtweisen heraus.

Korrektur von Präsuppositionen

Durch Teilkonsens kann der Bewerber Aussagen des Einstellenden korrigieren.

Gespräch II:

E2: Ich kenn' das gar nich eh no* eh/ Es gibt ne/ regelrecht, ne Ausbildung zum Altenheimleiter?

B: Ja, + was heißt ne Ausbildung. *Es is* ne Weiterbildung, ne Weiterqual*/ es nennt sich auch Weiterqualifikation zum Altenheimleiter.

Der Bewerber korrigiert die Äußerung des Einstellenden dahingehend, daß er die Qualität seiner Heimleiterqualifikation in einem für ihn günstigeren Sinn einschränkt. Durch die Benennung der Maßnahme als 'Weiterqualifikation' nimmt er der Qualifikation den pejorativen Charakter einer durch das Arbeitsamt vermittelten Fortbildung.

c) Dissens

Eine Dissensäußerung liegt dann vor, wenn der Sprecher sämtliche, durch die vorausgehende Äußerung implizierten inhaltlichen, intentionalen und beziehungsbezogenen Aussagen negiert oder vollständig ablehnt (vgl. SCHWITALLA 1979a, 143).

> "Ein voller Widerspruch stellt die Bedingung der Wahrheit einer Proposition oder die der Angemessenheit einer Beziehungshandlung in Frage" (ebd.).

Als Dissensindikatoren nennt SCHWITALLA:

> "1. Dissenssignale'nein', 'aber', 'doch', 'aber nicht doch', 'im Gegenteil' u.a.
>
> 2. Explizite Dissensfeststellungen: 'das würde ich nicht sagen', 'das kann ich nicht akzeptieren', 'der auffassung bin ich gar nicht', 'das ist falsch ausgedrückt'
>
> 3. Wiederholungen mit Frageintonation.
>
> 4. Vorkommen einer Negationspartikel bei vorangegangener affirmativer Proposition.
>
> 5. Logische Kontradiktion zur vorangegangenen Proposition" (ebd., 145).

Darüber hinaus können Dissensäußerungen zusätzlich eine Begründung der Zurückweisung aufzeigen. Für diese Form ergibt sich folgende Struktur:

> "Demnach besteht eine widersprechende Antwort zumeist aus zwei Teilen: einem widerspruchsanmeldenden Teil (meist ein Dissenssignal) und einem Teil, der die widersprochene Proposition durch die für wahr gehaltene ersetzt oder die für wahr gehaltene begründet" (ebd., 143).

Nur ein Beispiel in den von mir untersuchten Gesprächen, das als Dissensantwort interpretiert werden kann, weist diese von SCHWITALLA beschriebene Struktur auf:

Gespräch I:

```
E2: Das ist also n bißchen ungewöhnlich.
B:  Ja, das mach's für Sie scheinen, aber für mich als
```

`Theologe muß man eh christliches eh Denken und Tun festmachen irgendwo. Und wo muß mans festmachen? Konkret im Alltag, wie man sich im Alltag verhält. Sie mögen noch soviele Bibelsprüche dahersagen können, das bringt Ihnen nichts, wenn Sie die eh Konkretion zum Alltag nicht sehen.`

Der Bewerber weist die Bewertung des Einstellenden zurück (`Ja, das mach's für Sie scheinen...`) und setzt seine persönliche Auffassung (`...aber für mich als Theologe...`) einschließlich einer stark emotionalisierten Begründung der Auffassung (`Sie mögen noch soviele Bibelsprüche dahersagen können...`) explizit dagegen. Emotional wirkt diese Begründung dadurch, daß sie als indirekte Unterstellung, der Einstellende verwende zwar Bibelsprüche, orientiere jedoch sein Leben nicht danach, aufgefaßt werden kann. Dies mutet wie der Versuch einer moralischen Disqualifizierung des Einstellenden durch den Bewerber an.

Dieser Gesprächsausschnitt stellt das Ende einer stark emotionalisierten, von Vorwürfen und Beschuldigungen durchsetzten Sequenz des Gesprächs I dar, aus der bereits im Zusammenhang der Behandlung von Teil- und Nonresponsivität einige Ausschnitte entnommen wurden. Dieser Hinweis scheint mir insofern von zentraler Bedeutung zu sein, als die hier vorliegende Dissens-Antwort des Bewerbers so etwas wie die letzte Eskalationsstufe darstellt. Hier wird nicht mehr mit Gründen gestritten im Sinne einer argumentativen Auseinandersetzung, sondern hier geht es offensichtlich nur noch darum, wer Recht behält. Diese Wertungskonkurrenz beendet der Einstellende, indem er im Anschluß an die Bewerberantwort einen neuen Gesprächsgegenstand initiiert.

2.3.5 Handlungspraktische Konsequenzen

Im vorausgehenden wurden initiierende und respondierende Steuerungsvarianten bei Bewerbern aufgezeigt, mit denen die sequentielle Themabearbeitung erfolgt. Sie können nun im Hinblick auf ihre Angemessenheit differenziert werden, um daraus zu handlungspraktischen Konsequenzen zu gelangen.

Die Angemessenheit lokaler Steuerungen in Bewerbungsgesprächen muß unter dem Aspekt betrachtet werden, wie der Bewerber auf der lokalen

Ebene der Themabearbeitung Passungsüberprüfung realisiert und ermöglicht. Zu diesem ausschließlichen Zweck kommen Bewerber und Einstellende zusammen. Das impliziert für die lokale Prozeßebene der Themabearbeitung eine prinzipielle Gleichberechtigung. Beide Seiten haben das Recht und die Verpflichtung, die Überprüfung der Passung vorzunehmen und zu gewährleisten. Für sämtliche lokalen Steuerungen hat das zur Konsequenz, daß sie unter dem Anspruch der Passungsrelevanz stehen.

Die gesprächsstrukturelle, lokale Symmetrie bezieht sich auf die sequentielle Verteilung initiierender, respondierender und reaktivierender Züge. Asymmetrisch wird das Bewerbungsgespräch dadurch, daß sich Bewerber in die Antworter-Rolle begeben und keine Initiative übernehmen beziehungsweise diese den Einstellenden überlassen. Durch das daraus entstehende Informationsungleichgewicht zugunsten der einstellenden Institution gefährdet der Bewerber die eigene Passungsüberprüfung.

Eine gegenseitige Passungsüberprüfung ist darüber hinaus davon abhängig, auf welche Art und Weise der Bewerber der einstellenden Institution eine Passungsüberprüfung bezüglich seiner persönlichen und fachlichen Qualifikationen ermöglicht. Auf Bewerberseite setzt das voraus, daß er über die Fähigkeit verfügt, die Einstellenden von einer möglichen Passung zu überzeugen, das heißt, er muß auf der lokalen Ebene immer wieder versuchen, seine Passung für den zu besetzenden Arbeitsplatz nachvollziehbar und fundiert zu verbalisieren. Hier geht es also darum, wie ein Bewerber das Thema inhaltlich, intentional und unter Berücksichtigung der Beziehungsgestaltung innerhalb eines Steuerungszuges bearbeitet. Die Art und Weise, wie ein Bewerber in seiner Antwort auf die initiierten Erwartungen der Einstellenden, eingeht, sich von ihnen reglementieren läßt beziehungsweise sich diesen entzieht, stellt ein wesentliches Kriterium zur Herstellung oder Verhinderung von Passungsüberprüfung dar. Unangemessene Steuerungen sind also solche, durch die der Bewerber die Passungsüberprüfung erschwert beziehungsweise verhindert. Sie können dann vorliegen,

- wenn ein Bewerber nicht angemessen auf die intentionale Frageerwartung eines Einstellenden eingeht und versucht, durch vorausgreifende Bewertungen und Aufwertungen der eigenen Person oder irrelevante Zusatzinformationen beziehungsweise als Rechtfertigungen wirkende Begründungen von der eigenen Eignung zu überzeugen beziehungsweise Einstellende zu einer Passungsfeststellung zu zwingen versucht (vgl. Überresponsivität);

- wenn ein Bewerber den inhaltlichen und sozialen Erwartungen nicht entspricht, weil er seine konzeptionellen Vorstellungen, moralischen Grundhaltungen, persönlichen Arbeitsschwerpunkte oder fachlichen Qualifikationen nicht passungsrelevant fundieren und verbalisieren kann (vgl. Nicht-passungsrelevante Konkretion);
- wenn ein Bewerber vom aktuellen Gesprächsgegenstand ablenkt, weil er vielleicht unzureichend vorbereitet ist oder der focussierte Gesprächsgegenstand für ihn unangenehm ist, da er nicht über ausreichende Qualifikationen und Kenntnisse verfügt, um dazu angemessen Stellung nehmen zu können (vgl. ausweichende Scheinproblematisierung);
- wenn ein Bewerber Antworten vollständig verweigert und die Fragen der Einstellenden abqualifiziert (vgl. Antwortverweigerung);
- wenn ein Bewerber durch Beschuldigungen, Provokationen oder emotionale Konter die Beziehungsebene gefährdet (vgl. Retourkutsche, auch Antwortverweigerung; Dissens);

Die Angemessenheit einer Bewerberantwort ist vor allem nach qualitativ-normativen Kriterien zu bestimmen. Sie richtet sich nach der Umsetzung erkannter Erwartungsnormen von Fragen in eine diesen Erwartungsnormen entsprechende Antwort. Die Voraussetzung dafür stellt zum einen die Identifizierung von Frageabsichten dar, zum anderen die Fähigkeit, Sprechabsichten sprechsprachlich angemessen zu verbalisieren.

Als angemessene, gesprächsfördernde Steuerungen werden dann solche bezeichnet, die dazu beitragen, gegenseitige Passungsüberprüfung zu ermöglichen. Sie werden im folgenden dargestellt.

2.3.5.1 Herstellung und Sicherstellung von lokaler Symmetrie durch Sprechrollenwechsel

Die Gewährleistung von Wechselseitigkeit wird im Bewerbungsgespräch nicht nur durch einen formalen Sprecherwechsel erreicht, sondern der wechselseitige Austausch bedarf des Wechsels der Frage- und Antworter-Rolle. Die Aufforderung, Sprechrollenwechsel vorzunehmen, bedeutet nicht, daß der Bewerber durch eine Umkehrung der Sprechrollen die Führung im Gespräch übernehmen soll. Damit würde er lediglich das bestehende asymmetrische Verhältnis zu seinen Gunsten verändern und müßte mit massiven Sanktionsmaßnahmen durch die Einstellenden rechnen.[12]

Da abrupte Initiierungen wie kommunikative Brüche wirken und einen Verhör-Charakter erzeugen, sollte der Bewerber vor allem durch reaktivierende Züge versuchen, sequentielle Symmetrie herzustellen.[13] Reaktivierende Züge ermöglichen dem Bewerber im Unterschied zu abrupten Initiierungen, an das Vorausgegangene anzuknüpfen, zum Beispiel durch eine Referenzerweiterung (vgl. SCHWITALLA 1979a, 167), Nachfrage oder Verständigungsfrage (vgl. ebd., 146f.). Dabei muß sich der initiierende Anteil in reaktivierenden Zügen nicht auf Fragen beschränken, sondern kann allgemein aus einem "Widerspruchselement" (SCHWITALLA 1976a, 88), zum Beispiel einer Bewertung (vgl. Beispiel zu 'Indirekte Responsivität') oder einem Element, das für Einstellende einen gewissen Neuigkeitswert besitzt, bestehen. Auch im Hinblick auf Passung interesseauslösende Schlüsselbegriffe oder Topoi können initiierenden Charakter besitzen. Von Bedeutung scheint mir in diesem Zusammenhang zu sein, daß der Bewerber die Initiierungen in reaktivierenden Zügen deutlich markiert, da ansonsten der Eindruck der Überresponsivität entstehen kann.[14]

Initiierungen auf seiten des Bewerbers unterliegen weiterhin der Beschränkung, keine Gegenstandswechsel oder Überleitungen in andere thematische Kernbereiche vorzunehmen. Damit überschreitet er seine lokale Kompetenz

---

[12]In den von mir untersuchten Gesprächen kommt es in einem Gespräch (IV) zu einer solchen Umkehrung.

[13]Vgl. dazu auch BARTSCH (1985), der aus der Beobachtung, daß die einseitige Verwendung von Sprecherhandlungen im small talk zu gesprächsstrukturellen Asymmetrien führt, zu folgender kommunikationsfördernden Handlungsanweisung gelangt: "Das günstigste ist, keine einseitigen Sequenzen zu erzeugen, etwa zu lange die Informantenrolle, die Bewerterrolle, die Verstärkerrolle zu halten, sondern möglichst oft die Rolle zu wechseln. Dies Grundprinzip erzeugt sowohl beim Hörer als auch beim Redner die ROLLENVORSTELLUNG: Gleiche Anteile an Sacharbeit (Information) in der Rede und gleiche Anteile an Gefühlsarbeit (personale Beziehung)" (ebd., 128). Die Forderung nach Sprechrollenwechsel sollte dann dazu führen, möglichst oft sog. "kombinierte Sprecheroperationen", also 'Frage' + 'Information', 'Information' + 'Bewertung' etc. im Gespräch einzusetzen (vgl. ebd., 130).

[14]Hier handelt es sich zur Zeit noch um eine eher intuitive Beobachtung und Erfahrung, die sicherlich weiterer Klärungen bedarf.

und greift in das institutionelle und konventionelle Recht der einstellenden Institution auf Phasenstrukturierung ein.

2.3.5.2 Steuerung durch Responsivität

Während SCHWITALLA sich auf die Beschreibung unterschiedlicher Realisierungsvarianten responsiver, teilresponsiver und nonresponsiver Züge beschränkt, ohne explizit wertende Aussagen über die qualitative Angemessenheit der jeweiligen Antworten zu treffen, möchte ich die Unterscheidung von Responsivitätsgraden für eine präskriptive These verwenden:

Unter dem Aspekt, daß in Bewerbungsgesprächen Einstellende und Bewerber davon ausgehen, daß sich ihre Gesprächsbeiträge aufeinander beziehen und sie die Erwartung haben, daß sie auf eine Frage eine zufriedenstellende, passungsrelevante Antwort bekommen, gilt für den Bewerber die Verpflichtung, responsiv zu sein. Die Demonstration kommunikativer Kompetenz eines Bewerbers ist auf der Ebene der sequentiellen Themabearbeitung neben der Fähigkeit zum Sprechrollenwechsel vom Responsivitätsgrad der Antworten abhängig. Durch Responsivität demonstriert der Bewerber die kommunikative Fähigkeit des "Hörverstehens" (GEIßNER 1982, 87), indem er sich in der Lage zeigt, Erwartungsnormen von Fragen zu identifizieren und sie auf dem Hintergrund des situativen Erwartungshorizontes zu interpretieren. Weiterhin demonstriert er, daß er die Befähigung zu passungsrelevantem "Sprechdenken" (ebd.) besitzt, indem er Frageabsichten und -erwartungen in angemessener Weise sprachlich und sprecherisch entspricht. Durch Responsivität stellt der Bewerber damit einerseits die Passungsüberprüfung des Einstellenden sicher; zum anderen gewährleistet er, daß seine mögliche Eignung für die zu besetzende Stelle bestmöglich zum Ausdruck kommt.

2.3.5.3 Steuerung durch Teil- und Nonresponsivität

Die generelle Verpflichtung zu Responsivität als passungsrelevanter Steuerung gilt nur unter der Voraussetzung, daß sich Einstellende ebenfalls an Höflichkeitskonventionen und Grundregeln des kommunikativen Austausches orientieren. Diese Verpflichtung zu Responsivität ist für den Bewerber dann aufgehoben,

- wenn Einstellende den Bewerber mit juristisch unzulässigen oder nicht-themarelevanten Fragen konfrontieren und damit unzulässige Eingriffe in die Intim- und Privatsphäre des Bewerbers vornehmen (vgl. II 4.1.4.6); (vgl. auch GRASSL 1987);

- wenn Einstellende, wie es für Streßinterviews typisch ist, versuchen, den Bewerber durch Beschuldigungen, Unterstellungen, Angriffe oder Abqualifizierungen zu provozieren, um seine Streßbeständigkeit zu überprüfen.[15]

In diesen Fällen muß der Bewerber zu teil- und nonresponsiven Steuerungen greifen. Sie sind immer dann angemessen und gerechtfertigt, wenn er dadurch sowohl sequentielle Symmetrie und damit die Möglichkeit zur gegenseitigen Passungsüberprüfung wiederherzustellen versucht.

Das metakommunikative Thematisieren des aktuellen Gesprächsverlaufs, des Themas oder der Beziehung stellt in diesem Zusammenhang für Bewerber ein zentrales Steuerungselement dar.

---

[15]Abgesehen davon, daß solche Methoden von einem großen Kreis von Personalexperten als unwirksam und unzureichend im Hinblick auf die Evaluation von Charaktereigenschaften und Qualifikationsmerkmalen angesehen werden, handelt es sich dabei um grobe Verstöße gegen die Höflichkeitskonvention. Gleichfalls verstärken sie die gesprächsstrukturelle Asymmetrie, durch die der Bewerber in eine passive, ausschließlich reagierende Rolle gedrängt wird. Die aufgeführten Vorgehensweisen sind vor allem der Grund dafür, daß Bewerber Bewerbungsgespräche oft als angstbesetzte Gesprächssituationen erleben und ihnen mißtrauisch gegenüberstehen. Exemplarisch möchte ich ein Beispiel für diese Methode demonstrieren:"Interviewer: Treiben Sie eigentlich gerne Sport? Bewerber: Ja, sehr gerne, ich spiele Tennis, wann immer es die berufliche Belastung zuläßt. Interviewer: Und wenn Sie mal verlieren? Wie fühlen Sie sich, wenn Sie öfters verlieren?"(LEHRENKRAUSS 1986, 27)

LEHRENKRAUSS unterscheidet hier zwei Qualitäten der Fragen. Die erste Frage gehört zur Ermittlung biographischer Daten. Sie kann durchaus als passungsrelevante Frage angesehen werden. Die zweite, sich anschließende Frage dient dazu, eine "Verhaltensprognose" zu erstellen, das heißt, aus der Antwort des Bewerbers versucht der Einstellende Charaktereigenschaften, in diesem Fall "Verliererqualitäten und das Ausmaß des Ehrgeizes"(ebd.) zu erschließen. Ohne daß es dem Bewerber unbedingt bewußt wird, dient eine solche in die Enge treibende Initiierung dazu, ihn auf die Probe zu stellen und ihn zu einer unüberlegten Äußerung zu motivieren. Durch die implizite Unterstellung, die die zweite Frage im vorliegenden Beispiel enthält, wird dem Bewerber als negative Charaktereigenschaft unterstellt, Probleme damit zu haben, häufiger zu verlieren. Er gelangt dann in eine defensive Position, wenn er entweder zugibt, Probleme mit dem Verlieren zu haben oder aber von sich weist, überhaupt zu verlieren.

Metakommunikation

> "erzeugt Orientierung und Problembewußtsein" (BARTSCH 1985, 130)

in emotionalisierten, druckerzeugenden Gesprächssituationen.

So können Metakommunikationen, aber ebenfalls Gegeninitiierungen durch Fragen als Gegensteuerung zu Unterstellungen, Provokationen oder unzulässigen Fragen fungieren. Häufig werden provozierende Fragen von einstellender Seite aus auch gestellt, um den Bewerber auf die Probe zu stellen. In solchen Fällen wird vom Bewerber sogar erwartet, auf die Frage nicht responsiv zu antworten. Responsivität wird in diesem Fall als Anpassung und mangelnde Abgrenzungs- und Konfliktfähigkeit interpretiert.

Auch indirekte Responsivität kann in solchen Fällen ein angemessenes Mittel zur Beantwortung einer Frage sein, da der Bewerber nicht in jedem Fall, vor allem nicht bei juristisch unzulässigen Fragen, dem Prinzip der Ehrlichkeit unterliegt.

Ein zentrales teilresponsives Steuerungsmittel stellt das Antwortangebot unter bestimmten Bedingungen dar. Unabhängig davon, daß diese teilresponsive Variante zusätzlich eine reaktivierende Steuerung darstellt, ist sie vor allem bei für Bewerbungsgesprächen charakteristischen Fragen mit der Erwartungsnorm einer Aufforderung beziehungsweise eines Vorschlags von zentraler Bedeutung. Die Beantwortung solcher Fragen kann den Bewerber insofern vor ein Problem stellen, als er häufig nur in unzureichendem Maße über Informationen über die einstellende Institution, ihre personellen und organisatorischen Strukturen und die zu besetzende Stelle verfügt. Durch diese Form von Teilresponsivität bringt der Bewerber seine grundsätzliche Antwortbereitschaft und sein Interesse an einem Ausgleich von Informationsdefiziten zum Ausdruck und vermeidet dadurch eine Disqualifikation durch unrealistische oder auf Widerstand stoßende konzeptionelle Vorschläge.

2.3.5.4 Steuerung durch Teilkonsens und Dissens

Mit Recht bezeichnet SCHWITALLA Äußerungen, in denen ein Teilkonsens zum Ausdruck kommt, als Gesprächsteuerungsmittel:

> "Mit einem Teilkonsens zu antworten ist insofern ein wichtiges Mittel der Gegensteuerung, als es dem Antwortenden gestattet, Antworten nur unter Bedingungen gelten zu lassen, die er selbst bestimmt" (1979a, 142).

Für Bewerber stellen Antworten mit Teilkonsens oder Dissens ein wichtiges Steuerungsmittel gegen Vereinnahmungen oder Unterstellungen dar. Durch Teilkonsens kann der Bewerber sowohl eigene wie fremde Positionen sicherstellen oder voneinander abgrenzen, sich gegen unberechtigte Forderungen schützen und Mißverständnisse durch Korrekturen beseitigen.

Um durch Teilkonsens oder Dissens jedoch nicht die personale Relation des Gesprächs zu gefährden, muß der Bewerber zum Ausdruck bringen,

> "was er statt dessen für richtig hält" (ebd., 143)

und muß diese Position begründen. Nur dadurch gewährleistet er, daß seine Äußerung nicht als grobe Zurückweisung oder Ablehnung der vorausgegangenen Äußerung verstanden wird, sondern daß seiner Meinung oder Auffassung ein berechtigter und nachvollziehbarer Teilkonsens beziehungsweise Dissens zugrundeliegt. Die Sicherstellung und Gewährleistung von Passungsüberprüfung kann aus der Perspektive des Bewerbers nicht bedeuten, durch uneingeschränkte Konsensäußerungen, die nicht seinen wirklichen Einstellungen, Meinungen und Vorstellungen entsprechen, vordergründig Passung vorzutäuschen.

Im Sinne einer beiderseitigen Passungsüberprüfung ist die Klärung und Abgrenzung von Positionen, Meinungen, Einstellungen durch eindeutige Konsens-, Teilkonsens-, oder Dissensäußerungen notwendig. Dabei steht die Notwendigkeit, durch Konsensäußerungen Gemeinsamkeiten herauszustellen, gleichrangig neben der Notwendigkeit, durch Teilkonsens oder Dissens divergierende Meinungen zu kontrastieren. Hier entfaltet der komplementäre Charakter des Passungsgedankens, wie er zu Beginn der Arbeit entfaltet wurde, nochmals explizit seine Bedeutung.

IV Resumé

1 Zusammenfassung

Die vorliegende Arbeit hat Antworten auf die Frage nach kommunikativen Handlungsmöglichkeiten für Bewerber hinsichtlich ihrer gelingenden Teilnahme an Bewerbungsgesprächen gesucht. Die Studie geht von der sprechwissenschaftlichen Auffassung aus, daß das Bewerbungsgespräch eine situativ gesteuerte, wechselseitige Verständigungshandlung ist, durch die Bewerber und Einstellende eine Stellenbesetzung zur gemeinsamen Sache machen. Auf dieser Basis werden situations- und prozeßkonstituierende Faktoren unterschieden

Die Sprechsituation wird verstanden als das Gefüge aus den gesellschaftlichen und individuellen Faktoren Anlaß und Ziel, Personenkonstellation der Gesprächsteilnehmer, Sprechintentionen, Thema, Ort und Zeit.

Die Prozeßstruktur wird verstanden als der jeweils aktuelle Gesprächsvollzug, d.h. zum einen die Ablaufkonstitution eines Gesprächs, die hier als Phasenstruktur bearbeitet wird; zum anderen die sequenzielle Aufeinanderfolge von Gesprächsschritten, die in dieser Arbeit als Sequenzstruktur untersucht wird. Sowohl für die Sprechsituation als auch für die Prozeßstruktur werden die Handlungs- und Steuerungsmöglichkeiten des Bewerbers erarbeitet, die für eine gelingende Teilnahme an Bewerbungsgesprächen von Bedeutung sind.

Ziel jedes Bewerbungsgespräches ist es, sowohl dem Bewerber als auch den Einstellenden die Überprüfung der Passung von Qualifikationsprofil des Bewerbers und Anforderungen der zu besetzenden Stelle zu ermöglichen. Für den Bewerber ergibt sich die Notwendigkeit, die Vorbereitung und Durchführung das Bewerbungsgespräches unter dieser Zielvorgabe zu betrachten und eine entsprechende Gesprächshaltung zu entwickeln. Ein zentraler Vorbereitungsschritt hierfür ist die Erstellung eines Passungsprofils. Das Passungsprofil sollte sowohl formale und persönliche Qualifikationen (Studien- und Ausbildungsabschlüsse, spezielle Kenntnisse, Fähigkeiten, Erfahrungen u.a.) als auch eine Analyse der Anforderungen enthalten, die der Bewerber an einen neuen Arbeitsplatz stellt (Vergütung, Entscheidungskompetenzen, Weiterbildungs- und Aufstiegsmöglichkeiten, Organisationskultur der einstellenden Institution u.a.).

Das Verfolgen des Passungsprinzips hat sich als zentraler Leitgedanke herauskristallisiert, der sowohl Auswirkungen auf die situativen Handlungsmöglichkeiten eines Bewerbers hat, als auch bei der Ermittlung lokaler Prozeßsteuerungsmöglichkeiten als Kontrollinstanz fungiert. Alle spezifischeren, nachfolgend erarbeiteten handlungspraktischen Konsequenzen für Bewerber lassen sich auf diese Zielbestimmung beziehen und können als ihre Operationalisierungen verstanden werden.

Auf der Ebene der Personenkonstellation ist der Bewerber gefordert, seine Ich-Identität immer wieder neu in der Balance zwischen eigenen Bedürfnissen und von außen an ihn herangetragenen Erwartungen zu konstituieren und zu präsentieren. Dazu bedarf er in besonderem Maße der kommunikativen Fähigkeiten der Empathie, der Rollendistanz und der Ambiguitätstoleranz. Sie versetzen ihn in die Lage, an ihn gerichtete Rollenanforderungen zu antizipieren, sie kritisch distanziert zu reflektieren, flexibel auf sie zu reagieren und schließlich trotz vielfach auftretender Inkongruenzen zwischen eigenen Bedürfnissen und fremden Erwartungen kommunikationsfähig zu bleiben. Auch wenn zahlreiche Faktoren eine Identitätsbalance verhindern oder beeinträchtigen können, liegt im Bemühen um ein solches Identitätsprofil und seine Präsentation gerade die Chance des Bewerbers, sich als eigenständige Persönlichkeit darzustellen.

Auf der Ebene des kommunikativen Vollzugs mittels sprachlicher Zeichen kommt es für den Bewerber besonders darauf an, rezeptiv und produktiv kompetent mit Sprechintentionen umzugehen. Er muß Sprechabsichten Einstellender, vor allem die in Fragen zum Ausdruck kommenden Erwartungsnormen, erkennen und eigene kommunikative Absichten sprechsprachlich adäquat umsetzen können.

In Bezug auf den Situationsfaktor 'Thema' wird das Bewerbungsgespräch als themafixiertes und personthematisches Gespräch charakterisiert. Daraus ergibt sich für den Bewerber in Bezug auf die aktuelle Gegenstandsbehandlung zum einen die Notwendigkeit, Koreferenz herzustellen, um dem Anspruch thematischer Relevanz zu entsprechen.

Zum zweiten impliziert die Charakterisierung des Bewerbungsgesprächs als personthematisches Gespräch die Notwendigkeit für den Bewerber, personal zu sprechen. Die Fähigkeit zu personalem Sprechen meint die Entwicklung und Präsentation persönlicher Gegenstandssichtweisen, die der Bewerber durch explizite Herstellung von Sprecher- und Partnerbezug und eine angemessene Aktivierung von Topoi realisieren kann. Topoi als Denk-, Gefühls- und Handlungsmuster werden im Gespräch in Form von Prädikationen in den jeweiligen Gegenstandssichtweisen der Gesprächsteilnehmer aktiviert. Deren angemessene Verwendung impliziert die Überprüfung von Topoi auf ihre Passungsrelevanz für die zu besetzende Stelle, die Ermittlung des aktuellen Stellenwertes, den ausgewählte Topoi innerhalb der einstellenden Institution beziehungsweise für die zukünftige Tätigkeit besitzen und die passungsrelevante Substitution des jeweiligen symbolisierten Bedeutungsgehaltes eines Topos.

Hinsichtlich der Prozeßstruktur werden mit der Phasen- und der Sequenzstruktur zwei Handlungsebenen und die sich daraus ergebenden Handlungsmöglichkeiten unterschieden.

Im Bereich der Phasenstruktur sind die Steuerungsmöglickeiten für den Bewerber eingeschränkt, da das Recht zur thematischen Strukturierung und Phasierung des Gesprächs konventionell geregelt ist und auf seiten der Einstellenden liegt.

In der Vorphase sollte das informationelle Ungleichgewicht der künftigen Gesprächspartner, das durch die Vorlage der Bewerbungsunterlagen auf seiten der Einstellenden ensteht, von Bewerberseite soweit wie möglich durch das Einholen von Informationen über die einstellende Institution und die zu besetzende Stelle ausgeglichen werden. Darüber hinaus ist der Bewerber in der Vorphase gefordert, eine Einschätzung der Sprechsituation des vor ihm liegenden Gesprächs aus der Perspektive der Einstellenden vorzunehmen, um deren mögliche Passungskriterien zu ermitteln und sie zu seinen eigenen in Beziehung zu setzen. Das Spechsituationsmodell stellt dem Bewerber im Hinblick auf diese Aufgabe ein Hilfsmittel zur Verfügung, das ihn in die Lage versetzt, mit Hilfe der im Sprechsituationsmodell in Frageform gefaßten Bedingungsfaktoren eine fundierte Situationsanalyse vorzunehmen.

In der Gesprächseröffnungs- als auch Beendigungsphase sollte sich der Bewerber um eine aktive, freundliche Kontaktherstellung und -beendigung bemühen, in der er die Regeln der Höflichkeit einhält, jedoch nicht in ein geheucheltes Engagement verfällt.

In der Gesprächsmitte spielt die Phase der Informationseinholung durch den Bewerber eine zentrale Rolle. Hier muß der Bewerber seine Möglichkeiten zur Informationseinholung nutzen, um das potentiell gegebene informationelle Ungleichgewicht auszugleichen und seinerseits eine Passungsüberprüfung möglich zu machen.

Im Unterschied zur Phasenstruktur kommt der Sequenzstruktur des Bewerbungsgesprächs im Hinblick auf Handlungsmöglichkeiten des Bewerbers ganz besondere Bedeutung zu. Der Bewerber muß auf der Ebene der lokalen Gesprächsorganisation und Themabearbeitung mithilfe der zur Verfügung stehenden Steuerungsaktivitäten versuchen, ein lokales symmetrisches Verhältnis in Form einer Auflösung einseitiger Fragesequenzen anzustreben, um eine beiderseitige Passungsüberprüfung zu ermöglichen. Die Auflösung einseitiger Sequenzen erreicht der Bewerber durch Sprechrollenwechsel, das heißt, durch die Verwendung sowohl initiierender und reaktivierender als auch respondierender Züge.

Steuerungsmöglichkeiten besitzt der Bewerber in großem Maß über die qualitative Gestaltung seiner respondierenden Züge. Die Angemessenheit seiner Antworten orientiert sich daran, welchen Responsivitätsgrad sie aufweisen.

Durch Responsivität kommt zum einen die kommunikative Fähigkeit des Hörverstehens zum Ausdruck, durch die der Bewerber demonstriert, daß er in der Lage ist, Erwartungsnormen von Fragen zu identifizieren und sie auf dem Hintergrund des situativen Erwartungshorizontes zu interpretieren; zum anderen zeigt er, daß er die Fähigkeit zu passungsrelevantem Sprechdenken besitzt, indem er den Frageabsichten und -erwartungen in angemessener Weise sprechsprachlich entspricht. Teil- oder Nonresponsivität, zum Beispiel in Form metakommunikativer Äußerungen oder Antwortangeboten unter bestimmten Bedingungen, stellt für den Bewerber ein zentrales Steuerungsmittel im Fall von Provokationen, Unterstellungen oder juristisch unzulässigen Fragen dar.

Konsens-, Teilkonsens- und Dissensäußerungen können der Profilierung eigener und der Herausstellung und Markierung fremder Gegenstandssichtweisen dienen.

2 Gesprächsfähigkeit versus Gesprächstechnik

Voraussetzung für die gelingende Teilnahme am Bewerbungsgespräch ist die Gesprächsfähigkeit des Bewerbers, die sich in zwei Dimensionen entfaltet: Sie umfaßt einerseits kognitive Reflexionsprozesse, die als Gesprächshaltungen oder -einstellungen im Gespräch wirksam werden. Nicht die Beherrschung isolierter Gesprächstechniken, sondern die Entwicklung einer reflektierten und damit begründeten Gesprächshaltung, die sich in Form des Passungsgedankens am Prinzip der Kooperation orientiert, ermöglicht es dem Bewerber, situations- und prozeßangemessen an einem Bewerbungsgespräch teilzunehmen. Diese Gesprächshaltung integriert das Bewußtsein von und die Reflexion der jeweiligen Gesprächssituation sowie den Willen und die Fähigkeiten zu aktiver Partizipation. Eine dem Bewerbungsgespräch angemessene Haltung entwickeln zu können bedeutet nicht, sich vorgefertigten Denkmustern und unhinterfragten Situationsdefinitionen anzupassen und ihnen mit Verhaltensstereotypen zu begegnen, sondern beinhaltet, sich über die jeweilige Sprechsituation bewußt zu sein und sie angemessen mitzugestalten.

Zum anderen umfaßt Gesprächsfähigkeit sprachliche und sprecherische Ausdrucks- und Steuerungsleistungen; dazu gehört zum einen die sprechsprachliche Umsetzung eigener Sprechabsichten, zum anderen das Identifizieren der Sprechabsichten anderer, die dem Bewerber vor allem in Form von Erwartungsnormen von Fragen begegnen. Sprechsprachliche Leistungen sind jedoch immer unmittelbar an die Entwicklung, Veränderung und Umsetzung von Gesprächshaltungen gebunden.

Gesprächsfähigkeit im Bewerbungsgespräch bedeutet dann aus sprechwissenschaftlicher Sicht, auf der Basis einer kommunikativ-kooperativen Gesprächshaltung, die sich am Passungsprinzip orientiert, in der spezifischen Sprechsituation sprechsprachlich angemessen agieren zu können.

Diese Überlegungen können den Ansatzpunkt für eine didaktische und methodische Umsetzung der Ergebnisse der Studie bilden, die noch zu leisten ist.

3 Beurteilung der Verfahrensweise

Die Axiomatik hat sich als fruchtbare Methode zur Bearbeitung synthetischer Fragestellungen erwiesen, vor allem weil sie Spielräume für den kreativen und praxisorientierten Umgang mit Theorie ermöglicht und nicht den Anspruch erhebt, einen bestimmten Bereich erst vollständig erforschen zu müssen, um die Berechtigung für eine anwendungsbezogene Umsetzung zu erlangen. Die wissenschaftstheoretische Fundierung einer axiomatischen

Sprechwissenschaft, speziell die Frage des Verhältnisses von Analyse und Synthese, bedarf jedoch sicherlich weiterer grundlegender Überlegungen.

Linguistische Gesprächsanalysemethoden haben sich im Zusammenhang der Arbeit als äußerst nutzbringende Basis für die Ermittlung kommunikativer Handlungsmöglichkeiten für Bewerber herausgestellt, da sie in besonderer Weise für die Komplexität von Gesprächshandlungen sensibilisieren und eine Vielzahl mikrostruktureller Aussagen zu Gesprächsorganisation und lokaler Themabearbeitung erlauben. Allein über die Transkriptionsarbeit wird eine intensive Beschäftigung und Auseinandersetzung mit Gesprächsprozessen gefördert. Im Gegensatz zu dieser Erfahrung steht die Praxis in weiten Bereichen der Sprechwissenschaft, soweit sie sich mit Gesprächen beschäftigt: Die systematische Erfassung und Beschreibung von Gesprächen mit Hilfe linguistischer Instrumente ist hier von untergeordneter Bedeutung. Um den analytischen Ansprüchen einer axiomatisch verfaßten Sprechwissenschaft zu genügen, sollten sprechwissenschaftliche Ausbildung und Forschung die Ansätze der linguistischen Gesprächsforschung stärker als bisher berücksichtigen.

Die Aufgabenstellung der Arbeit, zu handlungspraktischen Konsequenzen zu gelangen, zeigte während der Beschäftigung mit dem Thema aber auch das Phänomen auf, daß mikrostrukturelle Analysen zwar häufig interessante Einzelergebnisse erbringen, deren Transformation in handlungspraktische Konsequenzen sich jedoch als ausgesprochen schwierig und unbefriedigend erweist, da um so eher die Gefahr besteht, komplexe Kommunikationsprozesse auf isolierte Einzelregeln und Tips zu reduzieren, je detailliertere mikrostrukturelle Beobachtungen vorliegen. Aus synthetischer Perspektive ist hier immer wieder eine Zusammenführung und Bündelung mikrostruktureller Ergebnisse notwendig.

4 Perspektiven

Perspektiven für weitere Forschungen hinsichtlich des Bewerbungsgesprächs ergeben sich außer der schon angesprochenen didaktischen Aufarbeitung der Ergebnisse im Hinblick auf folgende Bereiche.

Die vorliegende Arbeit fokussiert den sprechsprachlichen Bereich. Dabei werden paralinguistische Phänomene dort thematisiert, wo sie zur unmittelbaren Interpretation einer Äusserung von Relevanz sind. Der gesamte Bereich der nonverbalen Kommunikation wird ausgeklammert, da es sich um Audio-Aufnahmen handelt. Hier wäre in weiteren Untersuchungen zu klären, inwieweit sich auch für diesen Bereich handlungspraktische Konsequenzen für Bewerber ergeben können.

Die Überlegungen zur Sprechsituation beruhen in wesentlichen Teilen auf sozialpsychologischen Theorien, die in bezug auf intrapsychische Fragestellungen wie etwa der Entstehung von Passungskriterien oder der Elementarisierung des Prozesses der Passungsüberprüfung wenig aussagekräftig sind. Kognitionspsychologische und -linguistische Forschungen könnten hier weiteren Aufschluß geben.

Interessante Fragen wirft die Arbeit auch im Hinblick auf die Betrachtung des Bewerbungsgesprächs aus der Perspektive von Einstellenden auf. Auf der Basis des ermittelten Gesprächsziels der wechselseitigen Passungsüberprüfung von Person des Bewerbers und zu besetzendem Arbeitsplatz müßten hier die Handlungsmöglichkeiten von Einstellenden näher untersucht werden.

Darüberhinaus wäre in einer interdisziplinären Auseinandersetzung von Sprechwissenschaft und Personalwirtschaft zu klären, inwieweit ein subjektives, situations- und prozeßorientiertes Prinzip Eingang in Gesprächsführungskonzepte für Personalauswahlgespräche finden kann. Dieses Projekt müßte eine Kritik des auf seiten eignungsdiagnostischer und personalwirtschaftlicher Forschung beobachtbaren Trends zur Verobjektivierung einschließen.

5 Auswirkungen auf die Seminarpraxis

Im Laufe der Zeit habe ich sukzessiv versucht, Teilergebnisse der Auseinandersetzung mit dem Bewerbungsgespräch in die Seminarpraxis zu integrieren. Wie viele Feed-Backs von Seminarteilnehmern bestätigen, tragen sie nicht nur in Bewerbungstrainings dazu bei, den Teilnehmern Möglichkeiten zur Bewältigung ihrer jeweiligen kommunikativen Praxis zu erschließen. Die Beschäftigung mit diesem Themenbereich hat meine gesamte Arbeit als Sprecherzieherin fundamental beeinflußt und mir viele Anregungen gegeben. Allein aus diesem Grund hat sich die Anfertigung der Arbeit gelohnt. Wenn die Arbeit darüber hinaus die Diskussion im einen oder anderen Problembereich der Kommunikationstheorie oder -praxis anregt oder anderen Hilfestellung zur Lösung praktischer Probleme im Bereich der mündlichen Kommunikation leistet, wären die Erwartungen, die ich in mein Vorhaben gesetzt habe, mehr als erfüllt.

V Literaturverzeichnis

ADAMZIK, K. (1984), Sprachliches Handeln und sozialer Kontakt. Zur Integration der Kategorie 'Beziehungsaspekt' in eine sprechakttheoretische Beschreibung des Deutschen, Tübingen

ADELSWÄRD, V. (1988), Styles of Success. On impression management as collaborative action in job interview, Linköping (Linköping Studies in Arts and Science 23)

ADORNO, TH.W. (1971), Kritik. Kleine Schriften zur Gesellschaft, Frankfurt a.M.

AHLZWEIG, C. / SCHWARZBURG, D. (1980), Probleme von Sinn und Bedeutung, in: Osnabrücker Beiträge zur Sprachtheorie (OBST) 15, 24-42

AKINNASO, F. / AJIROTUTU, D. (1982), Performance and ethnic style in job interviews, in: GUMPERZ, J.J. (ed.), Language and Social Identity, Cambridge, 119-144

ALTHAUS, H.P. / HENNE, H. / WIEGAND, H.E. (Hg.) (1980), Lexikon der germanistischen Linguistik, Bd I-IV, 2. vollst. neu bearb. u. erw. Aufl. Tübingen

AMMON, U. / DITTMAR, N. / MATTHEIER, K.J. (Hg.) (1987), Soziolinguistik. Ein internationales Handbuch zur Wissenschaft von Sprache und Gesellschaft, Berlin/New York, 1. Halbbd 1987

dies. (Hg.) (1988), Soziolinguistik. Ein internationales Handbuch zur Wissenschaft von Sprache und Gesellschaft, Berlin/New York, 2. Halbbd 1988

ANDRE, K. (Hg.) (1991), Psychologisch-pädagogische Beiträge (Festschrift für Oskar Rieder), Hamburg

ARBEITSKREIS AC (Hg.) (1989), Das Assessement-Center in der betrieblichen Praxis, Hamburg

ARBEITSGRUPPE BIELEFELDER SOZIOLOGEN (Hg.) (1973), Alltagswissen, Interaktion und gesellschaftliche Wirklichkeit, 2 Bde, Reinbek

ARISTOTELES (1989), Rhetorik, übers. mit. e. Bibl., Erläut. u. e. Nachw. v. F.G. Sieveke, München

ARNOLD, H.L. / SIMENUS, V. (Hg.) (1974), Grundzüge der Literatur- und Sprachwissenschaft, Bd 1, München

ARVEY, R.D. / CAMPION, J.E. (1982), The employment interview: A summary and review of recent research, in : Personnel Psychology 35, 281-322

AUSTIN, J.L. (1972), Zur Theorie der Sprechakte (How to do things with words), Stuttgart, (EJ 1962)

AUWÄRTER, M. / KIRSCH, E. / SCHRÖTER, K. (Hg.) (1976), Seminar: Kommunikation, Interaktion, Identität, Frankfurt a. M.

BARTSCH, E. (1970), Verkündigung als sakrale Leerformel oder als Deutung der Wirklichkeit, in: BARTSCH, H. (Hg.), Probleme der Entsakralisierung, Mainz, 146-167

ders. (1981), Thesen zu einer Didaktik der praktischen Rhetorik, in: BERTHOLD, S. (Hg.), Grundlagen der Sprecherziehung, Düsseldorf, 50-59

ders. (Hg.) (1982), Mündliche Kommunikation in der Schule, Königstein/Ts., (Sprache und Sprechen Bd 8)

ders. (1985), Elementare gesprächs-rhetorische Operationen im "small talk" und ihr Einfluß auf Gesprächsprozesse, in: SCHWEINSBERG-REICHART, I. (Hg.), Performanz, Frankfurt a.M., 115-132, (Sprache und Sprechen Bd 15)

ders. (1986), Zum Verhältnis von Gefühlsaussage und rationaler Begrifflichkeit im Prozeß des Redehandelns, in: SLEMBEK, E. (Hg.), Miteinander sprechen und handeln (Festschrift für Hellmut Geißner), Frankfurt a.M., 15-26

ders. (1987), Gesprächstechniken und -methoden als Grundlagen für Verhandlungen und Konferenzen, Universität Duisburg, (unveröffentl. Seminarpapier)

ders. (1988), The Organisation of Intercultural Negotiation Modes within a Communication Model, in: LEHTONEN, J. (ed.), Speech in the Future and the Future of Speech, Jyräskyla: Universita of Jyräskyla, 85-104 ders. (1990a), Verhandlungsstile zwischen Institutionenvertretern, in: SPILLNER, B. (Hg.), Sprache und Politik. Kongreßbeiträge zur 19. Jahrestagung der Gesellschaft für Angewandte Linguistik GAL e.V. Frankfurt a.M./Bern/New York/Paris, 96-101

ders. (1990b), Die Strukturpläne von Überzeugungsrede und Meinungsrede im Vergleich, in: Sprechen I'1990, 15-21

ders. (1990c), Grundlagen einer "Kooperativen Rhetorik", in: GEIßNER, H. (Hg.), Ermunterung zur Freiheit. Rhetorik und Erwachsenenbildung, Frankfurt a.M., 37-50, (Sprache und Sprechen Bd 23/24)

ders. (1991a), Managementaufgabe: Kommunikation: Das Machtspiel im Gespräch. Vortrag anläßlich des Personalforums 1991 der Süddeutschen Zeitung in Frankfurt, Stuttgart, München, Düsseldorf und Hamburg, München

ders. (1991b), Rhetorik der Rede, in: Hernsteiner 4, 19-24

BARTSCH, H. (Hg.) (1970), Probleme der Entsakralisierung, Mainz

BARTSCH, R. (1975), Topik - Fokus - Struktur und kategoriale Syntax, in: EHRICH, V. / FINKE, P. (Hg.), Beiträge zur Grammatik und Pragmatik, Kronberg, 85-100

BAUSCH, K.-H. (1973), Vorschlag zu einer Typik der Kommunikationssituationen in der gesprochenen deutschen Standardsprache, in: ENGEL, U. / VOGEL, J. (Hg.), Gesprochene Sprache, Freiburg/Mannheim, 76-110

ders. (1980), Beratungsgespräche. Analyse asymmetrischer Dialoge, in: Mitteilungen des Instituts für Deutsche Sprache 7, 48-52

BAUSCH, K.H. / GROSSE, S. (Hg.) (1985), Praktische Rhetorik, Institut für Deutsche Sprache Mannheim

BAYER, J. (1981), Einige Aspekte des Sprachhandlungstyps 'Erklären', in: Deutsche Sprache 9 (1), 25-43

ders. (1982), Mit Sprache bewerten, in: Praxis Deutsch 53, 15-25

BECK, E. u.a. (1974), Konzeption für einen politisch-emanzipatorischen Gebrauch von Rollenspielen, in: KOCHAN, B. (Hg.), Rollenspiel als Methode sprachlichen und sozialen Lernens, Kronberg/Ts., 223-232

BECKER-MROTZEK, M. (1991), Professionelles Sprechhandeln in Institutionen, Duisburg (L.A.U.D.)

ders. (1992), Diskursforschung und Kommunikation in Institutionen, Heidelberg (Studienbibliographien Sprachwissenschaft, Bd 4)

BECKER-MROTZEK, M. / BRÜNNER, G. (1992), Angewandte Gesprächsforschung: Ziele - Methoden - Probleme, in: FIEHLER, R. / SUCHAROWSKI, W. (Hg.), Kommunikationsberatung und Kommunikationstraining, Opladen, 12-23

BEERLAGE, I. / FEHRE, E.M. (Hg.) (1989), Praxisforschung zwischen Intuition und Institution, Tübingen

BELLGARDT, P. (1984), Rechtsprobleme des Bewerbungsgesprächs, Frankfurt

BENOIST, J.M. (Hg.) (1980), Identität. Ein interdisziplinäres Seminar unter Leitung von C. Levi-Strauss, Stuttgart

BERENS, F.-J. (1975), Analyse des Sprachverhaltens im Redekonstellationstyp "Interview". Eine empirische Untersuchung, München

ders. (1976), Bemerkungen zur Dialogkonstituierung, in: BERENS, F.-J. u.a. (Hg.), Projekt Dialgogstrukturen. Ein Arbeitsbericht, München, 15-34

BERENS, F.-J. u.a. (Hg.) (1976), Projekt Dialgogstrukturen. Ein Arbeitsbericht, München

BERGER, G. (1986), Der erste Eindruck. Trugbild oder verläßlicher Wegweiser? in: Personal. Mensch und Arbeit 6, 254-256

dies. (1987), Zeit- und Kostenersparnis bei Einstellungsgesprächen, in: Personal. Mensch und Arbeit 5, 216-218

BERGER, L. (Hg.) (1984), Sprechausdruck, Frankfurt a. M., (Sprache und Sprechen Bd 13)

BERGLER, R. / SIX, B. (1972), Stereotype und Vorurteile, in: Sozialpsychologie, Handbuch der Psychologie 7, Göttingen, 1371-1432

BERGMANN, J.R. (1981), Ethnomethodologische Konversationsanalyse, in: Dialogforschung, Jahrbuch 1980 des Instituts für Deutsche Sprache, Düsseldorf, 9-51 ders. (1987), Klatsch. Zur Beziehungsstruktur und Interaktionsdynamik einer Gattung der alltäglichen Kommunikation, in: Der Deutschunterricht 39, H.6, 69-82

BERTHOLD, S. (Hg.) (1981), Grundlagen der Sprecherziehung, Düsseldorf

BIEẞNER, I.S. (1982), Die Intention als Determinante für Vollzug und Didaktik der Sprechkommunikation, Frankfurt a.M.

BOCH, D. (1986), Das Gespräch mit dem Bewerber im Mittelpunkt gezielter Personalauswahl, in: Psychologie und Praxis. Zeitschrift für Arbeits- und Organisationspsychologie 30 (N.F. 4), 109-110

BÖHM, W. / JUSTEN, R. (1990), Bewerberauswahl und Einstellungsgespräch. Ein Leitfaden für die Praxis aus arbeitsrechtlicher und psychologischer Sicht, 3. überarb. Aufl. Berlin

BOHLEN, F.N. (1989), Das Einstellungsgespräch in der Interview-Methode, in: Personal. Mensch und Arbeit 6, 218-220

BORKENAU, P. (1991), Sind erste Eindrücke valide, und wenn ja, warum?, in: SCHULER, H. / FUNKE, U. (Hg.), Eignungsdiagnostik in Forschung und Praxis, Göttingen, 252-255

BORNSCHEUER, L. (1976), Topik. Zur Struktur der gesellschaftlichen Einbildungskraft, Frankfurt a.M.

ders. (1977), Zehn Thesen zur Ambivalenz der Rhetorik und zum Spannungsgefüge des TOPOS-Begriffs, in: PLETT, H.F., Rhetorik. Kritische Positionen zum Stand der Forschung, München, 204-212

BRANDSTÄTTER, H. (1982), Psychologische Grundlagen personeller Entscheidungen, in: SCHULER, H. / STEHLE, W. (Hg.), Psychologie in Wirtschaft und Verwaltung. Praktische Erfahrungen mit organisationspsychologischen Konzepten, Stuttgart, 19-48

BRAUNROTH, M. u.a. (1975), Ansätze und Aufgaben der linguistischen Pragmatik, Frankfurt a.M.

BREMERICH-VOS, A. (1981), Zur Kritik der Sprechakttheorie - Austin und Searle, Weinheim

BREUER, F. (1989), Die Relativität der Realität. Zur erkenntnis- und praxisbezogenen Produktivität differentieller Sehweisen der "Wirklichkeit", in: BEERLAGE, I. / FEHRE, E.M. (Hg.), Praxisforschung zwischen Intuition und Institution, Tübingen, 57-69

BRINKER, K. / SAGER, S. (1989), Linguistische Gesprächsanalyse. Eine Einführung, Berlin

BRÜNNER, G. (1987), Kommunikation in institutionellen Lehr-Lernprozessen. Diskursanalytische Untersuchungen zur Instruktionen in der betrieblichen Ausbildung, Tübingen

BUBLITZ, W. (1989), Ein Gesprächsthema 'zur Sprache bringen', in: WEIGAND, E. / HUNDSNURSCHER, F. (Hg.), Dialoganalyse II (Referate der 2. Arbeitstagung, Bochum 1988), Tübingen, 175-189

BÜHLER, K. (1976), Die Axiomatik der Sprachwissenschaften, Frankfurt a.M.

ders. (1982), Sprachtheorie. Ungekürzter Neudruck der Ausgabe von 1934, Stuttgart/New York

BUßMANN, H. (1983), Lexikon der Sprachwissenschaft, Stuttgart

CICOUREL, A.V. (1973), Basisregeln und normative Regeln im Prozeß des Aushandelns von Rolle und Status, in: ARBEITSGRUPPE BIELEFELDER SOZIOLOGEN (Hg.) (1973), Alltagswissen, Interaktion und gesellschaftliche Wirklichkeit, Bd 1: Symbolischer Interaktionismus und Ethnomethodologie, Reinbek, 147-188

COHN, R. (1983), Von der Psychoanalyse zur themenzentrierten Interaktion, Stuttgart

COULMAS, F. (ed.) (1981), Conversational Routine, The Hague u.a.

CREUSEN, U. (1983), Das Bewerber-Interview, in: Personal. Mensch und Arbeit 1, 24-25

CURTIUS, E.R. (1948), Europäische Literatur und lateinisches Mittelalter, Bern

DANÈS, F. / VIEHWEGER, D. (Hg.) (1977), Probleme der Textgrammatik II, Berlin

DEUTRICH K.-H. (1973a), Versuch zur Beschreibung des Kommunikationsrahmens einer ausgewählten Zielgruppe. Eine Pilotstudie, Freiburg ders. (1973b), Redekonstellation und Sprechsituation. Versuch zur Beschreibung eines Kommunikationsaktes, in: ENGEL, U. / VOGEL, J. (Hg.), Gesprochene Sprache, Freiburg/Mannheim, 111-193

DITTMANN, J. (1979a), Was ist, zu welchen Zwecken und wie treiben wir Konversationsanalyse, in: ders. (Hg.), Arbeiten zur Konversationsanalyse, Tübingen, 1-43

ders. (Hg.) (1979b), Arbeiten zur Konversationsanalyse, Tübingen

DITTMAR, N. (1988), Zur Interaktion von Themakonstitution und Gesprächsorganisation am Beispiel des therapeutischen Diskurses, in: Linguistische Berichte 113, 64-85

DITTRICH, H. (1984), Sich besser bewerben, erfolgreicher vorstellen, München

DRACH, E. (1926), Die redenden Künste, Leipzig

ders. (1937), Grundgedanken der deutschen Satzlehre, Darmstadt

DUDEN-GRAMMATIK (1973), Bd 4, Grammatik der deutschen Gegenwartssprache, 3. neu bearb. u. erw. Aufl., Mannheim/Wien/Zürich

DUNCAN, S. (1972), Some signals and rules for taking speaking turns in conversation, in: Journal of Personality and Social Psychology 23, 283-292

ders. (1973), Toward a Grammar for Dyadic Conversation, in: Semiotica 9, 29-46

ders. (1974), On the structure of Speaker-Auditor Interaction during Speaking Turns, in: Language and Society 3, 161-180

DUNCAN, S. / NIEDERREHE, G. (1974), On signalling that it's your turn to speak, in: Journal of Experimental Social Psychology 10, 234-247

DYCK, J. u.a. (Hg.) (1980), Rhetorik. Ein internationales Jahrbuch, Bd 1, Stuttgart

dies. (Hg.) (1988), Rhetorik heute I. Ein internationales Jahrbuch, Bd 7, Stuttgart

ECKER, H.P. u.a. (1977), Textform Interview, Düsseldorf

EDER, R.W. / FERRIS, G.R. (eds) (1989), The employement interview: Theory, research and practice, Beverly Hills

EHLICH, K. (1980), Erzählen im Alltag, Frankfurt a.M.

ders. (1991), Funktional-pragmatische Kommunikationsanalyse - Ziele und Verfahren, in: FLADER, D. (Hg.), Verbale Interaktion. Studien zur Empirie und Methodologie der Pragmatik, Stuttgart, 127-143

EHLICH, K. / REHBEIN, J. (1972), Zur Konstitution pragmatischer Einheiten in einer Institution: Das Speiserestaurant, in: WUNDERLICH, D. (Hg.) Linguistische Pragmatik, Frankfurt a.M., 209-254

dies. (1976a), Sprache im Unterricht. Linguistische Verfahren und schulische Wirklichkeit, in: Studium Linguistik 1, 47-69

dies. (1976b), Halbinterpretative Arbeitstranskriptionen (HIAT), in: Linguistische Berichte 45, 21-41

dies. (1977), Schulbezogene Kommunikationsanalyse - reflektierte und geheime Wissenschaftspraxis, in: Unterrichtswissenschaft 4, 346-360

dies. (1979a), Sprachliche Handlungsmuster, in: SOEFFNER, H.G. (Hg.), Interpretative Verfahren in den Sozial- und Textwissenschaften, Stuttgart, 243-274

dies. (1979b), Erweiterte halbinterpretative Arbeitstranskriptionen (HIAT 2): Intonation, in: Linguistische Berichte 59, 51-75

dies. (1980), Sprache in Institutionen, in: ALTHAUS, H.P. / HENNE, H. / WIEGAND, H.E. (Hg.), Lexikon der germanistischen Linguistik, Bd II, 2. vollst. neu bearb. u. erw. Aufl. Tübingen, 338-345

dies. (Hg.) (1983), Kommunikation in Schule und Hochschule. Linguistische und ethnomethodologische Analysen, Tübingen

dies. (Hg.) (1986), Muster und Institution. Untersuchungen zur schulischen Kommunikation, Tübingen

EHLICH, K. u.a. (Hg.) (1990), Medizinische und therapeutische Kommunikation. Diskursanalytische Untersuchungen, Opladen

EHRICH, V. / FINKE, P. (Hg.) (1975), Beiträge zur Grammatik und Pragmatik, Kronberg/Ts.

EIFLÄNDER, M. (1989), Themeninitiierung und Themenprogression in Alltagsgesprächen. Einige Aspekte der Gesprächsorganisation, in: WEIGAND, E. / HUNDSNURSCHER, F. (1989), Dialoganalyse II (Referate der 2. Arbeitstagung, Bochum 1988), Tübingen, 191-206

ENGEL, U. / VOGEL, J. (Hg.) (1973), Gesprochene Sprache, Freiburg/ Mannheim

ENGELS, D. (1985), Die erfolgreiche Bewerbung, München

ESCHBACH, A. (Hg.) (1984), Bühler-Studien, 2 Bde, Frankfurt a.M.

FEIX, W. (1981), Checkliste für Vorstellungsgespräche, 2. neu bearb. u. erw. Aufl. Landsberg a.L.

FENNEKELS, G. (1987), Validität des Assessement-Centers bei Führungskräfteauswahl- und Entwicklung, Bonn

FERGUSON, N. (1976), Interruptions: speaker-switch nonfluency in spontaneous conversation, in: Work in Progress 9, Linguistic Departement Edinburgh University, 1-18a

FIEHLER, R. (1990), Kommunikation und Emotion. Theoretische und empirische Untersuchungen zur Rolle von Emotionen in der verbalen Interaktion, Berlin

ders. (1991), Kommunikation und Emotion, in: Sprachreport 1, 11-13

FIEHLER, R. / SUCHAROWSKI, W. (Hg.) (1992), Kommunikationsberatung und Kommunikationstraining, Opladen

FILIPP, S.H. (Hg.) (1979), Selbstkonzept-Forschung, Probleme, Befunde, Perspektiven, Stuttgart

FISCHER, L. (1974), Rhetorik, in: ARNOLD, H.L. / SIMENUS, V. (Hg.), Grundzüge der Literatur- und Sprachwissenschaft, Bd 1, München, 234-256

FISHMAN, J.A. (1975), Soziologie der Sprache, München

FLADER, D. (Hg.) (1991), Verbale Interaktion. Studien zur Empirie und Methodologie der Pragmatik, Stuttgart

FLADER, D. / TROTHA, T. VON (1991), Über den geheimen Positivismus und andere Eigentümlichkeiten der ethnomethodologischen Konversationsanalyse, in: FLADER, D. (Hg.), Verbale Interaktion. Studien zur Empirie und Methodologie der Pragmatik, Stuttgart, 144-165

FRANCK, D. (1980), Grammatik und Konversation, Königstein/Ts.

ders. (1984), Stil und Interaktion, in: SPILLNER, B. (Hg.), Methoden der Stilanalyse, Tübingen, 121-135

FRANKE, W. (1986), Taxonomie der Dialogtypen. Eine Skizze, in: HUNDSNURSCHER, F./ WEIGAND, E. (Hg.), Dialoganalyse. Referate der 1. Arbeitstagung Münster 1985, Tübingen, 85-101

FRANKE, W. (1990), Elementare Dialogstrukturen, Tübingen

FRIEDRICH, H. (1985), Vorstellungsgespräche sicher und erfolgreich führen, Niedernhausen/Ts.

FRIER, W. (Hg.) (1981), Pragmatik. Theorie und Praxis, Amsterdam

FRITZ, G. / HUNDSNURSCHER, F. (1975), Sprechaktsequenzen. Überlegungen zur Vorwurf/Rechtfertigungs-Interaktion, in: Der Deutschunterricht 27, 81-103

FUNKE, U. / BARTHEL, E. (1990), Nutzen und Kosten von Personalentscheidungen, in: SARGES, W. (Hg.), Management-Diagnostik, Göttingen, 647-658

GABRIEL, G. (1976), Was sind Behauptungen? Ein Beitrag zur Argumentationslehre, in: Der Deutschunterricht 4: Logik, Rhetorik, Argumentationslehre II, 5-11

GALPERIN, P.J. (1980), Zu Grundfragen der Psychologie, Köln

GARFINKEL, H. (1967), Studies in Ethnomethodology, Englewood Cliffs

ders. (1972a), "Remarks on Ethnomethodology", in: GUMPERZ, J.J. / HYMES, D. (eds), Directions in Sociolinguistics. The Ethnography of Communication, New York, Kap. 10

ders. (1972b), Studies of the Routine. Grounds of Everyday Activities, in: SUDNOW, D. (ed.), Studies in Social Interaction, New York/London, 1-30

ders. (1973), Das Alltagswissen über soziale und innerhalb sozialer Strukturen, in: ARBEITSGRUPPE BIELEFELDER SOZIOLOGEN (Hg.), Alltagswissen, Interaktion und gesellschaftliche Wirklichkeit, Bd 1: Symbolischer Interaktionismus und Ethnomethodologie, Reinbek, 189-269

GEIßNER, H. (1968), Zur Hermeneutik des Gesprochenen, in: GEIßNER, H. / HÖFFE, W.L. (Hg.), Sprechen - Hören - Verstehen. Tonträger und sprachliche Kommunikation, Düsseldorf, 13-30 (Sprache und Sprechen, Bd 1) ders. (Hg.) (1975a), Rhetorik und Pragmatik, Düsseldorf, (Sprache und Sprechen Bd 5)

ders. (1975b), Pragmalinguistik oder Rhetorik, in: ders. (Hg.), Rhetorik und Pragmatik, Düsseldorf, 31-48 (Sprache und Sprechen Bd 5)

ders. (1975c), Rhetorik und politische Bildung, Kronberg

ders. (1977), Das handlungstheoretische Interesse an Rhetorik oder: das rhetorische Interesse an gesellschaftlichem Handeln: in: PLETT, H.F. (Hg.), Rhetorik. Kritische Positionen zum Stand der Forschung, München, 230-252

ders. (1978), Rhetorik, München

ders. (1979a), Zur Lage der Sprechwissenschaft in der Bundesrepublik Deutschland, in: Studium Linguistik 7, 77-85

ders. (1979b), Rhetorische Kommunikation, in: ders. (Hg.), Rhetorische Kommunikation, Praxis Deutsch 33, 10-21

ders. (1980), Zur Theorie rhetorischer Sprechhandlungen, in: DYCK, J. u.a. (Hg.), Rhetorik. Ein internationales Jahrbuch, Bd 1, Stuttgart, 26-41

ders. (1982), Sprecherziehung. Didaktik und Methodik der mündlichen Kommunikation, Frankfurt a.M.

ders. (1984) Funktionen des Sprechausdrucks in der Sinnkonstitution, in: BERGER, L. (Hg.), Sprechausdruck, Frankfurt a. M., 9-26, (Sprache und Sprechen Bd 13)

ders. (1986), Über die Doppelstruktur des Argumentativen, in: Sprechen II'1986, 4-14

ders. (1988a), Sprechwissenschaft. Theorie der mündlichen Kommunikation, Frankfurt a.M.

ders. (1988b), Rhetorik, in: AMMON, U. / DITTMAR, N. / MATTHEIER, K.J. (Hg.), Soziolinguistik. Ein internationales Handbuch zur Wissenschaft von Sprache und Gesellschaft, Berlin/New York, 2. Halbbd 1988, 1768-1779 ders. (1990a), Für Leerer/innen der Trickkiste (Über unredliche Argumente), in: LEUPOLD, F. / PETTER, N. (Hg.), Interdisziplinäre Sprachforschung und Sprachlehre (Festschrift für Albert Raasch), Tübingen, 45-59

ders. (Hg.) (1990b), Ermunterung zur Freiheit. Rhetorik und Erwachsenenbildung, Frankfurt a.M., (Sprache und Sprechen Bd 23/24)

ders. (1991a), Anpassung oder Aufklärung. Zur Theorie der rhetorischen Kommunkation, in: KOPPERSCHMIDT, J. (Hg.), Rhetorik, Bd 2: Wirkungsgeschichte der Rhetorik, Darmstadt, 202-220

ders. (1991b), Vom stimmlichen Ausdruck, in: ANDRE, K. (Hg.), Psychologisch-pädagogische Beiträge (Festschrift für Oskar Rieder), Hamburg, 36-46

GEIßNER, H. / HÖFFE, W.L. (Hg.), Sprechen - Hören - Verstehen. Tonträger und sprachliche Kommunikation, Düsseldorf (Sprache und Sprechen, Bd 1)

GEIßNER, H. / SCHWANDT, B. (1993), Bibliographie der deutschsprachigen Veröffentlichungen aus Sprechwissenschaft und Sprecherziehung seit der Jahrhundertwende, St. Ingbert

GERSBACHER, U. (1991), Das Bewerbungsgespräch, München

GIESEKE, M. / RAPPE, K. (1981), Rekonstruktionen von Bedeutungszuschreibungen mithilfe der Normalformanalyse, in: FRIER, W. (Hg.), Pragmatik. Theorie und Praxis, Amsterdam

GLÜCK, H. (Hg.) (1993), Metzler Lexikon Sprache, Stuttgart/Weimar

GOFFMAN, E. (1966a), Role distance, in: ders., Encounters, Indianapolis, 83-152

ders. (1966b), Encounters. Two studies in the sociology of interaction, Indianapolis

ders. (1973), Asyle. Über die soziale Situation psychiatrischer Patienten und anderer Insassen, Frankfurt a.M., (EJ 1961)

ders. (1974), Stigma. Über die Techniken der Bewältigung beschädigter Identität, Frankfurt a.M., (EJ 1963)

ders. (1982), Das Individuum im öffentlichen Austausch. Mikrostudien zur öffentlichen Ordnung, Frankfurt a.M., (EJ 1971) ders. (1983), Wir alle spielen Theater. Die Selbstdarstellung im Alltag, München/Zürich, (EJ 1959)

ders. (1986), Interaktionsrituale. Über Verhalten in direkter Kommunikation, Frankfurt a.M. (EJ 1967)

GRAFFE, J. (1989), Sich festlegen und verpflichten. Die Untertypen kommissiver Sprechakte und ihre sprachlichen Realisierungsformen, Münster

GRASSL, G. (1987), Frage und Lüge im Vorstellungsgespräch, in: Personal. Mensch und Arbeit 3, 114-118

GREWENDORF, G. (Hg.) (1979), Sprechaktheorie und Semantik, Frankfurt a.M.

ders. (1980), Sprechakttheorie, in: ALTHAUS, H.P. / HENNE, H. / WIEGAND, H.E. (Hg.), Lexikon der germanistischen Linguistik, 2. vollst. neu bearb. u. erw. Aufl. Tübingen, Bd II, 287-293

GRICE, H.P. (1980), Logik und Konversation, in: KUßMAUL, P. (Hg.), Sprechakttheorie. Ein Reader, Wiesbaden, 243-265

GRIEßHABER, W. (1987a), Authentisches und zitierendes Handeln. BdI: Einstellungsgespräche, Tübingen

ders. (1987b), Authentisches und zitierendes Handeln. Bd II: Rollenspiele im Sprachunterricht, Tübingen

GROHS, G. u.a. (Hg.) (1980), Kulturelle Identität im Wandel, Stuttgart

GÜLICH, E. (1980), Konventionelle Muster und kommunikative Funktionen von Alltagserzählungen, in: EHLICH, K. (Hg.), (1980), Erzählen im Alltag, Frankfurt a. M., 335-384

GUMPERZ, J.J. (ed.) (1982), Language and Social Identity, Cambridge

GUMPERZ, J.J. / HYMES, D. (eds) (1972), Directions in Sociolinguistics. The Ethnography of Communication, New York

GUTENBERG, N. (1981), Formen des Sprechens. Gegenstandskonstitution und Methodologie von Gesprächs- und Redetypologie in Sprach- und Sprechwissenschaft, Göppingen

ders. (1983), Sprechstile. Ansätze einer sprechwissenschaftlichen Stilistik, in: SANDIG, B. (Hg.), Stilistik I: Probleme der Stilistik, Bd 1, Hildesheim, 209-286 ders. (Hg.) (1988), Kann man Kommunikation lehren?, Frankfurt a.M., (Sprache und Sprechen Bd 19)

ders. (1989), 'Der Ton macht die Musik'. Sprechwissenschaftliche Anmerkungen zur Intonation, in: Information Deutsch als Fremdsprache (Info DaF) 16, 13-27

ders. (1993), Rhetorische Kommunikation, in: GLÜCK, H. (Hg.), Metzler Lexikon Sprache, Stuttgart/Weimar, 512-513

HABERMAS, J. (1971), Vorbereitende Bemerkungen zu einer Theorie der kommunikativen Kompetenz, in: HABERMAS, J. / LUHMANN, N., Theorie der Gesellschaft oder Sozialtechnologie, Frankfurt a.M., 101-141

ders. (1981), Theorie des kommunikativen Handelns, Bd I: Handlungsrationalität und gesellschaftliche Realisierung. Bd II: Zur Kritik der funktionalistischen Vernunft, Frankfurt a.M.

HABERMAS, J. / LUHMANN, N. (1971), Theorie der Gesellschaft oder Sozialtechnologie, Frankfurt a.M.

HARMSEN, K. (1989), Bewerbungen. Ein praktischer Ratgeber für die erfolgreiche Stellensuche, Heidelberg

HARTUNG, W. u.a. (Hg.) (1977), Normen der sprachlichen Kommunikation, Berlin (DDR)

HAUSENBLAS, K. (1977), "Zu einigen Fragen der Texttheorie", in: DANÉS, F. / VIEHWEGER, D. (Hg.), Probleme der Textgrammatik II, Berlin, 145-152, (Akademie/Studia grammatica XVIII)

HEEG, P. (1991), Schulische Kommunikation stark schwerhöriger Kinder, Heidelberg

HEGSELMANN, R. (1985), Formale Dialektik. Ein Beitrag zu einer Theorie des rationalen Argumentierens, Hamburg

HEILMANN, C. (1990), Argumentative Zurückweisung: ein Mittel zur kommunikativen Partnerakzeptanz, in GEIßNER, H. (Hg.), Ermunterung zur Freiheit. Rhetorik und Erwachsenenbildung, Frankfurt a.M., 143-154 (Sprache und Sprechen, Bd 23/24)

HENNE, H. / REHBOCK, H. (1982), Einführung in die Gesprächsanalyse, 2. verb. u. erw. Aufl. Berlin New York

HERINGER, H.J. (1977), Gesprächsanalyse, in: WEGNER, D. (Hg.), Gesprächsanalysen, Hamburg, 93-107

HESSE, J. / SCHRADER, H.C. (1992), Bewerbungsstrategien für Führungskräfte in Industrie, Handel, öffentlichem Dienst, Frankfurt a.M.

HETHEY, R. (1988), Von der Mündlichkeit in die Unmündigkeit. Einige notwendige Blicke auf die Geschichte der Rhetorik im 20. Jh., in: DYCK, J. u.a. (Hg.), Rhetorik heute I. Ein internationales Jahrbuch, Bd 7, Stuttgart, 133-141

HINDELANG, G. (1977), "Jemanden um Rat fragen", in: Zeitschrift für germanistische Linguistik (ZGL) 5.1, 34-44

ders. (1978a), Auffordern. Die Untertypen des Auffordern und ihre sprachlichen Realisierungsformen, Göppingen (Göppinger Arbeiten zur Germanistik 247)

ders. (1978b), Skizze einer Sprechhandlungstaxonomie, in: Münstersches Logbuch zur Linguistik 2, 20-67

ders. (1980), Fragebedeutung und Fragehandlung, in: Münstersches Logbuch zur Linguistik 5, 32-51

ders. (1981), Zur Klassifikation der Fragehandlungen, in: HINDELANG, G. / ZILLIG, W. (Hg.), Sprache: Verstehen und Handeln. Akten des 15. Linguistischen Kolloquiums Münster 1980, Bd 2, Tübingen, 215-225

ders. (1983), Einführung in die Sprechakttheorie, Tübingen

HINDELANG, G. / ZILLIG, W. (Hg.) (1981), Sprache: Verstehen und Handeln. Akten des 15. Linguistischen Kolloquiums Münster 1980, Bd 2, Tübingen

HOCH, P.J. / ZUBIN, J. (eds) (1958), Psychopathology of communication, New York

HOFFMANN, L. (1983), Kommunikation vor Gericht, Tübingen

HOLLY, W. (1979), Imagearbeit im Gespräch. Zur linguistischen Beschreibung des Beziehungsaspekts, Tübingen ders. (1981), Der doppelte Boden in Verhören. Sprachliche Strategien von Verhörenden, in: FRIER, W. (1981), Pragmatik. Theorie und Praxis, Amsterdam, 275-319

ders. (1983), "Die Mutter is wie alt?". Befragungstechniken und Beziehungsstile eines Psychotherapeuten in Zweitinterviews, in: SANDIG, B. (Hg.), Stilistik II, Gesprächsstile, Bd 2, Hildesheim/Zürich/New York, 103-147

HUMBOLDT, W. VON (1903), Gesammelte Schriften, Berlin

HUNDSNURSCHER, F. (1975), Semantik der Fragen, in: Zeitschrift für germanistische Linguistik (ZGL) 3.1, 1-14

ders. (1980), Konversationsanalyse versus Dialoggrammatik, in: RUPP, H./ ROLOFF, H.G. (Hg.), Akten des 6. Internationalen Germanistenkongresses Basel 1980, Bd 2, Bern u.a., 89-95

HUNDSNURSCHER, F. / FRANKE, W. (1985), Das Verkaufs-/Einkaufsgespräch. Eine linguistische Analyse, Stuttgart

HUNDSNURSCHER, F. / WEIGAND, E. (Hg.) (1986), Dialoganalyse. (Referate der 1. Arbeitstagung Münster 1985), Tübingen

IBELGAUFTS, R. (1990), "Bewerbungsstrategien für Frauen": Karriereplanung mit System, Niedernhausen

JEFFERSON, G. (1973), A case of precision timing in ordinary conversation: overlapped tag-positioned address terms in closing sequences, in: Semiotica 9, 47-96

JOAS, M. (1978), Die gegenwärtige Lage der soziologischen Rollentheorie, Wiesbaden

JUNG, M. (1983), Das Vorstellungsgespräch, in: Personal. Mensch und Arbeit 7, 267-270

KALLMEYER, W. (1977), Verständigungsprobleme in Alltagsgesprächen. Zur Identifizierung von Sachverhalten und Handlungszusammenhängen, in: Der Deutschunterricht 29, H. 6, 52-69 ders. (1978), Fokuswechsel und Fokussierungen als Aktivitäten der Gesprächskonstitution, in: MEYER-HERMANN, R. (Hg.), Sprechen - Handeln - Interaktion. Ergebnisse aus Bielefelder Forschungsprojekten zur Texttheorie, Sprechakttheorie und Konversationsanalyse, Tübingen, 191-242

ders. (1981), Aushandlung und Bedeutungskonstitution, in: Dialogforschung, Jahrbuch 1980 des Instituts für Deutsche Sprache, Düsseldorf, 89-127

ders. (1985), Ein Orientierungsversuch im Feld der praktischen Rhetorik, in: BAUSCH, K.H. / GROSSE, S. (Hg.), Praktische Rhetorik, Institut für Deutsche Sprache Mannheim, 23-50

ders. (1988), Konversationsanalytische Beschreibung, in: AMMON, U. / DITTMAR, N. / MATTHEIER, K.J. (Hg.), Soziolinguistik. Ein internationales Handbuch zur Wissenschaft von Sprache und Gesellschaft, Berlin/New York, Zweiter Halbbd 1988, 1095-1108

KALLMEYER, W. / MEYER-HERMANN, R. (1980) Textlinguistik, in: ALTHAUS, P. / HENNE, H. / WIEGAND, H.E. (Hg.), Lexikon der germanistischen Linguistik Bd 1, 2. vollst. neu bearb. u. erw. Aufl. Tübingen, 242-258

KALLMEYER, W. / SCHÜTZE, F. (1976), Konversationsanalyse, in: Studium Linguistik 1, 1-28

dies. (1977), Zur Konstitution von Kommunikationsschemata der Sachverhaltsdarstellung, in: WEGNER, D. (Hg.), Gesprächsanalysen, Hamburg, 159-274

KAMP, R. (1984), Axiomatische Leitfäden statt dogmatischer Gängelbänder. Karl Bühlers Beitrag zur Wissenschaftstheorie der Einzelwissenschaften, in: ESCHBACH, A. (Hg.), Bühler-Studien, Bd 1, Frankfurt a.M., 40-97

KANTH, R. (1981), Kommunikativ-pragmatische Gesprächsforschung. Neuere gesprächs- und konversationsanalytische Arbeiten. Forschungsbericht, in: Zeitschrift für germanistische Linguistik (ZGL) 9, 202-222

KAUFMANN, W. (1987), Die Technik der Vorstellungsgespräche, in: Personal. Mensch und Arbeit 6, 248-251

KEBECK, G. / SADER, M. (1984), Phänomenologisch-experimentelle Methodenlehre, in: Gestalt Theory 6, 193-245

KENDON, A. (1967), Some funktions of gaze-direction in social interaction, in: Acta Psychologica 26, 22-47

KJOLSETH, R. / SACK, F. (Hg.) (1971), Zur Soziologie der Sprache, Sonderheft 15 der Kölner Zeitschrift für Soziologie und Sozialpsychologie

KLINKE, W. (1976), "Wie heißt die Antwort auf diese Frage?" Zum Status von Fragen und Antworten in einer Sprechakttheorie, in: WEBER, H. / WEYDT, H. (Hg.), Sprachtheorie und Pragmatik. Akten des 10. Linguistischen Kolloquiums Tübingen 1975, Bd 1, Tübingen, 123-132

KNEBEL, H. (1985), Das Vorstellungsgespräch. Die erfolgreichste Art, Mitarbeiter auszuwählen, Freiburg i.B.

KNOBLAUCH, R. (1983), Personalauswahl: Neue Wege zur Analyse des Lebenslaufes, in: Personal. Mensch und Arbeit 5, 187-190

KOCHAN, B. (Hg.) (1974), Rollenspiel als Methode sprachlichen und sozialen Lernens, Kronberg/Ts.

KOERFER, A. (1981), Probleme und Verfahren der Notation von Face-to-Face-Interaktionen, in: LANGE-SEIDL, A. (Hg.), Zeichenkonstitution. Akten des 2. Semiotischen Kolloquiums der deutschen Gesellschaft für Semiotik e.V., Regensburg 1978, Bd II, Berlin/New York, 187-197

KOHRT, M. (1986), Dialoggrammatik und/oder Konversationsanalyse, in: HUNDSNURSCHER, F. / WEIGAND, E. (Hg.), Dialoganalyse. (Referate der 1. Arbeitstagung Münster 1985), Tübingen, 69-82

ders. (1988), Eigentlich, das 'Eigentliche' und das 'Nicht-Eigentliche'. Zum Gebrauch einer sogenannten 'Abtönungspartikel', in: Deutsche Sprache 16, 103-130

KOMPA, A. (1984), Personalbeschaffung und Personalauswahl, Stuttgart

KOMTER, M. (1991), Conflict and Cooperation in Job Interview, Amsterdam

KOPPERSCHMIDT, J. (1975), Überlegungen zu einer handlungstheoretischen Begründung der Rhetorik, in: GEIßNER, H. (Hg.), Rhetorik und Pragmatik, Düsseldorf, 9-30, (Sprache und Sprechen Bd 5)

ders. (1976), Allgemeine Rhetorik, Stuttgart

ders. (1977), Von der Kritik der Rhetorik zur kritischen Rhetorik, in: PLETT, H.F. (Hg.), Rhetorik. Kritische Positionen zum Stand der Forschung, München, 213-229

ders. (1980), Sprache und Vernunft, Bd II: Argumentation, Stuttgart/Berlin/Köln/Mainz

ders. (1991a), Das Ende der Verleumdung. Einleitende Anmerkungen zur Wirkungsgeschichte der Rhetorik, in: ders. (Hg.), Rhetorik, Bd 2: Wirkungsgeschichte der Rhetorik, Darmstadt, 2-33

ders. (Hg.) (1991b), Rhetorik, 2 Bde, Darmstadt

KRAPPMANN, L. (1977), Neuere Rollenkonzepte als Erklärungsmöglichkeit für Sozialisationsprozesse, in: AUWÄRTER, M. / KIRSCH, E. / SCHRÖTER, K. (Hg.), Seminar: Kommunikation, Interaktion, Identität, Frankfurt a.M., 307-331

ders. (1978), Soziologische Dimensionen der Identität. Strukturelle Bedingungen für die Teilnahme an Interaktionsprozessen, Stuttgart

ders. (1979), Identität in Interaktion und Sozialisation. Unter welchen Bedingungen können Menschen als identische Subjekte handeln?, in: STACHEL, G. u.a. (Hg.), Sozialisation - Identitätsfindung - Glaubenserfahrung, Zürich/Einsiedeln/Köln, 147-152

ders. (1980), Identität - ein Bildungskonzept?, in: GROHS, G. u.a. (Hg.), Kulturelle Identität im Wandel, Stuttgart, 99-118

KRASNER, L. / ULLMANN, L.P. (eds) (1965), Research in behaviour modification. New developements and implications, New York

KRAUß, D. / KURTZ, H. (1986), Informationswünsche von Bewerbern - Informationsverhalten von Unternehmen, in: Personal. Mensch und Arbeit 9, 380-384

KRAUSE, P. (1973), Gesellschaft, in: KRINGS, H. / BAUMGARTNER H.M. / WILD, C. (Hg.), Handbuch philosophischer Grundbegriffe, Bd 2, München, 557-567

KRINGS, H. / BAUMGARTNER H.M. / WILD, C., (Hg.) (1973), Handbuch philosophischer Grundbegriffe, Bd 2, München

KUßMAUL, P. (Hg.) (1980), Sprechakttheorie. Ein Reader, Wiesbaden

LÄMMERT, E. (Hg.) (1982), Erzählforschung. Ein Symposion, Stuttgart

LALLGEE, M.G. / COOK, M. (1969), An experimental investigation of the function of filled pauses in speech, in: Language and Speech 12, 24-28

LANGE-SEIDL, A. (Hg.) (1981), Zeichenkonstitution. Akten des 2. Semiotischen Kolloquiums der deutschen Gesellschaft für Semiotik e.V. Regensburg 1978, Bd II, Berlin/New York

LANGNER, M. (1984a), Rezeption der Tätigkeitstheorie und der Sprechtätigkeitstheorie in der Bundesrepublik Deutschland, Teil 1, in: Deutsche Sprache 12, 239-275

ders. (1984b), Rezeption der Tätigkeitstheorie und der Sprechtätigkeitstheorie in der Bundesrepublik Deutschland, Teil 2, in: Deutsche Sprache 12, 326-358

ders. (1984c), Tätigkeitstheorie - Sprechtätigkeitstheorie, in: Deutsche Sprache 12, 110-140

LAPPÉ, W. (1983), Gesprächsdynamik. Gesprächsanalytische Untersuchungen zum spontanen Alltagsgespräch, Göppingen

LATHAM, G.P. u.a. (ed.) (1980), The situational interview, in: Journal of Applied Psychology 65, 422-427

LATTMANN, C. (Hg.) (1989), Das Assessement-Center - Verfahren der Eignungsbeurteilung, Heidelberg

LAVER, J. / HUTCHESON, S. (eds) (1972), Communication in face to face interaction. Selected readings, Middlesex

LEHMANN, W.E. (1989), Die wichtigsten Minuten Ihres Bewerbungsgesprächs, München/Landsberg a. Lech

LEHRENKRAUSS, E. (1986), Das verrufene Interview, in: Personal. Mensch und Arbeit, 26-29

LEHTONEN, J. (Hg.) (1988), Speech in the Future and the Future of Speech, Jyräskyla: Universita of Jyräskyla

LEONT'EV, A.A. (1971), Sprache, Sprechen - Sprechtätigkeit, Stuttgart

ders. (1974), Psycholinguistik und Sprachunterricht, Stuttgart ders. (1980), Tätigkeit und Kommunikation, in: Sowjetwissenschaft. Gesellschaftswissenschaftliche Beiträge 5, 522-535

ders. (1982), Psychologie des sprachlichen Verkehrs, Weinheim/Basel

ders. (1984a), Psychologie der Kommunikation, in: VIEHWEGER, D. (Hg.), Grundfragen einer Theorie der sprachlichen Tätigkeit, Berlin, 45-198

ders. (1984b), Tätigkeit und Kommunikation, in: VIEHWEGER, D. (Hg.), Grundfragen einer Theorie der sprachlichen Tätigkeit, Berlin, 199-215

LEONT'EV, A.N. (1973), Probleme der Entwicklung des Psychischen, Frankfurt

LEONT'EV, A.N. (1984), Der allgemeine Tätigkeitsbegriff, in: VIEHWEGER, D. (Hg.), Grundfragen einer Theorie der sprachlichen Tätigkeit, Berlin, 13-30

LEUPOLD, F. / PETTER, N. (Hg.) (1990), Interdisziplinäre Sprachforschung und Sprachlehre (Festschrift für Albert Raasch), Tübingen

LINNIG, G. / WINKLER, R. (1988), Neue Wege in der Auswahl von Ausbildungsplatzbewerbern, in: Personal. Mensch und Arbeit 8, 322-326

LÖTSCHER, A. (1987), Text und Thema. Studien zur thematischen Konstituenz von Texten, Tübingen

ders. (1989), Thematische Organisation in Planungs- und Verkaufsgesprächen, in: Deutsche Sprache 17, 114-136

LOPEZ, F.M. (1975), Personnel interviewing. Theory and Practice. New York a.o.

LÜCK, H.E. / MILLER, R. / RECHTIEN, W. (Hg.) (1984), Geschichte der Psychologie. Ein Handbuch in Schlüsselbegriffen, München

LÜCKERT, H.R. (1974), Mitarbeiter auswählen, beurteilen, einsetzen, München

LÜSCHOW, F. (1988), Ge-regel-te Kommunikation als Lerngegenstand, in: GUTENBERG, N. (Hg.), Kann man Kommunikation lehren?, Frankfurt a.M., 141-150, (Sprache und Sprechen Bd 19)

ders. (1989), Die sprachlich-kommunikative Dimension im Tätigkeitsfeld 'Technik/Ingenieurarbeit'. Vorarbeit zu einer Sprechtätigkeitstheorie eines gesellschaftlichen Tätigkeitsfeldes, Diss. Duisburg

ders. (1991), Einleitung - Überlegungen zu einer axiomatischen Sprechwissenschaft, in: LÜSCHOW, F. / PABST-WEINSCHENK, M. (Hg.), Mündliche Kommunikation als kooperativer Prozeß, (Festschrift für Elmar Bartsch), Frankfurt a.M./Bern/New York/Paris, 2-15

LÜSCHOW, F. / PABST-WEINSCHENK, M. (Hg.) (1991), Mündliche Kommunikation als kooperativer Prozeß, (Festschrift für Elmar Bartsch), Frankfurt a.M./Bern/New York/Paris

LUTZ, L. (1981), Zum Thema 'Thema'. Einführung in die Thema-Rhema-Theorie, Hamburg

LUZIO, A., DI / AUER, J.C.P. (1986), Identitätskonstitution in der Migration: konversationsanalytische und linguistische Aspekte ethnischer Stereotypisierungen, in: Linguistische Berichte 104, 327-351

LUMER, C. (1990a), Argumentation/Argumentationstheorie, in: SANDKÜHLER H.J. (Hg.), Europäische Enzyklopädie zu Philosophie und Wissenschaften, Bd 1, Hamburg, 246-255

ders. (1990b), Praktische Argumentationstheorie. Theoretische Grundlagen, praktische Begründungen und Regeln wichtiger Argumentationsarten, Braunschweig

MAAS, U. / WUNDERLICH, D. (Hg.) (1972), Pragmatik und sprachliches Handeln, Frankfurt a.M.

MADDUX, R.B. (1992), Professionelle Bewerberauslese, Wien

MANEKELLER, W. (1983), Die Bewerbung. Der moderne Ratgeber für Bewerbungsbriefe, Lebenslauf und Vorstellungsgespräche, Niedernhausen/Ts.

MATARAZZO, J.D. / WIENS, A.N. / SASLOW, G. (1965), Studies of interview speech behaviour, in: KRASNER, L. / ULLMANN, L.P. (eds), Research in behaviour modification. New developements and implications, New York, 179-210

MEAD, G.H. (1991), Geist, Identität und Gesellschaft. Aus der Sicht des Sozialbehaviorismus, Frankfurt a.M., (EJ 1934)

MEHAN, H. (1979), Learning lessons. Social organization in the classroom, Cambridge (Mass.) u.a.

MEIBAUER, J. (1985), Sprechakttheorie: Probleme und Entwicklungen in der neueren Forschung, in: Deutsche Sprache 13, 32-72

MELTZER, L. / MORRIS, W.N. / HAYES, D.P. (1971), Interruption outcomes and vocal amplitide: Explorations in social psychophysics, in: Journal of Personality and Social Psychology 18, 392-402

MEYER-HERMANN, R. (Hg.) (1978), Sprechen - Handeln - Interaktion. Ergebnisse aus Bielefelder Forschungsprojekten zur Texttheorie, Sprechakttheorie und Konversationsanalyse, Tübingen

MORRIS, C.W. (1973), Zeichen, Sprache und Verhalten, Frankfurt a.M./Berlin

MOSER, K. / STEHLE, W. / SCHULER, H. (Hg.) (1992), Personalmarketing, Göttingen

MUMMENDEY, H.D. (1979), Methoden und Probleme der Messung von Selbstkonzepten, in: FILIPP, S.H. (Hg.), Selbstkonzept-Forschung, Probleme, Befunde, Perspektiven, Stuttgart, 171-189

NEUBAUER, R. (1984), Assessement Center: Stand der Anwenderforschung, in: Dokumentation 2, Deutscher AC-Kongreß, Hamburg, 31-98

ders. (1989a), Ein spezielles Verfahren zur Anforderungsanalyse, in: Arbeitskreis AC (Hg.), Das Assessement-Center in der betrieblichen Praxis, Hamburg, 183-203

ders. (1989b), Implizite Eignungstheorien im Assessement Center, in: LATTMANN, C. (Hg.), Das Assessement-Center - Verfahren der Eignungsbeurteilung, Heidelberg, 191-221

NEUBERGER, O. (1974), Das Einstellungsgespräch, in: Psychologie und Praxis 18, 8-22

NIMMERGUT, J. (1981), Die Schule der erfolgreichen Bewerbung, München

NOTHDURFT, W. / REITEMEIER, U. / SCHRÖDER, P. (1992), Beratungsgespräche - Analyse asymmetrischer Dialoge, Tübingen

ÖHLSCHLÄGER, G. (1979), Linguistische Überlegungen zu einer Theorie der Argumentation, Tübingen

OLTHUIS-VOLKMER, G. (1988), Körpersprachforschung - ein Beitrag zur Psycholinguistik, in: Sprechwissenschaft und Psycholinguistik 2, 63-95

ORTNER, H.-P. (1992), Nachdenken über die Funktionen der Sprache, in: Zeitschrift für germanistische Linguistik (ZGL) 20, 273-297

OSSNER, J. (1985), Konvention und Strategie. Die Interpretation von Äusserungen im Rahmen einer Sprechakttheorie, Tübingen

PABST-WEINSCHENK, M. (1993a), Die Konstitution der Sprechkunde und Sprecherziehung durch Erich Drach: Faktenfachgeschichte von 1900-1935, Magdeburg u.a.

dies. (1993b), Erich Drachs Konzept der Sprechkunde und Sprecherziehung: Ein Beitrag zur Theorie und Geschichte der Sprechwissenschaft, Magdeburg u.a.

PACZENSKY, S. VON (1976), Der Testknacker. Wie man Karrieretests erfolgreich besteht, Reinbek b. Hamburg

PARSONS, T. (1951), The Social System, London

PATZELT W.J. (1987), Grundlagen der Ethnomethodologie. Theorie, Empirie und politikwissenschaftlicher Nutzen einer Soziologie des Alltags, München

PAWLOWSKI, K. (1980), Partnerzentriertes Sprechen als Dialogstrategie. Zur Theorie und Didaktik der Rhetorik, in: DYCK, J. u.a. (Hg.), Rhetorik. Ein internationales Jahrbuch, Bd 1, Stuttgart, 70-88

ders. (1990), Topos und Wahrnehmungssteuerung, in: GEIßNER, H. (Hg.), Ermunterung zur Freiheit. Rhetorik und Erwachsenenbildung, Frankfurt a.M., 253-266, (Sprache und Sprechen Bd 23/24)

PERELMANN, C. (1980), Das Reich der Rhetorik. Rhetorik und Argumentation, München

PLATON, Sämtliche Werke. In d. Übers. v. F. Schleiermacher mit der Stephanus-Numerierung, 6 Bde, OTTO, W.F. / GRASSI, E. / PLAMBÖCK, G. (Hg.), Hamburg, 1957-1959

PLETT, H.F. (1977), Rhetorik. Kritische Positionen zum Stand der Forschung, München

PURSELL, E.D. / CAMPION M.A. / GAYLORD, S.R. (1980), Structured interviewing: Avoiding selection problems, in: Personnel Journal 11, 907-912

QUASTHOFF, U.M. (1980), Erzählen in Gesprächen. Linguistische Untersuchungen zu Strukturen und Funktionen am Beispiel einer Kommunikationsform des Alltags, Tübingen

QUINTILIAN (1988) Ausbildung des Redners, lat. u. dtsch., übers. v. RAHN H. (Hg.), 1. Teil, Buch I-VI, Darmstadt

RAMGE, H. (1978), Alltagsgespräche, Frankfurt a.M.

REHBEIN, J. (1977), Komplexes Handeln, Stuttgart

ders. (1980), Sequentielles Erzählen. Erzählstrukturen von Imigranten bei Sozialberatungen in England, in: EHLICH, K. (Hg.), Erzählen im Alltag, Frankfurt a. M., 64-108

ders. (1981), Announcing - On Formulation Plans, in: COULMAS, F. (ed.), Conversational Routine, The Hague u.a., 215-258

ders. (1982), "Biographisches Erzählen", in: LÄMMERT, E. (Hg.), Erzählforschung. Ein Symposion, Stuttgart, 51-73

REHBOCK, H. (1980), Rhetorik, in: ALTHAUS, H.P. / HENNE, H. / WIEGAND, H.E. (Hg.), Lexikon der germanistischen Linguistik, 2. vollst. neu bearb. u. erw. Aufl. Tübingen, Bd II, 2, Tübingen, 293-303

ders. (1987), "Arten der Antworterwartung in Ergänzungsfragen", in: ROSENGREN, J. (Hg.), Sprache und Pragmatik. Lunder Symposium 1986, Stockholm, 357-384

REICHEL, W. (1993), Bewerbungsstrategien. Erfolgreiche Konzepte für Beruf und Karriere, Niedernhausen/Ts.

REINERS, L. (1961), Stilkunst. Ein Lehrbuch deutscher Prosa, München (EJ 1943)

RIPFEL, M (1987), Was heißt Bewerten?, in: Deutsche Sprache 15, 151-177

ROGERS, C.R. (1972), Die klientenzentrierte Gesprächspsychotherapie. Mit Beiträgen von Dorman, E., Gordon, T. und Hobbs, N., München, (EJ 1951)

ROLF, E. (1983), Sprachliche Informationshandlungen, Göppingen

ROSENBERG, M. / KAPLAN, H.B. (Hg.) (1982), Social Psychology of the self-concept, Arlington-Heights

ROSENGREN, I. (Hg.) (1979), Sprache und Pragmatik, Lunder Symposium 1978, Malmö

ders. (Hg.) (1983), Sprache und Pragmatik, Lunder Symposium 1982, Stockholm

ders. (Hg.) (1987), Sprache und Pragmatik. Lunder Symposium 1986, Stockholm

ROSENSTIEL, L. VON (1992), Grundlagen der Organisationspsychologie, 3. überarb. und erg. Aufl., Stuttgart

ROß, K. (1991), "Auf gute zusammenarbeit" - kooperation & co, in: LÜSCHOW, F. / PABST-WEINSCHENK, M. (Hg.) Mündliche Kommunikation als kooperativer Prozeß (Festschrift für Elmar Bartsch), Frankfurt a.M. u.a., 166-173

ROTH, E. (Hg.) (1989), Organisationspsychologie, Enzyklopädie der Psychologie, in Verbindung mit der Deutschen Gesellschaft für Psychologie, Bd 3, Göttingen/Toronto/Zürich

RUBINSTEIN, S.L. (1971), Grundlagen der allgemeinen Psychologie, Berlin

RUDDIES, G.H. (1988), Bewerbungstraining, München

RUESCH, J. (1958), The tangential response, in: HOCH, P.J. / ZUBIN, J. (eds), Psychopathology of communication, New York, 37-48

RUESCH, J. / BATESON, G. (1951), Communication: The Social Matrix of Psychiatry, New York

RUPP, H. / ROLOFF, H.G. (Hg.) (1980), Akten des 6. Internationalen Germanistenkongresses Basel 1980, Bd 2, Bern u.a.

SABEL, H. (1990), Bewerbungsgespräche. Richtig vorbereiten - erfolgreich durchführen, Wiesbaden

SACKS, H. (1971), Das Erzählen von Geschichten innerhalb von Unterhaltungen, in: KJOLSETH, R. / SACK, F. (Hg.), Zur Soziologie der Sprache, Sonderheft 15 der Kölner Zeitschrift für Soziologie und Sozialpsychologie, 307-314

SACKS, H. / SCHEGLOFF, E. / JEFFERSON, G. (1974), A Simplest Systematics for the Organization of Turn-Taking in Conversation, in: Language 50, 696-735

SADER, M. (1983), Rollenspiel und Realität, in: Gruppendynamik 14, 241-253

ders. (1986), Rollenspiel als Forschungsmethode, Opladen

SAGER, F.-S. (1981), Sprache und Beziehung. Linguistische Untersuchungen zum Zusammenhang von sprachlicher Kommunikation und zwischenmenschlicher Beziehung, Tübingen

SAGER, S.-F. / BRINKER, K. (1989), Linguistische Gesprächsanalyse. Eine Einführung, Berlin

SANDIG, B. (1983a) Zwei Gruppen von Gesprächsstilen. Ichzentrierter versus duzentrierter Partnerbezug, in: dies. (Hg.), Stilistik II: Gesprächsstile, Bd 2, Hildesheim/Zürich/New York, 149-197)

dies. (Hg.) (1983b), Stilistik I: Probleme der Stilistik, Bd 1, Hildesheim

dies. (Hg.) (1983c), Stilistik II: Gesprächsstile, Bd 2, Hildesheim/Zürich/New York

dies. (1986), Stilistik der deutschen Sprache, Berlin/New York

SANDKÜHLER H.J. (Hg.) (1990), Europäische Enzyklopädie zu Philosophie und Wissenschaften, 4 Bde, Hamburg

SARGES, W. (1988), Thesen zum Interview als Auswahlinstrument, in: Personalführung 11, 908

ders. (Hg.) (1990), Management-Diagnostik, Göttingen

SCHANK, G. (1979), Zum Problem der Natürlichkeit von Gesprächen in der Konversationsanalyse, in: DITTMANN, J. (Hg.), Arbeiten zur Konversationsanalyse, Tübingen , 73-93

ders. (1981), Untersuchungen zum Ablauf natürlicher Dialoge, München

ders. (1987), Linguistische Konfliktanalyse. Ein Beitrag der Gesprächsanalyse, in: SCHANK, G. / SCHWITALLA, J. (Hg.), Konflikte in Gesprächen, Tübingen, 18-98

SCHANK, G. / SCHÖNTHAL, G. (1983), Gesprochene Sprache. Eine Einführung in Forschungsansätze und Analysemethoden, Tübingen

SCHANK, G. / SCHWITALLA, J. (Hg.) (1987), Konflikte in Gesprächen, Tübingen

SCHECKER, M. (Hg.) (1977), Theorie der Argumentation, Tübingen

SCHEFLEN, A. E. (1972), The significance of posture in communication systems, in: LAVER, J. / HUTCHESON, S. (eds), Communication in face to face interaction. Selected readings, Middlesex, 225-246

SCHEFLEN, E.A. (1977), Die Bedeutung der Körperhaltung in Kommunikationssystemen, in: AUWÄRTER, M. / KIRSCH, E. / SCHRÖTER, K. (Hg.), Seminar: Kommunikation, Interaktion, Identität, Frankfurt a.M, 221-225

SCHEGLOFF, E.A. (1972), Sequencing in conversational openings, in: LAVER, J. / HUTCHESON, S. (Hg.), Communication in face to face interaction. Selected readings, Middlesex, 374-405

SCHEGLOFF, E.A. / JEFFERSON, G. / SACKS, H. (1977), The preference for self-correction in the organization of repair in conversation, in: Language 53, 361-382

SCHEGLOFF, E.A. / SACKS, H. (1973), Opening up closings, in: Semiotica 8, 289-327

SCHENKEIN, J. (1978a), Scetch of an analytic mentality of the study of conversation, in: ders. (ed.), Studies in the organization of conversational interaction, New York, 1-6

ders. (ed.) (1978b), Studies in the organization of conversational interaction, New York

SCHERER, K. R. (1973), Nonverbale Kommunikation. Ansätze zur Beobachtung und Analyse der außersprachlichen Aspekte von Interaktionsverhalten, Hamburg

SCHERER, K. R. / WALLBOTT, H.G. (1984), Nonverbale Kommunikation. Forschungsberichte zum Interaktionsverhalten, Weinheim

SCHMIDT-FABER, W. (1986), Argument und Scheinargument. Grundlagen und Modelle zu rationalen Begründungen im Alltag, München

SCHMITT, N. (1976), Social situational determinants of interview decisions: implications for the employment interview, in: Personnel Psychology 19, 79-101

SCHÖBITZ, E. (1987), Rekrutierung von Führungsnachwuchs, Wiesbaden

SCHÖNMÜLLER, O. (1988), Auswahl und Einstellung neuer Mitarbeiter, in: Personal. Mensch und Arbeit 3, 100-105

SCHÜLE, K. (1975), Die Sprechtätigkeitstheorie als ein Element der Gesellschaftstheorie, der Sozialisationstheorie, der Sprachtheorie und der Sprecherziehung, in: Linguistik und Didaktik 21, 38-53

ders. (1980), Die Aporien der Adepten. Zur gegenwärtigen Rezeption der Tätigkeitstheorie in der BRD, in: Osnabrücker Beiträge zur Sprachtheorie (OBST) 15, 5-23

SCHÜRMANN, V. (1990), Bedürfnis, in: SANDKÜHLER H.J. (Hg.), Europäische Enzyklopädie zu Philosophie und Wissenschaften, Bd 1, Hamburg, 337-343

SCHÜTZ, A. (1971), Das Problem der Relevanz, Frankfurt a.M.

SCHÜTZE, F. (1987), Symbolischer Interaktionismus, in: AMMON, U. / DITTMAR, N. / MATTHEIER, K.J. (Hg.), Soziolinguistik. Ein internationales Handbuch zur Wissenschaft von Sprache und Gesellschaft, Berlin/New York, 1. Halbbd 1987, 520-553

SCHULER, H. (1990), Personalauswahl aus der Sicht der Bewerber: Zum Erleben eignungsdiagnostischer Situationen, in: Zeitschrift für Arbeits- und Organisationspsychologie 34, 184-191

ders. (1992a), Das multimodale Einstellungsinterview, in: Diagnostica 38, 1-20

ders. (Hg.) (1992b), Lehrbuch Organisationspsychologie, Bern u.a.

SCHULER, H. / FRIER, D. / KAUFMANN, M. (Hg.) (1992), Personalauswahl im europäischen Vergleich, Göttingen

SCHULER, H. / FUNKE, U. (1989), Berufseignungsdiagnostik, in: ROTH, E. (Hg.), Organisationspsychologie, Enzyklopädie der Psychologie, in Verbindung mit der Deutschen Gesellschaft für Psychologie, Bd 3, Göttingen/Toronto/Zürich, 281-320

dies. (Hg.) (1991), Eignungsdiagnostik in Forschung und Praxis, Göttingen

dies. (1992), Diagnose beruflicher Eignung und Leistung, in: SCHULER, H. (Hg.), Lehrbuch Organisationspsychologie, Bern u.a., 235-283

SCHULER, H. / MOSER, K. (1992), Entscheidung von Bewerbern, in: MOSER, K. / STEHLE, W. / SCHULER, H. (Hg.), Personalmarketing, Göttingen, 51-75

SCHULER, H. / STEHLE, W. (Hg.) (1982), Psychologie in Wirtschaft und Verwaltung. Praktische Erfahrungen mit organisationspsychologischen Konzepten, Stuttgart

dies. (Hg.) (1985), Organisationspsychologie und Unternehmenspraxis. Perspektiven der Kooperation, Stuttgart

SCHULZ, C. / SCHULER, H. / STEHLE W. (1985), Die Verwendung eignungsdiagnostischer Methoden in deutschen Unternehmen, in: SCHULER, H. / STEHLE, W. (Hg.), Organisationspsychologie und Unternehmenspraxis. Perspektiven der Kooperation, Stuttgart, 126-132

SCHULZ VON THUN, F. (1991), Miteinander reden 1. Störungen und Klärungen. Allgemeine Psychologie der Kommunikation, Reinbek bei Hamburg

SCHWARZ, C. (1985), Bedingungen der sprachlichen Kommunikation, Berlin (Linguistische Studien, Reihe A, Arbeitsberichte 131)

SCHWEINSBERG-REICHART, I. (Hg.) (1985), Performanz, Frankfurt a.M., (Sprache und Sprechen Bd 15)

SCHWITALLA, J. (1976a), Dialogsteuerung. Vorschläge zur Untersuchung, in: BERENS, F.-J. u.a. (Hg.), Projekt Dialgogstrukturen. Ein Arbeitsbericht, München, 73-104

ders. (1976b), Zur Einführung in die Argumentationstheorie: Begründungen durch Daten und Begründungen durch Handlungsziele in der Alltagskommunikation, in: Der Deutschunterricht 28, 22-36

ders. (1977), Über Formen des argumentativen Widerspruchs, in: SCHECKER, M. (Hg.), Theorie der Argumentation, Tübingen, 27-54

ders. (1979a), Dialogsteuerung in Interviews. Ansätze zu einer Theorie der Dialogsteuerung mit empirischen Untersuchungen von Politiker-, Experten- und Starinterviews in Rundfunk und Fernsehen, München

ders. (1979b), Nonresponsive Antworten, in: Deutsche Sprache 3, 193-211 ders. (1979c), Metakommunikationen als Mittel der Dialogorganisation und der Beziehungsdefinition, in: DITTMANN, J. (Hg.), Arbeiten zur Konversationsanalyse, Tübingen, 111-143

ders. (1987), Sprachliche Mittel der Konfliktreduzierung in Streitgesprächen, in: SCHANK, G. / SCHWITALLA, J. (Hg.), Konflikte in Gesprächen, Tübingen, 99-175

SEARLE, J.R. (1971), Sprechakte. Ein sprachphilosophischer Essay, Frankfurt a.M.

ders. (1980), Indirekte Sprechakte, in: KUßMAUL, P. (Hg.), Sprechakttheorie. Ein Reader, Wiesbaden, 127-150, (Übersetzung von: Indirect speech acts, 1975, in: COLE, P. / MORGAN, J.L. (eds), Speech acts, New York, 59-82)

SELTING, M. (1987), Verständigungsprobleme. Eine empirische Analyse am Beispiel der Bürger-Verwaltungs-Kommunikation, Tübingen

SIEWERT, H.H. / SIEWERT, R. (1989), Bewerben wie ein Profi, 4. überarb. Aufl. München/Landsberg a. Lech

SLEMBEK, E. (1983), Individuelle Identifikation und soziale Bewertung von Gesprächspartnern durch Sprechausdrucksmerkmale, in: SANDIG, B. (Hg.), Stilistik II, Gesprächsstile, Bd 2, Hildesheim/Zürich/New York, 199-222

dies. (Hg.) (1986), Miteinander sprechen und handeln (Festschrift für Hellmut Geißner), Frankfurt a.M.

SLUTZKI, C.E. u.a. (1967), Transactional disqalification. Research of the double bind, in: Archiv of General Psychiatry 16, 494-504

SOEFFNER, H.G. (Hg.) (1979), Interpretative Verfahren in den Sozial- und Textwissenschaften, Stuttgart

SPILLNER, B. (Hg.) (1984), Methoden der Stilanalyse, Tübingen

ders. (Hg.) (1990), Sprache und Politik. Kongreßbeiträge zur 19. Jahrestagung der Gesellschaft für Angewandte Linguistik GAL e.V. Frankfurt a.M./Bern/New York/Paris

SPRANZ-FOGASY, T. (1986), "widersprechen". Zu Form und Funktion eines Aktivitätstyps in Schlichtungsgesprächen. Eine gesprächsanalytische Untersuchung, Tübingen

SPRENGEL, K. / BALD, W.D. / VIETHEN, H. (Hg.) (1977), Semantik und Pragmatik. Akten des 11. Linguistischen Kolloquiums Aachen 1976, Bd 2, Tübingen

STACHEL, G. u.a. (Hg.), (1979), Sozialisation - Identitätsfindung - Glaubenserfahrung, Zürich/Einsiedeln/Köln

STEGER, H. (1976), Sprechintentionen und Kommunikationssituationen, unveröff. Manuskript, Freiburg

STEGER, H. u.a. (1974), Redekonstellation, Redekonstellationstyp, Textexemplar, Textsorte im Rahmen eines Sprachverhaltensmodells. Begründung einer Forschungshypthese, in: Gesprochene Sprache, Jahrbuch des Instituts für Deutsche Sprache, Düsseldorf, 39-97

STELZNER, E. (1983), Professionell bewerben. Bewerberhandbuch für Berufsanfänger und Stellenwechsler, Münster

STOPP U. (1977), Betriebliche Personalwirtschaft, Grafenau/Stuttgart

STRAUSS, A. (1959), Mirrors and Masks: The Search for Identity, Glencoe I 11

STREECK, J. (1983), Konversationsanalyse. Ein Reparaturversuch, in: Zeitschrift für Sprachwissenschaft 2.1, 72-104

SUCHAROWSKI, W. (1984), Gespräch - ein Gegenstand der Linguistik?, in: Wirkendes Wort 34, 102-120

SUDNOW, D. (Hg.) (1972), Studies in Social Interaction, New York/London

TECHTMEIER, B. (1983), Metakommunikation im Wissenschaftlergespräch, in: ROSENGREN, I. (Hg.), Sprache und Pragmatik, Lunder Symposium 1982, Stockholm, 285-298

ders. (1984), Das Gespräch. Funktionen, Normen und Strukturen, Berlin (DDR) (Sprache und Gesellschaft 19)

THEISS, M. / VOLZ, W. (1992), Bewerbertraining. Crash-Programm für Stellensuchende, Wiesbaden

TJADEN (1990), Gesellschaftsformationen, in: SANDKÜHLER H.J. (Hg.), Europäische Enzyklopädie zu Philosophie und Wissenschaften, Bd 2, Hamburg, 339-343

TISCHER, B. (1989), Sprache und Emotion. Theoriebildende Ansätze und ihre Bedeutung für Sprechwissenschaft und Psycholinguistik, in: Sprechwissenschaft und Psycholinguistik 2, 9-62

TOULMIN, S. (1975), Der Gebrauch von Argumenten, aus dem Englischen von U. Berk, Kronberg

TRIEBE, J.K. (1976), Das Interview im Kontext der Eignungsdiagnostik, Bern u.a.

TRIEBE, J.K. / UHLICH E. (Hg.) (1977), Beiträge zur Eignungsdiagnostik, Bern u.a.

UEDING, G. / STEINBRINK, B. (1986), Grundriß der Rhetorik: Geschichte, Technik, Methode, Stuttgart

UNGEHEUER, G. (1974), Was heißt Verständigung durch Sprechen?, in: Gesprochene Sprache, Jahrbuch des Instituts für Deutsche Sprache 1972, Düsseldorf, 7-38

VAN DIJK, T.A. (1980), Textwissenschaft. Eine interdisziplinäre Einführung, Tübingen

VARWIG, F.R. (1982), Der Gebrauch von Toulmins Schema. Theoretische Vorüberlegungen zu einer Argumentationslehre für die Sekundarstufe, in: BARTSCH, E. (Hg.), Mündliche Kommunikation in der Schule, Königstein/Ts., 113-144, (Sprache und Sprechen Bd 8)

VIEHWEGER, D. (Hg.) (1984), Grundfragen einer Theorie der sprachlichen Tätigkeit, Berlin

VÖLZING, P.L. (1979), Begründen, Erklären, Argumentieren. Modelle und Materialien zu einer Theorie der Metakommunikation, Heidelberg

ders. (1980), Argumentation. Ein Forschungsbericht, in: Zeitschrift für Literaturwissenschaft und Linguistik H. 38/39, 204-235

WARM, U. (1981), Rollenspiel in der Schule. Theoretische Analyse - Kommunikationseffektive Praxis, Tübingen

WATZLAWICK, P. / BEAVIN, J.H. / JACKSON, D.D. (1982), Menschliche Kommunikation. Formen, Störungen, Paradoxien, Bern/Stuttgart/Wien

WEBER, H. / WEYDT, H. (Hg.) (1976), Sprachtheorie und Pragmatik. Akten des 10. Linguistischen Kolloquiums Tübingen 1975, Tübingen

WEBSTER, E.C. (1982), The employment interview, Ontario (SIP Publications)

WEGNER, D. (Hg.) (1977), Gesprächsanalysen, Hamburg

WEIGAND, E. (1979), Zum Zusammenhang von Thema-Rhema und Subjekt/Prädikat, in: Zeitschrift für germanistische Linguistik (ZGL) 7, 167-189

WEIGAND, E. / HUNDSNURSCHER, F. (1989), Dialoganalyse II (Referate der 2. Arbeitstagung, Bochum 1988), Bd 2, Tübingen

WEIGAND, E. / TSCHANDER, G. (Hg.) (1980), Perspektive: textintern, Tübingen

WEISER, A. (1975), How not to answer a question, in: Papers of the Chicago linguistic society, 649-660

WENZEL, A. (1984), Verstehen und Verständigung in Gesprächen am Sozialamt, Tübingen

WERLEN, J. (1984), Ritual und Sprache. Zum Verhältnis von Sprechen und Handeln in Ritualen. Tübingen

WEUSTER, A. (1987), Die Biographischen Fragebogen als Instrument der Personalauswahl, in: Zeitschrift für Personalforschung 4, 409-411

WIEGAND, H.E. (1979), Bemerkungen zur Bestimmung metakommunikativer Sprechakte, in: ROSENGREN, I. (Hg.), Sprache und Pragmatik, Lunder Symposium 1978, Malmö, 214-244

WIESNER, W.H. / CRONSHAW, S.F. (1988), A meta-analysis investigation of the impact of interview format and degree of structure on the validity of the employment interview, in: Journal of Occupational Psychology 61, 275-290

WINKLER, C. (1969), Deutsche Sprechkunde und Sprecherziehung, Düsseldorf

WINKLER, P. (Hg.) (1981), Methoden der Analyse von Face to Face-Situationen, Stuttgart

WITT, F.J. (1987) Informationsverhalten und Bewerberselektion, in: Personal. Mensch und Arbeit 3, 111-113

WUNDERLICH, D. (Hg.) (1972a), Linguistische Pragmatik, Frankfurt a.M.

ders. (1972b), Zur Konventionalität von Sprechhandlungen, in: ders. (Hg.) Linguistische Pragmatik, Frankfurt a.M., 11-58

ders. (1972c), Sprechakte, in: MAAS, U. / WUNDERLICH, D. (Hg.), Pragmatik und sprachliches Handeln, Frankfurt a.M., 69-188

ders. (1976), Studien zur Sprechakttheorie, Frankfurt a.M.

ders. (1979), Was ist das für ein Sprechakt?, in: GREWENDORF, G. (Hg.), Sprechakttheorie und Semantik, Frankfurt a.M., 275-324

ders. (1986), Wie kommen wir zu einer Typologie der Sprechakte?, in: Neuphilologische Mitteilungen 87, 498-509

YATE, M.J. (1990), Das erfolgreiche Bewerbungsgespräch, Frankfurt a.M./New York

YNGVE, V.A. (1970), On Getting a Word in Edgewise, in Papers from the 6th Regional Meeting of the Chicago Linguistic Society, Chicago, 567-578

ZILLIG, W. (1977), Bewerten und Bewertungsdialog, in: SPRENGEL, K. / BALD, W.D. / VIETHEN, H. (Hg.), Semantik und Pragmatik. Akten des 11. Linguistischen Kolloquiums Aachen 1976, Bd 2, Tübingen, 310-317

ders. (1982), Bewerten: Sprechakttypen der bewertenden Rede, Tübingen

SPRECHEN UND VERSTEHEN

SCHRIFTEN ZUR SPRECHWISSENSCHAFT UND SPRECHERZIEHUNG

HERAUSGEGEBEN VON HELLMUT GEISSNER

Band 1
Martin Beck
„Rhetorische Kommunikation" oder „Agitation und Propaganda"
Zur Funktion der Rhetorik in der DDR. Eine sprechwissenschaftliche Untersuchung
322 S., Br.
ISBN 3-924555-73-7 DM 36,-

Band 2
Hellmut Geißner
Vor Lautsprecher und Mattscheibe
Medienkritische Arbeiten 1965 - 1990
212 S., Br.
ISBN 3-924555-74-5 DM 30,-

Band 3
Henner Barthel
Einführung in die Pathopsycholinguistik
Psycholinguistische Grundlagen zu einer Theorie der sprachlichen Kommunikationstätigkeit physisch-psychisch Geschädigter (Behinderter)
178 S., Br.
ISBN 3-924555-86-9 DM 30,-

Band 4
Rolf Grießhammer
Konfliktfähigkeit
250 S., Br.,
ISBN 3-86110-003-7 DM 36,-

Band 5
Hellmut Geißner, Bernd Schwandt
Bibliographie der deutschsprachigen Veröffentlichungen aus Sprechwissenschaft und Sprecherziehung seit der Jahrhundertwende
208 S., Br.
ISBN 3-86110-019-3 DM 38,-

Band 6
Martin Beck
Unterrichtsgespräche zwischen Lehrerdominanz und Schülerbeteiligung
Eine sprechwissenschaftliche Untersuchung didaktischer Ansätze zur Unterrichtskommunikation
143 S., Br.
ISBN 3-86110-035-5 DM 28,-

Band 7
Albert F. Herbig (Hrsg.)
Konzepte rhetorischer Kommunikation
243 Seiten, Br.
ISBN 3-86110-062-2 DM 44,-

Band 8
Annette Lepschy
Das Bewerbungsgespräch
Eine sprechwissenschaftliche Studie zu gelingender Kommunikation aus der Perspektive von Bewerberinnen und Bewerbern
359 Seiten, Br.
ISBN 3-86110-063-0 DM 56,-